U1012471

谨以此书献给朱正威先生

朱正威教育文集

人民教育出版社生物室◎编

人民教育出版社
·北京·

图书在版编目（CIP）数据

朱正威教育文集/人民教育出版社生物室编. —北京：人民教育出版社，2020. 11
ISBN 978-7-107-34665-1

Ⅰ. ①朱…　Ⅱ. ①人…　Ⅲ. ①教育—文集　Ⅳ. ①G4-53

中国版本图书馆 CIP 数据核字（2020）第 223314 号

朱正威教育文集

出版发行　人民教育出版社
（北京市海淀区中关村南大街17号院1号楼　邮编：100081）
网　　址　http://www.pep.com.cn
经　　销　全国新华书店
印　　刷　鸿博昊天科技有限公司
版　　次　2020 年 11 月第 1 版
印　　次　2020 年 11 月第 1 次印刷
开　　本　787 毫米 × 1 092 毫米　1/16
印　　张　30.5
字　　数　410 千字
定　　价　88.00 元

版权所有・未经许可不得采用任何方式擅自复制或使用本产品任何部分・违者必究
如发现内容质量问题、印装质量问题，请与本社联系。电话：400-810-5788

朱正威简介

朱正威（1934—2018），江苏宜兴人，1954年毕业于华东师范大学生物系，特级教师、北京师范大学教授。曾任北京师范大学附属中学校长，兼任北京市人民政府第七届专家顾问团顾问（教育发展顾问）和市政府教育督导处督学，人民教育出版社课程教材研究所特聘研究员，中国教育学会生物学教学专业委员会副理事长，《生物学通报》副主编。

朱正威先生享受国务院颁发的有突出贡献专家政府特殊津贴（朱正威先生立下遗嘱，捐出他获得的津贴，这笔钱用作“朱正威生物学教学奖”的启动基金）。他曾获得“北京市劳动模范”“全国先进教育工作者”、北京市“有突出贡献的专家”“北京中学模范校长”等荣誉称号。2004年，在第20个教师节时，时任中共中央总书记胡锦涛同志登门看望了他。2017年他被评为当代教育名家。

朱正威先生作为中学生物学教师，在北京师范大学附属中学执教40余年。他的课堂教学广征博引，鞭辟入里，声情并茂，妙趣横生，学生评价“听朱老师讲课，考试不用复习”。从教学岗位退下来后，他就担任中学生物课程标准研制组核心成员，参与了义务教育生物学课程标准和普通高中生物课程标准的研制。从2000年开始，他与赵占良先生共同担任人教版初中、高中生物学教材的主编。这套教材在全国绝大多数省市广泛使用，深受好评，惠及数以亿计的学生。

朱正威先生为中学生物学教育事业作出了卓越贡献。作为教师，他桃李满天下。作为学者，他发表与生物学教育教学相关的论文近百篇；独著、主编或参编的教育论著和科普著作等书籍20多本（套）；主编不同版次的中学生物学教材、教师教学用书及探究活动报告册数十本。在他人生的最后18年里，他在从事教材编写的同时还做了大量的教师培训工作，足迹遍及祖国各地，让广大中学生物教师受益良多。

编者的话

为了更好地总结、提炼、传播朱正威先生的教育思想，促进中学生物学教材编写乃至整个中学生物学教育事业的发展，人民教育出版社课程教材研究所于2019年3月立项了专项课题《朱正威科学教育思想和实践创新整理与研究》。课题负责人为人民教育出版社编审包春莹，课题组成员包括王颖、王天祥和刘丹三位博士。

课题组首先搜集了与朱先生相关的资料，找到他正式发表的学术论文、科普文、随笔、诗歌等共计95篇，以及21本（或套）专著。同时搜集到研究朱先生的学术论文及专访等近20篇。这些文章的作者包括中学生物学教材的主编、编写者、编辑，师范大学的教授及其硕士生或博士生，教研员，一线教师，期刊杂志社等，他们从多个侧面研究并呈现了朱先生的思想。

课题组将这些书籍、论文及朱先生的手稿制作成电子版保存后，细细研读这些资料，并形成研究论文或总结文章。到目前为止，课题组有4篇文章公开发表。同时，本着继续为教育服务、为教师服务的原则，我们从朱先生的文章中选取62篇，再加上3篇采访报道结集出版，定名为《朱正威教育文集》。本书选文和组织情况说明如下。

第一，朱先生的教育教学思想非常全面，涵盖了课程、教材、教学、教师发展及教学管理等方面。为便于分章节呈现，本书从课堂教学研究、课程与教材研究、教师专业发展研究、教学管理研究和国外教育研究五个方面对这些文章进行了简单归类，但有些文章涉及多个方面，因此可能存在交叉情况，还望读者理解。

第二，每一部分文章的编排一般以首次发表的时间为序，少数主题相关的文章相对集中呈现；各篇一般采用原标题，只对个别标题略作改动。

第三，在对文章作者未做说明的情况下，作者都是朱正威先生一人。

在整理资料及选文的过程中，我们得到朱先生夫人——纪涛老师及其子女朱丹和朱波的鼎力支持。每每遇到困难，纪老师总是第一时间帮忙解决；而且纪老师不止一次表示，朱老师的这些东西，只要你们觉得对我国中学生物学教师有用，就让他们都看到吧。我们向朱老师及其家人的慷慨无私表示深深的敬意和谢意！

囿于编者水平，选编或有不当、错漏之处，敬请读者批评指正。

编者

2020年6月15日于北京

目录

代序一

教材编写需要这样的教育名家

——朱正威教材编写理念和实践述评[①]

赵占良[②]

朱正威老师是人教版中学生物学教材的主编，2017年入选我国当代教育名家。令人痛惜的是，他于2018年5月5日永远离开了我们，离开了他终生挚爱的生物学教育事业。一年来，我的脑海里不时浮现与朱老师一起摸爬滚打的幕幕往事；我们教材编写团队在遇到难题时，更是会不由自主地怀念他。值此朱正威老师逝世一周年之际，追忆他为教材建设事业作出的贡献，总结他的教材编写理念和实践，对于提高教材编写水平、提升教材质量无疑是大有裨益的。

1. 悠悠十八载，教材数十册

朱正威老师作为我国的教育名家，一生对教育所做贡献是多方面的，可以说著述等身，桃李满天下。而他正式投身教材编写事业始自2000年。那一年，他刚从北京师范大学附属中学退休，就欣然接受了人民教育出版

---

① 本文原载于《课程·教材·教法》2019年第5期。
② 赵占良，人民教育出版社副总编辑。

社的聘约，和我共同担任人教版中学生物学教材的主编。悠悠十八载，他将主要精力投入教材编写工作中，将平生所学毫无保留地奉献出来，鞠躬尽瘁，殚精竭虑，为我国教材建设事业作出了杰出贡献。他和我共同主编的教材包括：2001年版义务教育课程标准实验教科书《生物学》七年级上册、七年级下册、八年级上册、八年级下册及配套的教师教学用书、探究活动报告册，2004年版普通高中课程标准实验教科书《生物1 必修 分子与细胞》《生物2 必修 遗传与进化》《生物3 必修 稳态与环境》《生物 选修1 生物技术实践》《生物 选修2 生物科学与社会》《生物 选修3 现代生物科技专题》及配套的教师教学用书、探究活动报告册、同步解析与测评、探究活动教学指导与参考、高中生物图解与练习等，2012年版义务教育教科书《生物学》七年级上册、七年级下册、八年级上册、八年级下册及配套的教师教学用书、探究活动报告册。此外，他还参加了2001年版《九年义务教育三年制初级中学教科书 生物 第一册下》及其教师用书、《九年义务教育四年制初级中学教科书 生物 第二册》及其教师用书的修订。2016年，人教社启动了普通高中教材的修订工作，朱老师抱病起草了必修1《分子与细胞》模块教材的编写框架，参加了教材修订工作会，对教材修订提出了重要意见。

朱老师作为教材的主编，绝不是挂名的。他经常说的一句话是："既然人教社这么看重我，我就要把全部力气使出来。只挂名不干事有什么意思，既是对事业不负责任，也是对自己不负责任！"在教材编写工作中，他不仅亲自执笔起草编写提纲，还亲自执笔撰写部分章节，特别是大家都认为难写的章节。朱老师执笔的内容多，出的主意更多，许多章节的编写思路都出自他的奇思妙想。

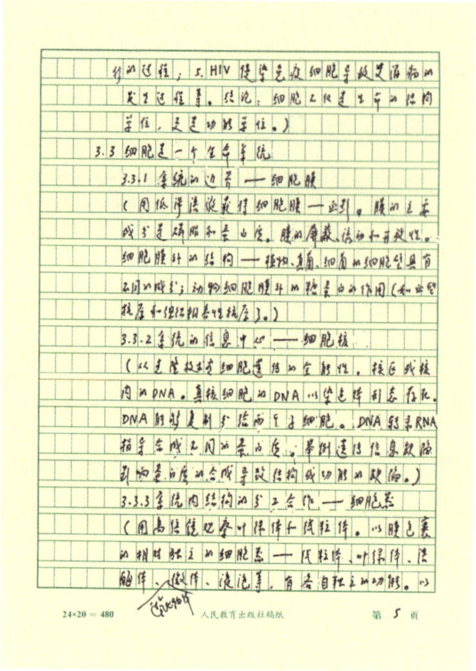
的过程；5. HIV侵染免疫细胞导致艾滋病的发生过程等。结论：细胞是生命的结构单位，是生命的功能单位。）

3.3 细胞是一个生命系统

3.3.1 系统的边界——细胞膜

（用化学方法提取细胞膜——出引。膜的主要成分是磷脂和蛋白质。膜的屏蔽、流动和开放性。细胞膜外的结构——植物、真菌、细菌的细胞壁具有不同的特点；动物细胞膜外的糖蛋白的作用（如血型抗原和组织相容性抗原）。）

3.3.2 系统的信息中心——细胞核

（从克隆技术看细胞遗传的全能性。核区或核内的DNA。真核细胞的DNA以染色体形态存在。DNA转录复制并分配到子细胞。DNA转录RNA指导合成不同的蛋白质。举例遗传信息数据影响蛋白质的合成导致结构功能的缺陷。）

3.3.3 系统内结构的分工合作——细胞器

（用高倍镜观察叶绿体和线粒体。以膜包裹的相对独立的细胞器——线粒体、叶绿体、溶酶体、核糖体、液泡等，有各自独立的功能。以

24×20＝480 人民教育出版社稿纸 第5页

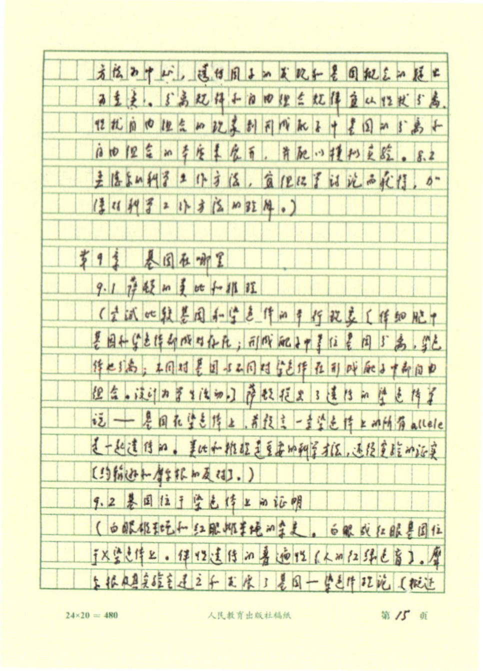
方法为中心，通过周围的发现和基因概念的提出为主线。3.3高校生物学的细胞理论规律变化性状分离，性状自由组合的现象到同源配子中基因的分离和自由组合的本质来展开，并配以模拟实验。8.2主要是科学工作方法，宜作为学习讨论而展开，加深对科学工作方法的理解。）

第9章 基因在哪里

9.1 萨顿的类比和推理

（尝试比较基因和染色体的平行关系（体细胞中基因和染色体都成对存在；形成配子中等位基因分离，染色体也分离；非同源基因与非同源染色体在形成配子中都自由组合。设计为学生活动）萨顿提出了遗传的染色体学说——基因在染色体上，并提出一条染色体上的所有allele是一起遗传的。类比和推理是重要的科学方法，通过实验加以证实（引导摩尔根的果蝇杂交）。）

9.2 基因位于染色体上的证明

（白眼雄果蝇和红眼雌果蝇的杂交。白眼或红眼基因位于X染色体上。伴性遗传的普遍性（人的红绿色盲）。摩尔根根据实验重建了关于基因一染色体理论（概述

24×20＝480 人民教育出版社稿纸 第15页

◎ 2002年12月，朱老师草拟的人教版高中教材提纲手稿

◎ 2012年，朱老师参加人民教育出版社初中教参编写会，从右至左依次为朱正威、赵占良和谭永平

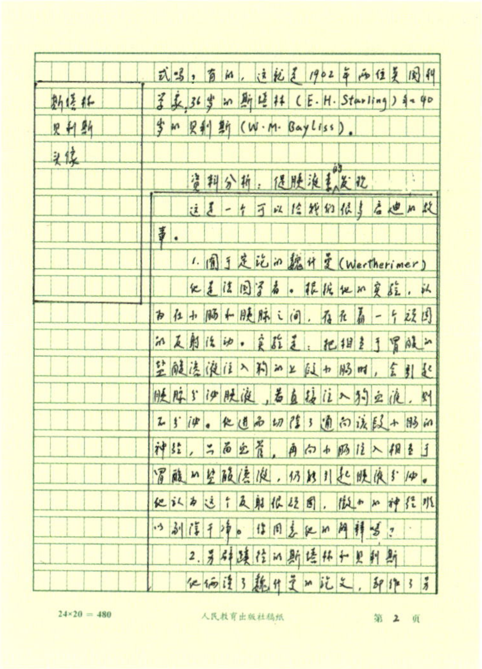

斯塔林
贝利斯
头像

式吗？有的，这就是1902年两位英国科学家：36岁的斯塔林（E.H.Starling）和40岁的贝利斯（W.M.Bayliss）。

资料分析：促胰液素的发现

这是一个可以给我们很多启迪的故事。

1.囿于定论的沃泰默（Wertherimer）

他是法国学者。根据他的实验，认为在小肠和胰腺之间，存在着一个顽固的反射活动。实验是：把相当于胃酸的盐酸溶液注入狗的上段小肠时，会引起胰腺分泌胰液，若直接注入狗血液，则不分泌。他进而切除了通向该段小肠的神经，只留血管，再向小肠注入相当于胃酸的盐酸溶液，仍能引起胰液分泌。他认为这个反射很顽固，微小的神经难以剔除干净。你同意他的解释吗？

2.另辟蹊径的斯塔林和贝利斯

他们读了沃泰默的论文，却作了另

24×20＝480　人民教育出版社稿纸　第 2 页

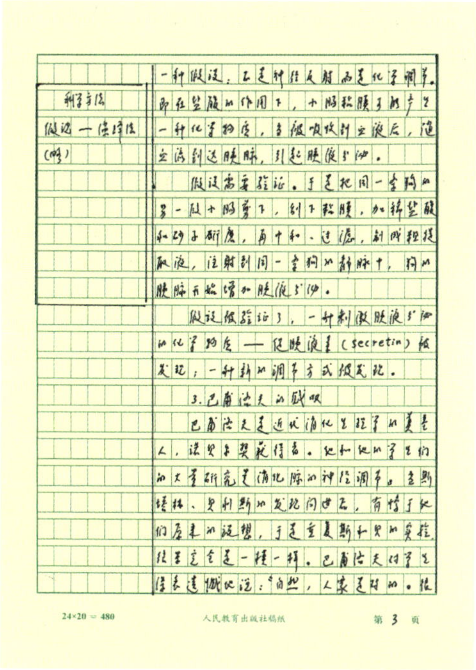

科学方法
假说—演绎法
（略）

一种假设：不是神经反射而是化学调节。即在盐酸的作用下，小肠黏膜可能产生一种化学物质，当被吸收到血液后，随血流到达胰腺，引起胰液分泌。

假设需要验证。于是把同一条狗的另一段小肠剪下，刮下黏膜，加稀盐酸和砂子研磨，再中和、过滤，制成提取液，注射到同一条狗的静脉中，狗的胰腺开始增加胰液分泌。

假设被验证了，一种刺激胰液分泌的化学物质——促胰液素（secretin）被发现；一种新的调节方式被发现。

3.巴甫洛夫的感叹

巴甫洛夫是近代消化生理学的奠基人，诺贝尔奖获得者。他和他的学生们的大量研究是消化腺的神经调节。当斯塔林、贝利斯的发现问世后，有悖于他们原来的设想，于是重复斯和贝的实验，结果完全是一模一样。巴甫洛夫对学生表达感叹说：“自然，人家是对的。很

24×20＝480　人民教育出版社稿纸　第 3 页

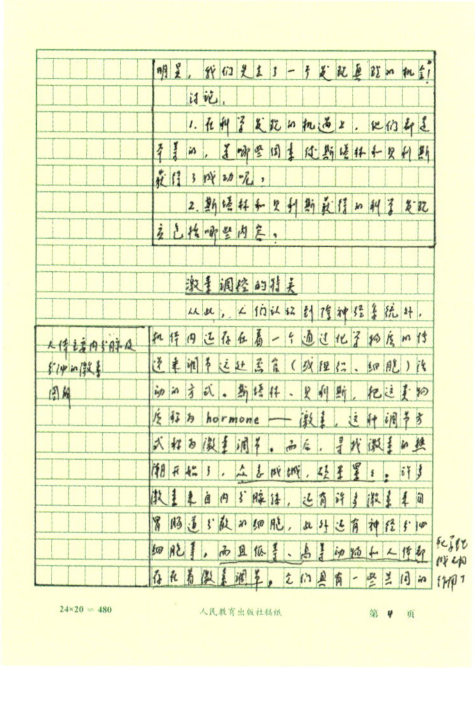

明显，我们失去了一个发现真理的机会！

讨论：

1.在科学发现的机遇上，他们都是平等的，是哪些因素使斯塔林和贝利斯获得了成功呢？

2.斯塔林和贝利斯获得的科学发现主要包括哪些内容？

激素调控的特点

从此，人们认识到除神经系统外，机体内还存在着一个通过化学物质的传递来调节远处器官（或组织、细胞）活动的方式。斯塔林、贝利斯把这类物质称为hormone——激素，这种调节方式称为激素调节。而后，寻找激素的热潮开始了，众多成就，硕果累累。许多激素来自内分泌腺体，还有许多激素来自胃肠道分散的细胞，此外还有神经分泌细胞等，而且低等、高等动物和人体都存在着激素调节，它们具有一些共同的

人体主要内分泌腺及分泌的激素
图解

24×20＝480　人民教育出版社稿纸　第 4 页

◎ 2003年，朱老师撰写的教材部分内容——促胰液素的发现

2. 以学科思想为统领，重构教材知识体系

在21世纪初新课程改革的酝酿阶段，不少专家对初中生物学科的知识体系提出质疑。以往的初中生物学教材，知识体系基本上是按植物学、动物学、人体生理卫生的学科体系编写的，某种程度上是大学教材的简化、浅化和浓缩。新课改之初，打破学科体系是普遍共识，但是构建新的知识体系，却比提出质疑和指责困难多了。中学生物学课程标准研制组在这个问题上反复讨论（朱老师是课标组核心成员，核心成员还有刘恩山教授、汪忠教授、刘植义教授和我），朱老师首先提出借鉴美国BSCS（Biologica1 Sciences Curriculum Study，"生物科学课程研究"组织，简称BSCS）教材绿皮本的做法，以人与生物圈为主线构建知识体系，这一想法很快得到大家认同，并委托朱老师起草这一部分的提纲。在朱老师起草的基础上，经过集体讨论修改，形成了突出人与生物圈、由十大主题构成的内容标准，为各版本教材知识体系的构建提供了基本依据。在人教版初中生物学教材的编写中，朱老师负责整套教材编写提纲的起草。课标的内容标准不等同于教材的编排体系。将内容标准转化为教材编排体系（包括知识体系、方法体系、探究活动安排等），还有相当大的创造空间。经过夜以继日的苦思冥想，朱老师将内容标准的十大主题转化为教材的八大单元，创造性地将突出人与生物圈的思路落实在教材的知识体系中。这一知识体系将关于动物、植物、微生物及人类生物学的内容，都置于生物圈这一大背景下展开，引导学生从生物适应环境的视角认识各类生物的形态、结构和生理特点，并在此基础上思考各类生物在生物圈中的作用以及与人类的关系。例如，动物学部分彻底打破了传统教材按进化顺序从原生动物讲到哺乳动物的写法，改为"水中生活的动物""陆地生活的动物""空中飞行的动物"三节，水、陆、空代表生物圈的三个圈层：水圈、岩石圈和大气圈。各个圈层中都生活着从低等到高等的各门类动物。在不同的圈层环境中，生物的生存分别面临哪些挑战，生物又是通过哪些适应性特征来战胜这些挑战，它们与环境的相互关系如何，在生物圈中起什么作用，与人类有什么关系。每节都按这样的问题驱动的思路，引导学生在探究生物如何适应环境等问题的过程中展开学习过程。动物部分知识体系的构建可以说是颠覆性的创新。它不仅是知识详略和顺序的改变，更重要的是育人目标的转变（由掌握学科知识转变为全面提高生物科学素养），而且意味着学习方式的转变（由被动接受转变为主动探究）；它不仅让学生学到关于动物主要类群的基础知识，而且让学生关注各类动物在自然界的作用以及与人类的关系，树立人与自然和谐共生的观念。植物、人体和微生物部分的知识体系也同样按照突出人与生物圈的思路进行了重构。这一崭新的知识体系，打破了传统生物学教材学科体系的束缚，不仅是我国初中生物学教材的首创，恐怕也是世界范围内初中生物学教材的首创。

在高中生物学教材的编写中，他创造性地提出以系统论思想为统领构建必修1《分子与细胞》的知识体系，将"细胞是一个基本的生命系统"作为贯穿全书的主线，分别从系统的物质基础、系统的结构、系统的功能、系统的发展变化规律等方面展开细胞生物学的基本内容，引导学生在学习细胞学具体知识的同时，认识到细胞作为一个生命系统，具有整体性、开放性、动态性等特征，并期望学生能以系统的视角看待世界上的各种事物，分析问题，解决问题，用现在流行的话说就是提升学生的核心素养。他还提出必修2《遗传与进化》应突出信息论思想，必修3《稳态与环境》应突出控制论思想，这对于提升教材的思想性和育人价值都具有重要意义。

3. 画龙点睛，聚焦学科核心概念

在以学科思想为统领重构教材知识体系的基础上，朱老师提出在具体内容的处理上应该聚焦学科核心概念。在教材编写过程中，他反复强调教材的知识内容不应成为零散知识的堆砌，任何科学首先都是一个概念体系，介绍事实性知识的目的是帮助学生建构概念，并且在概念的基础上升华为思想观念。

在高中生物学教材的编写中，他主动执笔必修1的第1章《走近细胞》。这既是教材中全新的内容，也是挑战性最大的章节之一。在这一章的编写中，他充分发挥自己教学经验丰富、驾驭复杂内容能力强的优势，将生命系统的层次性、细胞是基本的生命系统、细胞的多样性和统一性等富有哲理的生物学重要概念，寓于生动直观的生物学事实材料中，引导学生通过资料分析或实验观察去建构，并与学生初中所学知识和经验联系起来，使这章内容层次分明，逻辑顺畅，行文如行云流水，轻松自然。

在科学的知识体系中，没有孤立的概念，所有概念都是处于概念网络中的，与其他相关概念有着紧密联系。为了帮助学生建立概念之间的联系，将所学概念结构化，高中生物学教材在章末设计画概念图的习题，初中生物学教材设置“单元小结”，高中生物学教材设置“本章小结”。一章或一个单元的概念有许多，要在短短的小结中将重要概念简明扼要地表达出来，而且体现概念之间的内在逻辑联系，这不仅需要对本章或本单元内容烂熟于心，还要对有关概念在本学科中的地位和对后续学习的意义作出价值判断。因此，小结的编写对每一位教材作者来说都是高难度的任务。朱老师发挥他教学经验丰富、学科功底扎实的优势，在审改“小结”的过程中，往往有“画龙点睛”之笔，有时还亲自捉刀，并且表现得举重若轻。

4. 抚今追昔，揭示科学的历史和本质

生物学同其他自然科学一样，既是一个概念的体系，也是一个不断发展的过程。科学的概念体系不是静止封闭的，而是动态开放的。生物学教育是科学教育。学生通过生物学课程的学习，不仅应了解生物学这个学科，更应当借此来理解科学的历史和本质，因为科学精神的培育、科学思

维习惯的养成，都有赖于此。换言之，只有这样，才能提高科学素养。这些都是朱老师在教材编写和教师培训中经常强调的观点。在这些理念的引领下，人教版中学生物学课标教材发生了以下重要变化。

一是科学史的内容大大扩充。以往教材主要讲现今定论的知识，至于这些知识是怎么来的，经历了怎样的过程，用到了哪些方法，则很少涉及。在初中生物学教材编写中，朱老师提议设置“科学家的故事”栏目。在高中生物学教材编写中，他亲自执笔了必修1《分子与细胞》中“细胞学说建立的过程”“细胞世界探微三例”等内容，参与了其他科学史内容的讨论和修改。更加值得载入我国生物教育史册的是，他创造性地提出必修2《遗传与进化》以科学史为主线来构建知识体系的设想，并且起草了该模块的编写提纲，拟订了该模块必须要写的科学史内容。以往的中学生物学教材，都是先介绍遗传的细胞学基础和分子基础，后介绍孟德尔的遗传规律。仅从知识学习的角度说，这样学习起来容易一些。以科学史为主线来构建知识体系，就需要把顺序颠倒过来，先介绍孟德尔的杂交实验和遗传规律，后介绍减数分裂、DNA等细胞学和分子生物学内容，学生学习起来会有些困难。但是，后一种知识体系的优势是无与伦比的，特别是对学生理解科学的历史和本质、提升学生的科学思维水平大有裨益。编写组经过激烈的讨论，最后同意按后一种体系编写。十多年的教学实践表明，这一全新的教材编排体系得到了广大师生的认可和喜爱。

二是要及时反映生物科学的新进展。正如朱老师在教师用书中所写的：“学生不应该仅了解科学的过去，更重要的是接触现代科学的许多生长点，以此唤起一代新人的努力。”为了让教材准确反映科学进展，我们邀请了许多大学教授和科研院所的研究员参与教材编写，使教材跟上了时代发展的脉搏。例如，高中生物学教材着意展示了相关内容的新进展，如“组装细胞”“国际人类蛋白质组计划”“干细胞研究进展与人类健康”“细胞衰老的原因”等，使学生感受到现代生命科学不息的脉动，把今日的学习融合到促进生命科学未来发展的事业中去。

三是反映科学与技术的关系。科学的发展离不开相关技术的进步，科学与技术是相互依赖、相互促进、相互制约的。以往的生物学教材（其他理科教材也类似）主要讲述本学科的科学理论知识（基本概念、原理、规律、模型等），至于这些理论知识的产生有赖于哪些技术的发明和进步，这些理论知识的应用又催生了哪些技术革新，教材则少有涉及。在朱老师的引领下，教材在这方面取得了显著的进步。

四是要引导学生亲历实验和探究。“不入虎穴，焉得虎子”。不亲历科学探究的过程，对科学本质的理解终究是隔靴搔痒，所得如同镜花水月。为此，教材中安排了丰富多彩的探究活动，既有动手动脑的“探究”“实验”“制作”“模型建构”，也有“资料分析”“资料搜集和分析”“思考与讨论”等思维层面的探究活动。

5. 开合有度，辩证处理教材编写中各种关系

教材编写是一项十分复杂的系统工程，需要处理好各种关系，这些关系实际是一对对矛盾，把握不好就会顾此失彼，畸轻畸重，比如基于学科与跳出学科的关系，借鉴国外与立足国情的关系，知识讲述与探究活动的关系，探究的引导性与开放性的关系，等等。对于这些问题，朱老师都有鲜明的态度、明确的观点，态度就是实事求是，观点就是要辩证对待。

传统教材往往追求学科的系统性，这或许有利于培养专业人才，但是与提高学生的公民科学素养相背离，因此遭到诟病。如何通过生物学教育，全面提升学生的生物科学素养，朱老师和教材编写组一致认为，要“基于学科，跳出学科”。基于学科，即生物学教材要引导学生认识生命世界的现象、本质和规律，能力的培养、方法的训练、情感态度价值观的提升都要通过学科知识的学习来完成，不能脱离学科另搞一套；跳出学科，即不能让生物学教材成为单纯的生物学学术著作，用朱老师的话说，就是不应把学生关进生物学的“象牙之塔”，要在生物学内容的基础上，让教材的触角伸向社会和人生，伸向活生生的生产和生活，让学生“在现实的背景中学习生物学，为现实生活服务”，引导学生思考科学、技术和社会的相互影响，思考科学之于社会和人生的价值，培养学生恰当运用（充分运用但不滥用）科学技术成果的意识和能力，帮助他们形成正确的世界观、人生观和价值观。教材在有限的篇幅内，如何达成如此宏伟的育人目标？我们的做法是将学科内容作为主体和内核，力求做到扎实和系统；与社会和个人生活相联系的内容，作为背景、延伸和拓展，或穿插在正文及活动中让学生阅读和思考，或安排专门的课外阅读材料，或作为习题的情境。作为烘托背景的内容要能引起学生探究的兴趣；延伸和拓展的内容要处理得自然而贴切，使情感态度价值观的教育不露痕迹，润物无声；或者让学生通过分析和解决真实情境下的问题来实现知识迁移和能力提升。

我们在编写教材过程中参阅了大量国外同类教材，这些教材确实有许多借鉴之处。正如朱老师反复强调的，对国外教材只能是借鉴，不能照搬，我们的教材编写一定要立足中国国情。

新课程改革的重要理念之一是倡导探究性学习。对此，朱老师也是大力提倡并且付诸实践的，教材中许多探究活动就出自他的创意。但是，对于将探究泛化、绝对化和程式化的倾向，他始终有着清醒的认识，并不断告诫编写团队同人，不要把简单提问以及从课文中找答案也当作探究，不要课课都探究，不要把探究活动写成固定统一的模式。他在肯定探究性学习重要性的同时，肯定有意义的接受式学习也是有效的学习方式。他认为探究的过程和结论同样重要，重结论轻过程固然不妥，唯过程而弃结论更不可行。他在教师用书中写道：“科学既是过程，又是概念的体系，两者都重要，各有其教育价值，不可偏废。”

倡导探究性学习，需要教材内容特别是探究活动的写法有一定的开放性。探究的问题可由学生提出，探究的材料用具和方法步骤可由学生分别选择和设计，问题的答案可以是不唯一的。但是，学生毕竟不是科学家，有的探究活动如果没有适当的引导，学生会感到一片茫然，无从下手；引导性过强又会导致照方抓药。在开放性与引导性的矛盾中间如何拿捏恰当的分寸，就需要丰富的教学经验了，在这方面，朱老师作为从教四十余年的特级教师，无疑具有巨大的优势，自然发挥了不可替代的作用。

还有一些细节生动地反映了朱老师在处理教材编写问题中的辩证思维。在编写《人类活动对生物圈的影响》一章时，编写组有老师建议本章开头用一张令人触目惊心的人类活动破坏生态环境的照片作为情境引入，激发学生保护生态环境的紧迫感。朱老师明确反对。他说那样做可能会让学生错误地认为人类对生物圈的影响都是负面的、破坏性的。他建议用一张人类活动改善生态环境的正面的实例，最好就用“三北”防护林的照片，因为这是我们党和政府带领人民建设的伟大工程。他还说道，这样的正面实例的教育意义很大，包括爱国主义教育，也让学生从小就认识到，人类在保护环境方面是大有可为的。编写组一致同意他的建议，选用了“三北”防护林的照片，在照片图下写道：

> 看了这幅照片，你会赞叹人类在改善生态环境方面所取得的辉煌成果。然而，人类的活动也会破坏生态环境，对生物圈造成不利影响，这更应当引起人们的关注。

6. 一页致同学，教育思想和语言艺术相得益彰

在初中生物学教材的编写中，他执笔撰写大家认为最难写的全书开篇之作“致同学们”。这篇文字融知识性、趣味性、启发性、励志性、思想性于一体，读起来既朗朗上口，催人奋进，又跌宕起伏，引人遐思，广大师生莫不称颂，堪称教材经典。开篇这样写道：

你喜欢生物吗？不用说，许许多多的生物，你都太熟悉、太喜欢了！

禾苗青青，麦浪滚滚；春水澄碧，游鱼嬉戏；长空万里，秋雁远去……都曾引发你无限的遐想。

五颜六色的花草，伴你玩耍的宠物，引你追赶的蝴蝶……都曾牵动你的爱心，带给你难忘的童趣。

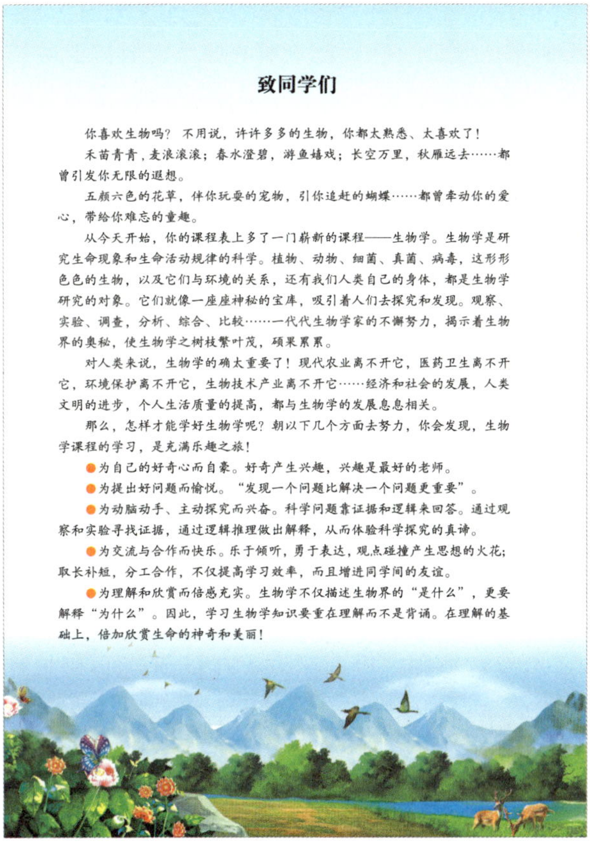

致同学们

你喜欢生物吗？不用说，许许多多的生物，你都太熟悉、太喜欢了！

禾苗青青，麦浪滚滚；春水澄碧，游鱼嬉戏；长空万里，秋雁远去……都曾引发你无限的遐想。

五颜六色的花草，伴你玩耍的宠物，引你追赶的蝴蝶……都曾牵动你的爱心，带给你难忘的童趣。

从今天开始，你的课程表上多了一门崭新的课程——生物学。生物学是研究生命现象和生命活动规律的科学。植物、动物、细菌、真菌、病毒，这形形色色的生物，以及它们与环境的关系，还有我们人类自己的身体，都是生物学研究的对象。它们就像一座座神秘的宝库，吸引着人们去探究和发现。观察、实验、调查，分析、综合、比较……一代代生物学家的不懈努力，揭示着生物界的奥秘，使生物学之树枝繁叶茂，硕果累累。

对人类来说，生物学的确太重要了！现代农业离不开它，医药卫生离不开它，环境保护离不开它，生物技术产业离不开它……经济和社会的发展，人类文明的进步，个人生活质量的提高，都与生物学的发展息息相关。

那么，怎样才能学好生物学呢？朝以下几个方面去努力，你会发现，生物学课程的学习，是充满乐趣之旅！

- 为自己的好奇心而自豪。好奇产生兴趣，兴趣是最好的老师。
- 为提出好问题而愉悦。“发现一个问题比解决一个问题更重要”。
- 为动脑动手、主动探究而兴奋。科学问题靠证据和逻辑来回答。通过观察和实验寻找证据，通过逻辑推理做出解释，从而体验科学探究的真谛。
- 为交流与合作而快乐。乐于倾听，勇于表达，观点碰撞产生思想的火花；取长补短，分工合作，不仅提高学习效率，而且增进同学间的友谊。
- 为理解和欣赏而倍感充实。生物学不仅描述生物界的“是什么”，更要解释“为什么”。因此，学习生物学知识要重在理解而不是背诵。在理解的基础上，倍加欣赏生命的神奇和美丽！

◎《义务教育教科书　生物学　七年级上册》中的“致同学们”

寥寥数语，有动物，有植物；有野生的，有种养的；有近景，有远眺；有城市，有农村；有季节变换，有水陆空不同生境的腾挪；有大自然的客观描摹，有儿童的心理刻画。读来不能不叹服，这才是大家手笔！

这篇“致同学们”，在简要介绍了生物学是什么、有什么用之后，对如何学好生物学提出了如下建议。

> 朝以下几个方面去努力，你会发现，生物学课程的学习，是充满乐趣之旅！
>
> - 为自己的好奇心而自豪。好奇产生兴趣，兴趣是最好的老师。
> - 为提出好问题而愉悦。“发现一个问题比解决一个问题更重要”。
> - 为动脑动手、主动探究而兴奋。科学问题靠证据和逻辑来回答。通过观察和实验寻找证据，通过逻辑推理做出解释，从而体验科学探究的真谛。
> - 为交流与合作而快乐。乐于倾听，勇于表达，观点碰撞产生思想的火花；取长补短，分工合作，不仅提高学习效率，而且增进同学间的友谊。
> - 为理解和欣赏而倍感充实。生物学不仅描述生物界的“是什么”，更要解释“为什么”。因此，学习生物学知识要重在理解而不是背诵。在理解的基础上，倍加欣赏生命的神奇和美丽！

这五条建议体现了丰富的教育思想：重视激发学生的好奇心和求知欲；重视培养学生发现问题和提出问题的能力；将科学探究作为学习科学的中心环节；重视合作学习；重视理解的质而非信息的量；寓美育于科学教育。更加可贵的是，朱老师不是将这些思想内容居高临下地讲给学生，而是从学生的心理出发，阐明怎样才能让学习充满乐趣；强调学习并不是单纯地吸纳知识的过程，而是伴随着丰富的内心体验实现生命成长的过程，可以说鲜明体现了以学生为主体的思想。

7. 多篇课外读，育人情怀跃然纸上

教材中适当安排一些课外阅读材料，供感兴趣的学生自己阅读，是人教版生物学教材的传统做法。在课程标准实验教材的编写中，我们沿用了这一做法。但是，以往教材的课外阅读材料都是正文知识内容的拓展。从2001年版教材开始，课外阅读材料的设计更加注重全面提升学生的科学素养，具体做法是借鉴国外教材，将课外阅读材料按题材和主旨分成几个栏目，如“与生物学有关的职业”“科学家的故事”“科学·技术·社会”等。“与生物学有关的职业”栏目旨在反映生物学与职业的联系，帮助学生认识学习生物学的意义，培养学生的职业观念和敬业精神；“科学家的故事”栏目旨在反映生物学发展的过程、生物学研究的方法、科学家的品格等，帮助学生认识科学的历史和本质，培育科学精神；“科学·技术·社会”栏目旨在反映科学、技术、社会之间的互动，帮助学生建立科学的价值观。这些栏目的设计可以说是课标教材的一大创新，也反映了教材编写理念从“知识中心”向“学生发展为本”的转变。

理念有了，要将这一理念落实在每篇课外读中却非易事。于是，朱老师又率先垂范，主动承担了多篇课外读的编写任务。他执笔撰写的“与生物学有关的职业”栏目下“大地的美容师——园艺师”“林业工人的新任务”“农业技术员与绿色证书”，既说明了这些职业需要哪些生物学知识和技能，又阐明了平凡职业的不平凡意义，歌颂了普通劳动者的宝贵品质和重要贡献。因此，既让学生认识到学习生物学的实践应用价值，又能对学生进行职业意识和敬业精神的培养，还能渗透尊重劳动、崇尚劳动的教育。下面摘录几句，由此可见一斑。

园艺师是大地的美容师。他们根据生物学原理，用精湛的技艺栽培植物、改变植物，为自然增添美，为人类创造美。

让牡丹在隆冬开放，让秋菊在夏日吐蕾，让荷兰的郁金香移居中国，让百年老树桩缩微成小小的盆景，这些都是他们的拿手好戏。

……你喜欢这个职业吗？中国是个园艺大国，有小巧玲珑的江南园林，也有气魄宏伟的皇家园林……我国的园艺师为世界园艺的发展作出了贡献。

这篇课外读的最后一段，还不失时机地激发学生的民族自豪感，自然而然地进行爱国主义教育。

课外实践

发豆芽

你想品尝自己亲手发的豆芽吗？自己发的豆芽，吃起来味道也许没有什么不同，心情可就不一样了。动手试一试吧！

动手之前，先要想一想行动方案。用什么样的材料，用什么器具，需要给豆子提供什么样的环境条件，等等，都要考虑周全。

与生物学有关的职业

农业技术员和绿色证书

“锄禾日当午，汗滴禾下土。谁知盘中餐，粒粒皆辛苦。”大家都知道农业劳动的艰辛，却容易忽视农业需要科学和技术。农业离不开生物科学和技术的应用，现代化农业更是依靠生物科学和技术来生产安全、优质、高产的农产品。

在广阔的田野上，在种子站和植保站，在试验田和实验室，活跃着大批的农业技术人员，他们在从事培育良种、驯化良种、推广良种的工作。著名的中国工程院院士、国家最高科学技术奖获得者、世界“杂交水稻之父”袁隆平爷爷，原本也是一位农业技术人员，他为我国培育了优良的杂交水稻品种。我国科学工作者用转基因技术培育的抗虫棉已大面积种植，这样的棉自己就能够杀死吃它的害虫——棉铃虫。

农业技术人员对作物播种、田间管理、病虫害防治、新技术研究和推广等都得精通，他们是科技兴农的带头人，也是农民致富的好帮手。

做一名优秀的农业技术员，不仅需要有丰富的生物学知识，精通农业生产过程中的各个环节，而且还要有一种为农民服务，追求农业技术不断发展和进步的精神。今天，绿色农业、工厂化农业生产迅速发展，对农业技术员提出了新的要求。许多农民朋友也正在学习农业科学技术，纷纷参加绿色证书考试，成为农业技术员队伍的新成员。

第二章 被子植物的一生 95

与生物学有关的职业

大地的美容师——园艺师

你知道或认识园艺师吗？

当我们徜徉在公园中、绿地旁，芳草绿树、奇花异卉，令人心旷神怡。当我们漫步在街道上，两旁绿荫流动，花果飘香。当我们走进植物园，巨大的玻璃“天穹”下，五洲四海的植物汇聚在一起，争奇斗艳。园艺师是大地的美容师。他们根据生物学原理，用精湛的技艺栽培植物、改变植物，为自然增添美，为人类创造美。

让牡丹在隆冬开放，让秋菊在夏日吐蕾，让荷兰的郁金香移居中国，让百年老树桩缩微成小小的盆景，这些都是他们的拿手好戏。他们甚至能找到一种无害的病毒，把它的基因转移到郁金香中，而使花色格外艳丽；他们竟能不用种子，而用小小的茎尖切成无数的小片，每一片都能培育成同样的植株；他们使染病的老树枯木回春；他们还岁岁年年不断推出植物的新品种，既有树木、花草，又有蔬菜、瓜果。

因此，他们既是园艺家，又是生物学的行家里手。你喜欢这个职业吗？中国是个园艺大国，有小巧玲珑的江南园林，也有气魄宏伟的皇家园林，有些已列入联合国的世界文化与自然遗产名录。我国的昆明、沈阳和西安等地都举办过世界园艺博览会。我国的园艺师为世界园艺的发展作出了贡献。

◎《义务教育教科书　生物学　七年级上册》中的两个页面

他执笔撰写的“科学家的故事”“科学·技术·社会”等栏目中的课外阅读材料，无不给人以多方面的启迪。

8. 妙用文学手法，科学精神和人文底蕴交相辉映

高中生物学教材每一章都有章引言，这往往是各章最难写的内容，需

要站在一定高度对本章内容有整体把握，朱老师在这方面的贡献尤为突出。记得在高中教材立项送审样章撰写过程中，《动物和人体生命活动的调节》一章的初稿完成了，朱老师拿回家去修改。本章的章首页选用了一幅大脑神经网络的模拟结构图片。他再次来到生物编辑室时，说自己昨天在家改稿子，总觉得这一章的章首页缺点什么，但又不知道怎么改，于是就到楼下小院里溜达，突然脑子里灵光一现：如果在这张大图上压一首小诗就好了。于是很快想出几句，回到家里一挥而就：

是重帘低垂抑或星云闪亮，
不，是脑细胞织就信息之网。
万千信息在此传输交汇：
调节着机体的稳态，
更闪耀着智慧的光芒！

◎《普通高中课程标准实验教科书　生物3 必修　稳态与环境》第2章章首页

编辑室的同志纷纷称赞，说这首诗生动概括了大脑的结构和功能，与该页大图真是相得益彰。正是朱老师的这一创意，开创了高中生物学教材章首页题图配诗的先河。

不论是在初中生物学教材还是高中生物学教材编写中，朱老师都十分认真地审阅和修改书稿，经常作出大幅度的修改甚至重写，还亲自做了许多搜集图片的工作。作为主编，他不仅在书稿的科学性、思想性、教学适宜性上把关，而且提升了教材的艺术性。例如，在初中生物学课程标准实验教材七年级上册第三单元《生物圈中的绿色植物》的单元首页，他将单元的引言改写为：

> 生物圈中到处都有绿色植物。俄国著名植物生理学家季米里亚捷夫（Timiriazev，1843—1920）曾这样形容绿色植物在生物圈中的作用："它是窃取天火的普罗米修斯，它所获取的光和热，不仅养育了地球上的其他生物，而且使巨大的涡轮机旋转，使诗人的笔挥舞。"你能理解这段话的意思吗？

这段引用语形象地反映了绿色植物在生物圈中的作用及其与人类的关系：绿色植物通过光合作用将太阳能转化为储存在有机物中的化学能，从而养育了地球上其他生物，当然也养育了人类；就连工业上用的煤炭等化石能源，也是源自亿万年前植物的光合作用。道理并不复杂，但是借用诗意的语言表述出来，就显得分外生动，而且给学生提供了广阔的思维和想象空间。

再如，朱老师在初中生物学教科书第七单元"生物圈中生命的延续和发展"首页家燕育雏图下写道：

> "梁上有双燕，翩翩雄与雌……青虫不易捕，黄口无饱期……须臾十来往，犹恐巢中饥。"唐代诗人白居易（772—846）这脍炙人口的诗句，描写了燕子生儿育女的艰辛，反映了生物繁衍后代的本能。

第七单元

生物圈中生命的延续和发展

"梁上有双燕，翩翩雄与雌……青虫不易捕，黄口无饱期……须臾十来往，犹恐巢中饥。"唐代诗人白居易（772-846）这脍炙人口的诗句，描写了燕子生儿育女的艰辛，反映了生物繁衍后代的本能。

从个体水平看，生物体的寿命都是有限的，死亡意味着生命的结束。而从整个生物圈来看，生命总是在不断地延续和发展着，通过生殖和发育、遗传和变异，并与环境的变化相互作用，演奏着延绵不绝、跌宕起伏的生命乐章。

◎《义务教育教科书　生物学　八年级下册》第七单元首页

“生物繁衍后代的本能”是科学的解释，“生儿育女的艰辛”则是人文的观照。科学与人文就这样自然而然地结合在一起了。

朱老师还在教材的习题编制上倾注了大量心血。记得在初中教材编写过程中，初稿形成后，他每天来生物编辑室同责编一起磨题，有时一上午也就编出两三道有新意的习题。在此过程中，他发挥了自己文学底子好、视野开阔、知识面广、生产实践经验丰富的优势，编出了许多新颖有趣的原创习题，其中有些习题就是从古诗词中找到灵感的。例如，在《生物与环境的关系》一节，他出了这样一道习题：

“人间四月芳菲尽，山寺桃花始盛开。”你能对这句诗描述的现象作出科学的解释吗？

一道看似简单的小题，打通了科学与人文之间的壁垒，体现了科学教育应在弘扬科学精神的同时兼具人文底蕴的重要理念。科学与人文的关系，其实质是真与善和美的关系。科学求真，人文求善求美。二者同源于实践，同源于人脑对客观世界的反映，因而共生、互通，并且总是相互影响。然而近代以来，人类文化中出现科学与人文的分离和不平衡发展，已经让人类备尝苦果。在学科教育中实现科学与人文的融通，即人文教育中适当渗透科学的理性精神，科学教育中适当体现人文的求善与审美观照，是人类文化重建科学与人文平衡的必由之路。理科教材在渗透人文精神方面适当引用我国经典诗词或名言警句，则同时兼具中华优秀传统文化教育功能，有助于培育学生的文化自信。朱老师在这方面为我们作出了示范。

朱老师之所以能够达到这样的境界，固然离不开深厚的专业功底、专业之外的广泛涉猎、丰富的实践经验，更为关键的深层原因是他对党和国家的教育事业满腔热忱，是他心中装满了对学生的爱，对祖国的爱，对自然的爱，当然也有对生命的热爱。

◎ 本文作者赵占良先生（左）与朱正威先生（右）于2006年合影

斯人已去，精神长存。我们在深切缅怀朱正威老师的同时，更要继承他编修教材的遗志，发扬他热爱教育、无私奉献的精神。“落红不是无情物，化作春泥更护花。”朱老师虽然永远离开了我们，但他的教育教学思想会永远在教材中发光发亮，他的教材编写理念和实践会为教材编写者持续提供丰富的营养。“唯有十册教材在，章章节节朱正威！”总结和提炼朱老师的教材编写理念和教学思想，并将这些思想营养运用到今后的教材编修实践中，运用到教育教学实践中，是我们对朱老师最好的纪念和告慰！

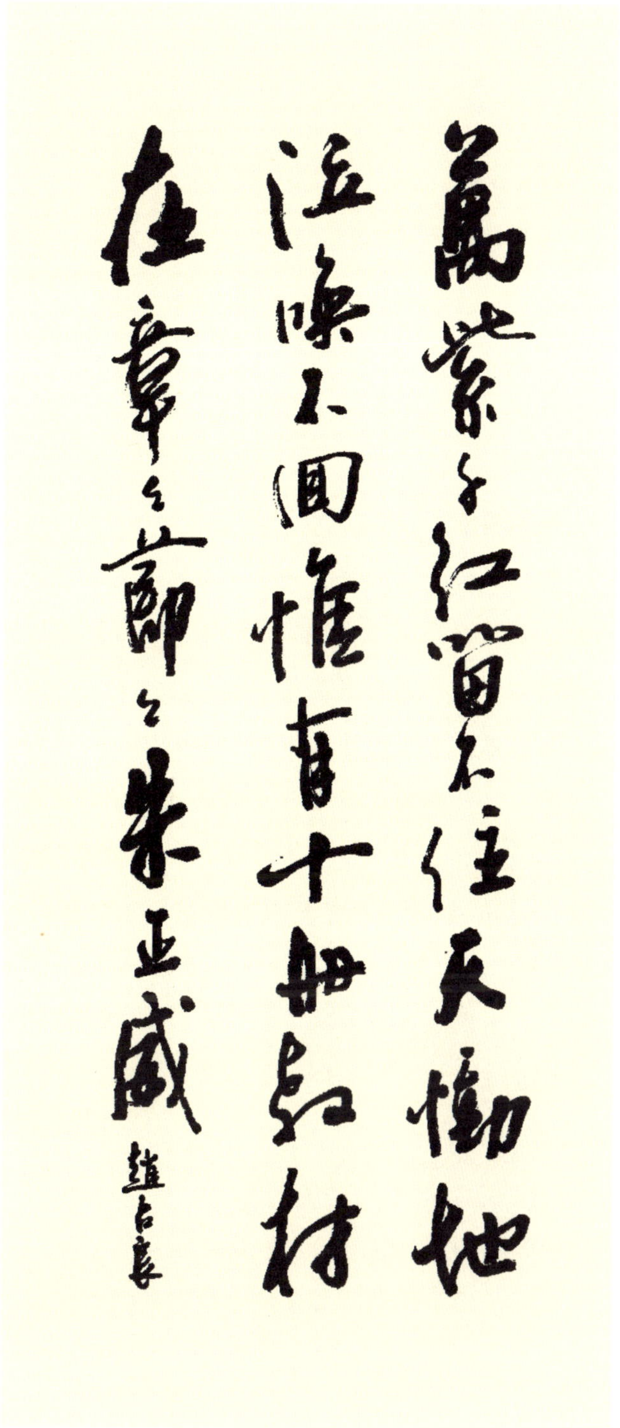

◎ 温青（福建师范大学附属中学校长）书

2018年5月5日朱正威先生去世当晚，赵占良含泪写下此诗。

还原朱正威[1]

储召生[2]

原编者按

朱正威的头上有许多光环：北京市劳动模范、享受政府特殊津贴的专家、北京师范大学教授、《生物学通报》副主编、人民教育出版社课程教材研究所研究员，等等。仅从这些名誉或头衔上看，你或许不会将它们和一位中学生物学教师联系在一起。

然而，要真正了解这位著名的生物学特级教师，我们却不能不时时与中学生物学课堂联系起来。全国人大常委会副委员长许嘉璐在“朱正威先生从教50周年教育教学研讨会”上就认为：“朱正威的名气，是朱先生从教50年来一节课、一节课地讲出来的。”

还是让我们从一个中学生物学教师的角度去认识这位名师吧。

◎ 1954年，刚刚走上工作岗位的朱正威老师

1954年9月6日，20岁的朱正威从华东师范大学（上海）毕业，来到离北京天安门广场

① 本文首发于《中国教育报》2005年4月25日第4版，被朱先生认为是“最像朱正威”的报道。
② 储召生，中国教育报记者，现任该报副总编辑。

不过一公里的北京师范大学附属中学（以下简称“北师大附中”）报到。当他踏进生物教研组，在为他准备好的办公桌前落座，一眼就看见两样东西：一件是用朱红的油漆工整地写着“朱正威先生”的瓷茶杯；另一件是中共北京市委组织部的文件《提高北京市中小学教育质量的决定》，史称《五四决定》。

朱正威或许没有想到，这一落座就是整整50年。并且，50年里朱正威所做的，其实说来说去都是同一件事，那就是“提高教学质量”。

1. “漂亮”的课来自生活

“到青蛙的生育季节时，‘黄梅时节家家雨，青草池塘处处蛙。有约不来过夜半，闲敲棋子落灯花’的诗句突然冒了出来；而‘竹外桃花三两枝，春江水暖鸭先知。蒌蒿满地芦芽短，正是河豚欲上时’，更把鱼类的生殖洄游诗意化了，生态化了……”一位学生回忆说，听朱正威的生物课，有种“只可意会、不可言传”的美妙感觉。

朱正威课讲得“漂亮”是出了名的。可以作为“物证”的是：50年前的1956年，年轻的朱正威因为课讲得好，得到了当时苏联专家的好评，还获得了北京市劳模的荣誉称号；20年前的1986年，朱正威因为课讲得好，被评为改革开放后的首批北京市特级教师。至于“人证”则更多，至今许多北师大附中的毕业生，已把听朱正威的课，作为对母校的美好回忆。

“漂亮”的课来自生活。朱正威说：“我一直认为大自然才是一本活生生的教科书，研究生物学，就要去观察活的生物界，了解它们的生活，发现值得研究的问题。就是在实验室里，也要研究活的有机体。”

朱正威1934年出生在江苏宜兴县城，父亲是世传的中医，母亲是受过现代教育的中学教员。日本侵华战争把朱正威一家逼到了乡下，在乡下的生活却意外地在少年朱正威的脑海里埋下了生命科学的种子。这个意外，也使朱正威的生物课有了“生活味”。

◎ 少年朱正威

在《我和中学生物科学教育》[①]一书中，朱正威写道：“老宅所在的小村，坐落在太湖之滨，离密生着芦苇的湖岸，只有一公里许。连绵的苇丛就是生态学所说的湿地生态系统，这是地球上生物种群最丰富的生态系统：荇菜花黄，蛙声不绝；莲藕菱角，遍处可见；鱼鳖虾蟹，唾手可得；雁鸭鹭鹬，南来北往……”相信每一位读者由此都不难想象，这样的童年生活会给朱正威的生物课教学增色多少。

朱正威更强调，生物教学要离学生生活实际近些、更近些。近年在多个不同的场合，朱正威总是以自己的亲身经历告诫年轻教师：“你不要固执地认为我讲的是科学，是书本上的科学，就强调科学是严肃的，有体系的，就必须ABCD八股式地罗列。这就很可能抑制了学生研究生物问题的兴趣。”

在朱正威看来，人对生物学科的兴趣是与生俱来的，这也使得中学生物课较之物理、化学、数学等，更易引发学生的学习兴趣和探求欲望。朱正威甚至认为，任何一个生物学学习主题的提出，学生总会有已有的相关体验，或来自日常生活的接触，或来自大众传媒，或来自自己的探求和思索，已积累了相关的知识和存在相关的问题。当你提出一个问题时，学生首先渴望的是表现他自己，解决他想解决的问题。作为教师，不能因为自己的“教学安排”而抑制学生的渴望。忽视了这一点，师生之间就会产生“离心力”。

朱正威更看不惯一些人（包括教师、学生甚至某些教育行政部门的领

---

① 本书于2000年4月由北京教育出版社出版，2004年再出修订版、精装版。

导）将中学生物课教学类同于一般的文科教学。这和一些师生在生物教学和学习过程中“重结论、轻过程，重记忆、轻理解，重现象、轻本质”不无关系。“怎么能把生物教成了死物呢？”

这些年，朱正威每到一地讲学，免不了要听观摩课、参观学校的生物实验室。朱正威说，现在不少学校的实验室建得很漂亮，和国外比也毫不逊色，但浪费现象也很严重，很多实验室的使用率很低，只是在学生做实验时才开放。让朱正威不解的是：像生物学这样的理科课程，为什么不尽可能在实验室里上呢？生物教室的布置为什么要那么严肃？窗台上放几盆花木，讲台边养只小兔子，有什么不可以的呢？

2. 把“爱”化在教学之中

“我把我爱学生之心，化在每一个教育教学活动之中。就以上课来说，我力求精神饱满，富有激情；寻求各种教学策略、方式启迪学生的心智；刻意于科学的严谨、准确和鲜活；务求在教学活动中给学生以丰富的、健康的思想营养；我鼓励有潜质的学生，同时呵护后进的学生；我决不以分数或升学的指挥棒向学生施压——这些都是真的，今天在座的学生们可以为我作证！”

2004年12月3日，北师大附中礼堂，头发灰白的朱正威正动情地回忆自己50年的教育教学生涯。朱正威那带有浓浓的吴越口音的普通话话音未落，台下已是掌声一片。

在和朱正威所教过的学生们的接触中，记者几乎没有听到有类似“朱正威和学生打成一片”的回忆。朱正威所教的第一届学生，最近甚至在《北京青年报》上发出公开信，希望能弥补当年没有和朱老师合影留念的遗憾。正如朱正威所言，学生们从他身上得到的教师的爱，更多地“化”在他的课堂教学实践之中。

要具体描述这种教师对学生的理性的爱是很困难的。朱正威说，他的

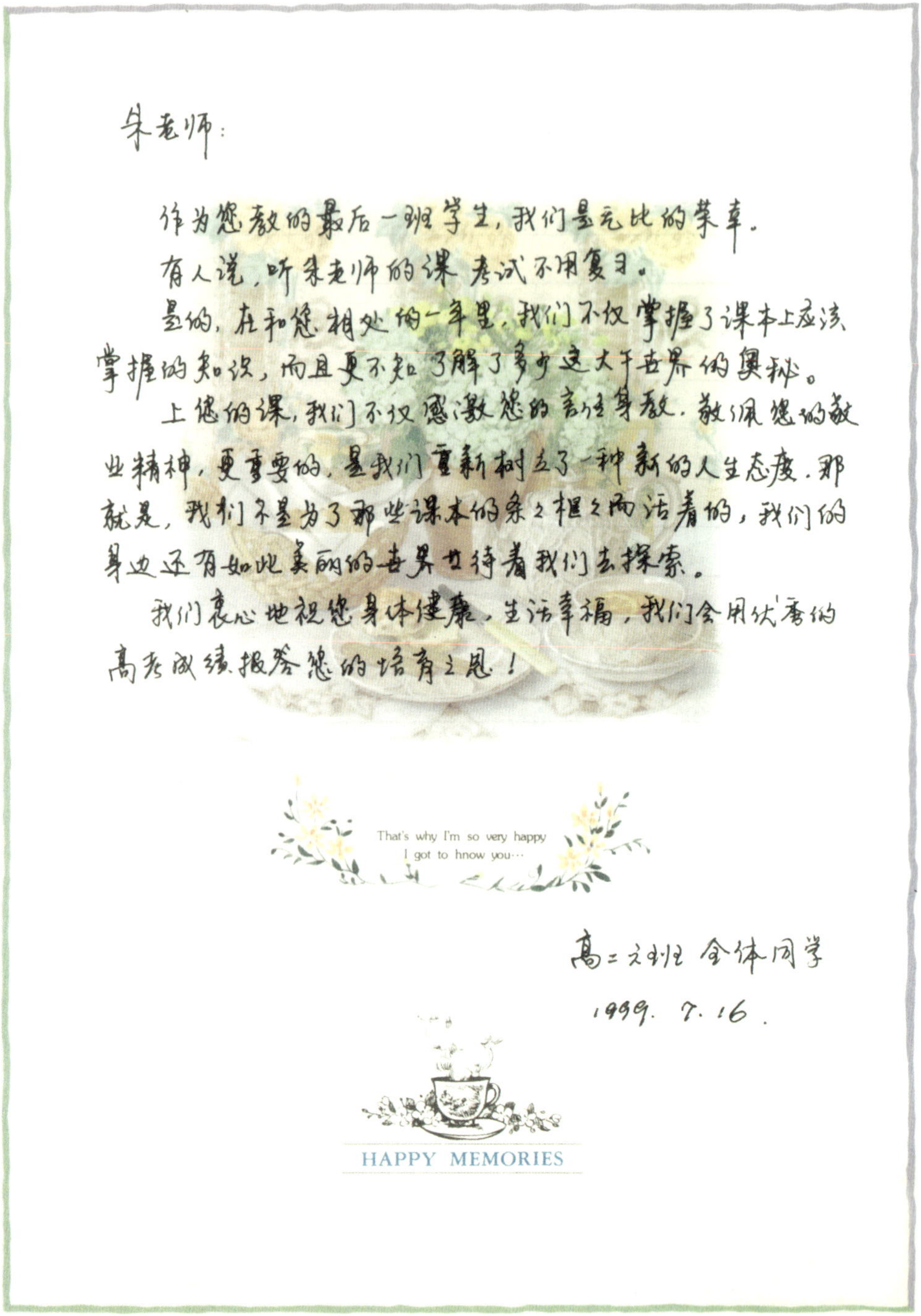

朱老师：

作为您教的最后一班学生，我们无比的荣幸。

有人说，听朱老师的课考试不用复习。

是的，在和您相处的一年里，我们不仅掌握了课本上应该掌握的知识，而且更不知了解了多少这大千世界的奥秘。

上您的课，我们不仅感激您的言传身教，敬佩您的敬业精神，更重要的，是我们重新树立了一种新的人生态度，那就是，我们不是为了那些课本的条条框框而活着的，我们的身边还有如此美丽的世界在等待着我们去探索。

我们衷心地祝您身体健康，生活幸福，我们会用优秀的高考成绩报答您的培育之恩！

高二文班 全体同学

1999.7.16.

◎ 学生写给朱老师的信

全部喜怒哀乐，几乎都系于他所执教的学生。为什么会这样呢？“教师的一切努力都是为了学生的发展，而发展是学生的基本权利”。

学过生物学的都知道，作为一个生命体，就必定有其自主性和选择性。因此，一种更尊重学生个性的教育，一种更易调动学生主动性和选择性的教育，才更符合“发展是学生的基本权利”。

朱正威正是以这样一个标准，时刻反省着自己的教学实践。这也迫使朱正威打破一切阻碍学生主动性、选择性的教学常规。朱正威告诉记者，教育家、列宁的夫人克鲁普斯卡娅就曾指出，如果一个教师遵循所有的教学规定、原则和方法讲一堂课，若不能引起学生的兴趣，就不是一堂好课。

朱正威举了一个讲青蛙捕食的教学案例。

有一次，在教初中动物学部分“青蛙的捕食”时，一位在农村长大的学生问：为什么钓青蛙时不用鱼钩？这打断了朱正威按捕食时舌的运动过程进行的讲解。那么，索性由这位学生来讲一讲钓青蛙的过程：先在竹竿上拴一根钓绳，不要钓钩，只要系上一个蚱蜢作饵，持竿在池畔草丛轻轻地抖动，青蛙就会吞住不放而被捉。在朱正威的引导下，学生们由此讨论起了以下三个问题。

（1）青蛙为什么会咬住不放？这和青蛙的舌根在前、舌体折叠、舌尖在后的“卷舌”有关。朱正威告诉学生，青蛙上颌有一对锄骨齿，可防止食物的滑出，钓青蛙正是利用了与青蛙吞食有关的特殊结构。

（2）为什么要抖动竹竿？这是模拟昆虫的跳跃，蛙眼对运动中的物体具有极强的识别能力，因此基于对蛙眼的研究才有了仿生的电子蛙眼。

（3）如何看待捕杀青蛙？这是一种应该受到谴责的行为。由于湿地的减少，青蛙的数量也在急剧减少，还出现了畸形的青蛙。这时候，朱正威便推荐学生阅读两栖类濒临灭绝的有关科学报告。

说实话，如果在观摩课上听到这样的讲解，我甚至会怀疑那个农村来的学生是朱正威特意安排的角色。但这样来讲这节课，无疑生动得多。

但朱正威同样反对一味强调尊重学生的学习兴趣来安排教学活动。朱正威说，这样很容易破坏教育、教学最起码的计划性和连续性，会导致教育教学质量的下降。或许朱正威的高明就在于，在尊重学生的学习兴趣、好奇心的同时，还善于结合学科特点，积极培植和引导学生的兴奋点。

3. 教师一定要与时俱进

没想到退休后的老朱（现在大家都这么叫他）会这么忙。

去年12月初在“朱正威先生从教50周年教育教学研讨会”上，记者便采访了他；今年3月底记者完成了初稿后，却一直没有找到合适的时间请他审稿。4月19日，老朱刚刚参加完福建省新课改省级培训回京的第二天，记者终于把他堵在了家里。就这样，他还是以身体不舒服为由，推掉了北京市评选示范校的一个专家评审会。

话题自然从他刚参加完的新课改教师培训开始。记者感兴趣的是，作为教了一辈子“老生物课”的特级教师，他不但没有对新课改“横挑鼻子竖挑眼”，反倒担任了教育部基础教育司生物课程标准组核心成员、人民教育出版社生物教材（实验版）主编，成为中学生物新课改的“领跑人”。

“我这个人还是比较爱学习的。”老朱告诉记者，即使在当校长的时候，他也是把40%的时间用在工作上，60%的时间用在学习上。而老朱所说的学习，既有通常所说的看书，也有到各地中学参观、听课，甚至在任校长期间到国外参观访问，他也不忘要求外方安排去当地中学听一节科学课。

“学习很多时候是逼出来的，特别是在改革开放的年代，你不学习是不行的。”老朱说，1953年沃森和克里克建立了DNA分子结构模型，开创了分子水平的基因遗传理论和基因工程实践的新纪元，而他自己在大学里所学的，却是批评基因理论的苏联“米丘林生物学”。这就迫使他不断地去学习新的知识，抛弃陈旧的知识，努力追赶上时代发展的步伐。

这可以从老朱的一系列科研项目得到印证：参加工作之初，因对以教材和教师为中心的不满足，探索“怎样在课堂教学中培养学生的积极思维和独立思考能力”，获北京市教育局“提高教学质量一等奖”；高考取消生物科目后，协助两位院士完成《加强我国中小学生物教学》的调查报告，并呈送中央；“八五”期间，主持全国教育科学规划重点课题《理科教学中的STS教育》；“九五”期间，参与重点课题《中小幼科技教育》研究，等等。

老朱说，学习同时也是一件快乐的事，越学越觉得自己很年轻。老朱现在所在的课题组里，有20多位院士，这给了他近距离向这些生物科学方面的权威学习的机会。而这些年每到一地，他总是先听年轻老师们的课，然后坦诚地与老师们交流，从未摆什么教改专家的架子。“你不要总认为你给了老师课改的新理念，你从老师身上同样能学到很多东西。交流是很快乐的事”。

谈到中学生物学教师如何适应新课改时，朱正威认为，新的课程标准、新的教材，需要以新的教学理念、教学原则、教学策略和方法去支撑。尽管有一些中外生物科学教育的成功经验可以学习，但我国地域辽阔，地区和学校的差异很大，课程的教学资源丰歉不一，面临的教学中的实际困难也不一样。“一线教师同样要学习，要结合实际情况，创造性地开展教学，在教学实践中总结经验，探索教学规律。不要老是埋怨‘课时太少，高考又不考’，关键是看你教给了学生什么。把生物学教成了让学生记住一些花鸟鱼虫，学生能重视你的学科吗？”

或许正因为积极参与生物学新课改，朱正威在全国生物学界有了很高的知名度。有人甚至认为，“在中学生物学界，朱先生是一面旗帜”。朱正威自己对此却很谦虚。在从教50周年教育教学研讨会上，朱正威回顾

◎ 2010年的朱老师

这一切时曾说了一句意味深长的话："人的一生一定要与时俱进；教师的专业化成长，就是要与时俱进，终身学习。"

说实话，这几年参加了不少著名中学校长的教育教学研讨会，对于动不动就总结所谓"教育思想"、动不动称为"教育家"的做法，多少有些麻木了。采访了朱正威后，我想说的是，对研究教师专业化成长的学者们来说，朱正威绝对是一个"富矿"。

第一部分
课堂教学研究

我怎样在课堂教学中培养学生的积极思维和独立思考能力[①]

培养学生的积极思维和独立思考能力是和其他的教学原则紧密地交织在一起的。同时，也必须渗透在课堂教学的过程中，为了叙述的便利，我分成下列几方面来谈。

1. 学生学习的积极性，常常源于对某一门课的爱好和有兴趣；也只有在学生对知识产生兴趣和爱好的同时，培养学生的积极思维和独立思考能力才成为可能

在讲动物学绪论时，我运用了海底沙箱模型（其中有多种鱼虾、玛瑙色的珊瑚和菊花似的海葵等）来说明动物体形、构造的多种多样，以及它们和生活条件之间的关系。此外，我还运用了标本、挂图和动物的化石配合讲解，让学生进行观察。这样，从一开始就能引起学生学习动物学的兴趣。

◎ 1956年，朱正威老师获得北京市劳模的荣誉称号

为了让学生明确畜牧业的发展对祖国建设的巨大意义，我引用过这样的材料：一吨猪肉

① 本文原载于《人民教育》1956年第8期。

可换回四五吨钢材，十吨猪肉可换回一辆拖拉机，一千五百吨冻猪肉可换回一个五万纱锭的纺织工厂，等等。列举完这些数字后，学生是非常惊讶的。接着我开始讲农业动物——猪这一节，因为学生懂得了养猪在国民经济中的巨大意义，就迫切地要求获得饲养猪的知识，那么其思维活动自然是处于积极状态的。

当学生对目前所学的一些基础知识与实践的关系认识不足时，还可以举一些具体例子加以教育，从实践方面说明目前学生学习的意义，从而鼓舞学习的积极性。

还可以通过让学生了解有关的科学家和卓越的劳动者的生平事迹，激起他们学习的积极性。我除了阐述教材上列出的材料，还适当地添加了一些。尤其注意介绍了我国杰出的学者和劳动模范们的事迹。在介绍中特别强调他们热爱祖国、热爱知识和刻苦钻研的精神。在介绍的方法上，有时朗诵他们的话语，如“有很多工作势必留给下一代去做，特别是你们，我的青年朋友们”使学生久久激动着。有时我也布置专题研究，让学生自己搜集材料，再在课堂上引用。

2. 教学的直观性的正确和充分的贯彻，会在启发学生的积极思维和培养其独立思考能力方面收到巨大的效果

我是这样做的。在课堂上可以通过实验和观察来进行。例如，讲解鲫鱼的各种鳍的功能时，我在盛着清水的玻璃缸中放一条鲫鱼，它在里面活泼地游泳。让学生看清楚后，用薄木片和橡皮筋把鱼的尾及尾鳍夹住，这时鱼游泳的速度变慢了。接着问学生为什么，略经思考后，他们就回答出：“鱼主要是靠尾和尾鳍的摆动来游泳的。”紧接着把一侧的胸鳍和腹鳍剪去，学生看到鱼体老向着一侧游。我又问学生这是为什么，他们回答说：“偶鳍能帮助鱼体拐弯。”最后，我把另一侧的偶鳍和背鳍及臀鳍全部剪去，结果鱼体完全侧了过来，无法保持正常的游泳姿势。学生又自然地得出："奇鳍和偶鳍都能帮助鱼体保持垂直的姿势。"这一段教材就这样通过教师不多的帮助，学生在实验、观察中轻松愉快地学完了，而且印象是非常深刻的。

在布置课后的独立观察时，我指定部分学生在小动物园中饲养家鸽，并要求他们在一个月左右的时间内观察家鸽的生殖发育，同时要求他们作出扼要的观察记录。当我教到鸟类的生殖发育一课时，由他们介绍观察的结果，提出发现的问题以及自己的见解，这不仅培养了这部分学生独立思考的习惯和独立工作的能力，而且在课堂上引起了广大学生的兴趣和学习的积极性。

像这样的课后独立观察作业，因条件不同，有时我指定部分学生来做，有时我也在全班布置。例如，在讲哺乳动物的偶蹄目中的反刍类具有复杂构造的胃时，就是预先在全班布置家庭作业——观察牛粪和马粪的不同并指出原因，然后在课堂教学中再加以检查引用。

也可以通过组织一堂野外观察来进行。例如，教完植物学第一章的乔木、灌木和野草一课后，带领学生在校园里上复习课，并熟悉自己校园里的植物。当观察到一株生长在圆柏和杨树的密林里的马尾松时，我问学生："这是乔木还是灌木？叫什么名字？为什么生长得不好？"学生能答出："这是乔木，叫松树，因为松树是喜欢阳光的植物，而这里缺乏阳光，所以生长得不好。"同样，看到玉簪花时，我就问："为什么花匠把花种在墙的北面，而不和其他花卉种在一起？"学生很快就推想到这是一种耐阴植物。就这样通过大自然中一些具体的事物吸引着学生们，使他们的思维活动保持着积极的状态。

利用直观教具，作为启发学生积极思维和培养其独立思考能力的手段。在这方面我只以挂图为例来谈一谈。

挂图上除主体以外，还应该表示出时间、空间和地点等。例如，教青蛙的生殖发育时，我在学生面前展示了这样一幅图画：图的下部是清澈的、蓝蓝的水池，并丛生着菖蒲、蒌蒿等水生植物；上半部是夕阳西下，暮色苍茫的天空，远处显现出群山的轮廓；图的右侧有一簇艳丽的桃花斜伸到水面上。学生一看就明白了这是一幅暖春的傍晚景色，也就很快地记住了青蛙的生殖是在暖春傍晚的水边进行的，并异常焦急地等待着教师往下讲。接着，我依次边讲边把硬纸板做成的蛙卵、不同发育阶段的蝌蚪及有尾的幼蛙钉在图上的适当部位。当把有尾的幼蛙钉在水边陆地上时，在原来桃花的部位上钉了一丛绿叶满枝的树枝。学生很快地明白了，在青蛙变态发育过程结束时，已是初夏了。这样的教具，能使学生积极地掌握关于青蛙生殖发育的时间、地点，并为他们以后进行独立的野外观察打下了牢固的基础。

我感到对挂图背景的充分考虑和运用，有助于引起学生的积极思维，利于他们掌握知识。为了让学生了解事物发展的过程，挂图的循序性也应很好地考虑。关于青蛙的生殖发育一课直观教具的例子，就是逐步钉上去的。讲解某种作物或农业动物的培育过程，也同样如此。如果一下子把全部过程呈现在学生的面前，就会影响学生积极的思维活动，使其注意力分散，而不能跟着教师的讲解，有步骤、有系统地积极思维。

为学生的积极思维创造可能的条件，还应设计和制作对比形式的挂图。例如，在讲鸟类的起源时，要使学生明白始祖鸟是介于爬行类和鸟类之间的过渡类型，我画了这样的三幅图：第一幅是始祖鸟化石的复原图，第二幅是现代鸟的图（选用了土画眉），而且特别注意清楚地画了尾羽的扇状排列，叫着的、张开的嘴和伸长的跗跖骨；第三幅是爬行类鳄鱼的图，也特别注意选择了一只张开大口的鳄鱼，以便清楚地看到它的牙齿。讲课时我说："科学家在中生代的地层里发现了始祖鸟的化石，这更有力地证明了鸟类是起源于爬行类的。为什么呢？因为它既像鸟又像爬行动物。"接着，我叫两个学生上来，先后把始祖鸟和土画眉、鳄鱼相比，结果这两位学生很有信心地对着全体同学做了比较，说明始祖鸟有羽毛、翅膀、伸长的跗跖骨和三趾向前、一趾向后，因此像鸟，但有长尾、牙齿，翅上有发育完好的三个指，这些又像爬行动物而不像鸟。当然有些学生答不完全，甚至有答错的地方，但总体来说，答案还是令人满意的。尤其是大家注视着这两位同学的比较并做了补充和修正，所以积极性是较高的。这同时培养了学生不在教师太多的帮助下独立思考的能力和习惯。

在复习课或巩固环节，应适当地设计一些新的挂图、图表，如果所用的是早就为学生所熟知的，效果是不会好的。

在始祖鸟的例子中，当把始祖鸟和现代鸟相比时，我没有用学生所熟悉的家鸽和爬行动物相比较，也没有用学生所熟悉的蜥蜴。这样做，不仅扩大了学生的知识领域，而且，因为是新的东西，学生对它就特别感兴趣，积极性也就自然高涨。同时为了认识新东西，学生还必须根据已有的知识来思考和认识未知的东西。

除上述几方面外，对一些简单的图，教师还可以边讲边绘。

3. 生动优美、通俗易懂、简练而又合乎逻辑的语言，对学生积极思维活动的开展，也起着良好的作用

自然科学教学的主要任务，不是培养学生的表达能力和语言的技巧，但也决不能因此而忽视了它。语言直接影响思维的发展，因此在培养学生积极思维和独立思考能力的工作中，语言就特别值得重视。

教师要努力提高自己语言方面的素养。例如，讲鸵鸟的形态、构造适于沙漠生活时说，它没有翅膀是适应于“广阔的”沙漠地带生活的；腿长也是适应于“广阔的”沙漠地带生活的；长颈还是适应于“广阔的”沙漠地带生活的。这样的形容就未免太乏味了。可以说成“无边无际的沙漠地带”“黄沙千里的沙漠地带”……这样就会好一些。虽然“广阔的”能够真实地反映沙漠地带的情景，但是老是用这样的词，就显得贫乏了，当然就会影响思维活动的积极开展。

教师措辞的逻辑性对学生思维活动的开展有很大的影响，因为没有逻辑的语言，也就不可能有逻辑的思维。例如，讲蜥蜴的皮肤具有角质的鳞片和肺内壁具有蜂窝状的构造都是长期适应陆地生活的结果一点时，说成："蜥蜴由于完全在陆上风吹太阳晒的环境下生活，所以肺发达了，具有蜂窝状的构造，因此，皮肤不再像青蛙那样用于呼吸，因而具有了角质鳞片防止体内水分的蒸发。"似乎也说得通，但严格来说，应说成："由于蜥蜴长期在陆地上风吹日晒的环境下生活，皮肤上有了角质的鳞片，可防止体内水分的蒸发，因此皮肤不再像青蛙那样用于呼吸，随之肺也就发达了，出现了蜂窝状的构造，加大了气体交换的面积。"这样就合乎逻辑了。

有些语言，必须热情而有鼓动性，使学生被深深地激发而积极起来。例如，讲述我国学者发现北京猿人化石对世界科学作了巨大的贡献时，就应充满着热情来叙述。当联系祖国生产建设的发展或鼓舞学生向科学进军、为祖国创造财富时，就应该讲得深切动人。如果懒洋洋地说上几句，还不如不说。当然，热情要有分寸，尤其要用得恰当。

给低年级学生讲课，除注意语言的通俗和生动，必要时还可把教材组织成故事的形式。在讲初一卫生常识，关于要吃多样化的食物，不要挑食的问题时，引用新中国妇女杂志上的材料并组合成故事：有两个小孩，一个不爱吃豆沙包，结果阿姨让他亲自参加了做豆沙包的劳动过程，包子蒸熟后，他很想尝一尝，以后就慢慢爱吃了。讲完这个故事后，学生自己就下了结论："原来挑食只是习惯问题，是可改正的。"并说出自己的挑食习惯是怎样养成的，以后要如何改正。这样的课，学生的注意力很集中，可以看得出学生的思维活动是积极的。

还可以利用诗歌、民谣等异常精练和优美的语言。例如，讲绵羊的时候，一开始我就让学生朗诵下面几句歌谣，来概括绵羊的经济价值："我家养着一群羊，角儿弯弯毛儿长。哥哥说'羊肉最好吃'。姊姊说'羊毛纺线织衣裳’。小弟弟，喜欢羊，他说‘羊的奶儿甜又香’。”学生听得都乐滋滋的，因而讲课一开始就吸引了学生的兴趣，促成了师生一起愉快劳动的气氛。

有些时候，恰当地引用古诗亦未尝不可。例如，在讲捕鱼业时，告诉学生首先必须掌握鱼的生活情况和活动规律，尤其是洄游的生物学特性。我曾引用了宋代大诗人苏轼的诗句："竹外桃花三两枝，春江水暖鸭先知。蒌蒿满地芦芽短，正是河豚欲上时。"

这首诗浅显易懂，它描绘了河豚在初春时即进入淡水的江河产卵，这不仅包含着我国人民早在古代就了解了鱼类生殖洄游的生物学特性，从而进行了爱国主义教育，尤其重要的是使学生在积极的、愉快的，甚至是带着某种欣赏的心情下进入了知识的大门，从而留下深深的痕迹。

4. 在课堂教学中，要经常注意提出能够发展学生思维能力的问题

多提问，及时地、正确地提问，是使学生思维活动处于积极状态的基本方法之一。因此，教师应根据教学大纲和教材的要求，善于提出能够发展学生思维能力的问题。一般地说，过分简单的、限于死记硬背的及一些细小的枝节问题，应该少提或不提。教师没有必要片面地追求一堂课中提问的数量，而应特别重视问题的质量。我所指的质量，仅指能否启发学生的积极思维而言，因此，有些问题虽然答案简单，但必须经过充分思考、回忆和联想的，仍应该提。

要按照教材内容的逻辑性来提出问题。因为教材内容的逻辑性本来就可以提升学生的思维和学习的积极性，尤其是系统地思维的习惯。例如，我问学生："青蛙的血液循环器官有哪些和生活条件相联系的特点？"这样的题虽有思考价值，但不易想出来。如果先问一下："青蛙的呼吸器官与生活条件相联系的特点有哪些？"这样学生把前后联系起来就能答出来。我想，这样的问题是合乎内容的逻辑性的，也没有超过学生的思考能力限度。

要提能使学生把新旧知识加以对照的问题。生物学，尤其是动物学课程，本身就有严格的循序性——按照进化系统的次序安排了教材。因此，完全应该而且可以在讲解新的东西时，用学生学过的东西加以对比，唤起学生的回忆和联想，突出生物之间的相互关系和受不同的生活条件的影响的重点。这样提问题不仅启发了学生的积极思维，而且使知识系统化了，巩固了。这方面有很多例子，在这里就不列举了。

要提能使学生把教材加以综合和系统化的问题。上面关于新旧知识加以对照的问题已有这方面的含义。这里我再举一个例子：在教完哺乳动物的进化一节后，在下一节的复习环节中，我提了这样的问题："综合你所学过的全部知识来说明哺乳动物的祖先只能是而且必然是古代的爬行动物。"学生回答时提出了胚胎学上的、一般形态构造比较方面的和古生物学方面的证据，这显然不是上一节课中所能全部包含的材料，而是经过很好的思考后，总结、归纳而成的。当然，学生这种综合知识的能力，必须在教学中逐渐地培养起来。如果只是某一次偶然提出这样的问题，那么学生会束手无策的。

要提能使学生应用已有知识来说明、推论和评判新事物的问题。例如，在讲鸟类的起源时，因为前一节是讲鸟类的生殖和发育，在复习旧课时就问："鸟类的生殖和胚胎发育与爬行类的有什么相似点？你觉得由此说明怎样的问题？"前半题是上一节讲的，学生很容易就答了出来；对于后半题，学生苦苦地思索了一番才答道："这说明鸟类的祖先可能是一种爬行动物，因为以前学过硬骨鱼的胚胎时期有像成年的软骨鱼一般的脊索，证明它起源于软骨鱼。两栖类青蛙在生殖发育过程中的蝌蚪时期就很像鱼，因此，我们认为它的祖先是鱼类。鸟类的胚胎发育初期很像爬行类，也就说明了同样的问题。"回答得很好，这是学生积极思维的结果，而且为新课的开始做了很好的引言，并巩固了原有的知识。

自然，在新课进行中，也可以提出这样类型的问题，在这里就不再举例了。

要提能使学生应用知识于实践的问题。例如，在讲完农业动物一章后的复习课上，学生已经明确了培养高产量的、适合于人类需要的家畜新品种的育种基本原理和方法，我就问学生："我国的金华猪应该怎样设法改良？"学生经过较长时间的考虑，并参照了乌克兰大白猪的培育过程，然后回答："因为金华猪的主要缺点是体型太小，产肉量不多，因此可选择体型大的公猪如英国大白猪或乌克兰大白猪与之杂交，弥补这一缺点。"第二个学生补充说："单杂交还不成，还应对杂种后代进行很好的培育，尤其是放在金华地区的气候条件下来培育，才能保证金华猪原有的优点。"第三个学生接着补充："如果杂种第一代体型不够大，还可继续进行第二次杂交。"按照他们已掌握的知识来说，这三个学生的回答显然是很全面了。把已经获得的知识试着运用到解决生产实践的问题上，纵然与真正的生产实践有一定的距离，但你还能要求他们怎样呢？

要从学生的生活经验中提出激发兴趣、具有思考价值的、与教材有关的问题。学生是具有一定的生活经验的，尤其是来自农村的学生，对于生物学方面的知识有一定的了解，当然也存在一定的问题。教师如果不照顾到学生这样的特点，把学生当作一张白纸，只是自己一股劲儿地往上面又写又画，学生的积极性就会受到伤害。例如，在讲青蛙的捕食时，要使学生明白青蛙的颌上和口盖上都有向内弯曲的、尖锐的牙，食物进入口中才不致滑出去。我先问："有没有同学钓过青蛙？怎样钓的？"结果每班都有。他们说："用一蚱蜢或油葫芦（常见的蟋蟀类群）系在线上，在水边草丛中动来动去，青蛙一吞，就拉上来逮住了。"我接着问他们："你为什么不像钓鱼似的用钩子钓呢？"大家说不出透彻的理由来，只是说："只要它咬住，反正就跑不了，因此不必用钩子。"在这种情况下，我就告诉他们："青蛙嘴里的颌骨及口盖的其他骨上有尖锐的向内弯曲的牙，又吞得猛，吞了这样大的食物，在你拉起来的刹那间，钩住了吐不出来。因此青蛙不仅有适于捕食昆虫的舌，而且有特殊结构的牙防止食物从口中滑出。”这样既利用了学生的生活经验，又解决了新的问题。这种师生共同劳动是愉快的，学生的思维活动是积极的。

我初做教师工作一年多以来，在启发学生的积极思维和培养其独立思考能力方面的工作大致情况就是这样。我深深感到：要使学生能自觉地、积极地去掌握知识，首先教师就要赤诚地热爱自己所教的学科，热爱人民教育事业，并要不断地从各方面吸取新的滋养。我也体会到，启发学生的积极思维和培养其独立思考能力，不只是方法的问题，重要的是深入地钻研教学大纲和教材。启发学生的积极思维和培养其独立思考能力的方法是多方面的。因此，教师必须创造性地去劳动，并必须把事先周密考虑过的方法具体地写入每堂课的教案，有计划、有目的地进行工作，教案不是什么“灵机一动”的“即兴之作”。

上好高中生物学复习课的若干体会[①]

1. 正确拟订复习课的目的任务

实践告诉我们：复习课的目的任务是不容易拟订的。因为它的教学内容不是个别新知识，而是一系列的、每个学生掌握程度不等的旧知识：所包含的内容多、头绪纷繁，而复习时间却是有限的。这些都给正确拟订复习课的目的任务带来一定的困难。

（1）复习课的首要的、最基本的目的任务，是帮助学生把学过的知识系统化和突出重点。生物学知识具有严密的系统性。整个有机界从其发生发展的关系上和现存的关系上看，都是一个统一的整体；生物有机体的结构和功能也是一个统一的整体。在平时教学中，为了讲授的方便，不得不把完整的内容，分成若干章节，在若干课时中讲授。虽然教师力图在讲授中体现这些章节间的内在联系，但总受到一定的时间、条件的限制。如果不注意使学生学过的知识系统化，那么学生头脑中就只有一堆零散的知识，易于遗忘。但是只强调系统性，不注意突出重点，当把学习到的知识融合到一个系统里去的

◎ 1964年的朱正威老师（前一年，他所执教班级的生物高考成绩在北京市排第一）

---

① 本文原载于《生物学通报》1964年第1期。

时候，不适当地忽视了每一部分知识在整个系统中的特定地位，浑然一片，这也是不好的。应该注意在知识系统化的基础上，进而突出重点。

怎样才是既注意了系统化又突出重点呢？如“达尔文学说”的复习课，作为生物进化学说，其根本任务是科学地阐明适应、新构造、新物种的起源。因此，达尔文学说中自然选择理论是核心部分，在复习课中应该突出这一重点。而整个系统依次为：遗传变异是生物进化的基础；人工选择理论是达尔文进化学说的一条引线；自然选择理论是达尔文进化学说的核心，它科学地阐明了适应和新物种的产生。这样把达尔文学说中几个主要部分以“基础”“引线”“核心”组织起来，就能较清楚地体现系统性和突出重点。

（2）复习课的第二个目的任务，是要特别注意学生运用知识的能力的培养。如果认为我们在生物学教学的全部过程中，都要注意训练学生在掌握知识的基础上形成一定的技能、技巧的话，那么复习课就更有必要，因为技能、技巧的形成，有助于更巩固，也更灵活地掌握知识，同时这也是可能的，因为学生已经掌握了（即使还不够牢固）一定的知识。因此一节复习课，常常要组织进去适量的口头的、笔答的或观察、分析、比较等练习。为使这些练习进行得有成效，关键在于出好练习题。在“种子及其萌发”的复习课中，我就出了下列练习题。

①解剖下列已浸泡过的种子（杏仁、西瓜子、高粱、小麦），写出它们共有的构造，它们分别属于双子叶植物还是单子叶植物？②解剖一粒蓖麻种子，它是单子叶植物还是双子叶植物？比菜豆种子的构造多了什么？（教师指出：多了胚乳部分，因此不要认为双子叶植物种子都没有胚乳；学生经常容易误解。）③切开蓖麻子和玉米粒，滴上碘液可以看到什么不同现象？怎样解释？再分别燃烧它们，又有什么不同现象？④把菜豆种子构造图和菜豆的幼苗图中相应的部分连上线，使人一看就知道菜豆种子的各部分构造将来长成什么。

这样在教师的引导下，通过学生的练习活动复习巩固了知识，也在一定程度对已掌握的知识进行了练习和运用。

（3）复习课的第三个目的任务，是要使学生已获得的知识适当地扩展和深化。这里指的扩展和深化不是说任意加多和加深教材，而是指对已学过的知识由此及彼、由表及里地再加工问题。例如，关于自然选择概念的复习，不只是重复书上的几则例子来说明（这一任务基本上应由新课的讲授来完成），而应该引用学生在植物学、动物学中学过的许多生物和生活条件相适应的事例及日常生活中的经验，令其用自然选择的理论来阐释，从而对自然选择这一概念，充实更多的事实依据；对这一规律发生作用的普遍性、经常性有更为深刻的认识。这基本上是由此及彼的概括过程。在复习自然选择时，如果要求学生把自然选择和人工选择在过程、动力、作用等方面进行系统比较，他们就会更深刻地理解自然选择是自然条件通过生存斗争对变异的汰劣留良的一条自然规律。不进行这样的加工，就有可能因为两者都是包括变异、遗传、选择三要素而忽略它们之间的质的差别。

（4）复习课的第四个目的任务，是应该注意解决平时在教和学中所遗留下来的问题。由于教师教学中和学生学习中的缺点，遗留下来一些错误和缺陷，是难免的。如不抓住复习课这一时机予以矫正和弥补，将会对进一步的学习带来困难。做到这一点的关键在于经常了解学生的学习情况，重视每堂课的教学效果的检查和分析，平日要对作业、测验中所暴露出来的问题进行系统的整理。

（5）复习课的最后一个目的任务，是适当地检查学生知识掌握的情况。可以采取边复习边检查一些问题，或复习完了留一点时间进行测验，但不宜经常这样做，以免学生摸着规律，复习成了测验的信号，致使复习时神情紧张，影响效果。

总之，复习课的目的任务不应该是机械地重复学习过的、个别的知识，而要从多方面来考虑。但也不是任何一堂复习课，这几方面都平分秋色。哪方面摆得重些，哪方面放得轻些，应由复习的内容、学生掌握知识的实际情况等多方面因素来决定。

2. 选择适宜的复习方式

进行复习课的方式是极其多样化的，下面是我们常用的几种方式。

（1）以教师的归纳性讲述为主的复习课。通常又分以下两类情况。一种是教师选择教材中抓住本质和核心的内容，按照一定的体系组织起来，并适当结合学生的实际问题，系统讲述。例如，两个遗传学派对遗传、变异的研究，抓住孟德尔—摩尔根学派的遗传变异有一定的物质基础，它主要以遗传单位（基因）存在于染色体中这一基本观点作为主线，组织全部教材，遗传变异的基本规律主要是基因在世代传递中的规律性和可变性（分离定律、自由组合定律、连锁互换定律和基因的重组、染色体畸变、基因突变）；遗传变异和环境的关系主要是环境影响表型，而遗传的是基因型，因此环境不起主导作用；培育新品种的关键是改善遗传基础——基因型。在高年级中，一般理论性、逻辑性较强的内容，都可用这种方式复习，如生命的起源和进化、达尔文学说等。另一种是以归纳性讲述为主的复习课，可采取知识归类的办法。例如，可将“哺乳动物”一章（北京市试用教材）归纳为如下几个方面进行复习：①家兔的构造和生理表明了哺乳动物是动物界中最复杂、最高等的一类；②哺乳动物的多样性是其长期适应不同生活条件的结果；③家畜的饲养要根据它们不同的生物学特点和生长发育的不同阶段来进行。

（2）以启发式或问答式谈话为主的复习课。教师把教材按一定的体系，用一系列的问题联系起来，在教师的主导下，学生回答，教师再酌情归纳。例如，为使学生巩固两栖纲和爬行纲动物的形态、构造、生殖发育是各与其生活条件相适应的结果的知识及不同两栖动物、爬行动物也是适于不同生活条件的结果的知识而进行的复习，可用以下问题组织起来（答案略）。①青蛙、蜥蜴在形态上各有何特点？为什么会有这些差异？②列表比较不同生活条件对青蛙、蜥蜴的呼吸器官、循环器官、脑的影响。③简要说明青蛙生殖发育的特点及需要在何种环境下进行，并把一组青蛙发育过程的模型，按其发育顺序排列起来。④蜥蜴的生殖发育和青蛙的有何不同？为什么？⑤能说出两种你从未见过的标本属于哪一纲吗？（标本是蜥蜴和蝾螈，均无标签。）理由是什么？⑥填写表格，比较蟾蜍和蝾螈的尾、体形、四肢，解释这些不同的原因。⑦蛇和龟各自怎样运动和躲避、防御敌人？为什么它们同属一纲却如此不同？这种方式的复习课，学生积极性较高，对低年级更为合适。但很重要的是教师要起到主导作用，问什么，问谁，怎样问，都要经过周密的考虑，否则就会不易驾驭，主线不明，重点模糊，甚至完不成复习计划。

（3）按教材的难点、重点，事先印发的复习提纲或根据学生存在的问题，逐点、逐题地进行讲述的复习课。这种方式就解决个别问题、巩固某些知识来说，有其长处，但若单独使用，就不能完成复习课的全部目的任务，而且由于一些知识只是简单重复，学生精神易于涣散，在低年级中尤其会这样。因此，这种方式需要与其他方式配合使用。或适于在测验、考试前的辅导性复习课中使用，因为此时学生由考试督促，注意力高度集中，事先也已阅读过、研究过课文，用这种方式复习，就有了必要的基础。

（4）以学生的独立工作（如观察、实验，自己作结论，练习，阅读课文、写读书笔记，专题讨论等）为主的复习课。这种方式是近年来我们针对学生独立工作能力较差的情况，而努力摸索的。实践证明，它能尽可能唤起学生的积极性，培养学生的独立工作能力，所复习的内容也易于牢固记忆。但教师必须注意通过事先的准备工作和事后的总结工作充分发挥主导作用，否则将会产生一些流弊，在低年级中尤其如此。例如，学完了达尔文学说后，教师针对学生对若干概念的关系搞不清楚和对达尔文学说某些部分存在着不同的理解，组织了一次专题讨论，讨论题目是：①遗传、变异、选择在生物进化中的作用是怎样的？②生存斗争、自然选择、适应三者的关系是什么？③根据达尔文学说的观点来说明环境条件及其改变在生物进化中的作用。通过讨论、争论，首先，把一些概念的含义弄清楚了，也比较确切了；其次，会灵活举例说明问题了；最后，也暴露出来一些理解的错误。教师针对讨论情况进行了总结。

根据实际情况组织以学生独立工作为主的复习课，虽然问题比较复杂，所费时间也多，但的确是一种值得进一步试验和探索的方式，尤其是在高年级中。

生物复习课的方式还有很多，如参观等。由于不经常用，从略。以上所述各种方式，在实践中经常是互相补充的，单靠某一种方式来完成复习课的全部复杂的目的任务是困难的。

3. 启发和维持学生在复习课中的积极性

当我们正确地拟订了复习课的目的任务，选择了适宜的复习方式，把教材按一定的体系组织好之后，还必须通过种种途径启发和维持学生在整个复习过程中的积极性。由于复习课的内容是旧知识，因此学生在复习过程中的积极性常常比授新课时差，这会严重地影响复习的效果。

（1）在进行复习之前，要让学生明确这一复习课要达到什么样的目的、复习的重点、主要用什么方式进行等，并提出一定的要求，使学生做好必要的精神准备和具体知识上的准备。为此我们经常要注意以下各点：①这一工作应在复习课的前一节课就布置；②这一布置要使学生感到即将复习的内容是符合自己需要的，为此就要简明扼要地总结在前一阶段中学习的情况，在掌握知识上存在的主要问题，这样学生就会感到，这次复习是迫切需要的；③布置一定的作业，如阅读某一段课文，阅读复习提纲，或把复习的内容试着归纳成系统，列出重点等。这样，学生在复习课之前就动起来了，对即将进行的复习课的积极性的产生和维持起了良好的影响。

（2）在一堂复习课中应该运用多种多样的教学方式方法，使学生的各个感受器、效应器交替地工作和休息，使积极性得以维持，减少疲劳。复习课常常是要复习好几节课的内容，有时候这些内容会有某种程度的相似，如果再采取同样的方式方法复习，就很容易疲劳。例如，高中生物学中新陈代谢一章的复习，内容包括绿色植物的代谢、动物的代谢、非绿色植物的代谢等。其中绿色植物和动物的代谢都是按代谢过程，即同化——异化的次序来安排的。由于生物体的代谢过程有其共同特点，许多基本概念就难免重复，如果用同样的方式在一堂课中来复习，到后半堂课，学生的积极性就会下降。因此，教师通过归纳性的讲述复习绿色植物代谢过程，重点巩固新陈代谢的一般概念；在复习动物的新陈代谢时则改变方式，要求学生到黑板前自行用图解表示代谢过程。画完后，教师再简单说明这一基本过程和绿色植物的相似，紧接着运用谈话法来复习动物和绿色植物新陈代谢的差异。这样就把在某种程度上内容相似的教材用不同的方式方法来处理，既节省了时间，突出了各部分的重点，还维持了学生复习的积极性。再比如，在动物学教学中，一连讲了几个不同门类的代表性动物后所进行的复习课，就会碰到一个问题，即每种动物都涉及消化、呼吸、循环、神经等系统，如果都用同一方式一个个地复习，就很难保持学生的积极性，这就既要在各门类复习时各有重点，又要采取不同的方式方法。

如果内容并不雷同，也应尽可能地在一堂中使学生从听讲转入口答、笔答，或转入观察练习，使他们能自始至终维持较高的积极性。

（3）多方面运用新的刺激物激起学生的积极性。巴甫洛夫认为，利用新奇的因素是教育技巧的高级表现。至于渴望认识一切新事物，他认为，这是人类天赋的特性，也就是所谓的定向反射。

①通过解决新问题来巩固旧知识。例如，为巩固学生关于啮齿目和食肉目各与其食性相适应的特征，课文上讲的是兔和猫，在复习时则给予学

生两具不贴标签的骨架：大家鼠和狗。令学生观察分析后，根据齿式及其形态、爪的发达程度、脑颅和面骨的相对大小之比，确定它们一个是植食性的，另一个是肉食性的，分别纳入啮齿目和食肉目。又如，在复习自然选择和人工选择时，要求学生解释亚麻地里杂草亚麻荠的产生原因。该新种与原始种相比，具有种子大一些的特征。开始人们为了和亚麻荠等杂草斗争，想出了各种分级机、选种机，淘汰能通过它们筛子的杂草的细小种子，选择了较大的亚麻种子。只有那些产生较大种子的亚麻荠，才躲避了清选，和亚麻种子一起播入地里，久而久之就形成了新种。学生若能经过分析肯定这是自然选择的例证，而不因为有人的参与就说成是人工选择，就会较好地巩固自然选择的概念及其与人工选择的区别。根据这一精神，教师可以提出种种与学过的知识有关的问题，使学生在解决一些新问题的过程中，巩固已学知识，积极性自然是高的。

②通过对旧知识的系统化和比较、分析等方法，使旧知识上升到更高的水平，从而在一定程度上具有新鲜感，将会较好地保持复习的积极性，如植物各类群的形态构造特征的类比、动物各类群特征的类比、动植物新陈代谢过程的类比、不同发展水平的感应性的类比等。这是在复习课中经常采用的方式，都能唤起学生积极参与复习过程，从而牢固地掌握知识。又如，在生物学的总复习中，当复习新陈代谢的知识时，就可以把分散在各章节的有关知识综合起来，从而把对新陈代谢的理解提到更高的水平。不只是复习新陈代谢的基本过程、类型，还可以联系原生质的化学组成来更深刻地理解生物体是通过新陈代谢用无机界的物质来构成自身的，新陈代谢是与构成原生质的蛋白质的理化特性联系在一起的，还可以联系生物的生长发育、繁殖和遗传变异，更深刻地认识新陈代谢是生命现象最基本的因素，各种生命现象都以新陈代谢的进行为基础。这样就把前后相关知识有机地联系在一起，不仅使知识更完整、更系统化，而且学生在这一过程中必须积极地思维，通过一系列的联想、概括和分析来掌握知识。

③复习旧知识时的方法、使用的教具，应该和授予新知识时有所不同。这也能较好地激起学生的积极性。例如，关于细胞、组织、器官、系统、生物体是一个统一的整体的这部分内容，在进行复习时，不妨从整体性开始复习，整个倒回去：整体的代谢活动的完成决定于构成整体的各器官系统的机能及其互相紧密的联系和分工合作→系统的机能取决于构成该系统的器官的机能及其互相紧密的联系和遵循一定顺序的分工合作→器官的机能决定于构成该器官主要组织的机能→组织的机能决定于构成该组织的细胞及细胞间质的特点→细胞的机能决定于细胞构造上的各部分及原生质在物质组成上的特点。这里还是讲原来的系统，只是处理的方法改变了，不再是从部分到整体，而是从整体到部分。这样，使对旧知识的复习，在某种程度上具有了新鲜感，从而有助于学生复习过程中积极性的维持。再如，在教具的制作和使用上，复习动植物细胞的区别时，不再用学生所熟知的洋葱表皮细胞和口腔黏膜上皮细胞，而在一幅图上画了种种学生所不熟悉的动植物细胞，要求他们区别哪些是植物细胞，哪些是动物细胞，并说明理由。在复习根的构造时，不再用学生所熟知的根尖的纵切面，而用了幼根根尖四部分（根冠、分生区、伸长区、根毛区）的横切面图，要求学生认清各是哪一部分，并说明理由。在进行脊椎动物总复习时，专门制作了各代表性动物的脑和循环系统的比较图，用鲜明的色彩突出表现那些要着重比较的部分、制作了各纲起源和进化的关系图等。所有这些教具的改变，都能更好地唤起学生复习的积极性，取得较好的复习效果。

总之，我们认为复习课中学生积极性不够高的主要原因是知识是旧的，学生常常觉得复习只是原地踏步。我们针对这一原因，力图在多方面运用新的刺激物来唤起学生的积极思维活动，收到了一定的效果。当然决不应该为了“新”而不考虑教材的内容、复习课的目的任务、学生的实际能力，追求标新立异，使复习课完全走了样子或加重学生负担。

④复习课如能伴随着对知识的考查，也有助于学生的积极思维活动，学生的注意力易于集中。这对低年级学生，似更必要。

上好高中生物的第一课——前言[①]

部颁全日制十年制高中生物课本的前言部分极为简略，不足三百字。在教学中如何处理，是值得研究的。

实践证明，用1个课时来处理是比较适当的。这是因为在系统学习之前，学生应该在教师的指导下，对即将学习的新学科有一个概括的认识。这个认识可以是粗略的、鸟瞰式的，包括它的历史、现状和未来，使学生心中有数，即了解本学科研究对象所具有的特殊的矛盾性，使学习的主攻方向明确。同时还应该在有限的时间（一节课）、空间（教室内）内，尽可能地激起学生强烈的求知欲望和学习的责任感，成为今后学习的动力。

为此，在教学实践中应该注意下列几个方面。

1. 在初中生物学知识的基础上，指出高中生物课主要是阐述生命的本质

“前言”中指出，初中生物课主要讲述生命的现象，而高中生物课主要阐述生命的本质。因此，初中生物课基本上以生物界三大类群为主，逐一介绍，并以直接可以观察的形态、构造和功能为主，整个知识是纵向编排的，比较形象和粗浅。而高中生物课是横向编排的，比较抽象和深奥，着重于生命的物质基础及其运动形式的探讨。因此，从初中生物课到高中

① 本文原载于《生物学通报》1980年第1期。

生物课，从现象到本质，是认识过程的一个飞跃，这个飞跃的完成，是高中生物教学的基本任务。在“前言”的教学中应该在学生已有的知识基础上，为完成这个飞跃做必要的引导和铺垫。

为此可以用提问或讨论的方式，启发学生去比较归纳植物、动物和微生物的共同特征，也就是生命现象的共性。经验告诉我们，学生要完成这一任务并不容易，有些学生甚至茫然，只知道“它们都是活的，有生命的东西都是活的”。基础比较好的学生能指出生命的基本特征是新陈代谢。因此，这个讨论虽有一定难度但是完全必要的。教师可以启发学生从以下两个方面去思考、比较。(1)为什么从微小的病毒到万物之灵的人类都归属于生物界?(2)生物和非生物(如一块岩石、一块钢铁等)究竟有怎样的质的差别?前者属于归纳共性，后者属于区分相异。既综合又分析，提供了思维活动的广阔舞台。学生可以发表很多看法，当然难免有欠缺、错误，甚至笑话。但这正好使教师有机会指出他们急需认真地、系统地学习，进行端正学习态度的教育。在学生回答的基础上，教师可以总结出以下各点:

(1)生物有一定的结构基础，绝大多数是以细胞作为结构和功能的基本单位;

(2)生命的基本特征是新陈代谢，生物与环境之间不断地进行物质交换而自我更新;

(3)在新陈代谢的基础上，生物表现出生长、发育、繁殖、对刺激的反应和遗传变异;

(4)在遗传变异的基础上，发生了生物的进化。

这些是初中学习过但从未概括过的生命现象的共性，而这些也基本上是高中生物课要逐一研究的问题的纲。教师可指出在现代科学技术水平上，把这些现象的本质搞清楚，乃是生物科学的艰巨任务，也是具有现代文化科学技术水平的一代青年应该逐步了解的基础知识。

在引导学生通过思索获得答案时，应根据学生的水平，斟酌提问的方式，也要注意概括时语言的深浅。如果学生水平较差，则注意举一些形象的、生动的例子来帮助他们在记忆的储存中检索和选择，甚至可以把生命现象的共性图像化。如果学生水平较高，则可以概括些、抽象些，甚至可以指出，新陈代谢、生长、发育、繁殖、对刺激的反应和遗传变异等生命现象，乃是生命物质的运动形式，任何物质的运动必取一定的形式，生物科学着重于研究生命物质所特有的运动形式，从而更深入地了解生命物质的本质。

2. 通俗、扼要地简介生物科学的现代成就，它是向科学技术现代化进军的一个重要领域

“前言”中指出，现代生物学在物理学、化学以及其他自然科学学科重大发展的影响和交叉渗透的作用下，进展极其迅速，已经深入对生命本质的探索，成为向科学技术现代化进军的一个重要科学领域。这个概括在我们看来是清楚的，但对中学生来讲，就很抽象。实际情况是幼小的孩子对花、草、虫、鱼，形形色色的生物世界极感兴趣。到初中一年级，因为物理、化学等学科尚未开设，对新设的生物课尚兴味盎然。待到初二、初三，由于数学、物理、化学等学科的课时加多，学习逐渐深入，考试中受到重视；而生物学科课时少，不受重视，又偏重于描述，学生的学习兴趣就降低了，重视者甚少。因此，一般地说，学生对生物科学的近代发展是了解不多的。“前言”的教学应该唤起学生的重视，使他们粗略地了解生物科学的现代进展和成就。

在教学中似应注意以下两个方面。

一是由于近代物理学和化学的影响和渗透、新技术的应用，生物学的发展迅速，表现为由观察描述到实验、由定性到定量、由宏观到微观，总之是由现象到本质。这里教师可选浅显易懂的例子加以说明，但不要多，留下深刻印象即可。

二是应实事求是地指出，中学阶段由于数学、物理、化学等知识水平的限制，对生命物质这一自然界最高级的物质运动形式的探索，不可能十分深入。相对地说，现行高中课本对于大多数中学生来说已经比较艰深了。因此学生不仅不应轻视它，恰恰相反为了学好它，为了将来进一步深造，还应该重视数理化的学习。经验证明，我们这样进行教育，比高喊“21世纪是生物科学的世纪”这类话，更有实效些，而且很快在第一章“生命的物质基础和结构基础”的学习中，学生就会体会到现代生物科学和其他自然科学技术的关系。

3. 高瞻远瞩、满怀信心地畅想生物科学对祖国的四化、人类的未来的贡献

“前言”中指出，认真学好高中生物课本中的基础知识，并且了解这些知识在工农业生产中的应用，为向四个现代化（简称“四化”）进军打好必要的知识基础。学生一般对生物科学与祖国的“四化”、人类的未来的关系不是很了解。在“前言”的教学中，应该用较多的精力，生动的事例来说明生物科学对“四化”、对人类未来的重要意义，更好地激起学生强烈的求知欲望和责任感。

教学中在选择事例时要注意适合学生的实际知识水平和理解能力，注意和实现“四化”、当前人类的生产生活的紧密结合。以下八个方面，可供选择：

（1）绿色革命，方兴未艾（介绍生命科学与解决人类食物的关系，指出解决这一问题的可能方向）；

（2）遗传工程，精心设计（介绍遗传工程对生命自然界和人类的深远影响，指出其影响所及的可能方面）；

（3）医学进展，益寿延年（介绍近代医学的进攻方向，主要疾病的

攻克、器官的修补移植、寿命的延长、人口的控制等方面对人类未来的深远影响）；

（4）生态平衡，杜绝公害（介绍生态系统和人在生态系统中的位置及其作用，资源的破坏、生态平衡的破坏对人类社会的巨大影响，生命科学在这方面的作用）；

（5）能源再生，取之不竭（介绍生命自然界在能源转化中的作用，植物和农产品废料中的能量是可再生的能源、减少公害的能源，生命科学在这方面的作用）；

（6）大脑科学，自动控制（介绍大脑活动规律和信息论、控制论、现代电子计算机技术的关系，工业现代化、自动化和生命科学的关系）；

（7）仿生有术，工业改观（介绍仿生学的近代成就，以及它对人类生活特别是对工农业生产、国防等方面的可能影响）；

（8）航天时代，新的课题（介绍宇宙航行对生命科学提出的一系列新课题，生命科学在这方面已经作出的贡献和可能作出的贡献）。

八个方面，不可能都讲，更不可能都细致地讲，只能重点讲几个方面的事例，其余可概括提到，务使学生能感到放眼未来，任重道远。

综上所述，（1）将“前言”作为一堂专门的课，用1课时来处理比较恰当；（2）教学中要紧扣“前言”中三个主要内容来阐释，不要离题太远；（3）三方面内容不同，教学方法应有区别，依次是提问讨论、分析性的讲解、鼓动性的讲解，推向高潮，结束全课。

要重视中学生学习习惯和学习能力的培养①

我们认为，学习习惯和学习能力的培养，是属于促进学生一般发展的范畴。而好的学习习惯和学习能力，不是自然形成的，是和教师在教学过程中有目的、有计划地培养训练密切相关的，当然还涉及更为重要的方面：教学大纲和教材内容是否适当。但在现行教学大纲和教材的情况下，仍有可能做得好一些。

1. 养成中学生读书的习惯，培养自学能力

学生获得知识的来源是多方面的，如观察自然、社会实践、教师传授和阅读书本等。我们认为，从书本上获得前人积累的知识是人们得以提高的重要途径。在科学技术迅猛发展、科学技术资料浩如烟海的今天，尤其如此。因此，对中学生的阅读习惯和自学能力的培养已刻不容缓，否则不仅不能适应社会需要，就连升入高等学校后，学习的困难也极大。然而，目前的实际情况是，除语文课有少量阅读能力的培养外，绝大多数课程是教师单纯让学生课上抄笔记，考试背笔记，而不指导学生读书。教师的板书和课本在学生那儿不是互相配合的，而是互相脱节的。或者一般是号召课下看书，但并无培养、指导和检查。至于指出若干课外阅读参考书

---

① 本文原载于1980年10月27日出版的《光明日报》，后被收录在由中国农业机械出版社出版的《教海投石——北京师大附中教育教学经验选编》一书中（1981年9月），作者是陶卫和朱正威。

来，更属罕见。长此以往，学生只是课上紧张地抄板书（影响思维自不待言），考试前反复背笔记，形式上看负担不重，考试也可以过关，但造成学生没有读书习惯，自学能力有缺陷，这是难以补偿的。产生这种情况的原因较多，如20世纪50年代盛行的教学方法中，就有不成文的规定，教师讲课时，学生不得看书，以免分散注意力；不提倡课前预习，以免影响听新课的兴趣等，其正确性是大可怀疑的。再如我们的教材，是越写越薄，有些成了压缩饼干，读来味如嚼蜡，还不好消化，等等。但根本原因是和我们只要求学生记住某些知识，不注意培养自学能力有关。

实践证明，为了改变这种状况，应该做如下几方面的努力。

（1）必须布置预习。把预习作为正常的家庭作业的一部分。为了指导预习，必要时可布置预习提纲，在课堂上应对预习效果做检查。预习效果好的，可少讲，不讲或从更高的角度来讲解，以加深理解。对预习中能提出有分量的问题或有新见解的学生，应予鼓励。

（2）把指导学生阅读、提高自学能力作为课堂教学的有机组成部分，循序渐进地加以引导。初始时，学生往往不习惯，看一遍抓不住要领也是常有的。可从读读议议、作简要的读书笔记开始，然后提出问题和见解，逐步加强训练。

（3）布置的家庭作业和考试的命题，应注意和阅读课本的关系。应该使不认真阅读、复习课本的学生就做不出、答不出某些试题，以此纠正那种只做题不读书的不良习惯。

（4）努力创造条件，开辟学生阅览室，扩大学生借阅各种读物和资料的范围；教师结合有关内容的讲授，向学生推荐若干参考书籍和资料。要给学生一杯水，教师就要有一桶水。认为学生只能喝一杯水，而教师藏起一桶水来的做法，是完全不正确的。

近来我们在高一物理教学中，做了小型的试验，有计划地培养学生的阅读习惯和自学能力。由于有指导地预习，学生在接受新知识时有了准备，目标明确，既加强了听课时的一般积极性，还提高了听讲的选择性（即高度注意听那些对自己不太懂的知识的讲解，或有可能专门注意教师讲解分析问题的思路和方法），大大提高了听课的质量，同时教师缩短了讲授新课的时间，使大部分家庭作业可以挪到课上来完成，学生课余有了更多的复习和阅读时间或做补充作业的时间，考试成绩普遍提高。尤为重要的是，这样做抑制了某些学生对教师过分依赖的情绪，增强了学生的自信心，锻炼了他们的意志。因此不难看出，阅读习惯和自学能力的培养，就教学论的范畴来说，它实际上是观察能力、思维能力、记忆力、意志力的综合培养，是关系到促进学生智力发展的大事。提请教学论的研究者，不要忽略这一方面。

2. 养成中学生勤于观察的习惯，发展他们的观察力

观察是人们认识自然、认识社会的重要途径。从儿童时代起，人们就不断地、有意无意地观察着周围世界，从而增长了知识也锻炼了观察能力。但一个伟大的学者和普通人在观察同一事物的广度、深度、精确度上，却可差之千里。这种差别除素质上的某些差异之外，主要和所受的教育、训练密切相关。教育工作者面临着养成学生观察的习惯和发展其观察力的艰巨任务。之所以艰巨，因为传统教学论把观察力的培养不恰当地限制在直观原则的框框中，片面地强调了通过感官对事物表象的认识，一定程度上忽视了对一种事物和其他事物之间的联系和区别以及事物在运动中稍纵即逝的变化的观察。而观察力的高下，正反映在这里。简要地说，观察力并不只是看到了，更为重要的是看出了什么。

“看出了什么？”是一个科学工作者最重要的素质。譬如说，一个作家的作品只是写了看到的东西，那只是自然主义的描写。只有当他写了看出了什么时，才能发挥作品更大的社会效果。一个生物学家，如果仅仅看到了生命自然界的繁复新巧、彩色斑斓，而没有看出什么，他也不能称为生物学家。现代科学技术在日新月异地发展，如果没有敏锐的观察力，就连方向都把握不住，当然很难谈得上有所创见和建树了。

现在中学生的观察力一般是相当差的，但又是可能和必须培养的。首先，必须在教学过程中培养他们观察的习惯。为此，那种把教学过程简单化为教师讲、学生听或记的注入式方法应该废止，必须千方百计地组织学生去观察、思考。譬如生物课中的《种子的构造》一节，其根本目的在于弄清种子能够转化为幼苗的内在根据——具有幼苗的雏形：胚和供胚发育的营养物质。教师完全可以创造条件，由学生观察、比较种子和幼苗结构上的特征，从而弄清楚种子里的胚（胚根、胚轴、胚芽）发育成了幼苗的根、茎、叶，而肥大的子叶（如菜豆）中的养料，供给了胚的生长。这样做，并不仅是为了弄清“种子的构造”的知识，更重要的是培养其观察的习惯，并相信自己只要精细观察就能掌握知识。类似情况在自然科学的学习中，处处都有。之所以做不到，主观上是因为不重视观察习惯和能力的培养，客观上是由于学习年限不适当的缩短，内容多、时间紧，只得教师讲、学生记，还与历来考试的内容偏重于结论、忽视对这些结论如何获得有关。

其次，要提高学生观察的精确程度。只有精确地观察，才能看出什么。为了做到这一点，教师在教学中必须对学生严加要求，要求学生对出现在自己面前的事物，先观察其大体，进而观察其细节，再和类似事物比较，并用确切的语言表述观察的所得。日积月累，就一定会提高学生的观察能力。

再次，要在上述基础上培养学生透过表象看本质的能力。也就是说终于看出了什么，或者叫作观察的深度。当然要认识、发现事物的本质，更多地属于思维活动的范畴，但是观察和思维不能截然分开。我们需要培养学生边观察边思索的习惯。观察时不仅要打开眼睛（感官）这个窗户，还应该同时打开心灵（思维）的窗户。为观察而观察是毫无意义的。

以“观察、观察、再观察”作为座右铭的巴甫洛夫不正是从对唾液腺分泌现象的观察而跃向了大脑皮层活动规律的探索，从而对神经生理学作出了重要贡献的吗？教学过程应该注意创造条件，使学生得到“眼睛”和“心灵”的窗户能同时开启训练，让知识的“风”畅通无阻。譬如说中学生物课中只举了桃花一种花的构造就概括花的主要特征，为什么不可以同时将几种花（如桃花、杨花、小麦花甚至加上无花果的花）呈现在学生面前，让他们观察、观察、再观察来了解花的主要特征呢？并告诉他们花的主要特征是有雄蕊、雌蕊，花蕊是它的生殖器官。至于那些美丽的花瓣或保护性的苞片、芬芳的香味或甘甜的蜜汁，虽然那么引人注意，其实并非花的主要特征。当然按传统教学观点又会认为这样教学超越了量力性原则。我们认为量力性原则是正确的，但它的精髓应该是在单位时间内最大限度地增加获得知识的量和提高它的质，而不是限制性的。在自然科学的学习中，类似的情况很多。例如，在一个化学实验中，颜色的变化、气体的升腾、沉淀的有无、气味如何，究竟哪一个（或几个）是该化学反应或被检物质的本质属性的反映呢？既需观察，也费思索。数理课中处理许多图像、方程式及数据，哪些是关系到掌握知识的本质所在呢？总的来看，观察是思维的基础，而以积极思维指导的观察，更带有“搜寻”的特征，使观察深化。

3. 养成中学生喜欢思索的习惯，锻炼他们的思维能力

一切真知灼见都是积极思维的结果，而培养勤于思索的习惯，提高善于思索的能力和教育训练有极大的关系。神经系统特别是脑，在青春期以前生长很快，10岁时脑容量已达成人的95%。到青春期，脑的重量和容积增长有限，脑的神经细胞基本不再增多。但随着学习和社会实践，脑的内部结构和机能却不断分化，迅速发展，分析、理解、判断等思维能力将迅速提高。这种生理特征，使得中学阶段成了培养和锻炼学生思维能力的

不可错失的关键时刻，应予以格外重视。

就当前的教学实践来看，我们认为在以下几方面统一认识是有益的。

第一，学生能够解决的问题，一定让学生自己解决，教师只是解决这一问题的组织者和引导者。我们强调教学过程中教师的主导作用，并不包含有丝毫包办的意思。这本来是众所周知的，但实际情况是我们常常低估了学生的认识能力和已有知识的水平，不论难易，不叨叨一遍，就放不下心。另外，课时少、进度快，加剧了这种情况。长此以往，学生没有思维的习惯，或只会记忆和背诵教师的讲解，或对学习感到不满足，没有兴趣。因此，教师对学生的认识能力和已有知识状况应有一个恰当的估计。特别是在现代科学技术已深入日常生活的各个领域，学生从小起接触面就比较广的情况下，尤其不要对他们估计过低。给学生的知识，应在其原有基础上适当地深些、难些、灵活些，这有助于思维习惯和能力的培养；我们反对多而重复，它不仅效率低，而且常常以其枯燥和烦琐湮没了思维的火花。

第二，思维的基本练习是具体事物的抽象化和抽象概念的具体化（形象化）。不论是在社会科学还是在自然科学的学习过程中，都存在着具体事物的抽象化和抽象概念的具体化两个过程的互相交替和渗透。每一堂课都是如此。对一个学习较好的学生来说，在听课（或阅读）的每一瞬间，都在进行着这两个过程。从某种意义上说，这两个过程的停止，就是积极思维过程的停顿。教师在描述任何具体事物时，他的全部努力，如使用教具、演示实验、描述形象等，仅仅是为学生有可能形成和理解某一抽象概念准备条件，条件具备了，就要让学生自己思索获得结果。就好像温度合适了，时候到了，雏鸡就会从鸡蛋中破壳而出那样顺乎自然。教师在提出或讲解某一抽象概念时，应该要求学生以具体事例来阐释并赋予形象的表征，使他们在接受抽象概念时即在脑海中映现出一幅幅画面、一串串数据、一个个事例。总之，任何一堂课都离不开这两个过程的交替和渗透，这也可以说是思维锻炼的基本功。这个基本功不过关，那么更高的要求，如思维的灵活性、创造性等，不过是侈谈而已。

第三，做比较、找联系是训练思维能力的又一方面。人们认识事物大体上离不开纵横观。“横”，就是做比较、辨异同，有比较才能鉴别，才能区别一事物和其他事物的质的不同，即认识各个事物的特殊的矛盾。在教学过程中，一系列基础知识、基本概念的获得和形成，离开做比较、辨异同的思维过程，就寸步难行，就会成为浮光掠影、面貌模糊、混沌一片、生吞活剥的东西。“纵”，就是找联系、清脉络，使个别的知识在时间、空间上纳入科学的体系，条理化、系列化，主干清晰，枝蔓有序；使学生感到整个教学过程，是沿着知识的阶梯，一步步向顶峰攀登，回首可见，一个个脚印，历历在目，于是记忆清晰而牢固。当需要应用时，沿着这个系列，检索方便，信手拈来即可为我所用。这纵横两方面，在各科教学中，天天碰着，堂堂都有。有经验的教师，在做比较、辨异同、找联系、清脉络的坎儿上，可以激起学生思维的火花，迸发出美丽的光华。

第四，给学生的创造性思维活动以机会，并设置一定的条件。在同一年级或一个教学班中，由于素质和训练等多方面的差异，学生的思维习惯和能力是不相同的，有时还很悬殊。对于弱的，应该注意对其思维的基本锻炼和培养。对于好的，则应该加大难度，注意培养其思维活动的灵活性和创造性，鼓励他们“冒尖”。在教学过程的一系列环节上，如课堂提问，布置作业、练习，选择考题等方面，都应该对后一部分学生以特殊的照顾，并通过他们带动更多的学生前进。例如，在初一语文的实验教学中，为培养学生思维的灵活性和创造性，曾出了四组作文题，每组题由五件表面上毫不相干的事物组成。

第一组：红领巾、火柴盒、袜子、海滩、炉子。

第二组：耳环、破皮鞋、轮船、匕首、拖拉机。

第三组：雨夜、考试、场院、镰刀、电视机。

第四组：地图、枪声、拖鞋、砍包、报纸。

要求每人任选一组题来写作，必须把五件事物按顺序写入文中，文章要有明确的中心意思。除了这个限制条件，留下了想象、思维活动驰骋、回旋的广阔天地。结果学生写出了二十余篇有相当水平的好文章，其中有惊心动魄的侦探小说、优美动人的童话、情节曲折的人物特写、用词精美的抒情散文。

第五，必须在各科教学中，重视学生语言表达能力的培养。离开了语词的赤裸裸的思维是不存在的。动物只能对具体的外界刺激发生反应，建立条件反射，这种只对具体信号发生反应的皮质功能系统，称为第一信号系统。而人类除能对具体信号发生反应外，还可对由具体信号抽象出来的语言、文字发生反应，这种对语言、文字发生反应的皮质功能系统，称为第二信号系统。人类大脑皮质活动的特征之一，就是通过社会劳动和生活，创造和发展了语言、文字，逐渐具有抽象、概括、推理和思维的能力。语言是思维的直接素材，语言的笨拙、混乱反映了思维的笨拙和混乱。多年来，在教学论的研究和实践中，对语言的训练有所忽视。在当前的中学教学中，重理轻文是普遍现象，在理科教学中重视学生语言表述的准确、丰富、条理化也是很不够的。学生往往不能从字面上正确地理解某一概念，也往往不能用简明扼要的语言来表述一个概念或阐释一种现象。比较擅长的是照猫画虎地做题或套用公式，这种情况必须努力改变。

为此，在教学中应该多让学生有口头表达、锻炼的机会；作业考试中应该增加必要的阐释和分析的文字题；实验中应该让学生书写简明准确的实验报告；出现的各种语言文字的错误，应严加批评和指导。所有这些实际上是为了培养和锻炼学生的思维能力。至于教师应该加强语言文字的修养是自不待言的了。

综上所述，本文就对学生的一般发展具有重要意义的学习习惯和能力的培养问题，从自学能力、观察能力、思维能力三个方面，结合当前中学教学的实践和我们的体会提出了一些看法，极不成熟，提请教学论的研究者和中学的同行们讨论。

浅谈学习兴趣的培养[①]

无论是工作、学习，还是业余生活，每人都有自己的兴趣。兴趣是人们力求认识某种事物或爱好某种活动的倾向。它促使人们在某一方面去顽强地追求、探索，激起热烈的情绪。学生对学习感兴趣，就会愉快地、积极主动地去学习。学生的学习兴趣，构成学习动机中最现实、最活跃的成分。学习兴趣不仅关系到学生学习质量的提高，而且关系到潜在的某些素质和能力的发展，甚至，对某方面知识的兴趣培养，会成为一生事业的出发点和成才的起点。

培养学生的学习兴趣，首先要认识学习兴趣和学习责任感的关系。学习的社会责任感，一般地说是间接的、远景性的学习动机。从学生年龄特征的变化来说，要正确地意识到自己对社会的责任，只有当抽象思维能力发展到一定水平，又有了一定的社会经验（或体验）时，才会使自己的学习、探索的动力，渗入复杂的社会、历史的内容，从自发状态转化到自觉状态。因此，对于中小学生的教育来说，总体上应层层递进地、不断地明确学习的目的。激起高度的责任感，这不仅能促进智育任务的完成，而且具有进行德育培养的意义。但绝不可忽视在学习的每一个具体环节上，每一门学科的教学中，学习兴趣的激发和培植。对低年级学生来说，尤其如此。因此，要避免单纯地、简单地借助于思想教育的手段来培养和端正学

① 本文原载于《人民教育》1981年第5期，作者是陶卫和朱正威。

习的动机，应努力在教学活动中注意道和文的结合，情和知的交融，趣和志的统一，使兴趣的培植在教学实践中占有重要地位。

为了培养学生的学习兴趣，应该有使学生感兴趣的教材，这既指内容也包括形式。就内容来说，如语文教材就必须精选，做到质优量够，才能激起学生强烈的求知欲。我们曾在初一年级做过实验，选编教材83篇，其中现代文43篇，几乎篇篇都是脍炙人口的名作，一改原教材的“淡”和“浅”的缺点。学生拿到书后爱不释手，提高了学习积极性。他们高兴地说：“这些课文学起来非常有趣，学完一篇，就想再学下一篇。”当然，并非所有教材都能像语文教材那样有宽广的选择余地，况且教材也非课外读物，可以写得那样饶有趣味。但那种呆板、枯燥、浓缩的“压缩饼干”式的教材，实在是应当改进的。

大量的调查材料还证明，学生之所以对某一学科或某一类问题深感兴趣，甚至因此而走上了专业研究的道路，除受一定的社会历史条件以及科学技术的发展的影响外，许多情况下是由他们教师的感染、启发和鼓励而促成的。这就是说，教师不仅要传授知识，而且在知识的传授过程中要激起学生的探索热情，帮助他们升起远航的风帆。为此，教师应该是本学科教学的专家。教师在本学科的基础知识、基本理论方面具有较高的造诣，对本学科的近代进展和动向具有相当的了解，还善于以符合学生接受特点的方式传授给学生。这样就能够凭借小小的课堂，展示浩瀚的知识海洋，召唤学生扬帆远航。

兴趣总是和创造的欢乐紧紧相连，要把教学过程组织成师生共同的创造性劳动。智慧之果，要靠学生去采撷。教师的努力在于布置一定的情境，设置一定的困难，启迪一定的方法，使学生“跳起来，才能够得着”。叫它“启发式”也罢，叫它“发现法”也罢，本质上在于唤起学生的欲求，而又须经过一定的努力才能达到。因此，对教学过程必须精心设计。

要重视实践活动对培养兴趣的作用，因为实践不仅在于检验知识的客观真理性，以及深化对知识的理解和强化对知识的记忆，而且能激起强烈的冲动和兴趣。某些学校，某些学科的实验课内容丰富，常常从那里涌出该学科的尖子人才来；许多科技小组之所以吸引青少年并由此出人才，无不和学习紧密结合实践活动有关。例如，我们在地理教学中，提供一切可能条件带领学生进行地理观察。在讲过地形知识后，结合秋季旅行进行野外地貌的观察，认识鞍部、山脊、山谷、陡崖、陡坡、缓坡、褶皱、断层、风化岩石、流水冲沟、河中卵石及沉积作用等，使学生增加了大量感性知识，激起了浓厚的兴趣。进而在印好的图上，要求学生描述一段从甲山顶（走下缓坡、向西南方向）到河边小桥，然后从小桥（越过一条小河，沿陡坡向正东方向）登上乙山顶的沿途所见到的自然景物，要求运用讲过的地形特征和内营力、外营力的知识，这就锻炼了学生的创造想象和对旧知识的概括综合及判断推理的能力。又如，在高二物理教学中，重视培养学生的实验技能，一个学期学生就做实验33次（教材规定为13次），还有演示实验90次。这样一来，本来抽象、艰深的教材内容，学生学来兴味盎然，学习成绩也较好。

兴趣总是带有情感的色彩，因此要注意教学活动中的情绪感染。教师的讲课如果平淡如水，毫无滋味，或者似乎总是像旁观者那样在描述，讲课中超然无“我”，那么，即使最能引起学生兴趣的课题，也会令听者索然的。教师在讲课中的情绪，应特别注意体现出对本学科专业的热爱，对科学真理的信念，对社会主义祖国的高度责任感，紧密结合知识的传授，要自然地、恰当地渗透进去。

课外活动对培养学生的学习兴趣也有重要作用。无疑地，课内学习是学生获得系统知识、受到基本训练、促进智力发展、培养兴趣爱好的主要方面，应以课堂教学为主。但是丰富多彩的课外活动，广义地说，健康有益的课余生活，不仅是课内学习的必要的补充，而且还可以陶冶性情，培养高尚的情操，扩大知识面，培养有益的兴趣，发展创造力，使某些特殊才能得到发展的机会。例如，我们的航空模型小组，他们的作品屡次在全市和全国得奖，其成员只是一群初中学生。他们不仅会制作和操纵飞机模型，而且是一个朝气蓬勃的集体。他们心灵手巧，反映到学习上，思维敏捷，成绩良好，特别是肯于思考。由于制作模型的需要，对各方面的自然科学知识怀着浓厚的兴趣。实践告诉我们，要提高教学质量，单抓课堂教学不行，如果作业的劳累、考试的紧张，生活的单调，使学生生活成了枯燥的“干面包”，哪里还谈得上多方面的兴趣培养呢？因此我们坚持组织各种文体活动、学科小组活动，坚持开放阅览室，借阅图书，仅报纸杂志就达142种，还努力组织好春秋佳日的旅行或郊游等。所有这一切，都是培植有益的兴趣爱好的土壤。

兴趣有着明显的个别差异，还要注意因材施教。这种差异不仅表现在对待不同的学科或同一学科不同的专题上，而且由于素质和教养等的差别，有些学生的兴趣很容易唤起，而有些学生屡经诱导，也常常提不起兴趣来；有些学生兴趣非常广泛，却浅尝辄止，不易深入，而有些学生则兴趣不易持久，缺乏意志力；有些学生对抽象的理论思维极感兴趣，而有些学生则对形象思维最爱好；有些学生关心自己的学习成绩、分数，利用它的反馈作用，可以提高学习兴趣，但有些学生的兴趣并不在分数，如此等等，差异甚大。因此，在实践中要使大多数学生能饶有兴趣地学好每一门课程，就必须注重调查研究，摸清每个学生的特点，因材施教。

总之，学生的学习兴趣是可以培养的，中小学生的志趣，呈现出极大的可塑性。让我们努力探索其规律性，取得更好的教育效果。

不要把生物课教成“死物课”[①]

生命自然界不仅瑰丽多姿，而且变化万端，处在永恒的、有规律的运动之中。中学生物课应该如实地反映生命自然界那种生机勃勃的面貌。然而，不幸的是，以加强“双基”为名，死抠概念，以应付考试为目的的呆读死记，以精讲多练为借口而“题海”泛滥。甚至不少生物教研机构，其大量的人力、物力不用在教研，而是消耗于“考研”。如此下去，生物课真有演变为“死物课”的危险。是大声疾呼的时候了：应当让生物课回到瑰丽多姿、生机盎然的大自然的怀抱。

其一，应将加强实验观察、让学生亲眼看见放在教学的首位。在看不见、摸不着的情况下，掌握的所谓知识，考得的高分，是靠不住的，更谈不上发展智力、培养能力。说起这个，就似乎非有许多设备条件不可，其实也并不尽然。例如，绿叶在阳光下经光合作用制造淀粉，在160人的择优录取的高中学生中，初中植物课上做过这一实验的仅20人。做这个实验需要的器皿、药品，应该是最简单不过的了。退一步讲，没有酒精，总还有“二锅头”吧；没有碘液，总还有治疗外伤的碘酒吧。可为什么还是做不到呢？应该说，确实存在着思想障碍。例如，高考要考实验，于是就让学生背实验，也绝非绝无仅有。实验观察，不用去做，而可以背会，实在是一大发明了。因此，这类思想障碍不克服，丰富多彩的自然界就一定

---

① 本文原载于《大自然》1982年第3期。

◎ 大学时期的朱正威在进行动物解剖实验

会被关在生物课堂之外。

其二，生命自然界令人炫目、令人惊叹的熠熠光华，源于它的有规律的运动。教给学生的生物学知识，无论是分子水平的、细胞水平的、个体水平的、种群水平的、群落水平的，还是生态系统水平的，都应该是处于动态过程的知识，而不是静止的、孤立的知识。例如，对于生物体结构和功能的基本单位——细胞，似乎这是比较“呆板”的“死”知识，教给学生这是什么，那是什么就行了。其实这是最起码的要求，教师还应该努力用动态的观点把它讲活。从生物演化的历史看，有细胞结构的生物来自非细胞结构的生物，真核生物来自原核生物，多细胞生物来自单细胞生物。从个体发育来看，真核细胞内部结构和功能的复杂化和完善化，也是在发育过程中逐渐分化完善起来的。从细胞的各部分结构来看，它们也都处在运动之中。膜的流动镶嵌模型正反映了膜是一种动态结构；细胞质中不仅基质在有规律地运动，而且各种细胞器又有各自的发生、发展和相互转化的关系；细胞核虽然是细胞中相对稳定的区域，但是核物质，特别是其中的DNA在细胞增殖周期中发生着有规律的变化，随之，核膜、核仁也发生有规律的变化，而且最终导致细胞的数量增加（分裂）和遗传物质的有规律传递。从细胞膜、细胞质、细胞核三者的关系来说，它们更是在各自的运动变化中互相依存，成为结构上、功能上不可分割的整体。所以说，这些内容应该是讲清细胞的有关知识所必须注意的精髓。仅此一例足可说明，讲生物学知识，必须注意展示事物变化运动的过程，这样才能讲活。

其三，要重视在生物学教学中贯彻生态学的观点。生物的生存和发展离不开环境，而生物的生命活动本身又影响着环境的发展变化。只有把生物置于一定的环境之中，在生物和环境的相互关系中来加以研究，那么无论是生物形态结构的知识、生理生化的知识，生长发育的知识、分类学的知识，还是遗传进化的知识才能讲活了，学活了。例如，在初中植物叶的一章，以叶的形态结构和叶的变态来说，就是最浅显的形态结构和环境的相互关系的知识；以叶的重要生理功能光合作用来说，就构成了生态系统中物质循环和能量流动的最基本环节；以叶的蒸腾作用来说，则是生态系统中水循环的重要环节。至于像有害昆虫的防治，鱼类的洄游，鸟类的保护，动物的食性、繁殖、休眠、迁徙等知识更是富含生态学的内容。因此，用生态学的基本观点统率教材和贯穿于教学之中，已经是当前生物学教学中一个令人瞩目的问题，也是使大自然进入生物课堂，把生物课教活的极为重要的一个方面。

还有一点需要提及的，我们曾经强调了生物体和它的生活条件的统一，就原则上讲，这是对的。但是，在实际的教学中如果仅仅强调环境条件对生物生存发展的影响，就颇有机械唯物论的味道。我们今天强调要贯彻生态学的观点，正是要以辩证唯物主义的观点来讲清生物和环境的相互关系。这样才能正确地认识自然和保护自然，并在这个基础上利用自然。至于改造自然，那也只有按照生物（包括人类）和环境的相互关系的规律性谨慎从事，否则，名曰改造，实际却是不幸的破坏。

此外，通过采集标本，组织生物夏令营，参观博物馆、动物园、植物园等方法，把学生直接带到大自然中去，也是把课堂教学和大自然密切结合起来的好办法。

南下观摩生物教学散记[①]

1982年11月15日至12月5日，我随北京植物学会生物教学考察团去福州、厦门、杭州参观学习。出发时，北海公园已见薄冰，十里长安街上落叶缤纷；夜过华北平原，寒气袭人；车经江浙水乡，稻谷飘香，水清鱼肥，秋色宜人；进入福建，沿闽江而东下，山青水碧，修竹野花，蔗园蕉丛，花草树木，郁郁葱葱，恍若初夏。不仅说明祖国疆域之辽阔，似乎还预示着此行当有丰富的收获。

1. 一节实验课的启示

我们听的第一节课是福州一中初一的植物实验课。进入实验室，52名少先队员，每人一台显微镜，一套工具。在教师简要讲解观察叶的表皮和气孔的要求和实验步骤后，学生即动手制作叶下表皮装片，先用低倍物镜观察，再用高倍物镜观察保卫细胞和气孔并绘图。气氛严肃认真，一切井然有序。刚入学的初一学生就能做到这样，不能不令人惊奇。原来，这个学校非常重视生物学教学中的观察实验，就以叶的实验来说，这已是第三次了。第一次是观察叶的横切面现成切片，第二次是练习叶的徒手切片并观察，第三次才是观察叶的表皮和气孔，也就是把教材规定的1课时实验内容分成3课时做。他们的出发点不仅是验证书本上介绍的知识，而且

① 本文原载于《大自然》1983年第1期。

强调培养学生的操作能力、观察能力，以及探索大自然的兴趣。

2. 科学化的校园

走进福建师范大学附属中学的校园，只见林木葱郁，鲜花似锦。由于校舍依山而筑，更觉层次丰富，似有层峦叠翠之感。这里有盘根错节、根须飘忽的榕树，有耐盐碱的、挺拔的木麻黄，有苗条秀丽的柠檬桉，有高大挺拔的棕榈和槟榔，有满树金花的黄花槐，有铺地而来的姹紫嫣红的各式叶子花……还有许多北国的客人不认得的树木花草。但是，你若细心观察，都是可以认得的。原来校园中1 100多株树木和种类繁多的花草，都挂着或插着名牌，这是生物组的老师和课外小组的学生辛勤劳动的成果。自然界就是课堂，校园就是课堂，要丰富学生的生物学知识，使他们热爱生物学，就要创造一个具有生物学特点的学习环境。这就是他们的出发点，他们的校园，可以称为科学化的校园。

3. 凤凰木·鲎·文昌鱼

厦门满街都是美丽的凤凰木，虽然不是开花季节，但浓密的羽状复叶和在海风中飘荡的长长的豆荚，依然令人神往其春日的容颜。在海产养殖实验场，我们看到了以蓝色的血液久负盛名的鲎。如头盔似的背甲，利剑似的尾部，在水底缓缓爬行的姿态，恰如踌躇满志的古代的武士，鲎确实也够古老的了，堪称孑遗动物。而嬉戏于海边沙间的厦门特产文昌鱼，以其似鱼而非鱼的特征居于无脊椎动物到脊椎动物进化的阶梯之间，曾引起多少学者去探寻那失落的进化的环节……厦门，对于一个生物学工作者确有一些迷人的地方。

此行看到一些学校正在使用现代化的教学手段之一：录像。他们录制了一些中学生物学教学中的实验过程放给学生看，再让学生学着做，效果不错。但这录像手段还大有用武之地，我国地大物博，生物资源各地有异，结合各地生物特点，录制后，互相交流、互通有无，则我们的生物学课将上得更为生动多姿，学生将会更多地接触祖国瑰丽的自然界。

4. 在鲁迅先生执教过的中学

坐落于西子湖畔武林门的杭州一中，前身曾是鲁迅先生执教过的师范学校。在那里听课时，使人感到鲁迅先生革除积习、播植新风的精神正活跃在生物学教学之中。

一节是高中有关生殖发育一章的复习课；另一节是初中课：芽和芽的发育。两节课的共同特点是：一反传统教学的满堂灌，把学生的学作为教学过程的主体，兼之以生动直观，循循善诱的教学方法。具体表现为学生的研讨约占课时的一半时间。重要的概念和结论都不是教师灌给的，而是在学生研讨的基础上，在教师的引导下得出的。课上得自然而亲切，教师了解学生，学生也喜欢生物学。

中学生物学教学的改革，势在必行。福建、浙江的同行们，已经迈出了可喜的一步，而杭州的同行们似乎走得更快。是啊，大自然的生物界是生动的、不停地新旧更替的，我们的生物学教学不是也应该活跃地、不断地除旧布新吗？杭州的钱塘潮乃是天下奇景，宋代著名诗人苏轼说："八月十八潮，壮观天下无！"愿生物学教学的改革恰如钱塘潮，你推我涌地前进吧！

提高高中生物教学质量浅议[①]

高中生物课已恢复多年，经修改的高中（生物）课本也使用将近一年，我们有必要探讨一下如何提高这门课的教学质量的问题。

1. 提高高中生物教学质量，基础在初中

《全日制中学生物学教学大纲征求意见稿》关于初中和高中教学内容的安排的说明中，曾明确指出："初中阶段讲述感性的、比较浅显的、侧重生命现象的植物学和动物学知识。""高中阶段讲述生物学知识，是在初中植物学、动物学和生理卫生教学内容的基础上，讲述生物共性的、比较艰深的、较多涉及生命本质的教学内容……初中和高中两个阶段所讲的生物学基础知识，既有所分工，又互相衔接，高中生物学是初中生物学知识的综合、概括和提高。"显然，初中、高中生物学教材内容的安排，是严格遵循由感性到理性、由现象到本质、由浅到深、由特殊到一般的认识过程的规律的。因此，初中阶段就必须踏踏实实地抓好感性的、现象的、较浅的、特殊的教学内容，基础打得牢固，高中生物学教学才能更上一层楼。例如，高中教材中绿色植物的新陈代谢，包括水分代谢、矿质元素代谢、有机物和能量代谢，着重于植物生理学的知识，如果对初中学的绿色植物的形态结构知识没有掌握好，那么高中的教学几乎是试图建立"空中

① 本文原载于《课程·教材·教法》1983年第4期。

楼阁”。

现在的实际情况是怎样呢?

（1）由于师资条件的限制，把受过专业训练的生物教师安排在高中一线，初中或缺少生物教师，或由其他学科教师兼课。

（2）省级、地市级、县区级的教研力量和教研重点也多放在高中生物教学上，初中或无暇顾及或作为“软任务”来处理。

以上两种情况的直接根由是高中毕业生参加高等学校招生考试要考生物学，而初中毕业生考高中一般不考生物。

（3）高中生物教学情况又如何？一是必须用相当多的时间补初中的有关知识以及实验操作；二是必须用一定时间讲授必需的化学基础知识；三是必须留下相当数量的课，作为参加高考前的总复习用。于是本来内容多、课时紧的矛盾更趋尖锐；改革教学方法、提高教学质量难以提到日程上来，注入式的、死记硬背应付高考的状况比比皆是。

（4）随之而来出现了一些呼声，“高中生物内容多了、深了！”果真如此吗？否。内容的广度和深度不能再后退了，后退实际上意味着删去现代生物科学知识，这些知识无论是微观的还是宏观的，实际上已经进入了工农业生产实践和人类生活的各个方面。感到内容多而深的重要原因之一是初中生物教学质量低。

因此，各级教育行政领导部门、生物学教育工作者都应该明白，高中生物学教学质量的提高，基础在于高质量地完成初中生物学教学，并应为此制订出切实可行的措施来，付诸实践。

2. 提高高中生物教学质量，必须对高中生物教材有通盘的认识

《全日制中学生物学教学大纲征求意见稿》中指出：“高中生物学的教学内容，分为三个部分。第一部分是有关细胞的知识，包括成分、结构、生理和分裂。第二部分是有关生物个体的知识，包括生物的新陈代谢、调节、生殖和发育、遗传和变异。第三部分是有关生物界的知识，包括生命的起源、生物的进化、生物与环境的关系。”这里的三个“有关”，是明确地划分为三个层次：细胞、个体、生物界。层层相依，由微观到宏观，又互相渗透。教师必须对此有通盘的考虑，并在讲授具体知识时，注意相互依存、渗透的关系，使学生获取的知识既是层次分明的，又是互相联系、融会贯通的。

所谓通盘的考虑和认识，就高中生物学教学来说，至少有以下几点。

（1）要用正确的观点去统率教材。任何科学知识都反映着某种观点，任何科学知识必为某种观点所贯穿或统率。当我们用正确的观点去分析、统率教材中丰富的、有时是分散的知识时，就会井然有序，升华到高一级的水平。高中生物学教材的三大部分，内容很多，也较复杂，那么统率全书的基本观点是什么呢？是生命自然界的物质性和统一性，即生命是运动着的物质和物质的运动。生命总是以核酸—蛋白质为基础组成的；生命界有共同的起源；有类似的细胞结构和以细胞分裂、分化为基础的生长发育；有以合成代谢和分解代谢的矛盾统一为基础的自我更新；有以ADP和ATP相互转化为基础的能量供给体系；有统一的遗传变异的基本法则；有以遗传变异为基础，通过生存斗争、自然选择而实现适者生存的进化一般规律；有以新陈代谢为基础形成的生物和生物之间、生物和非生物环境之间的复杂关系而构成的生态系统的动态平衡，等等。抓住生命自然界的物质性和统一性这一基本观点来处理教材，那就可以纵横驰骋，自由多了。

（2）要注意生物学研究的全层次性。现代生物学研究的一个显著特点，是从电子、分子、细胞器、细胞、组织、器官、个体、种群、群落、生态系统和生物圈的各层次全面展开。高中生物学教材的某些内容，涉及好几个层次。例如，讲遗传物质，从细胞水平来说，细胞核是遗传物质的主要所在地；从亚细胞水平来说是核内的染色质、染色体（为主）；从分子水平来说，是染色体中的DNA（为主）及细胞核、细胞质中的RNA，还包括核酸分子中四种核苷酸组成的三联体密码。就以分离规律来说，它包括杂合体后代的性状分离，而性状分离又是杂合体形成配子时等位基因分离的结果，而等位基因的分离则是减数分裂中同源染色体先联会后分离的结果，即性状分离—等位基因分离—同源染色体分离。内容层次是非常清楚的。如果教师多在这方面下功夫，那么知识就会多而不乱，繁而有序，易于驾驭。

（3）要学一点生物科学发展的历史，才能把教材融会贯通。生物学中的现代概念，都有它的形成和发展的历史过程。例如，遗传的功能单位，在遗传学不同的历史发展阶段，其含义是不同的。1865年孟德尔假设并验证了遗传因子的存在；1888年染色体被命名；1900年重新发现孟德尔定律，并逐步把遗传因子和染色体在减数分裂中的行为相联系，随后约翰逊把遗传因子称为基因；摩尔根根据连锁互换中基因互换率的计算，把基因定位于染色体上；继之以染色体的结构和化学组成的分析，确定DNA是基因物质。20世纪50年代，沃森和克里克确定了DNA分子的空间结构模型，之后不同实验室对遗传密码进行破译，现在基因工程兴起。一百余年的曲折坎坷，如果教师能清楚脉络，对教材的处理就不会就事论事，缺乏通盘考虑了。教师应该逐一地理解、掌握，久而久之，驾驭教材的能力就会大大增强。

总之，为提高高中生物教学质量，正确的观点、清晰的层次、科学发展的来龙去脉，对教材的整体掌握是很重要的。

3. 提高高中生物教学质量，必须对“什么是基础知识”有一正确的认识

加强基础知识和基本技能的教学，即狠抓“双基”，已经喊了多年，并为此付出了艰辛的劳动，成绩是显著的。但是，也是存在问题的，特别

是恢复生物学科高考以来，大量的练习已经把教材中的一字一句囊括无遗，几乎都成了必须记忆的基础知识。例如，某市某区，高中生物课每讲完一章就铅印一份练习题，少则三五页，多则十几页，仔细瞧来，教材中的每一页、每一段几乎都照顾到了。

这不是对待基础知识教学的正确态度。恰如用具有细细网眼的大网去捕捞，鱼子鱼孙、小虾小蟹，统统捞了上来，既无多大利用价值，而且还是对自然资源的破坏。教学中的类似做法，除加重学生负担外，还模糊了重要的基础知识。我以为所谓基础知识，不是教材叙述的全部内容，而是具有下列特点的知识。

（1）形成概念所必须具备的感性知识是重要的基础知识。教学的根本任务自然不是为了让学生获取某些感性知识，而是要形成正确的概念，并用它去推理、判断，了解事物的本质和变化发展规律，进而逐步运用于实践。但如果因此习惯上以为概念、规律、结论等是重要的基础知识，而忽视了实验、观察、实例等感性知识的极端重要性，那么，一切概念、规律、结论等就成了“空中楼阁”，成了呆读死记的一堆废话。如果学生没有看到或分析系列（不是一个）杂合体性状分离的普遍性，而去强记分离规律的定义，能成吗?

（2）反映事物本质属性的知识是重要的基础知识。一个复杂的内容，涉及的知识很多，教师必须善于抓住最本质的、影响全局或全过程的那部分知识。例如，有丝分裂过程是严格有序的一系列变化过程，但在有丝分裂“舞台”上，主角是染色体（包括DNA）的复制和均等分配，而核膜、核仁等有规律的变化是配角，甚至是“跑龙套”的。同理，减数分裂过程更为复杂，但核心是两点，一是染色体的数目减半；二是同源染色体的特有行为：即先联会部分交叉互换而后分离；各对同源染色体自由组合。这样提出问题，并不是意味着有关的别的知识都不必讲了，而是强调反映事物本质属性的知识才是重要的基础知识，教学中需用浓墨重彩。

（3）反映知识内在联系的关键环节是重要的基础知识。教材有严密的系统性，如璀璨的珠宝串成的项链，每一颗都是珍贵的，但也常有最珍贵的一颗，是翡翠还是钻石，这是这条项链的关键环节。举个例子，讲完遗传的三大基本规律：基因的分离规律、基因的自由组合规律及基因的连锁和互换规律，然后问学生为什么把它们称为遗传规律，竟有相当多的学生茫然。恰恰不知道这三条互相联系的规律，都是揭示染色体上的遗传单位基因在减数分裂中是以何种方式进入配子的，而配子是有性生殖中上下两代之间唯一的遗传桥梁，有什么样基因型的配子及其结合，就会有什么样的后代，因此才称为遗传规律。同理，三大遗传规律都重要，但分离规律应是三大规律中最关键的，因为这里集中体现了孟德尔遗传学说的几个基本观点，遗传因子的单位性、对等性、独立性以及结合的随机性。

（4）能使学生举一反三、触类旁通的知识是重要的基础知识。当代著名的儿童心理学家让·皮亚杰曾指出："智力训练的目的是形成智慧，而不是储备记忆，是造就智力的探索者，而不仅是博学。"如果我们什么都要学生去记忆，都看作基础知识，到头来是形成不了智慧的。反之，若能记住一些最必要的基础知识，由此能举一反三，触类旁通，这本身就发展了学生的智力。例如，与其要学生强记有氧呼吸和无氧呼吸的反应式，不如明确指出，这里的有氧、无氧本质上都是生物氧化，它们的特点不在于有无氧气参加，而是脱氢和电子转移的反应，并在酶的催化下在溶液环境和体温条件下完成。几个反应式本质都存在着脱氢和电子转移的过程。如果懂了这类，则推广到光合作用中极不易理解的水的光解，实质也是水释出了电子而被氧化成分子态的氧，总体上看，光合作用也是一个氧化还原过程。

总之，我以为把教材所述内容全部称为必须狠抓的基础知识，是不妥当的，实践上将严重加重学生负担，并影响学生智力的发展。

4. 提高高中生物教学质量，必须给学生以自学、研讨，有所发现的机会

老教育家叶圣陶曾提出教师“自始即不必多讲”，而“致力于‘导’”“使学生能逐渐自求得之，卒底于不待教师教授之谓也”。理科教学能否如此呢？应该是可能的，也是必需的。因为学生是教学过程中认识的主体，学生只有自己经历攀登的崎岖和艰辛，有了切身的体验，才能真正牢固地掌握知识、锻炼能力。我们目前的教学却常常是一讲到底，强迫学生按照教师既定的（未必是合理的）思维方式和逻辑紧跟紧记，这是断然培养不出人才来的。为了改革这种教学方法，必须注意以下几个方面。

（1）精心设计，引导学生研讨。重视研讨过程的教育意义，而不单是重视结论，应是重要的教育指导思想。经验证明这是可能的。例如，在掌握了减数分裂的基础上，指出基因在染色体上的位置有同源染色体上的等位基因、有不同对同源染色体上各对等位基因，还有同源染色体上的许多对等位基因，那么，基因进入配子的方式将有什么不同？高中学生完全能用图示方式表达出分离、自由组合和连锁的三种情况。理论的推导不等于事实，需要用遗传实验来证明，让学生怀着浓厚的兴趣，再去阅读孟德尔和摩尔根的实验，学生简直高兴地觉得自己是“发明家”，对自己的智力充满了自信。

（2）这样做要有条件：一是学生要久有训练，肯动脑子；二是教师要有更广博精深的专业知识，并为学生的研讨准备必要的素材、观点及参考图书，还要反应灵敏、准确，及时把探讨中的众说纷纭引上正确的轨道。

（3）现行的成绩考查方式必须有相应的改变，以适应这种教学方式的需要：一是要重视平时的考查；二是适当减少偏重记忆的考题，增加考查分析问题、解决问题的能力，可以有所创见的考题。这将引导学生走上真正提高学习质量的道路。

关于“科学、技术和社会”教育的几点浅见①

1. “三个面向”和STS

1985年10月，在苏州召开的中学理科教师能力研讨会和讲习班上，联合国教科文组织委派的两位专家，介绍了理科教学中的新趋势——科学、技术和社会（Science, Technology and Society，简称STS），其基本精神在于把科学技术教育和当前的社会发展、社会生产、社会生活紧密结合起来。它既考虑了当代社会科学技术迅猛发展对教育提出的要求，又分析了现代和未来社会成员对社会生产生活的发展作出决策必须具备相当的科学技术水平，这也依赖于教育；此外，科技的发展、现代工农业生产的进展形成的人口、资源、能源、环境、粮食等困扰世界的大问题，也需要反映到理科教学中去。所以，STS的提出，是现代社会发展所必需，也是现代科学教育的新动向。

教育要实行“三个面向”，本质上是要求教育要面向社会主义“四化”建设的实际，面向社会主义建设发展的未来，为此也要借鉴世界各国、各民族发展现代教育的经验。在这种目标要求下，多出人才，出好人才。因此，我以为STS是使理科教学更好地贯彻“三个面向”的方式、方法和过程，可以而且应该引进到我国的教育工作之中。

① 本文原载于《苏州大学学报》1986年第9期。

2. 中学理科教学改革与STS

中学理科教学改革是整个教学改革中的重要组成部分，在中央关于教育体制改革的有关决定中，明确要求改革那些不适应“四化”建设的教育思想、教育内容和教学方法。中学理科教学从指导思想、课程设置和内容到教学方法，无疑也必须在总结自己的正反两方面经验的基础上，借鉴世界各国的经验，从中国社会生产生活发展的需要去改革。而STS的基本精神可以用于理科教学的改革，它作为理科教学改革的一个组成部分予以考虑是可取的。

一方面，在当前理科教学的分科教学中，如物理、化学、生物学、地理科学中，分别贯彻STS的精神是可能的。这并不要求打乱长期形成的各科教学的严整的科学体系，只是要求对各科教学中的基本知识的传授和能力的培养，更多地考虑到社会生产、社会生活、社会发展的需要，做适当的充实和改进。目前从教材到对学生学习的评价，这方面都考虑得不够。另一方面，各重点中学教学改革的一个动向是逐步增设某些选修课程，课外学科讲座、课外科学技术小组等已经取得了初步的成效。我认为将STS的精神贯彻到这些教育教学活动中去也是可取的，必要的话可以试行开设STS的单元教学课程，供学生选修。

如果认真地沿着这两方面去做，将带来许多好处。

（1）将会使我们学生的学习更紧密地结合我国社会主义建设和发展，使学生在受教育过程中，更好地关心祖国的建设、人类的未来。

（2）由于STS具有明显的跨学科性质，甚至把自然科学和社会科学交错起来，将会使学生初步接触某些交叉学科、边缘科学等。这有利于学生的全面发展以及克服偏科现象，而且可以使学生辩证地认识世界，并得到一定的思维方法的训练。

（3）在中学生时代对科学、技术和社会三者之间关系的多方面了解，将有助于毕业升入高等学校或就业时正确地选择志愿，使志愿的选择更符合社会发展的需要，也更符合自身的特点。

（4）在分科教学中贯彻STS精神或设置某些STS选修课程，引起的内容变革将促使教学方法的改革，许多以学生为主体的、灵活而富有创造性的教学方法将有可能得到更多的利用。

（5）贯彻STS精神将促使师资队伍知识水准、教学能力的多方面提高，特别是对培养和发展教师的“扩展能力”具有重要的作用。“扩展能力”既是一个理论问题，更是一个实践的问题，需要在实践中加以发展和完善。

3. 要努力使STS中国化

（1）我国社会主义教育历来高度重视教育教学和社会的关系。长期以来重视德育在科学教育中的贯彻，重视科学教育和生产劳动的结合，重视理论和实践的结合，在这方面有着丰富的正反两方面的经验。在引进STS时，必须在总结我国经验的基础上，择善而从，将它推向新的水平，减少盲目性。

（2）要和我国正在进行的教育体制改革的实际情况相结合。一方面，在普及九年义务教育中大力加强普及科学、技术和社会的教育，使全体受过普及教育的公民，在这方面有较大的提高而不只是能读、能写、能算。另一方面，高中不能仅仅为升大学做准备，也需要进行STS教育。他们中的绝大多数将在毕业后，经短暂的职前培训进入社会，不能仅有较深的理科知识，还需要相当广博的STS方面的知识和能力。同时，职业教育比重日益增大，学生不仅仅有某些相对狭隘的专业知识和技能，在他们的一般文化课的理科课程中，更多地从STS角度去考虑，可能是有益的，既可以避免和普通高中的雷同（实际上完成不了），又更多地和社会发展相结合，这对他们步入社会后将会有较大的帮助。

总之，要在不同层次、不同的学校中，采取不同的、又适合各自实际

◎ 1985年暑假，朱正威老师在家写教学论文

的STS课程策略。

（3）应该对现有师资队伍及早进行各种方式的培训和提高。没有师资，一切都是空话。目前应选择条件（师资、设备等）较好的学校，试行贯彻STS精神的实验，以积累经验，摸索STS对师资的客观要求标准。

科学、技术与社会——中学理科教学改革[①]

科学、技术与社会是近年来世界各国科学教育改革中形成的一种新的科学教育构想，以强调科学、技术与社会的相互关系和科学技术在社会生产、生活和发展中的应用为指导思想而组织实施的科学教育。

20世纪70年代美国斯坦福大学教育学荣誉教授赫德博士提出要把科学教育、科学课程重点放在价值观、社会、技术和决策方面，要联系社会、技术和人类进行科学教育。80年代，美国、英国、澳大利亚、菲律宾等国家，相继提出并试行各种类型的STS课程。1985年10月我国中央教育科学研究所受联合国教科文组织委托在苏州召开中学理科教师能力问题研讨会，正式提出了STS在中国的实施问题。本文想以中学理科教学为对象着重讨论这一问题。

1. 我国中学理科教学的弊端

我国中学理科教学有其传统和优点，它对系统知识的重视，可能不亚于世界上任何国家，也确实培养出了许多精英。但是放在今日世界激烈的经济、科技竞争，以及改革开放的环境中来看，科学技术的现代化需要精英，经济的振兴需要科技素质普遍提高的劳动大军，随着社会主义民主的发展，需要懂得科技和社会的关系的公民参与决策，那么我们的科学教

① 本文原载于1988年12月28日出版的《光明日报》。

育，首先反映在中学理科教学方面，就暴露出许多不适应。

首先是中学理科教学的内容偏重于系统化的分科知识，旧的知识结构框架和模式限制了科学知识和生产技术、职业训练、社会需要的结合。生物知识教育中很少关心农业、林业、饲养业、医疗保健；物理化学知识教育中很少关心工业生产技术及这些知识在生活中的应用；地理学知识教育中资源的合理开发、利用，对生存环境的保护和改善也未能占据更重要的位置，更不必说地区经济发展的需求、个人兴趣发展的需要，个人和社会群体现代生活的需求在知识教育中的反映了。我们曾经有理论和实践相结合，教育和生产劳动相结合的传统，而现实是这种传统所剩无几，一切为了升学的办学模式，更加剧了这种状况。

其次是重知识轻能力。能力的培养长期停留在作为一般人的个性心理特征的诸种能力的培养上，如观察力、想象力、思维能力等方面，对这些能力和现实社会的需求之间的关系、能力的社会特征方面等缺乏探讨和研究。亚太地区理科教师会上曾提出培养扩展能力，这是指一种适应今日科学、技术迅猛发展并渗透进社会生活各个领域而提出的一种灵活变通的、有创造性的能力和态度，包括信息处理、问题解决、创造性、做决策。这一见解，并未引起我国中学理科教学实践的重视。

最后是科学价值观的偏移。科学提供知识，技术提供应用这些知识的方法，价值观念则指导人们如何去对待科学和技术。正确的价值观念，应该是使科学成就和技术革新，来为社会的生活、生产和发展服务，为公众利益服务，对科学高度发达的社会的各种问题采取合理的对策和行动。联合国教科文组织称之为“科学为大众”。本来“科学为大众”的发明权应该属于我们。遗憾的是今日的普通教育主要服务于升学的倾向是如此严重，教师为升学而教，学生为升学而学，并非少数，科学、技术、社会三者正在脱节，多数中学生陪着少数有望成为精英的人苦读，正确的科学价值观被扭曲。

社会主义经济建设的发展，工业社会兴起的巨大压力，正在强烈地要求教育要把科学、技术、社会三者紧密结合起来。一股厌学的情绪正在悄然地袭击着教育，除教育的外部原因外，教育本身和现实社会的脱节，特别是科学教育和社会生活、生产、发展的脱节，知识面既窄且深，教学又不甚得法，由难学、无望而厌学，不能不说也是原因之一。因此，STS不只是引进外来的一种教育构想，也是改革我国中学理科教学的自身需要。

2. 逐步建立中学理科教学的新模式

必须建立中学理科教学的新模式。用STS的精神重新审视我们的理科课程设置和内容，至少对建立新模式是有帮助的。

首先，要动员更多的力量来研究我们的中学理科课程的设置和它们内容的取舍，以图建立适应社会生产、生活和发展的新体系。我们在教育结构、体制方面的改革有了很大的前进，教学方法的革新，也已提到议事日程，但课程设置和教学内容的改革却进展太慢。旧框架、旧模式、旧体系在某些人看来，几乎是神圣不可侵犯的，或者有意无意地让人感到偌大的中国，只有少数几个权威，而一张考卷定终身，更加强了那种神圣性、权威性。这样一种沉闷局面必须打破。

其次，是作出必要的教学实验安排。例如，世界许多国家和地区为更好地渗透STS精神及适合当代科学的综合趋向，并符合青少年的认知特点，在初中大多建立了各种形式的综合理科。我国东北师范大学附属中学也已经开始实验。又如，北师大附中为贯彻STS精神，已经增设了相当数量的选修课，如《趣味数学》《数学逻辑》《数学思维与方法》《生物实验技术》《物理实验技术》《趣味物理》《当代物理与人类生活》《化学史》《人与环境》《计算机技术》《制图》《机械制造常识》《控制电路和照明电路》等，取得了良好效果。再如，有的学校把生物科学知识教学、课外的农业科技活动和农业生产中的科学实验结合起来，同时开展一项为农村经济服务的“小星火”活动，已经把科学教育向技术教育、社会教育延伸，为地区经济建设服务，成效显著。考虑到STS的师资培训，苏州大学物理系已经为师范专业四年级学生开设了STS课程讲座20讲，全年级83人有74人选修，受到欢迎。上述各种实验应该得到支持。

最后，组织力量进行必要的理论研究。要搜集世界各国关于这方面的资料，进行综合、分析和比较研究，取其精华，去其糟粕；要认真研究我国的国情，就普教而言，小学、初中、高中，城镇中学、农村中学，其理科教学的课程设置、内容选择如何才能适当，普及和提高的关系如何处理，少数升入高等院校和大量的就业要求上如何处理；着手研究科学技术教育的社会针对性、试编某些教材或小册子，供试验用；还应着手研究新的师资，培训和现行师资的继续教育问题，使之适应STS教育的需要。

中国的教育不可能游离于世界教育改革趋势之外，中学的理科教学应能接受STS的挑战。

STS和中学理科教育的改革[①]

STS反映了世界科学教育的一种新的改革潮流，已广为教育界人士所熟悉。尽管在理解上和实践上存在着许多差异，有的把它视为一种科学课程的新模式，有的认为是一种科学教育理论。我以为前者的理解偏狭了一些，后者的理解又似乎拔高了一些。STS还很难说是一个经过实践证明的、有严密系统的理论，因此不妨把它看作是一种顺应时代潮流的、指导科学教育改革的新构想。新构想的特征是突出科学、技术与社会的相互关系和科学技术在社会生产、生活和发展中的应用。它对传统科学教育的改革将是一个冲击波、一种催化剂，我们对它应持欢迎的态度，勇于在实践中加以检验并使之完善。

1. STS教育诸特点的概括

STS作为一种科学教育的构想，从教育角度对科学、技术和社会三者的含义及相互关系有着新的理解，本文不拟论述。就世界范围的教育实践来说，具有一些共性，《STS教育的理论和实践》（浙江教育出版社1990年出版）一书曾做过描述，这些共性如下。

（1）强调参与。学生是未来社会的主人，他们将来不只是某一种职业的工作者，首先是社会的一员，将通过各种程序参与未来社会生活、生

① 本文原载于《辽宁教育学院学报》1994年第1期。

产和发展的决策。因此，在今日的学习过程中，从学习内容到学习方式，都要有利于参与意识的培养和训练。

（2）在科学和技术的关系上，技术得到比过去更多的重视。这是现代技术成就的各种产品已经渗透到社会生活的各个领域的反映。因此，在科学教育中不重视技术教育已经不能适应当今世界的需求了。

（3）在科学技术和社会的关系上，强调价值取向。现代科学技术的发展，正在冲击和改变着人们的价值观念、伦理观念以及其他社会观念。人们已不再只着迷于宏大的工程建设，因为巨大的经济效益往往不足以弥补其对生态环境的损害；核技术和太空技术的发展，使人们不得不思考战争与和平的问题等。对于这么多的观念冲突，科学教育自然不能只问耕耘而不问收获了。

（4）强调科学、技术、社会的相互关系，必定导致自然科学和社会科学的交叉和兼容。从问题出发组织学习将是一种常用的形式，这构成了对传统学科体系的冲击。于是，它常常受到责难。其实，它不是不要学科体系，不要基础知识、基本概念、基本理论，而是力图使其在对实际问题的研究中发挥作用。

（5）强调素质教育而不是片面强调精英教育。因为只有公民的普遍的科学素质的提高，才会有科技精英的群星灿烂，于是它同时主张“Science For All”（科学为大众），这对于许多发展中国家来说，可能更具有现实意义。我们需要科技精英，但更需要扫除文盲，减少科盲。没有民族素质普遍提高，就缺乏产生文化、科技精英的深厚土壤。

以上这些特点，与改革我国中学理科教育有相当的针对性，因此就很自然地引起我国教育工作者的广泛兴趣。

2. STS对中学理科教育改革的意义

我国中学（包括义务教育阶段的初中和非义务教育的高中）在传统上

十分重视理科教育。在课程设置上，无论是初中还是高中，均为理、化、生、地分科设置。在单科的系统知识上，其深度、广度几乎不亚于世界上任何其他国家，物理和化学尤其如此。在省、市一级的重点中学，其科学教育的设施也颇具规模。但是放在今日世界激烈的经济、科技竞争环境中来分析，我国科学技术的现代化和社会主义市场经济的建立和发展，不仅需要科技精英，还需要科技素质普遍提高的劳动大军，那么我们的科学教育，首先是中学的理科教育，就需要改进。

（1）传统的、偏重学科知识系统传授的理科教育有其弱点。因为这种知识结构框架，限制了科学知识和生产技术、职业训练以及社会需求的结合，尤其当代人们普遍关注的科学技术社会问题，诸如资源问题、人口问题、环境问题、能源问题等难以进入中学理科教育。而地区（我国是一个大国，地区差异极大）经济发展的需要，个人兴趣发展的需要，以及个人和社会群体现代生活的要求也难以有适当地位。这种情况，即使不是用STS教育作为衡量的标尺，也有悖于我国一贯坚持的理论和实践相结合、教育和生产劳动相结合的原则。

（2）中学理科教育中重知识轻能力的倾向比较严重。尽管近十年来大力提倡能力的培养，但在实践中至少存在着两方面的弱点。一是在能力的培养上，只注重个性心理特征的能力培养，不重视社会需求的能力培养。二是缺少观察、调查、实验、操作，内容和实际社会生产、生活、发展的问题脱节，学生缺少扮演一个参与者角色的机会。

（3）中国作为文明古国，曾经对人类科学技术的发展作出过卓越贡献，但崇尚儒学及开科取士的科举制度，产生了鄙薄技术的倾向。现在的中学理科教育，技术仍未能占据较重要的位置。STS教育把技术列为重要的方面，因为技术在科学与社会之间起着桥梁作用，技术还把不同的学科联系和统一起来。一种新技术的应用，有可能推动一门科学的进展，甚至产生一门新的科学。而在我国中学的理科教育中，主要是学习科学知识，技术教育限于劳动技术课程，或推给职业中学去办。中学理科教育，应加强理、化、生、地的实验技术，基本的工业、农业生产流程和技术常识，还有现代社会普遍要求的计算机技术和其他信息技术。

（4）在中学理科教育中，培养学生具有正确的科学价值观是极其重要的。正确的价值观念，应该使受教育者懂得科学成就和技术革新应为社会服务。但是现行中学理科教育受制于升学的压力，这甚为严重，教师为升学而教，学生为升学而学，大有人在。这不仅使教学内容和方法围着应试转，而且助长了科学、技术、社会三者的脱节，从而导致了科学价值观的扭曲。在中学理科教育改革中，需要尽可能提出合理的对策和行动。

因此，引进和试验STS教育，应是改革我国中学理科教育的需要。

3. 关于中学理科教育中进行*STS*的试验

（1）中学理科教育中的STS研究，受到了国家教育委员会的重视，从1991年起已正式列入全国教育科学“八五”规划教委重点支持的课题。参与该课题研究的有中央教育科学研究所的研究人员，中国科学技术协会青少年科技活动中心的实际工作者，北京师范大学附属中学，辽宁教育学院，苏州大学，苏州、常州、吴江、鞍山、烟台等地的一批学校。课题组试图探讨在现行理科课程中如何渗透STS的教育，在选修课中设置STS课程，在青少年课外科技活动中贯彻STS精神，并在理科师资培训中如何加强STS教育等方面有所突破，在介绍国外STS教育的基础上结合中国国情进行理论的研究，在实际做法上为课程设置、教学大纲的制订提供咨询。

（2）由于我国幅员辽阔，存在地区社会、经济发展的不平衡，历史文化背景的差异，民族的不同等因素，我国的教育既有它的统一要求，又必然呈现多样性。因此，STS教育的试验，首先是在国家统一教学大纲、教材的基础上，根据教育为地区经济发展服务的要求，编写出理、化、生、地各种教材的STS渗透型、延伸型的指导意见。这样有助于试验的开展，又不影响国家统一的大纲和教材要求的贯彻，也是比较可行的，如山东省烟台地区正是这样开展试验的。

（3）选修课程是试验STS教育的较理想的课程。因为它对国家规定的必修课程并不构成冲击，能保持在稳定的教育环境中进行试验。目前试点学校在这一方面最为活跃。但这也存在着困难，缺少可以选用的较好的、适应性较广的选修课教材。因此，课题组近期内正在组织力量选题，《青少年保健》《能源及其利用》《保护环境》《水资源及其利用》《市场调查和分析》等选修课教材正在着手编辑出版。

（4）我国有一支在中国科协领导下的各地区青少年科技活动指导和组织者队伍。他们和教育部门合作，开展了大量的、各种形式的青少年校外科技活动。每年有大量的小论文、小发明、小制作产生并组织了各种竞赛，培养了青少年从事科学研究、创造发明的精神和实际本领，还提供了各种参与的机会，因此把STS导入青少年课外、校外科技活动，具有巨大潜力。

（5）为了普及STS教育，我们除通过媒体做了许多介绍外，还由浙江教育出版社分别在1990年和1991年出版了《STS教育的理论和实践》《科学技术社会辞典》（四卷本，分别为物理、化学、生物、地学），受到教育工作者的广泛欢迎。其中《STS教育的理论和实践》一书包括理论介绍、专家论述、教学实例，尽可能搜集国内外的典型材料，1993年又修订再版。

STS作为一种世界科学教育的新潮流，对它的研究和应用，无疑将对形成具有中国特色的科学教育的新思维、新体系、新方法起到推动作用。在当今世界，任何一个国家或地区的教育改革，都将难以游离于世界教育改革的趋势之外，因为教育都是为了更美好的未来。

略论中学生物教学中思想教育的基本点及其原则[①]

学科教学中的德育教育问题，已经受到各方面的重视。在中学生物教学中，根据国家的教育方针、学科教学大纲和学科特点，并结合中学生的思想实际，进行恰当的思想教育，已受到许多同志的关注。本文仅就中学生物教学中思想教育应把握的基本点和进行教育的基本原则做一些初步的探讨。

1. 中学生物教学中思想教育内容的基本点

目前，中学生物学科的课程，内容涉及整个自然界。教学大纲只可能从宏观上指明思想教育的基本方向和范畴，为在教学中易于把握，谨提出生命的物质性、辩证的观点、进化的观点、生态学的观点、科学的价值观和爱国主义教育六个方面作为思想教育内容的基本点，分述如下。

（1）关于生命的物质性

恩格斯曾经表述过如下的认识：我们周围的世界，除了物质的运动和运动着的物质，什么都没有。这是唯物主义的基本观点。生物科学是研究生命的本质及其规律性的科学，它的各个层次，原子、分子、细胞器、细胞、组织、器官、系统、个体、种群、群落、生态系统，就是从微观到宏观的不同水平、不同形态的物质运动，生命的本质及其规律性就在其中。

---

① 本文原载于《生物学通报》1988年第7期和第8期。

• 无论何种生物，从病毒界到原核生物、真核生物直至人类，它们的身体总是由各种化学元素、各种无机化合物、有机化合物组成的；而且，就其组成的基本化学元素而论，是非生物界普遍存在的，没有任何“生命的元素”。这种认识，不应该等到学生学习高中生物学“细胞的化学成分”时才开始，因为初中植物学就讲到种子的成分，初中生理卫生中就有骨的成分、血的成分等知识。因此，这种认识也是逐渐渗透、逐渐树立的。

• 绝大多数生物，其结构和功能的基本单位是细胞。组成细胞的物质，一方面以核酸、蛋白质为基础构成了复杂的多分子体系，使生命现象得以表现；另一方面又以其结构上的精细分化，形成细胞膜、细胞质（含各类细胞器）、细胞核而实现生命过程的各种功能。细胞的出现是生命进化历程中的伟大事件，是繁杂的生命现象的特殊的物质结构基础。我们的教材，无论是初中还是高中生物，开宗明义都要讲细胞，都十分重视将许多生命现象在细胞水平上弄清楚。

• 组织、器官、系统乃至整体，其功能的实现，必依赖于一定的结构特征。在我们的教材中，动植物的各种组织，植物的各个器官、动物和人体的各个器官系统等占有大量的篇幅，它们的重要性，并不仅仅在于这些知识，还在于要通过这些知识形成“结构是功能的物质基础”的唯物主义观点。

• 物质变化和能量转换的相互关系。生命过程是一种物质变化和能量转化的过程，由于做功，生命过程将消耗能量。从初中植物学讲授光合作用、呼吸作用起，直到高中生物中ATP和ADP的相互转化，光合作用和呼吸作用中物质与能量变化的依存关系，各种生命活动的供能问题，生态系统中物质循环和能量流动问题等都要涉及。必须使学生理解能量转化和物质变化的依存关系，物质变化一定表现为某种能量的变化，能量又推动着新一轮的物质变化，物质的变化是基本的。

● 个体的生长、发育、成熟、衰老、死亡，是物质变化的过程，生命的代代相传；繁殖、遗传、变异，是遗传物质的延续、复制及变异；生物的进化，是新的基因、新的基因组合、新的染色体组型的出现，在此基础上接受自然选择的检验，汰劣留良。总而言之，都可归结为物质的一定规律的变化。

● 生命活动的自我调节是通过一定的物质及特定的物质结构系统来实现的。例如，植物激素调节、动物的体液调节都和一定的调节物质及细胞内的受体相联系。神经调节，更是通过特定的反射弧和神经元突触传递结构及有关的化学递质相联系。人类的意识活动、心理活动，归根结底是高度发达完善的物质——人脑的产物。近代脑科学的发展，人脑复杂的网络结构、电生理性质，不同脑生理过程和特定化学物质的关系，也陆续被揭示。

（2）关于辩证的观点

辩证法的核心是对立统一规律。在生物科学发展的历史上，既存在着唯心论和唯物论的斗争，也同时存在着形而上学和辩证法的斗争；而且后者的争执，由于不仅受社会生产的发展、科学技术进展和普及程度的制约，还受思维方法的影响。对于正处在少年后期和青年初期的中学生来说，由于知识之不足、涉世之浅微、思想之易于片面，辩证观点的建立就显得更为重要。

● 生物和生活环境的相互依存、相互作用。这是研究生物学的最基本观点，因为生物与非生物的根本区别，就在于它不停地和周围环境进行物质和能量的交换，从而实现其组成成分的自我更新，并在这基础上表现出各种生命现象。无论从细胞水平、个体水平、系统发育（进化），还是生态系统的水平上看，生物及其生命活动都受环境的制约，同时又影响和改变着环境。这一观点渗透在从初一到高中生物课程的全部章节之中。

● 结构和功能的统一。结构和功能是相互适应的，一定的结构是一定的生理功能的基础。但无论从个体的生命活动，还是从结构在系统发育中的演化来看，功能又影响着结构的发育和演化。例如，心脏的结构特征决定着它是血液循环的发动中枢这一功能，然而，它的使用和锻炼无疑对它功能效率的提高是有影响的，并最终影响到其结构的完善化和健康。在脊椎动物的系统发育中，更可以清晰地看到，生活环境的变化、生活方式的演变导致不同动物对心脏功能的不同需求，从而选择（自然选择）了不同的心脏结构型式，从一心房、一心室，两心房、一心室，两心房、心室不完全隔开到两心房、两心室完全隔开。类似的许多例子，充满中学生物教材之中。

- 内因和外因的相互关系。辩证法认为，内因是事物变化的依据，外因是变化的条件。无论是生物的个体发育还是系统发育都是这样的，要避免外因论的谬误。从个体发育来看，受精卵组合的遗传基础是发育的内因，环境条件只是发育的外在动因，是条件，即使这个条件是如此重要，如此左右发育的过程及其结果，也终归是条件，在某些非常特殊的例子中，尤其要注意叙述的观点的正确性。例如，不同环境因子对某些植物雌、雄花形成的影响；同样的受精卵，发育环境不同，后代的性别比的变化，这也不能认为是外因起着决定性的影响，因为在这些情况下，起决定性作用的还是在个体发育的初始阶段，性别分化具有两种潜在的可能性，雌雄性器官是同源的。在生物进化的系统发育中，遗传基础的改变起决定性的作用，环境只是通过生存斗争起着汰劣留良的选择作用，它的每一个世代，都是基因型加环境相互作用而发育成一定的表型；反之，仅仅由环境引起的表型的变化，没有遗传意义，当然也没有进化意义，充其量也只对特定时间条件下的生存斗争起作用，但终究会消逝在进化的波涛之中。

- 生命的生存及其发展基于其内在的矛盾运动。在生物教学中，应该揭示这种普遍存在的各式各样的矛盾运动，使学生养成辩证地看待事物的习惯。择其要者，例如，同化作用（合成代谢）和异化作用（分解代谢）的对立统一是个体生命生存、发育的基础；个体生命的有限性和种族生命的连续性的矛盾，是通过繁殖作用来解决的；巨大的繁殖潜力和生存条件的有限性的矛盾，制约着种群数量的消长；遗传和变异的矛盾，是推动生物进化的内在动因，而进化必定伴随着它的对立面退化的发生；自然选择既选择保留了捕食者的尖牙利爪，也选择保留了被捕食者的种种适应性特征。生物体的内部和自然界充满了矛盾，没有矛盾也就没有世界。

（3）关于进化的观点

我们的中学生物教材是高度重视生物进化观点的教育的，既体现在教材内容的取舍上，也体现在教材的体系上，并已为广大生物教师所重视。这里强调指出的是实际教学中需要注意的某些方面。

- 注意克服外因论的倾向。由于历史的原因，在20世纪50年代我们不恰当地推行所谓的米丘林—李森科学派的观点，过分地强调了环境条件对生物进化的影响，在某些方面实际上重复了拉马克的观点，即环境变化是物种变化的原因，后天获得的性状可以遗传，并对达尔文进化理论中，不定变异是进化的主要基础以及选择决定生物进化的方向这些精华，采取了错误的批判态度。谬论误传，影响了一代生物教师，以致在今天的生物教学中，仍时有所见，应予纠正。

- 要充分注意进化问题的复杂性。作为中学生物教材，只能选取有限的材料来说明生物进化的总趋势。比较植物界或动物界的若干基本类群，这就容易发生把复杂的进化问题简单化，从而形成一些概念化、公式化，甚至僵化的观点。例如，把生物进化简单地归结为“由简单到复杂、低级到高级，水生到陆生”的公式，就蕴含着某种危险。果真都是简单到复杂吗？不尽然，有些进化的例子，恰好是简化，人的胃难道不比鸟的胃或牛的胃简化了许多吗？哺乳动物的单子宫类不比双子宫类更高级一些吗？低级和高级也只能模糊地、整体地看，乌贼的眼睛实在比节肢动物的眼睛更接近于脊椎动物，而脊椎动物的原始类型文昌鱼还谈不上有发达的视觉器官呢。乌贼的喷水式的以反作用力前进的方式，也很难说比其他更高等类型动物的运动方式低一筹。至于水生到陆生，无论植物界或动物界更不尽然。因此，把进化的总趋势绝对化，不利于学生学会深思熟虑，处理复杂的问题。这里的意思是说不要简单化，当然不是反对使学生获得一些有关生物进化的最基本的观点。

- 达尔文的理论不是关于生物进化的全部理论。达尔文无疑是最伟大的生物进化论者，他的进化学说是生物科学史上一块巍然的里程碑。但是在达尔文之前，已经有许多进化学说的先驱者，而他的身后进化学说已经有了长足的发展。例如，达尔文偏重于分类学、古生物学、比较解剖学、胚胎学等方面的研究，对生理的、生化的研究不足，至于分子水平的比较研究，根本未涉及；他还不可能把他的学说置于科学的遗传学说的基础上；对于宏观的、群体的、数量统计的研究方法，达尔文还没有充分地运用，等等。所以，不可以限于讲达尔文的观点及他那个时期的经典材料，要把面拓宽和引向深入，这不是提倡超越教材，在我们现行的教材中就有很多，如对生命的物质组成和生命起源的研究，原核细胞和真核细胞的研究，蛋白质分子的氨基酸组成的比较研究，生物界统一的能量供给体制的研究，统一的遗传密码的揭示，生物行为的比较研究等，都是可以进行进化观点教育的新的方面，更不必说高中生物学中遗传和变异的大量内容与进化观点教育的关系了。所有这些，有些是对达尔文学说的补充，有些是对达尔文学说的修正，都是必要的，也就是说生物进化学说也在“进化”。

（4）关于生态学观点

生态学的发展及其受到人们的高度重视，是近年来生物科学发展的一个重要趋势。因为不仅从该学科本身来说的理论体系和研究方法及手段，都发生了崭新的变化，而且由于它所研究的问题关系到国土的整治，资源的开发、保护和利用，经济建设的发展，人类自身的生存和发展。由于当代生产力的高度发展，人们对自然界的影响力大大增强，在这种状况下，任何一个决策和措施，都可能带来长远的生态效应，这种效应如果是负面的，则可能贻祸几代人。对青少年进行生态学观点的教育，极为迫切，在教学中应注意以下各点。

• 要强调生物的生命活动对环境的影响。多年来，由于种种原因，我们的生物教学中高度重视了生物必须依赖于它们的环境而生活的观点，这是正确的，但往往忽视了生物对环境的影响，因此表现出一定程度的机械唯物论的倾向。事实是生物和环境是互相影响的辩证统一体。例如，生命一经产生就开始一步步地改变我们星球的面貌，无论是大气成分、土壤形成、水分环流、矿质元素的迁移分布都受到生物活动的影响。每一种生物，每一生物的基本群，都在生存中影响着环境，都在生态系统的平衡中占有一定位置。这些都需要在平常的教学中一点一滴地进行渗透。

• 要对自然界持尊重的观点。自然界中任何一个相对稳定的生态系统，它的成员组成、它的网络结构，都是自然历史的产物，是经历了自然选择的检验而得以留存的。在我们的面前，它仿佛是一部奥秘无穷的书，要尊重它、研究它，切不可取轻率的态度。为利，就竭泽而渔，因弊，就格杀勿论，是一种非常危险的态度，必将受到自然的报复。

• 要强调联系实际，重视实践。生态学观点的建立，必须在学习基础知识的同时，进行实际的调查、统计、分析，既可以使用间接资料，也可以深入校园、学校周围的地区，甚至某些工农业生产领域，获得相当的感性认识。例如，对某一地区的环境污染或治理的调查，或某一生态环境中生物分布及其相互关系的调查，或某一生态环境的历史演替及其原因的调查。这样有利于形成生态学的观点，并在实践中增长才干，养成关心乡土开发、社会发展的心态，克服学校教育脱离实际的倾向。

• 要确立合理地利用自然又保护自然的观点。急剧增长的人口，日益对环境、资源增加压力，人借助科学技术的力量，对自然生态系统的保护和破坏，都具有同样巨大的威力，而以正确的生态学观点来处理事物，归根结底是为了人类自身的生存和发展。人类不能用自己的脑和手以及它们的延长——现代科技的各种成就，去危害自身的生存发展，而应该用来创造适合人类生存发展的条件。我们呼吁拯救那些稀有的、濒危的物种，并不是出于某种善意或蒙昧的爱，而是因为在自然生态系统的平衡中，它们有一定的位置，至少是丰富的基因库中一份可能有用的储存。当某种种群，由于各种原因而急剧增多时，我们可能要大规模的猎杀（如澳大利亚的野兔），这并不是我们缺乏恻隐之心，而是因为它最终危及人类的利益。总之，是为了人的利益。此外，我们也并不是要对自然生态系统顶礼膜拜，碰不得、动不得，敬若神明，束缚自己的手脚，生态科学应该能指导人们合理地开发自然、利用自然，同时又保护自然，以及修复已破坏了自然的某些环节，决不能持悲观主义和消极等待的态度，而是相信科学，相信人的力量。

（5）关于科学的价值观

为了什么而学习科学？似乎是不成问题的问题，但实际并非如此。有的教师教生物课程，是希望培养出生物学家；有的是希望使学生获得高分，提高升学率；有的是为科学而科学等。这已经牵涉科学的价值观。国外也有争论。从20世纪50年代起，一些国家强调要使学生学会像科学家那样工作，提倡发现法。后来到70年代，又发觉实际上不可能把绝大部分的学生培养成科学家，于是提出了“科学为大众”的口号，强调要求学生用科学的基础知识、科学的基本观点，来积极参与社会生产和社会生活。这种认识上的变化，是很有意思的，确实需要在我们的学科教学中重视科学的价值观的教育。

● 生物科学教育首先应该为提高民族的文化素质、科学素养而努力。在教学中不应一切都瞄准高考，或刚起步就期望其成“家”，好高骛远。这不是正确的、鼓励学生好好学习的思想教育；应该踏踏实实地学习基础知识、培养基本的技能和能力、树立正确的观点、形成良好的学习习惯。现实情况下的任意砍课或加深、学生的高分低能、教研部门热衷于“考研”，与这种不正确的价值观念是紧密相连的。由这种观点指导的教学措施，必将对学生留下不好的影响。

• 生物科学教育应该使学生关心知识的实际应用，关心家乡、地区和国家的经济发展。中学毕业生不可能都升入大学深造，即使上了大学，成了学士、硕士或博士，还是要为发展家乡、地区、国家的经济建设服务。中学的生物科学教育，尽管是基础教育、普及教育，不是专业教育、职业教育，但这在任何意义上也不应提倡脱离社会生产生活和发展的实际。中学生物科学教育，总要给学生最一般的、生物界全新的知识、原理、规律。对离生活、生产甚远的奇花异草、珍禽怪兽不厌其烦，对近在咫尺、立等要用的知识却轻描淡写，这些不正常的情形，经常发生在我们的生物教学之中，其方向之偏离，思想教育效果之差，当在纠正之列。

• 要正确地鼓励学生成名成家。我们终于能在学科教育中鼓励学生成名成家了，这是纠正了“左”的倾向的历史性胜利。中国需要大批科学家，中国期望有自己的诺贝尔奖获得者。形势很好，愿望更好。但在现实的教学中，还没有把立大志和踏实刻苦的学风结合起来，把个人奋斗和群体的支持结合起来，把个人的爱好和社会的需求结合起来。生物科学史上的伟人，没有一个不是踏实苦干的，没有一个不是在前人或当代人积累起来的成果的基础上成长起来的，没有一个不是顺应社会生产发展的需要而产生的。应该完整地开掘、剖析那些名人名家，将他们呈现在学生面前，使学生有全面、正确的了解，有历史的借鉴。不可否认，由于生活水平的提高，独生子女的增多，家庭和社会对他们的期望值过高，有些学生志大才疏，飘飘然、昏昏然，醉心于自我成才，教师在学科教学中应该予以指导，这也在一个侧面反映了科学的价值观。

（6）关于爱国主义教育

《生物教学大纲》指出，通过讲述祖国丰富的动植物资源，我国古代的和现代的生物科学成就，对学生进行爱国主义思想教育。这已为广大的生物教师所接受，并在教学实践中得到重视，下面提出几个当前需要注意的问题。

● 爱国主义教育的核心是爱社会主义祖国。就祖国丰富的动植物资源而言，过去有，现在也有；几十年前可以讲，几十年后也可以讲，关键是要讲出时代的特色。例如，只有在社会主义时代，这些资源才属于全体人民，才能充分地利用和开发，造福于人民，才能得到充分的保护，而且随着生态环境的改善，科学技术的进步，这种可再生的资源，将有进一步发展的可能。再如，我国古代和现代的生物科学成就，都应该讲，但还要厚今薄古，古代的灿烂文明值得自豪，但终究属于过去。在这竞争激烈的时代，要屹立于世界民族之林，现代的成就更重要，事实是我们既需要补传统产业革命的课，又要迎头赶上新的技术革命。因此，近代的，特别是社会主义时代的我国生物科学的成就，要多讲。教师要超越教材的范畴，关心我国生物科学发展的动态，随时撷取那些富含思想教育意义的内容，来点燃学生的爱国主义的情和火。学生需要经常亲切地感受到社会主义祖国前进的步伐，老生常谈的东西，应该少讲些。要理解他们对一开口就是四大发明的反感情绪，这种反感情绪掩盖着一颗颗赤子之心。

● 危机感也是一种爱国主义教育。我国的自然资源，包括生物资源，由于盲目的、不科学的开发利用，还由于人口数量大，对资源的需求量也很大，实际上资源并不丰富，更不是“取之不尽，用之不竭”。对于生物资源亟待保护和发展，应该有危机感。我国生物科学的发展，比起许多发达国家来，也是相对落后的，也应该有危机感，不要因为进行爱国主义教育，就只讲光明面，这不是实事求是的态度。只有实事求是地对学生讲清我们面临的困难和问题，以危机感激发更深的爱国情感，在危机面前，立志奋发图强，今天落后，迎头赶上，还可后来居上。一个民族要复苏，一个国家要振兴，有志的一代青年，需要有危机感。

● 热爱乡土，在爱国主义教育中有着特殊意义。每一个人都有自己诞生的乡土，每一片乡土都是祖国的一角，对乡土的缕缕情丝，总会牵动青少年的梦，游子的心。在某种意义上说，家乡就是祖国的代名词。因此，在学科教学中的爱国主义思想教育，要特别重视让学生了解自己乡土的人文、地理、历史、生物，立志于乡土的建设和开发。在生物科学教育中，要让学生了解乡土的生物资源，它的保护、开发和利用，应该关心乡土的环境保护，农林牧渔各业的发展，应该关心家乡人民的健康防病。在实际教学中，组织各种标本采集、调查研究、生产实践，都有利于对乡土的了解和情感的培养，从而立志改变家乡的面貌。

2. 中学生物教学中进行思想教育的基本原则

对学生进行思想教育的原则，是德育教育的基本理论问题。这里仅从中学生物教学中进行思想教育经常遇到的一些问题出发，概括出带有学科特殊性的一些看法，姑且称为原则。

（1）寓教育于教学之中的原则（渗透性原则）

生物科学是一门自然科学，教学的主要任务是要让学生掌握生物学的一般基础知识，懂得生命生存发展的一般原理、原则、规律。因此必须贯彻寓教育于教学之中的原则，或者称为渗透性原则。在教学实践中要注意以下各点。

● 首先要追求科学性。有了科学性，才能有思想性。什么是科学性？按生命自然界的本来面目来介绍生命自然界，就是科学性。从某种意义上说，科学性强，思想性就在其中。例如，只有确切掌握生物和环境互相作用构成一个统一体的事实，才能形成生态学的观点。事实不清楚，基础知识不准确，形成某种正确观点是不可能的。有一个绝好的反面例子，更能说明这一点，就是李森科那套遗传学，由于不符合事实，歪曲了事实，他用了多少政治的、哲学的术语装饰他的理论，仍然毫无思想性可言。因此，生物教师要刻意丰富自己的知识，准确地、科学地表述讲授的内容。

• 要点拨，要自然地升华。思想教育归根结底是意识形态范畴的东西，单有科学事实，不一定能形成某种正确的观点。生物学家达尔文，无疑掌握了许多生物变异的事实，生物进化的证据，但在形成进化理论时，曾经求助于马尔萨斯的人口论。我们的学生掌握了一定的生物学知识，在形成某种观点时，需要教师的点拨，才能引发思维的火花。自然地，而不是勉强地升华为某些观点。

• 力戒标语、口号式。在我国中学生物教学的历史上曾经有过“突出政治”“穿靴戴帽”，把政治口号、术语贴到教学内容上的做法。这个教训要吸取。生物课不可变成政治报告。思想教育的内容要结合具体的生物科学知识，“随风潜入夜，润物细无声”。

（2）针对性原则

针对性原则就是有的放矢。思想教育要有效益，不能不看受教育者的实际思想状况，不能不进行必要的调查研究，以确定突出些什么，侧重点在哪里，何种方式方法为好。一般应该注意以下两点。

• 不同年龄区段的学生有不同的认识特点和要求。中学生物课程开设在初一、初二、初三到高中，这是一个生理、心理都迅速变迁的年龄。在进行思想教育时，初一、初二要求直觉、形象、生动的事例和语言，而初三到高中，则要求深刻、简明和富有哲理性。如果两者倒置，初一、初二学生会感到抽象、深奥，初三、高中学生会感到啰唆、浅薄。

• 不同历史时期的青少年有不同的侧重点。众所周知，当代青少年在认识特点和心态上和20世纪50年代、60年代的有着显著不同，除营养条件的普遍改善、体质发育的提前趋向对心理产生的影响外，主要是改革开放的年代和信息时代来临对学生的思想意识、心理状态有着强烈的影响。当代青少年富于朝气，积极进取，较少受条条框框束缚，勇于独立思考，富于求实精神，是社会进步的反映，非常可贵。但是，如同任何事物都是发展不平衡的一样，当代青少年思想教育中需要加以引导的方面，也颇为突出。例如，进行爱国主义教育，就要实事求是地和别的国家、别的民族多做比较，因为我们处在前所未有的开放社会。又如，进行生态、资源等问题的讲授就要力戒片面性，绝不可以只讲那些好的方面，不讲那些不好的方面，要如实道来，揭示危机的存在，加强责任感。再如，鼓励学生向著名的科学家学习，就不能仅强调他们个人的艰辛奋斗或才智过人，而应特别注意他们产生的社会历史背景，他们如何顺应了社会发展的需求，他们如何认真学习，汲取了前人的经验。以防止夸大个人作用，鼓吹或迎合了脱离社会实践的自我发展、自我成才的时髦口号。此外，若要培植良好的学风，要突出勤奋好学、重视实践、严谨治学的教育，以克服确实存在的志大才疏、贪图轻松安逸等毛病。

（3）实践性原则

如果说马克思主义要靠灌输，是针对马克思主义的基本立场、观点不能自发地形成而言是正确的话，那么任意推广就不正确，甚至是有害的了，因为它直接违反了实践是认识的第一源泉的马克思主义认识论。生物学科中的思想教育，也要重视实践性原则的贯彻。例如，不进行乡土资源的调查、生物标本的采集和制作，从而对乡土没有直接的感性认识，热爱乡土，从而热爱祖国的教育就会逊色。又如，不进行对自己居住、生活的地区的生态学调查，形成生态学观点就缺乏深厚的基础。再如，学生没有必要的实验动手的机会，辩证地看待生命活动，就有许多困难。此外，如正确的学习目的、态度、方法的形成，一定不是靠教师空洞的说教养成的，而是在教师以身作则，严格要求、严格训练的实践中养成的。

因此，生物学科中的社会调查、生产实践、实验实习、参观等，不仅在知识教育上是必需的，而且有着丰富的思想教育因素，应该适当增加。

（4）情感性原则

思想教育的坚定性、深刻性和感化性，都和思想教育进行中情感的诱发、创造适当的情境有关，“晓之以理，动之以情”的辩证统一，才能取得思想教育的良好效果。对情感性原则的贯彻，应注意以下各点。

- 要使学生感动，教师要首先感动。例如，对爱国主义的内容、对科学巨人的崇敬、对破坏了的生态现实的痛惜、对改善了生态环境的喜悦等，讲述时应是富于情感的。

- 对富于哲理性的内容的讲授，应体现出坚定性。例如，对愚昧和迷信的批判，对形而上学的扬弃和辩证观点的颂扬，在人和大自然的关系的讲授中，揭示人的巨大能动作用和对未来的乐观，都应该表达应有的坚定性。

- 不应该滥用感情。如果在小事情上，小题大做，感情过火，其效果就会适得其反。如果在科学课程中，过分地使用文学的、感情洋溢的语言，或不恰当的文娱形式，也会冲淡其严肃性。

中学生物课程中生殖和发育的教学建议[①]

生殖和发育的知识，散布于中学各年级的生物学课程中。尤为突出的是高中生物和初中生理卫生教材中都辟有专章论述。前者泛论生物界生殖发育的一般规律，讲的是普遍性；后者介绍人的生殖发育，讲的是特殊性。两者结合，能给中学生较为全面的生殖发育的知识。本文将以此为依据，分析其教学目标，并提出一些教材处理和有关教学建议，供参考。

1. 教学目标分析

（1）生殖发育是有关生命连续性知识的一部分。广义的生命的连续性，包括细胞的增殖（无丝分裂、有丝分裂和减数分裂）、生殖过程、发育过程和通过生殖发育实现的遗传与变异。生物的“生”，一方面是活生生的，有生命的，科学地说就是具有新陈代谢的特征；另一方面是生生不息，生儿育女，科学地说就是使不连续的个体生命成为连续的种族生命，称为繁殖或自我复制。因此，生殖发育是生物的最重要特征之一，从而也成为中学生物学知识中最重要的基础知识之一。目前有以下两种偏向应予纠正。一是在生理卫生的教学中，有关生殖发育的分量本来就摆得轻了些，以章节论，也只占十二分之一；在实际教学中，受封建意识残余的影响，极易“蜻蜓点水”，轻轻带过。二是在高中生物教学中，极易把重点

① 本文原载于《生物学通报》1989年第12期。

放在为遗传学知识打基础上，忽略了这部分知识相对独立的价值。以上两种偏向，都是教学目标上的疏漏。

（2）生物的生殖发育，就是生物的“再生产”，如果连同通过生殖发育实现的遗传变异一起考虑，则生物的“再生产”又不是一种简单的“再生产”，而是在种系范围内的自我更新。人类对于生命自然界的关注、利用、保护乃至改进，本质上是对生物“再生产”过程的调节和控制，其应用的面非常广，如农业、饲养业、医疗卫生、生物工艺乃至生态系统的保护和濒危物种的挽救等。因此，从教学目标上说，这部分知识是应用科学的基础。如果我们在教学中只强调知识本身，而不从应用的角度有所选择、有所强化，也不能很好地完成教学目标。

（3）人自身的生殖发育，本是青少年最关心的科学问题。人类渴望了解自然界，也渴望了解自己。而青少年性意识的萌芽、性卫生的急需，以及性道德面临的各种问题，没有正确的、较为详细的人体生殖发育知识做基础，许多问题都不能很好解决。此外，人类自身的再生产的调节控制，对一个世界上人口最多、资源相当紧张的发展中国家来说，其重要性和紧迫性，是我们教学中无论如何都不能忽视的。因此，就教学目标而言，这部分知识关系到民族的福祉，国家的昌盛；关系到每个人的体质强壮、精神文明、生活幸福乃至下一代人的健康成长。对此，生物教师也负有一定的责任。

（4）这部分知识的学习过程对能力培养具有特殊意义，具体表现在以下几个方面。

①生殖总是和细胞分裂联系在一起的，无性生殖过程大都与细胞的有丝分裂有关，有性生殖过程则一般都要经过减数分裂；而生殖过程又紧密地联系着遗传（固有性状的传递）和变异（新性状的产生）。借助细胞有丝分裂进行的生殖，由于染色体的复制和均等分开，保证了亲子代性状的相似；而借助于细胞减数分裂产生生殖细胞，必因同源染色体的交叉互换

和非同源染色体的自由组合形成不同遗传性质的雌、雄生殖细胞，加上它们受精结合的随机性，其子代性状的变异就是不可避免的。这样，抓住生殖这个环节，把有关细胞分裂的知识同遗传变异的知识联系起来，有利于逻辑思维能力的训练和培养。

②发育过程是内在根据和外部条件的统一，即发育的可能性和现实性的统一。发育又是在严格的时间、空间范畴内完成的，从个体发育的各个阶段可以大致看出该物种的系统发育的轮廓，同时，胚胎发育中各部分空间上的位置影响着胚胎的分化过程。根据这样的思路进行讲授，也有助于培养学生的辩证思维能力。

③由于生殖发育知识与实践密切相关，可以联系生产、生活等许多方面的实际进行讲授，也有助于培养学生将学到的知识运用于实践的初步能力。

④结合教学，搞一些调查研究，如营养生殖在当地农业生产的应用，女性月经初潮的状况等，可以培养学生搜集信息和处理资料的能力。

⑤关于思想教育主要有三个方面。一是生殖发育方式的进化；二是破除封建的、迷信的关于生殖发育的错误观念和意识；三是认识人口数量和素质与国家和社会发展的关系，进行计划生育这一基本国策的教育。

以上五方面的教学目标的提出，旨在说明我们的教学并不仅仅是传授知识，更不是为了升学考试；教学改革，在很大程度上是要提高教学的社会效益。全面提高人的素质为社会主义服务的指导思想，应该细微地体现到每一章节的具体教学之中。

2. 教材处理和教学建议

按初中到高中两本教材的顺序来叙述。

（1）初中教材中关于人的生殖发育，对于学生来说有两方面的认知基础。一是关于动植物的有性生殖和发育的一般知识，如生殖器官和两性生殖细胞；受精方式的进化；发育方式的进化等；女性的月经周期；胚胎的形成和胚胎发育的具体过程；青春期的特征和保健等。所缺的内外生殖器官的具体结构、两性生殖细胞的形态学特征，似应补上。二是通过各种媒介了解人的生育知识，但这些知识多是零碎不全的，有的还似是而非，再加上青少年性意识萌发时的困惑、羞涩和紧张，使这些知识变得朦胧和不确定，为此，学生内心深处有着了解性知识的强烈愿望。在教学中应该注意以下五个问题。

①不回避。对于应该了解的生殖器官的形态、结构、功能、生殖生理、发育生理等知识，必须具体地、翔实地介绍给学生，要有图、有模型。不可否认，我们还有些教师，由于年龄（年轻）或性别（女性）的原因，讲男女生殖器官时觉得不好意思，这是不对的，也是不必要的，因为我们讲的是科学知识。

②严肃而亲切。严肃是因为这是科学问题，亲切是因为它涉及人类自身的性器官、身心健康和下一代的茁壮成长的问题。要在课堂中创造一种严肃、亲切的气氛。经验证明，在这种氛围里，学生也能提出问题来，请求回答。

③对男女都讲授同样内容。周恩来同志生前已经提出过这个问题。应该告诉学生，男孩子应该了解女孩子的生理，女孩子也应该了解男孩子的生理。具体方法根据实际情况，可以男女同授，也可分授。

④性生理和性道德相结合的原则，或者说寓性道德教育于性生理的教学之中。本来性知识和性道德就有相关性，除社会、思想意识的原因外，如果缺乏科学的性知识，其性道德也很难是健全的。而正确的性道德的树立又有助于正确地对待性知识的学习。

⑤提高社会责任感。每一个现在的和未来的公民都应该以高度的社会责任感来对待计划生育问题。应该告诉学生某些控制生育的生理学原则（不是具体操作措施）。例如，卵细胞的生命期和月经周期中的安全期；

阻隔精子和卵细胞相遇就能阻止受孕；受孕三个月内的胚胎十分幼小，和子宫内膜的镶嵌还极不牢靠，可施行人工流产等。当然，应结合生殖发育的生理来讲，以顺乎自然，恰到好处。

（2）初中教材中关于青春期的内容，建议在教学中要有所加强，加强的方向是针对现阶段学生中在青春期遇到的生理、心理问题加强指导。

①鉴于我国青少年平均身高体重，这些年来随着生活水平的改善已有提高，但总的看还不是令人满意的，因此有必要加强青春期营养方面的知识教育（不能只强调体育锻炼），特别是关于蛋白质、矿物质和维生素的摄入问题；减肥的时髦风尚也在影响着女青少年，此事应告诫她们注意，应该了解标准体重及树立健壮美的观念。

②关于青春期生理、心理上的不成熟性，应该较具体地告诉学生。近年来，人们宣扬的青少年的独立性、逆反心理，并不都是正常的，不应对此进行过分的颂扬，因为除了社会原因，它也反映了青春期心理状态的不平衡。

③青少年对早恋和性问题的不严肃，已经引起社会关注，在学校教育中除了它的道德和伦理方面，生物教师结合教学内容也应该指出它在生理上、心理上对个人健康成长的影响。

④关于青春期男女的常见疾患，如青春痘、初期月经的种种不规则现象等，生物教师可以和校医一起为学生提供必要的咨询和指导。

（3）初中教材中关于生殖发育的基础知识并不难，因此不再赘述。难的是高中生物中的生殖发育部分，头绪多，难点多，为此提出下列建议。

①关于减数分裂和生殖细胞的成熟，教材中讲的是动物，但没有指明是哪一种动物。学生刚学过人体生理卫生，教材中讲了睾丸产生精子，卵巢产生卵细胞。究竟如何产生？那里没有讲。因此，有必要指出在人体中减数分裂和生殖细胞的成熟发生的位置及其过程，而且要注意指出卵原细胞产生于胚胎早期，不像精原细胞那样不断由精原细胞增殖产生，它从性

成熟开始，每月有一个卵细胞长大，并完成第一次减数分裂。

②减数分裂之所以重要，并不仅仅在于染色体数减半后，使两个配子结合，染色体数恢复而导致双亲性状的结合，还有一个重要意义是减数分裂提供了每个亲代产生配子的多样性，即父系和母系染色体的随机组合，加上部分父系和母系染色体的互换，使同一亲代产生的配子呈现出多样性。而配子是有性生殖中遗传的桥梁，这就导致了后代的变异。这样就可对有性生殖的意义作出透彻的说明。

③减数分裂中要求学生重点掌握的应是染色体的数量变化及其行为，而不是其他较为烦琐的细节。

调动学生积极参与教学过程的建议[①]

备课，主要就是设计好特定教学内容的教学过程。在学科教育学里，对此有许多要求和规定，这里只说一个问题：好的设计，应该最大限度地吸引和组织学生积极参与研究和探索。这是因为，若无视学生的参与，以“灌”为主，则难以完成科学教育的任务——掌握科学知识、学会科学思维和科学方法、培养科学精神和树立科学的价值观。而且，难以造就一代具有强烈的参与精神的公民。参与是一种责任感，参与需要勇气，参与是一种能力，参与是主人翁精神。一个生气勃勃的社会主义社会，一个有为的建设者和接班人，用他的劳动、思考、创造、决策，推动社会的前进。这就对教育提出了要求：在参与过程中培养参与精神。听课、学习是学生的主要生活，引导和组织学生积极参与教学过程，就不只是一个教学法问题，而与培养造就什么样的人有关。

在教学过程的设计上，如何才能较好地吸引和组织学生积极参与呢？

1. 课堂里要有社会

生物科学对社会生产、生活、发展的重要作用，并不仅限于“绪论”课的教学，那是非常有限的。在每一堂课里，应尽可能把社会问题或社会普遍关注的事例引入课堂，并和学习的内容紧密结合起来。例如，在讲光

① 本文原载于《生物学通报》1997年第1期。

合作用时，正值联合国国际粮食首脑会议在罗马召开。粮食问题是当代世界的重大社会问题，粮食问题是农业问题，是和光合作用相关的问题。会议提供了大量的素材，如今日世界饥饿和营养不良的人数，人口增长到2030年的估计数字及粮食需求数，到2015年期望实现的目标，还有我国在该会议上因耕地数与养活的人口数之比和人均日热量消耗上的飞跃进展受到的赞扬等，就是很好的课堂设计素材。一是让学生说，培养其关注社会的态度；二是指出到2030年世界人口由57亿增加到87亿，尚需增加粮食产量30%的压力，也将落在我们身上——那时，学生（高中）是50岁的人；三是爱国主义教育，民族自信心的教育；四是提高探究光合作用机理，运用光合作用机理于农业生产的积极性。总之，把学习特定内容变成是一种社会参与。

这样的例子非常之多，如讲甲状腺机能，可以让学生搜集或教师提供我国碘缺乏的地理分布图、碘缺乏引起的病例和有关统计数字等，使学生身临其境来研究问题。再如，对于为什么政府下令关闭淮河流域的5 000吨以下的造纸厂的讨论，就是环境保护的很好的切入点。总之，从世界到我国到地区的社会问题、社会热点都可以是教学过程设计的素材，以利于学生参与。

2. 课堂里要有学生的生活

学生生活中的经验或体验，如果和学习的内容有关，常常为教师授课所利用，这是很好的，但还不够，因为这主要是利用它来佐证而已。更重要的是问题是学生关心和苦恼并企求解决的问题，如合理膳食问题、肥胖问题、烦人的“青春痘”、提高用脑效率问题、与性有关的困惑和烦恼问题、为朋友或亲人的疾病忧虑的问题等，其中相当一部分和生物课的内容有关，应能成为使学生积极参与的课堂教学设计的素材。例如，讲食物和营养一类的课，可以让学生记录一日三餐的食物种类、数量，估算总热量和主要的维生素、矿物质的量，来讨论膳食的合理性；还可以以一顿普通的中餐和麦当劳、肯德基配餐为例，比较其主要营养的差别，作出适当的结论。这会使学生真正地参与，培养多方面的能力。例如，肾病甚多，要求肾移植的、不得不经常进行人工透析的人也很多，如果从这里切入而且做必要的介绍，再来研究肾的机能，学生对那一部分繁杂的知识会更有兴趣，而且长了许多见识。

3. 课堂内要有对科学史的分析

科学史是已经过去了的事，我们现在的教学常只是撷取它的成果，简捷而明确当然好，但缺憾是学生难以有亲临其境的感受及对探索的艰辛和科学方法的了解，不利于调动学生的参与。例如，光合作用的总反应式确立的过程，有长达293年的历史，有许多学者的贡献。从1648年荷兰的海尔蒙特柳树生长实验证明植物生长主要以水为原料，到1772年普里斯特利著名的绿色植物放氧的实验，继之以塞尼比尔的绿色植物吸收CO_2为光合作用的原料，并认为CO_2中的O来自光合作用放出的O_2；后来研究者通过对紫硫细菌光合作用的研究得出生成的S来源于H_2S，因此绿色植物光合作用放出的O_2中的O应来源于H_2O。一直到了1941年，以含^{18}O的水作为光合作用的原料，才确证光合作用是从水的光解开始的，放出的O_2中的O，确实来源于水。让学生投入对科学史的分析中，将对科学思维、科学方法的培养以及生物学和化学、物理的相互关系的了解都是大有裨益的。细胞学说建立的历史及其发展，进化论的确立及其发展，发育生物学的发展，遗传学的曲折历史等，还有许多具体的发现、发明，都是课堂教学设计可能运用的素材。

4. 课堂内要有更多的观察和实验

这已经为许多教师所采用，但还可以在引导和组织学生积极参与方面更有所作为。

一是对形态、结构、过程等的展示，要求学生来描述、分析得出初步的结论。例如，在上细胞的有丝分裂一课时，学生先用显微镜观察根尖分生区有丝分裂的切片，或用显微投影，描述实际看到的处在不同分裂阶段的细胞有哪些不同的形态，哪一类型最多，试着解释原因，由此可得出间期远长于分裂期的细胞周期特点和染色体状态的变化是分裂中的核心变化问题的结论。如果能放映动物成纤维细胞有丝分裂的显微摄像的动态过程，则还可讨论有丝分裂过程的连续性及细胞质、细胞膜也是运动和变化的问题。

二是不是什么实验和观察都可能在中学的课堂内做到，但是一些著名的实验的设计和做法可以出示给学生，引导学生来参与研究。例如，关于细胞膜的流动性，现代实验技术可使两种不同细胞融合，膜上的蛋白质在融合时能否均匀散布而混合？用什么方法可以检测到（用荧光物质或放射性分子标记）？检测结果如何才是反映了膜的流动性？再如，1881年德国植物生理学家恩格尔曼以丝状绿藻置于显微镜下，并用精细光谱来照射它，其介质（水）中许多好氧性细菌沿绿藻的聚集和分布是怎样的？为什么？由此可知绿藻中色素分子的吸收光谱怎样？总之，把别人的实验拿来给学生分析。

三是学生或学生群体本身就可作为学习过程的观察、实验、探究的对象，这在人体解剖生理、性状遗传等内容的教学中是可以精心设计、广泛应用的。例如，测定班级中数名体育运动爱好者的脉搏和体弱不爱运动者的脉搏的平均值，探究其原因，分析其心动周期，比较心脏功能。学生能够参与，印象将极为深刻。

四是涉及数量分析，可用学生实际测得的数字，或教师提供的数据，进行整理、计算、图表化等工作，易于组织学生参与。例如，关于细胞周期中DNA或染色体变化的状况可用直角坐标系来表达，遗传育种中的预期结果的计算等。

五是有些实验可用简单的模拟来让学生做。例如，关于自然选择原理，以绿色的底色，缀以红色和绿色的圆点混合在一起，可由学生自己测定数清红点所需时间和数清绿点所需时间的差别，推论其原因，分析这与生物保护色形成的关系，就很有趣。

六是可把课外的调查、观察、统计等资料或报刊上发表的有关资料，引入课堂组织学生来分析和探究。总之，这是一个组织学生积极参与并更具科学教育特色的好办法。

5. 课堂内用好各种现代化教学手段

我说的用好，主要是指从幻灯、投影仪、录像到计算机等在教学中的使用，不要用来强化“灌”，“灌”得更方便，“灌”得更快捷，“灌”得更浓缩。现在，这种倾向不能说没有，主要是教育观念转变得不好。现代化手段主要是提供了展示的条件，其中计算机还提供了模拟情景、过程和学生自学操作的方便。因此，一是要积极使用，并在使用的过程中不断创新，充分利用其功能；二是不要用来替代对实物、实际过程的观察、操作和研究；三是为学生参与教学过程创造良好的机会和条件。

6. 尝试构建新的课堂教学模式

现行课堂教学模式相对单一，而且学科特点不明显，大多是以教师讲述、讲解、伴之以提问的三段式或五段式，已经在各科教学中沿用多年，改进不大。这样的模式并不是要抛弃，但确实需要做一些新的探究。

以观察、实验为主的探究式课，特别适合生物学科的特点；以社会生产、生活实际问题引入的讨论式课，很符合STS教育的宗旨；课外活动和课堂研究相结合的授课模式，有利于学生活泼主动地学，并发展多方面的能力；角色扮演而引发辩论的模式（如某一环境问题牵涉不同利益的角色，各说其理，就能引发深入的辩论；某一结构或生理过程的互相关联的部分，各有其不可替代的重要性，并相互依存，由学生扮演其中的不同角色，在辩论中形成正确的结论等），学生分专题准备的讲演式，可能较适合于高年级的复习课等；或许还有提出问题、设计实验（或搜集资料）并予以完成的课，这就要求更高了。上述这些类型的课，在生物课中已经有，只是比较少，希望有更多的人来尝试，以取得经验。

最后，我觉得教师在教学中的主导作用，很主要的是课前搞好教学过程的设计，课内要让学生有充分成为学习主体的机会，前者决定后者，有意识地这样去实践，就会日益得心应手，有利于学生参与精神的培养。

迎接中学生物科学教育改革的挑战①

距离21世纪的到来，已是屈指可数的时日了。当许多中学生物学教师沉湎于抱怨生物学科高考的不幸取消，希冀有朝一日得以恢复的思绪之中时，经济的全球化、知识产业的兴起、信息社会的来临、全球生态危机的加剧，已经对人的教育提出了一些全新的概念，科学教育和生物科学教育的改革驶入了高速道。让我们看一看美国的“2061计划”（立足于21世纪来改革科学、数学和技术教育的计划，始于1985年，准备用25年的时间来完成）中的若干提法。

● 计划充分考虑到从幼儿园到大学前（K-12）的这一教育系统中的所有学生、所有年级和所有方面，将注意力集中在科学素质上而不是集中在比较狭义的“科学学科”上。

● 改进教育，特别是改进科学与技术教育，把学生培养成一个能在高技术世界工作而愉快胜任的人才，使美国成为一个在高技术世界中有竞争能力的国家，这是十分重要的。

●“2061计划”的科学素质观与美国典型的科学课程所体现的科学素质是大相径庭的，并没有局限于学校中那些具体的科学学科里，而是对科学素质观做了广义的解释，着眼点是集中于将自然科学与社会科学、数学和技术中相互联系起来的理解上，它还包括有关科学事业自身的性质；科

① 本文原载于《中学生物教学》1998年第1期。

学发展过程中意义异常重大的一些历史事件以及贯穿于科学、数学和技术中的一些理论问题方面的知识。

● 只有那些有科学素养的人才能分享发现我们是谁、我们在哪儿、我们如何与所有生物和睦相处以及如何与我们周围的自然环境和睦而居时产生的愉悦之感。

以上引自美国“2061计划”主持人——詹姆斯·拉瑟福德的《“2061计划”实施10年回顾》。摘引这些话，不是要说美国的科学教育多么好，事实是美国既是经济上的强国，也是科学技术上的强国，却率先要进行庞大的科学技术教育改革计划，而且目标是如此明确（在高技术世界中工作而愉快胜任的人才，在高技术世界中有竞争能力的国家），重点是如此突出（科学素质的提高），途径是如此明晰（科学素质的培养不能拘泥于学科教育，要从广义上重建培养科学素质的课程），而有科学素养的人，应该认识自己，认识环境，实现人、自然、社会的和谐统一。也许我们还应该看到，在经济全球化、一体化的今天，一个经济和科技强大的国家输出的不仅是它的产品，通过它的产品还体现它的文化、价值观念。我们当然不会全盘接受它，而作为一个伟大的社会主义国家，如何通过自己的教育改革而强大起来，立于不败之地，进入世界的先进行列，不是非常现实的问题吗？

中学生物科学教育的改革，只是整个科学教育改革的一部分，但却是至关重要的一部分。每一个中学生物教育工作者，难道不应该站得更高一点、看得更远一点，从沮丧情绪中解放出来吗？课程不由我们定，高考也不由我们定，但在我们拥有的阵地上的改革是谁也拦不住的，也许我们能成为科学教育改革的带头人。

在我们拥有的这块阵地——从必修课到选修课，从课外活动到一切与生命科学有关的教育活动上，当务之急是应该举起自我挑战之剑，勇敢地自我解剖，针对弊端，毫不犹豫地积改革之跬步而至千里。

我们应该追求生物科学教育的全方位的效益。我们曾经太重视知识的教育了，其实科学教育应该使学生理解和掌握的不仅是科学知识本身，还有科学研究的方法、科学的思维习惯（含思维的态度、思维的技巧和思维的方法）、科学精神和态度、科学蕴含的价值规范等极为重要的内容。要进行生物科学知识的教育，但知识在许多时候，对形成人的科学素养中它是一种载体，而不是全部。多年来的生物科学教育过分强调了作为一个学科的生物学知识的完整性和系统性，实际教学的出发点和归宿已经演变成掌握哪些知识点、理解哪些知识点、了解哪些知识点，一幅何等清晰的知识点教育的图画，但这幅图画必定排斥了、削弱了生命科学学习能给予学生的全面的科学素质的营养。

我们总应在现在的学习内容的框架内，融入生命科学的现代进展。当整个世界都在欢呼进入信息时代的时候，现代生命科学早就揭示了生命是几十亿年来就运用着数码化的信息的复制和传递及表达了，而且自然选择竟然保存了同一套信息编码。从大肠杆菌到万物之灵的人类用的是同一套遗传编码，而神经调节、激素调控、胚胎发育到生物行为都是由特定的信息来调控的。这就是说，现在认为客观世界是由物质、能量、信息三者的运动组成的，那么生物世界正是这样。就具体知识而论，中学总要讲无性繁殖和营养繁殖，而从组织水平的克隆、细胞水平的克隆到基因的克隆，就是人为干预下形成的无性繁殖系。那只成为1997年科技革命的重大新闻主角的克隆绵羊——多莉，不也可以步入你的课堂吗？当幼儿启蒙读物都在融入现代科技时，难道我们的中学生物科学教育还做不到使一堂课去联系和反映那生命科学进展的强烈的脉动吗？可以的，这就需要我们学习，并相应地转变观念。

我们还应深切理解科学技术发展的原动力在于社会的需求和在社会生产、生活、发展中的应用，生命科学、生物技术也如此。于是，我们的中学生物科学教育一定要关注“生物—社会”问题。小至关注个人的生长发育、卫生保健、生儿育女、提高生存质量，大至发展经济、资源开发、环境保护、可持续发展，都有一系列“生物—社会”问题。对这些问题的调查了解、科学研讨、积极参与，既是普及生命科学知识的新领域，又能更切实全面地提高学生多方面的科学素养，更是渗透人、自然、社会和谐统一的德育要求，在许多问题中包含着哲学的思考和价值规范的思考，而且本身就是一种参与精神的培养。

我们还应回顾科学发展的历史、分析历史、学习历史。在生命科学的发展中，有许多重大的历史事件。19世纪的细胞学说和进化论的建立，对自然科学和社会的贡献，自不待言；而20世纪基因理论的确立及DNA分子模型的建立，是生命科学的一场伟大革命；现代的基因工程技术到克隆动物，无疑将在新世纪显示其威力。这些都可以说是科学史上的伟大事件，影响了整个人类社会的发展。在生命科学每一领域，都有许多发现、发明、革新的历史；而这些领域在中学生物教学中几乎都会涉及，但是我们常常只是重视结论的介绍，而没有介绍曲折、艰难、充满了创造火花的过程，这样就使学生失去了对科学方法、科学精神、科学的社会历史意义、科学家的意志品格等多方面的了解，科学本身变成了一堆枯燥乏味的知识的堆积。应该带领学生徜徉在科学历史的长河中去领悟，点燃他们年轻的心灵之火，为热爱科学、献身科学而燃烧。

我们的教学过程，本质上应该组织学生去参与，而不是单方面聆听教师的传授。没有学生主体的参与，就不能真正掌握知识、学会学习，更不能成为未来社会富有责任感、积极参与决策的公民。我们主张情境教学法、过程式教学法、发现式教学法、合作教学法，还要学生亲自调查，提出问题，设计实验，学会推理判断等，本质上是要把学习过程变成学生主动参与的过程。课堂教学评价的重要标准之一应是评价学生学习过程中的参与意识、参与程度、参与数量（占教学班人数的百分比）、参与成果。必须指出，传道、授业、解惑，归根结底是以教师传授为中心，反映的是农业社会、手工作坊时代对人的要求。而工业社会，特别是发达的市场经济伴随而来的城市化、人口流动，人是要去闯天下的，出去寻找机遇，发展自己，人不断地受着社会的选择，职业的选择，更不必说社会民主化的进程，对人的主体参与精神的要求了。因此，必须大胆地改变我们旧有的教学模式，创建各种有利于学生主体参与精神培养的新模式。

在即将结束本文时，我想引用美国“2061计划”中提出的有效的学习和教学所应遵循的一些原则，它们是以下几个方面。

1. 科学教学应该培养亦应很好地利用学生的好奇心和创造性。教学应从学生感到有趣也比较熟悉的问题和现象入手。抽象的理解常常得建立在具体的例子上。

2. 教学应该强调理解的质而不是信息的量。技术词汇只有在有助于理解的情况下才应加以强调，技术词汇不应用来代替理解。

3. 在不同情况下碰到和以不同的方式叙述出概念时，学习的效果极佳，对有些概念，学生只有当依据有强烈吸引力的证据改变其思考方式时才能记住。

4. 如果你指望学生最终能在新的情况下运用所学知识、严密审慎地思考问题，分析情况、把某些科学上的想法公之于人，能进行逻辑论证，能与他人共同工作，他们就必须有机会在多种多样的情况下亲自进行诸如此类的实践。

5. 学生还需要很多参与诸如搜集证据、观察现象、写概述、会见记者、使用仪器等与科学有关的活动的机会，科学技术工作具有协作性，课堂上因而要求有许多集体性活动。

6. 学习的经历不仅应该有助于学生积累有关世界的科学知识，亦应有助于培养科学的思维习惯。学生应该养成对证据、逻辑和科学见解提出疑问的习惯。学生们应该接触一些需要他们找出有关证据并对这些证据意味着什么提出自己的解释的问题。

7. 学生应该多接触些在一定历史环境下提出来的一些科学思想观念。学生们应该懂得社会对科学技术发展的影响，也应该懂得科学技术对社会的冲击。

我把这些“原则”介绍给中学生物科学教育工作者，看看美国的同行们面临挑战是如何思考、如何改革的，应不无启发。中国的教师更勤奋、更聪慧、更有对国家和民族的历史责任感，定将做得更好！

生命科学的学科特征和生物教学改革①

由于面向21世纪提高全体国民素质的需要，基础教育正面临着新一轮的课程和教学改革。中学生物课程，无论是分科设置还是综合（理科）设置，都需要结合生命科学的现代进展来思考它的学科特征问题。即使是还使用着原课程、原教材，也应该尽可能地注入新的理解、新的精神。还因为以下的原因，更需要就生命科学的学科特征多做一些探究和思考。

一是虽然生命科学和其他自然科学有共性，遵循基本的物质运动规律，有相似的科学研究方法、相似的哲学思考，但生命科学有其因研究的对象不同、发展的历史不同、运用的方法不同等所形成的学科特征，即它的个性。

二是对于中学生物科学教育目标的研究和确定，课程教材的建设，教学的实施，教学的评价，都不能游离于生命科学的特征以外，而与其他自然科学教育雷同，尤其对一线教师来说，其教学行为是否符合生命科学特征的要求至关重要。在我国某些地区、某些学校，把中学生物课当作人文学科来对待，任何课时不满工作量的教师都可去“填补”生物课就是一例，实在是太不了解生命科学的特征了。

三是生命科学的特征未见有诸多专家们的论述，或许是生命科学发展太快，难以恰当地概括，或无暇顾及。笔者和赵学漱先生合著的《中学

---

① 本文原载于《中学生物教学》1999年第1期。

生物教学》(光明日报出版社，1987年12月)曾概括为“生命性”“实验性”“广延性”“现代性”四方面，现在看来也比较肤浅，仍需继续探究。

以下的认识可能对即将推开的中学生物课程和教学改革会有一些启发。

1. 生命物质基础的特殊性——生物大分子

确实没有什么特殊的“生命物质”或“生命元素”。组成生命体的全部元素都来自自然界，是非生命自然界普遍存在的。

然而，生物化学的进展，特别是从1953年沃森和克里克发现并建立了DNA分子模型起，不仅把20世纪初建立的细胞遗传学推向了分子遗传学，而且产生和推动了分子生物学及相应的生物工程技术的飞速发展。它的令人目不暇接的成果，不仅使我们认识到遗传信息是细胞内生物大分子之间的转移，而且从DNA到RNA再到蛋白质的信息流动的“中心法则”，随后的遗传密码和氨基酸分子对应关系的破译，还表明了从病毒、细菌、植物、动物直至万物之灵的人类，通用一份密码，所有生物在分子进化上是同源的。对以生物大分子——核酸和蛋白质为主的大量研究，超出了遗传学的范畴，揭示了生物的生长、分化、神经传导、肌肉收缩、免疫等生命现象，无不与生物大分子的结构和功能，以及它们之间的相互作用有关。这是人类对生命本质认识的一次大飞跃。生命的重要特征之一是组成生物体的核酸、蛋白质等大分子的运动和相互作用。

这一认识已经越出了科学家的书斋和实验室、科学论文和专著，通过大众传媒进入了千家万户，人人都可接触到，包括青少年。从人类基因组计划到致癌基因，从转基因动植物到克隆基因，从线粒体基因到人类始祖“非洲夏娃”，从餐桌上的转基因食品到DNA侦破技术等，渐渐地成为有文化的公民必备的常识，连被誉为中国硅谷的北京中关村的街心都竖立着DNA分子模型的雕塑。

于是，作为基础教育中的生物科学教育，就需要跟上时代的步伐，改革我们的课程和教材，寻找浅显、生动的形式，使学生关心它、了解它。许多国家，即使是小学、初中阶段，已经涉及分子水平的生物科学内容，只是用了故事、图画（包括漫画）、图表及现代媒体技术等生动活泼的手段和形式来呈现。如果我们囿于成见，低估了青少年的接受能力，小学接触17—18世纪的生物科学，初中接触19世纪的生物科学，高中才有现代的，那就太保守和机械了。

2. 生命自然界的多层次性

生命自然界的复杂性之一是它的多层次性。细胞是一个基本的结构和功能单位，其下有细胞器、分子和原子；其上有组织、器官、系统、个体、种群、群落、生态系统和生物圈。每一层次都可以成为独立的研究对象和学科，这一层次和那一层次之间的关系又不可忽略。

从自然演化的角度来看，存在着原核生物界、植物界和动物界等。每一界又有许多层次。它们都可成为独立的研究对象，同时它们相互之间的关系，从进化到生态都要涉及。随着细胞工程、基因工程的发展，更深入地研究和应用它们之间相互关系的规律，又凸显出来。

对于中小学生来说，了解生命科学，既不可忽略这种多层次性，又不可能去穷究多个层次——连生物科学家都不可能。于是基础教育中的生物课程内容的取舍和组合就成了一件艰难的事情。

应运而生的改革，似乎是从以下几个方向来展开的。一是用综合理科（科学课）的办法，与理、化、地结合起来，重建一个标准框架，多学科相通的物质世界的组成、结构、运动以及应用成为新课程的“脊梁”。在这种情况下，各门学科只能“入选”那些基本的事实和规律。生命科学也一样，高度地精简了。这看来更适合初中和小学阶段，就环球教育来看，它风行160多个国家和地区。二是以美国（20世纪60年代开始）为代表的高中BSCS教材。该教材有三种教科书，分别以蓝色、黄色和绿色为教科书封面的颜色。蓝色以生理和生物化学为中心，黄色以发育和遗传为中心，绿色以生态和进化为中心，这样以各有侧重点来解决多层次性。这套教材对世界高中生物课程影响甚大。我国在北京大学吴相钰教授主持下已翻译出版了其绿皮本，1999年9月起，拟在有条件的学校试用。三是席卷当代的课程改革的主导理念，已经把知识、能力、态度、价值观的教育目标，从以知识为主到突出能力、态度、价值观的培养，可能有助于生命自然界的多层性在中小学生物课程和教学中的妥善解决。

3. 生命是一个复杂的开放系统

系统论是一门运用逻辑和数学方法研究一般系统运动规律的理论，它的创立者是奥地利生物学家、心理学家路德维希·冯·贝塔朗菲（Ludwig Von Bertalanffy，1901—1972）。20世纪20年代，他在批判生物学中流行的机械论和活力论中创立了机体论，强调“系统”是中心的概念，从而提供了一种新的系统思维方式。

他认为生命是一个开放系统，是在同环境进行物质交换的过程中呈现输入和输出，自身物质组分的组建和破坏才能存在和发展的系统。他说：“生命的形式不是存在着，而是发生着，它是通过有机体同时又是组成有机体的物质和能量的永恒流动的表现形式。”同时这个开放系统的重要特征是稳态（流动的平衡，不是封闭系统中的真平衡）、自主和自组织性，处处表现出有机体的自我调整。

生物大分子不管多么重要，本身不具备生命属性，只有形成细胞这样的复杂系统（病毒没有细胞结构，必须依赖活细胞而生存），才表现出生命现象。没有活的分子，只有活的系统。生命是系统活动的整体表现，整体不是部分的线性叠加，是非线性的动力系统。

这样的现代理解，应该更好地反映在基础教育的生物课程和教学之中，在生理、发育、遗传、进化、生态、行为等方面，用系统的观念（包括开放、稳态、自主）来排除那些机械论、外因论、活力论的影响，对于树立正确的自然观都是十分重要的。

4. 生命活动和信息变换

人类已经步入信息时代。在生命科学发展的历程中，遗传学的中心法则的发现，使我们恍然大悟，原来生物世代延续中复杂的遗传、变异规律，竟是简单之极的三联体（碱基）遗传密码在操作；使我们领悟到生命活动是物质、能量、信息三位一体的运动和变化；使我们对生命活动的本质的认识，又大大向前推进了一步。信息本质上不是物质和能量，但需要物质作为载体，需要能量供应。于是，在研究生命活动时，在进行有关教学活动时，不仅揭示物质变化和能量变化，还要同时揭示信息的发送、接收、储存、加工、复制、传递等规律。

放眼生命活动的方方面面，除遗传信息的传递外，还可看到许多的信息变换、加工和表达，激素调控，神经调控和整合，细胞识别和免疫，发育中的核质关系，胚层组织者、诱导者，动物行为中的信息传递，基因调控中的操纵者、顺反子等，乃至1998年度诺贝尔生理学或医学奖获奖项目也是一种用于调节心血管的化学分子氧化氮。

在我们的基础教育的生物科学教育中，其滞后于生命科学的进展方面之一，就在于此。我们如何来改进呢？值得思考。

5. 生命自然界是一个复杂的网络

地球上有如此众多的生物种类，它们塞满了几乎一切可以生存的空间，而且每一种生物的生存发展，都以其他种类生物的生存发展为前提，一种或几种生物的消亡，可能对其他生物造成灾难性的后果。这种生物界的多样性和相互依存、相互制约的关系，在非生命自然界中远没有达到这种程度。我们可称之为生命的网络，生命之网。而人类也是这个网络的一部分，而且是至关重要的部分，由于人口的剧增，以及人类掌握的巨大的生产力和不断发展的科学技术，我们对生物界的正、负两方面影响力与日俱增。如果人类的行为破坏了这个生命之网（这种行为已经产生了严重后果），最终将殃及人类自身的生存和发展。

于是，从教育的角度说，给学生多一点还是少一点的生物学知识，虽然也须细细斟酌，但可能不是最重要的，最重要的是要懂得尊重自然，爱护生物，并身体力行，这是现代人应有的道德素养。人、自然、社会的和谐统一，是现代社会文明的追求，是现代社会文化的重要特征。

6. 在生命科学中人是研究的主体又是客体

在自然科学的众多门类中，自然界是被人所研究的客体；唯独在生命科学中，人既是研究者——主体，又和其他生物一样是被研究者——客体。因为人的自然属性是生物，属于哺乳纲灵长目的人科。

于是，生物学要研究的形态、结构、代谢、生长、发育、繁殖、遗传、变异等的规律性也适用于人类。人类的心理行为、社会行为也无不具有生物性的烙印。在生态系统中，在生物圈中，人类的一切活动都受到制约，又极广、极深刻地影响整个生物圈。

在这样的背景下，来审视我们传统的生物科学教育，就有明显的不足。一是重生物轻人类，一个草履虫可描述得不厌其烦，人体的重要结构和生理则可粗而又粗；一个蜂群的成员之间的关系可描述得栩栩如生，人类社会成员之间的生物学关系则避而讳之者甚多；青蛙如何生殖发育，从幼儿园到高中，层层深入，而青少年对人类自身的生殖发育却知之甚少。凡此种种，习以为常，似乎基础教育中的生物学主要是了解人类以外的生物界。作为现代人，对自身的了解、调控和开发潜力，对他人的关怀和爱护，都应该具有坚实的生命科学素养。二是对生物—社会问题缺乏重视，当代社会面临的人口、粮食、能源、环境、健康等重大问题，既是广义的

STS问题，也是不同程度的生物—社会问题。正是在这里，基础教育中的生物科学教育，可以也应该发挥它的重要的教育功能和社会功能。如果我们的生物科学教育，真是实实在在地进行素质教育的话，理应在这方面作出努力，即对生物—社会问题有敏锐的观察力，善于发现和捕捉，并把它纳入相关的课程教材之中，组织学生参与学习、讨论、调查和探究，使生物科学教育的内容和教学过程生动活泼起来，既使基本的生物学知识掌握得好，又在联系和参与中培养学生多方面的能力、积极的态度和树立正确的价值观。

7. 生命科学研究方法的独特性

我们都说生命科学是实验科学，尤其是从定性到定量的发展中，实验愈益重要，愈益精确，在基础教育的生物学学习中增加实验，提高实验的质量和效益，自然十分重要。但是同样无疑的是其他自然科学也是实验科学，那么其特殊性在哪里？

回答这个问题非常困难，仅提出两点供参考。

一是两位著名的物理学家说过相似的话。一位是玻尔，丹麦物理学家，量子力学的领头人，哥本哈根学派的创始人。他1932年在“光与生命”的演说中曾说：“生命现象具有区别于物理、化学现象的独特性，它不能用完全正规的物理学概念为依据来解释。但物理学家参与对生命现象的研究，将有助于物理学和化学新规律的阐明。”另一位是薛定锷，奥地利物理学家，波动理论力学的创始人。他于1944年在《生命是什么》中指出：“用经典物理学和化学去描述生命现象是不可能的，但物理学、化学渗透到生命科学中，有助于解开生命之谜，开辟生命科学研究的崭新领域。”他的话启示我们：生命科学的研究方法应可兼容物理学、化学的方法，但仍有它的独特性。因此，把生命现象的研究最终还原为简单的物理或化学过程，归结为物理学或化学原理，是不妥的，也背离了贝塔朗菲的机体论。

二是1952年德国物理学家赫尔希和其学生蔡斯用放射性同位素标记法研究大肠杆菌噬菌体侵染大肠杆菌的著名实验，确证了遗传物质是DNA而不是蛋白质（噬菌体外壳），因此而说了一段话："要揭示生命现象的本质，必须研究具有活力的有机体，那种脱离生命有机体，孤立地、单纯地去研究化学反应，试图去寻找生命现象的本质属性的答案，是不可能的。"这告诉我们，研究活的有机体，是研究生命科学的根本方法。

基础教育中的生物教学，必须创造各种条件，组织学生去研究活的生物（连同它的生存环境）、真实的生命自然界。模拟的方法、现代媒体的使用等，都是对生物学学习和教学的补充，不应去替代对活的生物（及组织、细胞）的实验研究。当然，学习和实验研究中要爱护生物、珍惜生物材料、保护生物的生存环境。

从教育科学的角度来探讨生物教学是必要的，从生命科学自身的特征来探讨生物教学也是必要的。两个方面形成一股合力，将更快、更健康地推动基础教育的生物科学教育改革。

教学评论之一[①]

1. 不宜把科学方法的训练狭义化

近日读了不少中学生物教师的教学论文，高兴地看到众多的教师都重视生物教学中科学方法的训练，以全面提高学生的科学素质。例如，大多数教师使用过程式教学或探索发现式教学，其模式大体是提出问题，作出假设，设计实验，总结分析，得出结论，或者说试图模拟科学发现的过程，以让学生掌握科学方法。还有同志极而言之：只有这样，才是科学方法的训练。以我之见，这大体上是科学实验的方法，不能等同于广泛得多的科学方法。

科学方法是人们在认识和改造客观世界的实践活动中，总结出来的思维方式和行为方式。“方法”这个词的含义，在希腊文中是“沿着正确的道路前进”。因此，其范畴是很广的。现代科学方法，可大体概括为：实验观察方法、系统方法、数学方法，它们又是互相渗透的，需要综合使用。

对于中小学生来说，科学方法的训练，不宜要求过高。美国科学促进会曾邀请有关专家发表意见，归纳出以下6项美国中小学生应当学会的科学方法，它们依次是：①观察；②分类；③数、计量、解释数据；④思想交流、作出预言和推断；⑤规定工作定义、提出假设；⑥找出并控制可变

---

① 本文原载于《生物学通报》1999年第6期。

因素进行实验。

这6项，也许包括得不够全面，例如是否应加上“有关材料和工具的正确选择和使用”，但这些若要做到和做好就很不容易了。在中学生物教学中有多少事物需要观察；有多少事实和概念可以练习分类（分类中包含着分析、综合、抽象、概括等思维方法和技巧）；测量，计算，数据的搜集、整理、解释，有待大大加强；锻炼学生善于表达，进行思想交流，还做得很差；至于预言、推断、假设的提出，工作定义的明确（包括目的范畴）以及找出并控制可变因素进行实验，更是相当高的要求。因此，不要把科学方法的训练，狭隘地锁定在科学实验的一般程序，而无视科学方法训练的广域性。一旦狭义化，就会丧失许多训练科学方法的教学机会。反之，也不可能把中学生物的每一节课都设计成科学实验过程。

顺便提一句，源自布鲁纳和施瓦希的发现探索教学论，引导学生像科学家那样探求知识，源自20世纪50年代后半期苏联人造卫星上天后，美国举国上下要求改革科学、数学教学，倾力培养新一代的知识精英，因而得到广泛的赞同。对于提高全民科学素质来说，要求确实高了一些。对于我国中小学的大多数人来说，对科学方法的训练基础些为好，广义些为好。

2. 能力培养需要广域化

在众多的教学总结和论文、不少学科教学的专著中，对基础教育阶段的能力培养，大多集中在观察能力、思维能力、操作能力、自学能力和创造能力上，后者因最近江泽民同志对创新的提倡，而备受重视。

观察、思维、操作、自学等能力，或再加上情感领域（非智力因素、情商等）的一些要求，各学科教学基本上都在提倡，基本上都是围绕有利于掌握知识、运用知识来进行培养的。它们确实都很重要，都很必要，今日是如此，将来也如此。但是就培养适应现代社会生活、生产、发展的新一代的全面素质来说，显得不足，甚至有点儿“贫血”。

1997年夏天，北京师范大学和香港大学联合在北京召开了“华人地区面向21世纪基础教育课程与教学改革研讨会”，会上香港教育署的梁一鸣博士的发言中，有一段很精彩的话：“80年代末期掀起了一场全球性的能力厘定运动，人们认真地、全面地检视基础教育课程中的各种技能（skills），并加以提升、整合，成为跨世纪人才所必须具备的能力（competencies），并以跨科目的形式培养。纵观各国政府、国际组织及跨国企业首脑的讨论和研究，可以看到以下最被重视的核心能力（core competencies）：有效地沟通和表达；解决疑难；探究推理；终生不断学习；构思和创新意念；建立良好人际关系；团队协作；处理信息与运用信息；把意念付诸实践并取得成果；应变和适应。”

我把这段论述，全部抄在这儿，希望引起教师们注意，是否我们脑子里的“能力”，正在千方百计培养的“能力”，缺乏时代的特征，缺乏素质教育的鲜明要求，从而显得“贫血”。

对于从事学科教学的老师，如生物学科的老师，可能会觉得这是整个教育的事，而不是本学科的任务。若真如此，离开了各学科的教育，又哪有整个教育呢？因此我曾一再提倡要注意能力的时代要求，要培养扩展能力（open competencies），跨学科能力，泛学科能力。在这世纪之交的时刻，对人才提出全新要求的时刻，亟须冲破能力的狭窄框框，提倡能力的适应时代需求，广域化，并付诸艰辛的教育实践。

教学评论之二[1]

1. 启发式不是索取某一正确答案

《中共中央国务院关于深化教育改革，全面推进素质教育的决定》（以下简称“决定”）中明确指出：“积极实行启发式和讨论式教学，激发学生独立思考和创新的意识，切实提高教学质量。”

启发式已经讲了多年，做了多年，在中学生物教学中也是卓有成效的。然而细细揣摩我们的许多生物课，教师确实在努力启发，可主要是沿着教师的思路、教材的结论来从学生那里索取一个答案。有时问得简单，答得也简单，一问一答，推导下去，获得固有的答案。如若有胆大的学生冒出一个“出了边”的答案，教师还常常听而不闻，让人感到教师在规范一条窄窄的“小道”，让学生沿着这条小道去认知，去领悟，如果越出去就浪费了时间。我把这叫作索取式的启发，这种启发甚至让人感觉教师是要学生为自己的讲解服务。

此次“决定”再提启发式，重在后面一句话：“激发学生独立思考和创新的意识”，这才是启发式的真正目的。由于学生的知识基础、生活经验、能力水平、思维习惯等的不同，对一个较为复杂的问题，必定会有不同的理解水平，不同的视角，不同的解决方法，导致不同的答案。教室里表面上的答问的一致性，常常掩盖着学生想法的千差万别。启发式教学应

① 本文原载于《生物学通报》1999年第10期。

该使千差万别都有表现的机会，达到共同交流，彼此启发，集思广益，并鼓励脱离窠臼的创新认识。我把这叫作探讨式的启发，让思维活跃起来，各抒己见，择善而从。我主张应努力这样去做。

我们的孩子，从幼儿园到小学，从小学到中学各个年级，年级越低举手发言越踊跃，原因之一是稚气尚浓，犊不畏虎，顾忌教师是否认可尚少，于是敢说话。随着年龄的增长，在课堂上（课下是另一回事）就越来越不肯举手发言。原因之一，恐怕是多年的索取式启发的熏陶，很是担心自己的意见不合老师的意，于是，变得沉默了。他们潜在的独立思考和创新意识未能得到鼓励和开发，为人之师，恐怕是有责任的。

2. 为讨论式教学作注

讨论式教学作为课堂教学的一种重要模式，在我们的中学生物教学中确实应用得比较少。这些年来，我们大都在强化实验和讲解并进式的教学试验，这是很好的。对讨论式教学之所以重视不够，其原因除教育观念上的问题外，还由于教学班的人数过多，总课时数较少等。现在到了非急起直追不可的时候了。原因不单因为它出现在“决定”中及发达国家已相当普遍使用，而是如果要使学生的主体地位得到充分的尊重，参与精神得到恰当的发挥，独立思考和创新意识得到培养，团结协作和沟通交流能力得到锻炼，那么讨论式教学无疑是首选的教学模式。

根据国内外的中学生物教学实践来看，实施讨论式教学，以下几点是教学设计时要着重考虑的。

（1）要把学习的内容重新组织成可供探究和讨论的问题。在教学设计中不拘泥于教材的章节和段落的顺序安排，要找到若干个中心议题，也许以单元处理为好。

（2）讨论是建立在学生已有学习基础、生活经验和掌握的其他信息资料基础上的，拟订的讨论题，应该充分考虑到这些基础如何，必要时，应提前或当时提供给学生必要的信息资料，包括图文资料、数据资料、视听资料等。

（3）讨论的切入点，应该是能引起学生的兴趣、好奇心和令人关注的问题，否则，难以唤起其积极性。为此，最有意义的是与生物科学有关的社会生活、生产、发展中的问题，范畴可大可小，大至全球的、国家的、地区的，小至社区的、家庭的、个人的，将与本学科有关的社会热点问题引入教学，在国外的科学教育中相当普遍，它就是STS教育的一种形式。

（4）必须逐步建立起师生平等、互相尊重、互相学习的学习氛围，这不是件很容易的事情，而是一个培养的过程。在这一过程中教师起着主导的作用，要善于启发、乐于倾听、勤于鼓励，坚持下去，终能水到渠成。

（5）比起讲授式的教学，教师要更努力地学习，使专业知识更广博，对与科学技术有关的社会问题有更多关注和了解，有更好的组织能力，说话要更有趣味和幽默感，才能驾驭好课堂讨论。

讲授是轻车熟道，讨论式教学确实还是新事物。期待着因讨论而活跃，因活跃而有利于新型人才的培养。

教学评论之三[①]

1. 由“减负”看生物教学

江泽民同志《关于教育问题的谈话》发表以来，全社会都在学习领会其重大的现实意义和深远的历史意义。与此同时，教育部发出了减轻学生过重负担的指示，中小学都在全面推进素质教育的同时，减轻学生过重的课业负担、心理负担和经济负担。

面对“减负”，生物学教师很关注。教学中也出现了两种情况。

第一种情况是认为生物课无负可减，即生物课课时少、考试少（甚至不高考）、作业练习少，本应增加，何来过重负担？因此，与我无关。这种认识似可商榷。生物课的负担重有它自己的表现形式：一是学而无趣，无奈而厌学；二是背诵名词概念，味如嚼蜡；三是重课本知识，不联系社会生活；四是只念书，不做实验，动嘴不动手……我曾不止一次见过生物课上有以齐声朗读为学习手段的。凡此种种，学习质量不高，心理负担不轻。也有适应会考或高考（部分省市），练习题多，频繁练习，这当属课业负担较重了。因此，“减负”与生物教学有关，生物课的减负应着力于改革课堂教学，使之适合于自然科学的学习方法，全面提高学生的素质。

第二种情况是那些负担特别重的科目，终于减负了，学生的课余生活谁去占领，谁去丰富它。对于生物教师来说，过去开展一点课外活动、选

---

① 本文原载于《生物学通报》2000年第6期。

修课分外难，因为那些要高考的科目，有数不尽的加课、补课或各种竞赛，谁还有时间和兴趣去参与生物学方面的课外活动呢？现在情况有了转机，生物课老师应主动地行动起来，设计有意义的、有趣味的课外科技活动、社会实践和选修课去占领课余生活。报载北京市某区已决定中小学生的课余生活的主题之一是围绕生物与环境开展，并动用政府力量，加以组织和引导，令人欣慰。因此，“减负”可能给生物教学的改革，提供了一个好的机遇。原本生物教学就不能局限于课堂，课外是一个广阔的天地，研究生物、生物界，要到大自然去，和鲜活的生物个体种群、群落和生态系统接触。而生命科学的现代进展，和人类的生活、生产、发展密切相关的许多方面，出现了蓬蓬勃勃的新发现、新知识、新技术，开点讲座，开点选修课如何？

所以，我们既要“减”，还要“进”，“减”和“进”都是为了改革生物教学，全面推进素质教育。

2. 不能消极等待课程和教材的改革

面向新世纪的中小学课程和教材改革已经启动，不仅见诸第三次全国教育工作会议（以下简称“全教会”）的文件，还有各种会议的介绍、传达，大众传媒也纷纷报道。但由于取积极稳妥、先“立”后“破”的办法，其出台也就令人望眼欲穿了。已见报道：原教学大纲已修订，原教材也随之而修改推出。都是修订、修改，并非新的课程标准和新的教材，也就是一种过渡吧。

由于雷声颇大，雨点并未随之而来，一线教师欣喜之余，颇为着急，多取等待的态势，自在情理之中。但消极等待对于总体改革，特别是对于有准备地迎接改革的挑战不利。

就生物学课程和教材的改革而言，我感到在以下几方面，从现在起就做准备为好。

一是从生物科学教育的目标来看，基本知识教学会有选择地加强，但更明显的是，将在知识教学的同时，大大强化能力、态度、价值观的培养和教育。全教会文件中所说：“培养学生的科学精神和创新思维习惯，重视培养学生收集处理信息的能力、获取新知识的能力、分析和解决问题的能力、语言文字表达的能力以及团结协作和社会活动的能力。”在未来的课程标准和教材中都会有体现。

二是提倡探究式的学习，而不是传授式的学习。科学探究“指的是学生们用以获取知识、领悟科学的思想观念、领悟科学家们研究自然界所用的方法而进行的各种活动”（引自《美国国家科学教育标准》），也就是说，知识、思想观念、方法都要在活动中获取和领悟。因此，“学习科学是学生们要亲自动手做而不是要别人做给他们看的事情”。探究的过程也包括了启发式和讨论式，但尤为重要的是调查、实验和实践等活动。

三是课程的内容将会变得更宽，使教和学更富弹性和选择性。我想它的宽主要将体现在和社会生活、生产、发展需要的结合上，而不是纯生物学的拓宽上，以有利于提高全体国民的素质。全教会文件中提到国家课程、地方课程和学校课程的结合，我想就一门课程而言，也应在内容上允许地方和学校（教师）的选择有较宽松的余地。例如，地区社会、经济发展中的生物学相关内容就会有一席之地。科学、技术和社会的紧密结合，本质上就是STS教育。

四是将更重视科学史的教育。全教会文件中提出的“让学生感受、理解知识产生和发展的过程”，一定会在新的课程和教材中有较好的体现。

还可以有第五、第六……这是可以预期的变革。而这些变革的基本精神，在使用现行或修订版教材时，都是可以探索和贯彻的。变被动为主动，未雨绸缪比临渴掘井要好。

从教50年的一点体会①

在我从教50周年的今天，承蒙诸位放下手头重要的工作，齐聚百年名校——北京师范大学附属中学，对我的教育教学工作进行研讨，深为感动。因为，我不过是千千万万普通教师中的一员，一名普通工作者。也许是我的遗传基因比较好，心态也开朗，活得久一些，得以健康工作50年。还因为，相对来说，我对事业还有所追求，又欣逢改革开放的大好年代，这给了我许多机遇，让我得以在教育教学工作中有所创新，有所前进。

今天这个会，主要是请各位对我的教育教学工作进行评价和批评、指正，我真是受宠若惊，不知道说些什么好。思之再三，只能说说从教50年来的些许体会吧。

第一，这些年来，这样形式的研讨会，渐渐地多了起来，这反映了各级教育行政部门和社会的尊师重教，以及对发展教育事业，办好学校，提高教育质量的殷切期望。作为教师、校长、编辑、课程研制者，有感责任之重大。我经常问自己：你做了什么？做得怎样？你还应该做些什么？这就是说，我只是一个教育工作的实践者。我所要求自己的，就是在辛勤的耕耘中，努力学习和贯彻党和国家在不同历史时期提出的教育方针和政策。改革开放以来，时时不忘学习和贯彻邓小平同志教育要“三个面向”的理论，江泽民同志关于教育要创新的指示，努力发挥教育在“三个

① 本文原载于《课程·教材·教法》2004年第12期。

代表”重要思想中的作用。因为，这些都是统领我国社会主义教育事业健康、快速发展的根本性的思想和理论。作为一名普通的教育工作者，能在这些思想和理论的指导下，毕其一生，在某些方面作出一点成绩，就很不容易了。尽管我已经工作了50个春秋，党和国家给了我许多荣誉和称号，但我真是诚惶诚恐，觉得必须加强学习，谦虚谨慎，力戒浮躁，努力做一个好的实践者。至于想要在教育思想或理论上有一点建树，只是一种追求罢了。

第二，50年来支撑我孜孜以求的，是我对学生的爱和对生物科学教育的爱。莘莘学子是民族的希望，是国家的未来。教师是为更加美好的明天而生活着、工作着、探索着，他的全部喜、怒、哀、乐都系于他所执教的学生。我记不得教过多少学生，人们常说：桃李满天下，何止是桃或李呵，参天大树、栋梁之材也比比皆是。当然不是我一个人的功劳，每一个学生都有教育培养他的许多老师。我把我的爱学生之心，化在每一个教育教学活动之中。就以上课来说，我力求精神饱满，富有激情；寻求各种教学策略方式启迪学生的心智；刻意于科学的严谨、准确和鲜活；务求在教学活动中给学生以丰富的、健康的思想营养；我鼓励有潜质的学生，同时呵护后进的学生；我决不以分数或升学的指挥棒向学生施压。这些都是真的，今天在座的学生可以为我做证。有许许多多人论述过教师对学生的爱，我认为它超过亲情，是爱国家、爱民族、爱未来的体现；它并非只是温馨慈祥，而是符合教育规律的、严格要求的教育教学的实践行为。

作为生物科学教育工作者，在长期的实践中，我对这个工作的艰辛和重要性有了较深刻的认识，对它的爱是非常理性的。现在许多人都在说21世纪是生命科学的世纪，然而，长时期以来，它在我国基础教育中的地位卑微，甚至难以和自然科学课程中的物理、化学平起平坐，这关系到民族素养的均衡，也关系到国力的竞争。为此，我用很大一部分精力来研究中学生物科学教育。一方面，努力在生物科学教育实践中出成绩，引起方方面面的重视，也曾协助汪堃仁和裘维蕃院士完成了《加强我国中小学生物教学》的调查报告，呈送中央；另一方面，投身这一领域的科学研究和教育改革，曾主持“八五”教育科学规划的重要课题《理科教学中的STS教育》，并参与“九五”重点课题《中小幼科技教育》，“十五”期间迎来了我国基础教育的新一轮课程改革，它给了加强中学生物科学教育极好的机遇和挑战，从2000年至今，研究课标，主编教材，培训教师，投入了几乎全部的精力。在和课改实验区的师生亲切的交流中，我快乐着，感到我们的生物科学教育事业在前进着。

没有对学生、对事业的爱，就没有了教师的灵魂。

第三，人的一生一定要与时俱进。教师的专业化成长，就是要与时俱进，终身学习。说到这个问题，首先要感谢北京师范大学及其附属中学，我有幸在这个引领我国教育事业改革创新并具有浓厚学术氛围的环境中工作，它给了我许多学习的机遇和必须学好的压力，环境造就人。还要感谢北京市人民政府、北京市教委及其生物教学研究室，他们给了我许多关怀和爱护，并提供了很多参与教育教学决策的机会和施展才能的舞台。我也不会忘记在《生物学通报》长期担任常务编委和副主编，以及在《中国基础教育》担任主编的岁月，使我有机会和许多德高望重、学术精湛的专家共同工作，获益匪浅，而读稿、改稿，更是紧跟时代步伐，汲取了许多先进理念和鲜活经验。在我从中学教学岗位退休伊始，蒙教育部基础教育司和人民教育出版社（课程教材研究所）的厚爱，我投入了新一轮课程改革之中，这更新了我的观念，拓宽了我的视野，迫使我学了许多新东西，也使我和全国的教科研人员、一线教师有共同研讨、一起提高的机会，这些都是应该终身铭记的。我曾说过：人之初，性本懒。这是说我自己的，没有良好的又具有压力的环境，我不见得能与时俱进、不断学习。面对教育理论的革新和发展，面对生命科学及技术的日新月异，面对富民强国的历史重任，我还学习得很不够。我要坚持学习，跟上时代。生活就是学习，

◎ 2008年朱老师在长春观摩课现场（从左向右依次为朱正威、颜悦、丁远毅）

◎ 2013年朱老师在课题研讨会现场（从左向右依次为钟能政、朱正威、包春莹）

学习使人年轻，使人快乐。

第四，我总得说一说我的校长工作。我的前任和后任都比我做得好，但在北师大附中百年历史中我是担任校长时间最长的一位，历时十年。这是一个改革开放后，改革教育、振兴教育的年代。在大学部、市区两级教委和工会的领导下，我和同事们一起，在全市率先试行了校长负责制、结构工资制、全员聘任制，并在中华全国教育总工会的关怀下，建立了教职工代表大会制度，在管理体制的改革中有所前进。在教育教学工作中强化了德育、美育和体育；课程实施了必修、选修、课外活动三个板块的结合；因材施教，实施了某些课程的AB制；淡化追求升学率，强化全面发展。所有这些都是改革的起步，以今日对校长的要求来说，差之甚远。如果说有什么体会的话，就是校长的根本任务是必须贯彻好党和国家的教育改革方针，同时，校长应该是教师的教师，爱护教师，关心教师，培养教师，与教师共艰辛、同欢乐，现代化的管理，是一种以人为本的管理，应该建设一个以人的发展为中心的校园文化。可惜，我已没有这样的实践机会了。但我深信，我国的千千万万所学校，一定会在新的历史时期，欣欣向荣，其中就有我在这里工作了半个世纪的北师大附中，历史的荣耀和现代的辉煌将交相辉映！

该结束我的发言了。我曾经在全国高中生物课程改革的教师培训会上，引用了“无边落木萧萧下，不尽长江滚滚来”的诗句，课程改革的新陈代谢是如此，教育事业的发展、人才的涌现也如此。愿我们的事业，如激越奔腾的江水，一往无前！

再次感谢诸位的光临！

辩证地应对生物新课程教学中的新情况[①]

生物新课程的实施，发展迅速，形势喜人。

任何新事物在其发展过程中，总有曲折。就生物新课程的教学而言，有些不尽如人意之处亦难免。大多数新问题，需要我们辩证地应对，及时扶正，少走弯路。

1. 探究性学习和接受性学习的结合

生物新课标重要的理念之一是倡导探究性学习。为了改变学生的学习方式，教材中设计了相当数量的探究活动，教师也非常关注并花了很大的力气来组织好探究性学习活动。《美国国家科学教育标准》的内容标准中，把“作为探究的科学”列为八大内容标准之一。这反映了倡导探究性学习实为国际科学教育改革的一大潮流。潮流不可阻挡，潮流有它的合理性。

然而，探究性学习的组织实施，费时费工，且并不是所有内容都可组织探究。另外，学生汲取人类文明的精髓，大多数是间接获得，而非直接经验。片面地强调探究性学习而排斥其他教学策略和方式，就会导致教学时间紧张，教师该讲的少讲或不讲。甚至教学中充满了活动的组织和过程的体验，没有时间和精力去升华学生的体验，构建科学的概念。

笔者建议，要把探究性学习和接受性学习结合起来。

---

① 本文原载于《中小学教材教学》2005年第9期。

第一，从生物科学的核心内容及教育价值出发，精选探究活动的内容，务求少而精。

第二，泛化探究性学习于整个教学过程，不孤立探究活动。启发式、问题探讨式等有意义的接受式学习，也是广义的探究。

第三，在切实倡导探究性学习的同时，给教师选择多样化教学策略方式的自由，一味提倡少讲乃至不讲，在理论上站不住，实践上也行不通。

2. 夯实基础知识和发展创新能力的结合

新课程把发展实践和创新能力提高到前所未有的高度，这顺应了国力的竞争是人才培养的竞争这一时代潮流，也切中了传统教育的弊端。无疑，创新意识、创新精神和创新能力，应该从小抓起，学校教育首当其冲。然而，青少年的教育是基础教育，其目标是形成人文、科学、道德等基本素养，形成读、写、算、做等基本技能，是奠定人生的基石，以备建设多种样式的高楼大厦。基础知识是教学的重要内容，是基本素养的基础，也是创新能力的基础。任何创新能力均以一定的经验、知识为基础，没有旧，何言新？今日的新又是明日的旧，这是新、旧的辩证法，此所谓新陈代谢、推陈出新。因此，要把夯实基础和发展创新能力在教学过程中结合起来。夯实基础，有助于发展创新能力，发展创新能力也有助于对基础的深入理解和掌握。在教学中两者都不可偏废。笔者有如下建议。

第一，在中学生物教学中，创新能力的发展宜基本定位于发散思维、求异思维、创造性思维的培养，在“做”科学中，关注过程创新和方法技能创新。

第二，重视生物学核心内容的掌握和基本概念的建构，弄清基本的生物学事实，概括抽象形成科学概念，编织概念图，学会迁移和应用。这本身也包含着创新。

第三，反对在知识社会不重视学习知识的悖论，要善于积累知识。

“书到用时方恨少”，即使在信息社会也是适用的。

3. 快乐、成功教育和严格要求的结合

要使学生乐于学习，快乐地、生动活泼地学习，并且从沉重的学习负担中解放出来，在学习中不断体验到成功的愉悦，从而更热爱学习，健康成长。这是多少教育家梦寐以求的事，也是莘莘学子心向往的佳境。这次课程改革也着力提倡，对于死读苦读、层层加码、题海战术等教学的弊端，无疑是一股清风，为学生主体精神的发挥，创设了良好的环境。生物课的教学由于内容的更新，更贴近现实生活。在义务教育阶段，由于学生大多没有考试压力，在实现愉快地、生动活泼地学习方面效果显著。但是也应该看到，在一些地方、一些时候，教学中对学生的严格要求不足。例如，探究性学习，比接受性学习难度更大，从某种意义上说，是训练学生像科学家那样工作。不只是要求做什么，怎样做，更重要的是为什么这样做。不会总结，不会反思者相当普遍。在小组合作学习中，个别不努力的始终不努力，不会的始终不会而随大溜。在课堂讨论中，不会使用科学术语及逻辑来表达的学生为数不少。教师在评价学生发言时，只选择表扬其正确部分，对错误或不足不予纠正。教学的全程缺乏有计划的、多形式的评价。凡此种种，反映了一些片面性——动起来就好，快快乐乐就好，甚至热热闹闹就好。教学是不可不严格的，当学生步入社会，工作、生存都是严格的、严肃的，甚至是残酷的。学习，古往今来都是严肃、紧张的劳动。快乐，更多的是源于对学习价值的理解；成功，是对艰辛的回报。因此，笔者建议如下。

第一，“教不严，师之惰。”在新课程的教学实施中仍然具有现实意义。不妨共同温习下“抗大”（全称是中国人民抗日军事政治大学）校训——“团结、紧张、严肃、活泼”中的辩证法。

第二，学生主体精神的发扬应包含主动理解学习的意义并付诸行动，

应包含自我严格要求、百折不回的精神，应包含自我批评和接受批评的胸怀。

第三，教师在着力营造生动活泼的学习氛围的同时，也要创设严格要求的环境，并把形成性评价贯串于教学过程之中。

第四，就生物科学教育而言，作为理科，其特征是：怀疑是审视的出发点，实证是判别的尺度，逻辑是论辩的武器（见《美国国家科学教育标准》）。怀疑、实证、逻辑，都需要经过严格的训练才能形成，是科学素养的有机组成部分，要落实到我们的教学行为中去。

4. 现代教育技术和教学基本功的结合

以信息技术为核心的现代教育技术，深刻地改变了学校教育的面貌。在我国的发达地区、中心城市，现代教育技术的装备和使用，几乎不逊色于任何发达国家。而西部地区、贫困地区，党和政府正予以特别的关注和大量的投入。现代教育技术大大促进了教学策略、手段和方式的改革，它可以超越时空的限制，迅速呈现丰富生动的学习内容，它创设了师生互动、生生互动的新的交流方式，起到适时反馈、评价教学的效果，它从根本上提高了学生的信息素养和收集、处理信息的能力，它为学生的自主学习提供了条件，等等。因此，师生欢迎自不待言。但是某些教师离开了电脑和多媒体设施，上课会感到茫然和困难；在某些情况下，教学主要是文本的演示，视频、音频的播放，或网络搜索，教师退到了幕后。“信息技术和XX教学的整合”一类的课题纷纷上马，论文广布于各类教育刊物，热度始终不减。但事物都有两面性，负面影响也是有的。且不说教育投资的问题，只说说教师教学基本功的弱化。某著名教育科学教授曾说过：教学是生命体（教师）和生命体（学生）之间的交流（大意）。我想这种交流，既有知识、经验层面上的，也有过程、方法层面上的，更有情感、态度、价值观层面上的。

简言之，有做学问方面的，也有做人方面的，即教书育人。如果隔着许多技术手段（最常见的如屏幕）听课，很少听到教师的声音，就无法谛听教师精辟和生动的分析，就无法感受教师情感的跃动，其教学效果难免欠缺。亲切切磋，平等交流，学生将从教师那里得到更多启迪，教师将更实在地了解学生。与此同时，教师的基本功有弱化的趋势，对现代教育技术的依赖性，导致疏于练习口头表达，不会适时板书，不会随手绘图，不会亲自熟练准确地示范操作，不会用恰当的语言、表情、姿态对学生鼓励或督促，等等。这在部分青年教师中甚为普遍。为此，笔者建议如下。

第一，要认识到现代教育技术手段、方法和其他的教学手段、方法具有同等重要的意义，不可偏废，要结合使用。现代教育技术用得好的标准之一，是应符合师生互动，调动双方的积极性，而且不湮没教师的个性特长和教学风格。

第二，不要把是否使用现代教育技术作为评价一堂课的唯一标准，如果不是技术至上主义的话，应确立人（教师和学生）是教学的主体，不可能出来第三个主体。

第三，对于科学课程来说，直接经验极为重要。以生物教学而言，现代教育技术创设的虚拟情境，代替不了实际的观察、实验和实践，对二手资料的搜集和分析总逊于实际的调查。

第四，在教学中要防止将现代教育技术手段用于“高效率”的灌输。学生在高速变幻的屏幕面前，没有思考的时间，一帧一幅，频频闪过，眼睛疲劳，思维紧张，不利于学习，也有损健康。因此要少而精，要用得适当。

全文都只是一些建议，没有举例。若举例，当属负面，影响不好。因为大家都对新课程的教学非常努力，成绩斐然。玉也有瑕，何况教学？人的认识和行为，总难免片面，提倡了一面，可能会忽视了另一面。我们是在曲折中前进的，这也是辩证法。

生物新课程给我们的机遇和挑战①

从2001年生物新课程的推出，转瞬已是5年。先是初中生物，由点到面，已遍及全国。继之以高中生物也在实验省（区）铺开。

如果您是一名与新课程同步进入学校的新教师，5年耕耘，已是颇有经验了。我教了45年的中学生物课，有缘参加新课程标准的研制、教科书的编撰、教学的研讨，费心不少也获益很多，倏忽之间，已满头华发。生物新课程给了我们中学生物教学新的机遇和挑战，赘述如下。

1. “回归”科学课程

生物科学属于自然科学范畴是天经地义的事。通常我们把自然科学简称科学，中学生物课程当然属于科学课程。这里为什么要用“回归”这个词呢？自中华人民共和国成立以来，绝对没有哪位科学家或教育家说过中学生物课程不是科学课程。但是在民间，在一些学校，习惯将数、理、化归于科学，还有“学好数理化，走遍天下都不怕”这样的说法。话里话外，隐约所指，生命科学，还有地球和空间科学属于另类。在有些学校，由于规模较小，教研组的组合，以生物和历史或生物和政治在一组颇为常见。至于课时报酬，也是比语、数、外、理、化要低若干的。高考科目中生物之有无或占分量的多少，争论不休。非生物学专业出身的教师，勉强

① 本文原载于《中学生物教学》2005年第9期。

去教中学生物课的也为数不少。凡此种种，责任难追，但这种习惯势力非常可怕，生物教师伤心事小，国民素质受损事大！

现在终于“回归”了，在新课程标准中“回归”了！

新课程在义务教育阶段设置了综合的科学课程，内容涵盖了理、化、生、地的基础内容。分科设置则并列为理、化、生、地。两相对照，说明生物科学为科学课程。普通高中课程分为8个学习领域，领域下设置科目，8个学习领域中的科学领域中有物理、化学、生物等科目，在它们的必修学分方面是一律平等的，各为6个学分。因此，从课程设置和分类的角度来说，中学的生物课程已明确属于科学课程。

翻开初中和高中两个生物课程标准（实验稿），都可读到课程理念（或基本理念）中重要的一条是提高生物科学素养。例如，高中生物课程标准中说：“生物科学素养是公民科学素养构成中重要的组成部分。生物科学素养是指公民参加社会生活、经济活动、生产实践和个人决策所需的生物科学知识、探究能力以及相关的情感态度与价值观。它反映了一个人对生物科学领域中核心的基础内容的掌握和应用水平，以及在已有基础上不断提高自身科学素养的能力。提高每个高中学生的生物科学素养是本课程标准实施中的核心任务。”这实际上规定了中学生物课程的价值和目标，科学课程所追求的是受教育者科学素养的提高。

从生物课程标准的内容标准来看，初中生物课程的学习内容为10个主题，第1个主题就是科学探究，并定义为：“生物课程中的科学探究是学生积极主动地获取生物科学知识、领悟科学研究方法而进行的各种活动。”要求学生“理解科学探究”和“发展科学探究能力”。在高中生物课程标准中，则在课程的具体目标中就发展科学探究能力提出了11条（略，详见课标）。这都说明了今日的中学生物课程是一门要着力培养学生科学探究能力的课程，这是科学课程的本色。

以上从课程的设置和分类、课程的价值追求、对科学探究能力的要求三方面来说明新课程中生物课程是一门科学课，是典型的理科。“回归”已经摆脱了流行甚久的、模糊中学生物课程性质的错误说法和做法。对于每一个生物教师来说，应深感庆幸。然而，这也是对我们的挑战。我们不能不扪心自问：我们是否具备了合格的生物科学素养？我们是否具备了科学探究能力和组织、指导好学生从事科学探究活动的能力？当生物学科和物理、化学一样享有同等必修学分的时候，能否把生物课上得同物理、化学一样的具有深度和吸引学生的魅力，开出同样多的实验或探究活动呢？一个学科的地位，并不完全取决于课程文件的规定，很大程度上取决于学科教师的辛勤耕耘。这有赖于我们认识的提高、教学实践的砥砺和创新，对我们广大的教师是一个时间悠久的挑战。

2. “时代”叩击“大门”

这里所说的“时代”，是课程内容的时代性，“大门”就是中学生物课程之门。

在描述选择高中课程内容的基本原则时，《普通高中课程方案》提出了时代性、基础性和选择性。对时代性的诠释是：“课程内容的选择体现当代社会进步和科技发展，反映各学科的发展趋势，关注学生的经验，增强课程内容与社会生活的联系。同时，根据时代发展需要及时调整、更新。”新的生物课程内容，高中是如此，初中也如此，具体凸显在以下几个方面。

（1）按时代需要选择和组合生物科学知识

初中阶段综合考虑了学生发展的需要、社会需求和生物科学发展3个方面，选取了10个内容主题：科学探究，生物体的结构层次，生物与环境，生物圈中的绿色植物，生物圈中的人，动物的运动和行为，生物的生殖、发育与遗传，生物的多样性，生物技术，健康地生活。而且突出了人与生物圈的关系，并以此来统率大部分的内容。这意味着改变了传统的选取生物学分科知识（植物、动物、人体、环境、遗传、进化）叠加的内容框架，站在处理好人与生物圈关系的高度来学习相关的、最必要的生物学内容，同时渗透生物技术和强化健康地生活的现代内容。这样对内容的选取和组合，具有鲜明的时代性，与保护生物圈、保护生物多样性的潮流紧紧相随，与可持续发展、循环经济、科学发展观的提倡相一致，从而为每一个初中毕业生的生物科学素养奠定基础。

高中生物课程内容的设计，其时代性更为鲜明。必修模块分别是“分子与细胞”“遗传与进化”和“稳态与环境”。它们是当代生物科学的基础和核心内容，也是发展最迅速、成果应用最广泛、与社会和个人生活关系最密切的领域。选修模块分别是“生物技术实践”“生物科学与社会”和“现代生物科技专题”，满足了学生多样化的发展需要，分别定位于提高学生的科学实践和探究能力，增进学生对生物科技与社会关系的理解，拓展学生的生物科技视野。内容新，与现实距离近，必修配选修，强化共同基础，促进个性发展。

（2）体现科学、技术、社会的依存和互动

自20世纪60年代以来，科学、技术、社会的相互关系成为国际科学教育的主要内容。此次课程改革特别是理科各科，尤须贯彻。贯彻STS的精神，是科学教育的时代精神之一。初中生物课程之所以以人与生物圈为核心，从内容选取和组合上就是要体现STS。在它的课程目标中还有这样的叙述：“知道生物科学技术在生活、生产和社会发展中的应用及其可能产生的影响”“关注与生物学有关的社会问题，初步形成主动参与社会决策的意识”。在高中课程目标中，还有更高要求和叙述。此外，高中生物课程的基本理念中有一条是“注重与现实生活的联系”，它说：“生物科学与人们的日常生活、医疗保健、环境保护、经济活动等方面密切相关。《标准》注重使学生在现实生活的背景中学习生物学，倡导学生在解决实际问题的过程中深入理解生物学的核心概念，并能运用生物学的原理和方法参与公众事务的讨论或作出相关的个人决策；同时注意帮助学生了解相关的职业和学习方向，为他们进一步学习和步入社会做准备。”这是一个很高、很新的要求，也可以说，生物学不再是“象牙之塔”中的生物学，是社会中的生物学；身在教室、实验室，心系社会生活、生产和发展；追求的不只是科学的本身，而是科学的社会价值和防止科学技术的滥用及其负面影响。高中生物课程中的选修模块之一“生物科学与社会”则更为鲜明。

仔细翻阅课程标准和教科书，你会感到生物科学技术与社会关注的焦点、热点问题的交融扑面而来，这是时代的脉动，也是科技发展的必然。

（3）在掌握知识的同时，强化了科学方法的学习

在以往的中学生物教学中，掌握生物学基础知识居于中心地位。在基本技能方面，偏重于观察（包括显微镜使用）、解剖、简易实验等的操作技能，还有阅读、思维等一般学习能力。为适应考试需要，还增加了析题解题的能力。而当代科学教育的内容要求指出，科学的统一概念和过程，作为探究的科学，是理科都应当完成的教学任务。过程，既是流程，也是方法；探究，更是过程和方法的统一体。因此，科学教育如果只有科学知识的学习，而缺少科学方法的学习，特别是缺少在“做”科学中领悟和习得，就不是当代的科学教育。

翻开初中和高中的生物课程标准（实验稿），与“具体内容标准”相并列的有一系列的“活动建议”。反映到新的实验教科书中，就成为丰富多彩的观察思考、资料分析、实验、探究、设计、制作、调查、模拟实验（或探究）等动手动脑的活动，并具有递进的不同水平的要求，这就把科学方法的训练放到了一个重要位置。尤其是高中，结合不同模块的内容特点，系统地强化了观察实验法、假说—演绎法、模型（概念模型、物理模型和数学模型）构建法、系统分析法、课题研究法（参见《生物技术实践》）等。另外在对科学史的介绍中，不仅有精选的、较为翔实的史实，

更着力于其中的科学思想观念的变革和科学方法的创新，如细胞学说建立的历史、细胞膜结构阐明的历史、酶的发现史、光合作用的研究史、激素发现史、植物生长素发现史、遗传学系列重大突破的历史、进化论的历史等，都反映了科学思想的光辉、科学方法的革新和技术的精进。

于是，我们将需要提高对科学方法的教育价值的认识，学会自己“做”和带领学生“做”科学，也许还需要经历必要的技术和技能培训，还要学习一些新的科学仪器、设备的操作和维修等。

我们欣然于21世纪是生命科学的世纪，然而，它必定要叩击中学生物教学之门，抬高了教师胜任中学生物教学的门槛。任重而道远。

3. “重塑”教学过程

说“重塑”可能有些言重了。但生物新课程定位于提高每一个学生的生物科学素养，既要完成知识性目标，还要完成能力培养和情感态度价值观的目标，生物教学过程的组织和实施需要诸多改革，除继承传统教学策略、方式的合理部分外，创新的空间很大，有些几近于“重塑”。

作为科学课程（理科），国际上颇为认同的理科学习（研究或教学）的特征有三：怀疑是审视的出发点，实证是判别的尺度，逻辑是论辩的武器。那么，我们的生物教学过程，是应努力培养学生的怀疑精神，勇于和善于提出问题的能力，而不是去背诵现成结论；是应启发和指导学生设计并实验（或调查，或搜集分析资料），分析现象，整理数据，证实或证伪，而不是唯书、唯上（唯前人或唯教师之说）；是应更重视培植逻辑思维的习惯和能力，善于思辨、表述和交流，而不是只知其然，不知其所以然，或只见树木，不见森林，或孤芳自赏，不善交流。这就是为什么要强调教学过程中要创设情境，要组织探究，要合作学习的学科根据。由此引发了教学过程中如何处理好教师和学生的角色地位，如何处理好授予和学生自主学习的关系，如何实现在有限的时空中突出培养学生的实践和创新能力等，这些都将成为革新教学过程和方法应研究的重要方面。

兼顾共同基础与有个性的发展，在学生发展层面上提出了新要求。高中生物新课程已明确共同基础即必修模块，有个性的发展是可选或不选的选修模块。初中生物新课程，虽然主要强调面向全体学生的共同基础，但学生的个性、潜能千差万别，课程所要求的也只是一个最基本的标准，高中的必修也遇到同样的问题。此次课程改革的基本理念是一切为了学生的发展，在实际教学过程中，特别是大班额的课堂教学中，应该以什么样的策略来实现优质的共同基础和各得其所的发展，改变过去“一刀切、齐步走”掩盖下的“吃不饱”“吃不了”的局面，是摆在教学者面前过去考虑甚少、解决得不好的问题，这次应有突破。

以信息技术为核心的现代教育技术正在深刻地改变我们的教学过程、方法，甚至创造了新的教学理念。新课程的教学中还将更多地运用于情境的创设、概念的阐释、操作的示范、数据的采集、图表的整理和互动的交流，为教学创设了一个新天地。但我们还必须面临着现代教育技术和教师基本功的优化组合，虚拟情境与现实事例以及实验和实践的结合，还有如何避免现代教育技术的迅捷、高容量和启发式、探究式、体验式教学之间的矛盾，而不蜕变为某种新的灌输。这些都有研究的必要。

为了促进学生的发展，应该重视教学过程中的形成性评价。从20世纪80年代以来，教学过程中的及时评价越来越弱化，取消了复习提问、巩固检查等教学环节，注意力大都集中于会考、高考等终结性评价方面，特别是考前用大量时间搞题海战术，与正常的教学评价已背道而驰。关于形成性评价的重要性及评价方式，已有许多论述，但关键在于如何融入日常的教学过程之中，合理地分布于一节节的课堂学习之中。例如，新课进行中何时可以进行提问检测或纸笔检测，如何评分？探究活动中哪些项目可以而且应该得到检测？实验进行中有计划地对哪些操作技能进行检测？不宜游离于教学过程之外，另搞一套学生学习活动或竞赛活动的记录来代替课堂学习中的随时随机检测。缺少经常的形成性评价，就缺少对学生成功的鼓励，也缺少及时的批评、帮助和矫正。困难之所在，可能是教学时间的紧张，不易安排妥帖。但也应看到，在实际教学中，远没有做到内容的少而精、方法的朴实而讲究实效；抓不准内容的核心和偏爱方法的花架子，还有一定的普遍性。因此，形成性评价的时间是有的，莘莘学子的时间更需珍惜。

理科学习的特征，素质的全面提高和个性化发展，现代教育技术的引入，形成性评价的呼唤等，对教学过程的组织和实施产生了可以预期的新特点，为教师教学才能的发挥开拓了新的空间。

在结束本文时，我想说，新课程的实施给了我们教师几多机遇、几多挑战。机遇和挑战是一个事物的两个方面，抓住它、平衡它，中学生物教学将会迎来新局面。

探究性学习实施中的几个问题[①]

新的生物课程标准把倡导探究性学习作为课程的基本理念提出，在教学实践中已为广大生物学教师所认同并多有研究和创新。最近听了课改实验区广东省和青岛市的20节课，很受鼓舞。但细究起来，还有些问题值得研讨，简略分析如下。

1. 探究性学习既是学习方式也是学习内容

在大多数教师的心目中，探究性学习是一种教学策略和方式，因此也常使用探究性教学的名词。与它相对立的是接受式学习或接受式教学。这样的认识没有什么不对，它的根据是“探究也是学生认识生命世界、学习生物课程的有效方法之一。”[《高中生物课程标准（实验）》] 新课程标准倡导探究性学习，力图改变学生的学习方式。因此，探究性学习是学习策略、方式或方法，是源于课程标准的课程理念部分。

在1985年面世的美国科学促进协会“2061计划”的首部著作《面向全体美国人的科学》的“有效地教与学”中，列出了“讲授应该与科学探索的性质相符合”的标题，其内容为：

- 从自然界的问题开始；
- 让学生积极地参与；

① 本文原载于《生物学通报》2006年第1期。

- 把注意力放在搜集和使用证据上；
- 提供历史背景；
- 坚持清晰地表达思想；
- 采取小组合作学习方式；
- 不要把求知和发现割裂开来；
- 淡化记忆技术词汇的重要性。

在这里很明显指的是讲授科学要反映科学探索的性质，是一种科学教学的原则、策略和方法。到了1996年，在“2061计划”的基础上发展成的《美国国家科学教育标准》，探究性学习不仅是学习科学的策略和方式，还进一步提升为学习的内容，即把幼儿园到12年级（K-12）的学习科学的内容都分成8部分：

- 科学中统一的概念和方法；
- 以探究为特点的科学；
- 物质科学；
- 生命科学；
- 地球与空间科学；
- 科学与技术；
- 从个人角度和社会角度看的科学；
- 科学史和科学的性质。

其中“以探究为特点的科学”位列第2，然后在K-4、5-8和9-12的3个学段，以“进行科学探究所需要的能力”和“对科学探究的理解力”划分了层次递进的学习内容标准。因此，相隔10年，探究从学习方式变革的要求发展为学习科学的重要内容。

鉴于此，在新的义务教育生物课程标准中，内容标准10个一级主题的第1主题就是科学探究；在高中生物课程标准中，因为是模块式设计，不便采用义务教育生物课程标准的表述方式，因此在课程目标的能力达标部分，就发展科学探究能力提出了11项要求，事实上也是学习内容。

为什么要分析这个问题？因为教学的策略方式是可以选择的，是过河的“桥”或“船”，而且课程标准用的是“倡导”一词。而内容标准，是国家教育意志的体现，是必须达成的。这就大大提高了科学探究在教学中的地位。因为是内容标准，就应有计划地达成，而且要经常地检测和评价，也应该是水平考试和升学考试的内容。此事似应引起教师和教研部门的重视。

2. 学生参与探究活动中某些方面的工作和从事完整的探究活动的关系

探究是一种多侧面的活动。我们可以将义务教育生物课程标准中所示的科学探究过程分成提出问题、作出假设、制订计划、实施计划、得出结论和表达交流，共6项，而6项中的每一项又标出基本要求若干项，合计17项。在高中生物课程标准中则提出发展科学探究能力的11项要求。它们之间是互相联系的，但又是相对独立的，这就是所谓的多侧面活动。

在《美国国家科学教育标准》中，在对探究下定义的时候，也确认它是一种多侧面的活动，从“需要观察”开始，直到“需要考虑可能的其他解释”，一共说了11个“需要”，然后说：“学生在学习探知自然界的科学方法时将会参与科学探究活动中的某些方面的工作，但是他们也应该培养自己从事完整的探究活动的能力。”这是符合教学实际的提法。

在教学中经常的、大量的探究学习活动，是结合具体学习内容设计的多侧面活动中的某个方面或某几个方面，而不是完整的探究活动。翻阅课程标准，就可见到在具体内容标准后的活动建议，有许多就是这样的。细阅各个版本的教科书，在学生活动的设计项目上，除适量地明示为“探究”项目外，还有各种各样的项目，如“观察与思考”“资料搜集与分析”“思考与讨论”“技能训练”“模型建构”“科学史话”“设计制作”以及“实验”等。这里难以一一列举。其本意就是要分散地、多次地进行探究活动的某些侧面，自然而然地将它们融入日常的教学活动之中。也有人将其称为探究性学习的广义化或泛化。不管怎样称谓，这是很重要的，使堂堂有探究，使探究的技能在不同情境中得到锻炼，使课堂教学焕发出自主学习的光辉。

但只是“零敲碎打”也不成，学生应有机会参与和完成若干完整的探究活动。近似地模仿科学家那样工作，对科学过程、方法、思想有系统的体验，更深入地调动学生学习的主体精神，并学会合作学习，发扬团队精神。现有的各种版本教科书，已经为教师和学生提供了一些完整的探究活动，可作为依据或参考。需要指出的是：学生参与的完整的探究活动宜少而精。例如，一学期能完成4 ～ 5个如何？多了，教学时数不允许。精，主要是探究内容是否有助于核心内容的理解和掌握；其过程和方法是否反映课程标准所要求的关键探究能力；是否能最大限度地调动学生的好奇心和探究欲望。教科书上这类相对完整的探究活动，不一定设计得最好，需要教师根据本校的课程资源、学生情况、自身的特长，做符合课程标准的修改、补充和完善。

生物课程中的完整的探究活动，学生完成起来还有特殊困难，因为这涉及生命周期、环境控制、变化缓慢等问题，相比于物理、化学学科，难度陡增，常常需要课内外结合才能完成。除了组织工作的分工细致、严谨有序，课内外结合的模式大体可分以下几种：

- 完全课内完成；
- 课内完成设计、论证→课外观察、记录→课内进行汇报交流；
- 课前完成设计、论证→课内完成核心部分；
- 少数学生（可轮换）课外完成＋课内听取汇报，交流、评价。

总之，学生参与探究活动的某些方面和从事完整的探究活动，两者都重要，而且它们相互依存和促进。失去平日经常的探究，把完整的探究活动孤立起来不好，只注意日常单项的探究练习，没有从事完整的探究活动的机会，探究学习的效益难上层楼。

3. 加强研究和实施探究性学习的评价

由于探究性学习在达成知识目标、能力目标和情感态度与价值观目标方面的全方位的教育价值，能较好地反映学生的生物科学素养，因此要重视探究性学习的评价。现实的情况是大多数教师忙于探究性学习活动的组织和管理，使之能顺利进行，还没有来得及把及时、恰当的评价纳入探究性学习活动的过程之中。以下仅是建议性质的提示，希望教师们去研究和创造。

评价要既重过程又重结果。探究性学习是一种科学实践活动，如同科学是一个不断完善、改进的过程一样，探究过程中将形成科学的思想观念、科学方法、技能和丰富的情感，对于过程的评价十分重要。但是，科学是人类认识自然过程中形成的知识体系，就一具体探究活动来说，总要形成某种科学认知或科学概念（《美国国家科学教育标准》中说，科学知识指的是科学事实、科学概念、科学原理、科学定律、科学理论和科学模型）。如果要评价的话，过程如何，结果（结论或对结论的解释）如何，其权重似应各占50%。现在流行一种说法“过程比结果更重要”，此话偏颇，不利于科学基础知识和核心内容的掌握。

应将自评、互评、教师评相结合。自评实际上是提倡反思和总结，互评是发扬合作精神和民主作风，都很重要。然而，若轻视教师对学生的评价，肯定是不恰当的。如果说学生有成功的愉悦，也是教师夸奖的结果。每一个学生都有渴望教师的赞赏和鼓励的心理需要，教师恰当地指出不足或问题，学生也会欢迎。师生在人格上是平等的，在任何意义上也不是要削弱教师的权威，教师的权威是因其精湛的学识、人格的魅力和无私的关心自然产生的，要实事求是地、理直气壮地把评价做好，一锤定音。

每次评价要有侧重。完整的探究活动涉及方方面面，什么都评就有困难，宜各有侧重，如可选取对方案设计的评价，或对数据处理的评价，或对某关键操作技能的评价等。这次选评这一项，下次可选评另一项，既易行，又最终能反映全貌。很多时候，评价项目可事先告知学生，使学生有所准备，努力做好。如果给小组评价，一次不可能组组都评（我国班额大，一个教学班的小组数多），可采取抓阄等办法，以示机会均等。

评价应把质性评价和量化评价结合使用。现在是评语多，而且是口头一说而过，用分数来评价的少，也许是淡化分数吧。但分数确有优点，正确抽象出来的数字反映客观情况更真实，数字也便于记载、统计和分析。全社会都热衷于信息化、数字化，唯独课程评价（还有学校教育的其他方面）突然害怕起用数字来表达成绩了，想起来真有点怪。评语有评语的优点，“档案袋”也有优点，但分数的优点也不少啊，还是结合使用为好。

探究性学习的实施中的问题还有很多。有些问题已经解决，例如，探究不是唯一的教学策略、方法，教师仍应选用不同的策略、方法去完成课程标准提出的任务；再如，学生的学习以间接经验为主，在有限的时空内，不可能事事都亲历探究等。还有些问题需要进一步研究，如探究性学习活动的分类，如何把科学探究活动和学生的生活、与社会有关的生物学问题结合起来等。教学实践的路还很长，从理论与实践相结合的角度深化探究性学习的研究，会不断地开花结果。

走马观花话课堂：把教学目标装在心里
——用“心”教学[①]

一堂课的教学目标是课程目标的缩影。没有一堂堂课教学目标的落实，就没有课程目标的全方位贯彻。

新的生物学课程，在目标的制订上，关注知识、能力、情感态度价值观三个维度，还强调了三者在学习过程中的有机统一，这在促进学生的全面发展上具有重要意义。但是，一堂课的教学目标主要不是正确地表达在教案中，而在于是否用“心”贯彻于教学之中。

最近，连续听了好几堂高中DNA分子结构的课，总体上都是不错的，各有特色。这节课目标很容易明确：DNA分子结构的基本知识，构建物理模型的动手能力，相关科学史的科学态度和科学精神的渗透等。但有些课听下来，总觉得不够“味”，觉着少了点什么。思之再三，似乎是如何用“心”去贯彻教学目标。

用“心”，首先是对教学内容的透彻理解和把握上。在这堂课之前，学生已了解证明遗传物质是DNA而不是蛋白质的诸多实验，后继者沃森、克里克等人是以一种怎样的心态、思想去揭示DNA分子结构的奥秘的？而在之前，薛定谔已预言遗传物质可能是一种信息分子，它能储存、复制

① “走马观花话课堂”是朱正威老师2011年为《生物学通报》写的随笔，一共12篇。本文原载于《生物学通报》2011年第1期，是该系列随笔的第1篇。

并传递遗传信息。因此，他们的工作是有明确的思想引领的，不是用已知DNA水解生成的四种脱氧核苷酸，盲目拼接摆弄的。即所构建的DNA分子应符合遗传物质的相对稳定性，能有足够的遗传信息容量，还能相对准确地复制，并随染色体的世代传递而传递。怀着这样的思想，去应用他人的X射线衍射图、四种碱基的数量关系以及蛋白质的螺旋结构的科研成果，构建一个结构和功能完美统一的DNA分子结构模型。整个工作闪耀着夺目的科学理性的光辉。在一些课中，教师的心思没有用在这儿，而比较专注于带领学生完成从单核苷酸到多核苷酸链，再到双链如何形成、螺旋化等完成模型制作的过程上。重视动手操作很好，但缺少点理性思考。尤有甚者，当学生完成模型时，夸奖学生："你们做得和沃森、克里克一样棒！"这种夸奖是有害的，贬损了科学发现的思想光辉。

换一个角度说，构建一个模型，是科学研究的重要方法（在这里是一个物理模型）。模型是以确凿的科学实验获得的成果，如图像、数据等为依据的，不是堆积木、拼七巧板。我们需要培养的是掌握构建模型的科学思想和方法，而不是做模型的工匠。

用"心"，还表现在情感、态度和价值观的教育方面。DNA分子结构的阐明，是科学史上的重大事件，具有丰富的思想内涵和教育功能，几乎每一位教师都是很重视并体现于教学之中的，但也总觉得不尽如人意。大多是介绍了威尔金斯、富兰克林、沃森、克里克等人的贡献和孜孜不倦的精神，或为富兰克林的早逝未获诺贝尔生理学或医学奖而惋惜，个别教师提了沃森、克里克和查哥夫、鲍林等的互相切磋。缺了点什么呢？我觉得似乎有三点。一是当代科学的发展是需要各国科学家的共同合作和信息交流的。二是当代生命科学的发展需要跨学科的合作，这些科学家中，除沃森一人早先是动物学家外，其余是物理学家或化学家。生命科学呼唤各方面的学者参与，是一个科学的"磁场"。三是由此诞生了分子遗传学，进而催生了分子生物学。半个多世纪以来，由此发生的基因组研究、基因工程的开拓等，正在改变人类的生活。如果这样，情感、态度和价值观的目标的落实是不是更深化了一些呢?

用“心”，也应落实在教学方法策略的选择上。除了学生动手体验模型的制作这个活动，从分子水平（DNA分子）上如何阐明结构和功能的统一，以及DNA分子结构的阐明对科学研究的启示，也是可以组织好学生讨论和交流的。

用一堂大家熟悉的课，说说把目标落实于教学之中。贵在用“心”，就是要多思考、深入思考，再付诸实践。

走马观花话课堂：创设情境引入新课的方式小议[①]

一堂新课的开始，为激起学生的兴趣和好奇心，许多教师费了很多心思，做了各种各样的尝试，说明大家很关注此事。听多了，就觉得有些问题是值得探讨的。

新课伊始，最重要的应该是回顾上一节课学习了什么内容，与即将学习的内容有怎样的联系，在"温故"的基础上"习新"。堂堂这样做，就是时时在帮助学生形成特定的知识体系或架构，或者起到在已有的认知基础上提出新问题，调动学习积极性的作用。最近连续听了多节细菌和真菌（初中）的课。翻翻教科书就知道，前面一节是观察培养皿中细菌和真菌的菌落（演示）和通过实验探究细菌、真菌的分布，是很有意义的动手探究的课。如果从探究实验的汇报交流开始，由细菌、真菌为什么分布这样广，和它们的营养方式、生殖方式、形态结构有什么关系引入，会很自然、很精彩，学生有许多表达的机会。但谁都没有这样做。而是重打锣鼓另开张，或是从经常洗手开始，或是从细菌有多小的图像开始，或从展示形形色色菌物的图片开始。讲细胞膜的流动镶嵌模型（高中），此前已粗略知道细胞膜的功能：分隔环境的功能，选择透过性功能，信息交流的功能。但多位教师均在新课开始，不提这些，不问这些。如若问了，很自然就会引入细胞膜是怎样的化学组成和结构特征才能完成这些功能。于是以

① 本文原载于《生物学通报》2011年第2期。

结构和功能相统一的观点，结合科学史，完成流动镶嵌模型构建的学习内容。从已知引向未知，以旧知为基础构建新知，应该是创设学习情境，引入新课的基本方法。

其二，关注学生的生活经验，特别是用最熟悉的社会生活、生产、发展中的诸多有关问题引入新课学习，也是常用的。例如，有一位教师带领学生学习细胞免疫和体液免疫（高中），是以肆虐全球、学生都经历过的甲流（甲型流感）开始，贯穿全课的主要内容、重要概念的学习，这个情境就创设得很好。反之，有些就舍近求远，以学生陌生、新奇，而离学生生活经验很远的事物引入。例如，学习细菌和真菌（初中），一位教师展示了一帧蚂蚁被一种虫草菌感染的图片，并标以“是谁谋杀了蚂蚁？”的标题，以营造学习情境引入新课，舍生活中许多实例而不取，不有点猎奇吗？

其三，选取科学史上的重要事例来创设情境引入新课，也是常用的方法。但这也是有讲究的。例如，有时时机不对。有位教师把关于细菌的基本知识都讲解、讨论完了，再讲列文虎克对细菌的发现和描述，以及巴斯德的鹅颈瓶实验，时机滞后，也没有和前面的细菌的基本知识相结合。也有些教师，讲自然选择，从来不提达尔文这些真知灼见是如何形成的。这里总要讲到他先对家养动物变异和人工选择所做的研究，他的环球航行所见的种种实例，乃至百思不解中受到马尔萨斯的启发。不然，他的自然选择学说就成了干干巴巴没有血肉的东西。教科书也许没有写，但情境是要教师去营造的。

就说这三点吧。还有些不说不快的话，作为提醒。不要还没有开始上课，黑板上就写着今日的课题，那么还创设什么情境去引入呢？不要在用视频引入时，把图像搞得花里胡哨，又是底色、又是镶边，又是活动的卡通。简洁明快，一目了然为好。不要在课堂上放广告来引入新课，如放一整段“舒肤佳”香皂的广告来引入细菌的学习。教科书、课堂都不可做广告的，切记！

走马观花话课堂：科学概念的教学是有规律的[①]

最近《生物学通报》发表了几篇有关生物学概念教学的文章。2010年10月发往各处的《全日制义务教育生物学课程标准》征求意见稿，在内容标准的每一主题下，都增加了：“教学中，教师要帮助学生形成以下的重要概念”，随之列出了若干生物学概念。这些都引起了广大生物学教师的欢迎或关注。

科学教育，提高学生科学素养，是以形成阶段的、递进的、系列的科学概念为其重要特征的。好的科学教育就是要帮助学生生动活泼地、主动地从诸多事物及其变化中去寻求规律、构建科学概念。生物学教学也如此。

科学概念的形成，要有丰富的事实的支撑。这是教学中首先要注意的。即并没有要削弱对丰富的生物学事实（或事例）的搜集、感知和了解，相反，只有相关的事例越丰富，才有可能抽象、概括，形成一种理性的解释和表述，即概念的初步建立。譬如说，只有施莱登、施旺分别用显微镜观察植物、动物的结构，还有其他许多学者先后观察了各种生物材料，才能总结出“细胞是生物体结构和功能的基本单位”这一科学概念。学生也是要观察植物、动物的多种细胞，才有可能建立这一概念的。孟德尔不是只做了一对相对性状的杂交实验，而是至少有七对相对性状（豌

① 本文原载于《生物学通报》2011年第3期。

豆）的杂交实验，结果类似，才去寻求其规律性的，终于取得了他划时代的成就。对于教学来说，也不能给了一个事例，就去总结规律，形成概念性的认知。实际教学中举一个实例，做一个实验，做一次探究，就匆匆忙忙总结一个概念，比比皆是。我希望，在强调重要概念形成的教学中，相关的生物学事例要丰富多彩。当然，这些事例要能来自学生的生活经验，或由他们搜集来，就更有生气了。

科学概念的形成，关键一步是要善于帮助学生去分析、综合、抽象、概括。这就是我们常说的，科学是一个动脑、动手的过程。动脑，就是对诸多事实、表象做深入的思考，引导学生由表及里、由此及彼、去伪存真，不仅冥思苦想，还要合作交流、互相切磋。动手，就是要在可能的条件下，做实验、做探究、设计图解，甚至构建模型。在某种意义上说，倡导探究性学习，就是要通过动脑、动手的探究活动，促进概念的形成。尽管有时似乎是在为假设寻找证据，但本质上是指向了科学概念的形成。关注科学概念的形成，教师就可多讲一些，少搞些探究活动了，这是一种误解。

科学概念的形成，还要关注概念的正确表述。语言、文字是思维的工具，当概念以简练的、确切的语言、文字来表述时，就有了一个较缜密的思维工具，可促进更深入的学习和研究。中学生由于对语言文字的使用还较稚嫩，概念表述时的不准确、不全面是经常发生的，因此，需要教师的启发诱导，在教师帮助下总结和表达。例如，光合作用应当如何表述呢？若明确指出应包含着原料、产物，发生的场所，能量的供应和转化，然后组成一段简洁的文字。又如，即使是高中学生了，对分离规律应如何表述，也常有困难。若指出该规律的主体是谁，在什么时候，发生了怎样的变化，有何意义，再表述之，就会容易了。若认为生物学教师不是教语文的，何必如此费劲？不对了，在这里是通过语言文字的组织，建构缜密的科学思维。

科学概念的真正掌握，应该体现在运用中。教师应该创设许多机会，让学生在新情境下运用已有概念去阅读新的事例，解决类似的相关问题。这就是要让学生能举一反三。当堂可以进行，在练习、检测中可以进行，并配以恰当的评价。

科学概念并不是孤立的，在任何一门自然科学课程中，概念依其相互关系组成了系列或网络，有时在一个单元中就会展现。事实上，在我们大脑的记忆中，以某种复杂的神经联系形式“刻印”了这样的系列或网络，既便于储存，也便于检索、应用。教学中我们经常要注意新旧认知的联系，不断地温故而知新，形成知识链、知识网络。于是应用“概念图”的教学方式应运而生。我在山东听了一堂复习课，教师从叶绿体的结构、光合作用的发现、萨克斯的经典实验到光反应、暗反应的一系列科学史的阅读，和学生在交流互动中完成复习。与此同时，在黑板上完成了一个相当完整的、比较复杂的概念图。我很佩服他的良苦用心和有效的概念教学。

科学概念的教学，还要注意学生对这一概念的已有认知，有人称作“前概念”。不管怎么说，学生对某一问题的认知，多数情况下不是“一张白纸”。学生的已有认知，有些可能是片面的，有些可能是有缺陷的，甚至可能是错误的。我就多次碰到初一的孩子说动物是吸氧吐碳的，植物是吸碳吐氧的，言下之意是植物没有呼吸作用，这显然是概念性错误。因此要了解学生，备课还要“备学生”。

以上关于科学概念的教学，已说了六个方面，总之，是有规律可循的，希望更多的同行来研究它。

再谈科学概念的教学①

这几年，教师们都很重视生物学科中关于科学概念形成的教学，特别是新版义务教育生物学课程标准颁布之后。课程标准在各主题中列出了重要的生物学概念，以及在课程标准的教学建议中写上了指导性意见，这极大地促进了科学概念的教学实践和研究，成绩显著。但在实践中还有些问题，似可进一步探讨。

1. 概念教学的过程仍要坚持三维目标

坚持教学目标的三个维度：知识，能力，情感、态度和价值观，是十几年来课程改革中的一个亮点。它反映的是全面发展的教育观在学科教学中的贯彻，它改变了过去过分偏重知识的教学状况，培养和发展了学生多方面的技能和能力，有关的情感、态度和价值观也得到了熏陶和养成。反过来，还可以使知识教育更丰满、更深刻、更生动活泼，也使学生更爱学、乐学，鼓励了学生在实践中运用知识。我们的生物学教学因此而发生了可喜的变化。

但从提出重视科学概念教学以来，个别同志认为这是对三维目标的纠偏。在实际教学中，不那么重视能力培养了，同时减轻了在情感、态度和

① 本文原载于《中学生物教学》2014年第7期。

价值观方面的着墨，轻描淡写，能省就省了。而片面地强化知识的传授、概念的阐释、概念的表述、概念的背诵，甚至加深、扩大，提高了难度，增加了学生的负担，使生动的生物学教学变得干巴、枯燥起来。回到我们的课程标准看看，它有那么多的内容，那么丰富的目标要求，即使说要重视科学概念的教学，在义务教育生物学课程标准中也只是列了50条罢了，不能把教学变成为掌握50条而奋斗。这样太狭隘了。

即使以掌握某一概念为主旨的课，在教学中仍要在列举相关的生物学现象和事实后，帮助引导学生经综合分析、抽象概括以形成某一概念，这就培养了学生的思维能力、表述能力乃至于共同合作交流的能力和习惯。若在新情境下应用概念，扩大认知，解决问题，更是对能力的培养。而形成概念的学习过程中必定会涉及科学态度、科学精神的端正和磨砺，这就涉及情感、态度和价值观的教育了。

因此，无论是广一点看，还是窄一点说，重视概念教学，仍应不忘三维目标的贯彻。

2. 概念教学也要重视学生的主动参与

强调概念教学的重要性，容易发生讲概念、背概念、考概念等简单化做法。而事实上，生物科学概念是从生物学现象、事实的研究中抽象概括而来，以共性、原则、原理、规律等状态呈现，是更接近于科学现象的本质，具有普适性和抽象性，因而对学生而言，有一定的学习难度。理解和形成科学概念的过程，需要学生像科学家那样，积极主动地参与探究，搜集大量信息，进行关键性的实验探究，总结归纳，去粗取精，去伪存真，用多种方法进行验证。也可以说，要简略地重走科学家的路。

因此，形成重要生物学概念的教学，一定是有效组织学生积极主动参与学习的过程。

首先，要让学生参与即将建立的生物学概念所需生物学现象、生物学事实的搜集、整理、描述和交流。课堂上提供的，应该比教科书提供的更丰富、更生动（教科书限于条件，提供的生物学现象不会很宽泛），尤其要更贴近学生生活实际。举例说，建立生态系统的概念，它的组成、营养结构、食物链（网）等，教科书经常会以森林生态系统为例。而学生实际生活的地区可能是农区、牧区、沿湖或滨海渔区，还有许多学生就在城市生活，森林对他们会很陌生。当然，教师可以用多种现代化教育手段来展示森林，但身边的生态系统总应该是学生研究的对象之一，学生可以说出许多东西来。至于在生活中的各种生物学现象和事实，学生知之甚多，应该创设机会，由学生来交流。还有些重要的生物学概念，是由一系列或某个关键的科学实验提供了形成科学认识的基础，如果学生不能亲自去做，就应该以不同方式介绍给学生。概括地说，就是应有选择地、生动地再现科学史实，这也是很重要的。还要说的是，一个班总有几十个学生，对某一类的生物学现象和事实，若能给予机会和鼓励，大家积极交流，常常比教师备课时想到的要丰富得多。这也是教学相长嘛。

由此可知，重视概念形成的教学，它的基础是搜集、交流有关的生物学现象和事实，需要调动学生积极参与。从教学的耗时来看，这部分所占教学时间会较多。一堂课的大部分时间常常是用在呈现生物学现象和事实上，而不是对概念的字斟句酌。这应该是正常的，最终形成的概念也是有“血肉”基础的，不是干巴巴的一条“筋”。

其次，要更重视探究、实验等生物科学实践活动。学生参与生物学现象、事实的搜集、整理、描述和交流，还停留在动脑、动口上，没有动手去实践，只有实验、探究等实践活动，才能使认知提高到新的水平上来，即在培养科学能力、科学态度和科学精神的过程中，设计和操作，观察、描述现象，搜集、分析数据，得出结论和在探讨中形成科学概念。这样形成的概念或概念的验证，印象会极其深刻。不可因为强化科学概念的教学而削弱实验、探究等实践活动。鉴于我国现阶段学校的实际条件，不论初中还是高中的生物学实验、探究活动，安排已经比较少了，如果错误地认为概念教学重在讲解而侵占实验、探究活动的时间，那就是倒退了。

试想，如果我们不带领学生去完成“绿叶在光下制造有机物”“绿叶在光下释放氧气”“光合作用需要二氧化碳作为原料”这几个实验或探究，学生真能建立起“光合作用”这一重要概念吗？纯靠讲解，对初中生来说，实难理解光合作用的本质。在高中阶段，关于酶的特性、酶的作用条件，若不做实验、探究，建立起的科学概念，也近于空中楼阁。

总之，实验、探究等科学实践活动，既可以了解科学过程、学习科学方法，又是形成科学概念的最重要的基础。

最后，要鼓励和创造机会（或情境）让学生运用概念解决问题。形成某一生物学概念，不是我们教学的终点，学以致用，应是更高的追求。最一般的是运用已学概念去解释类似的生物学现象或事实，诸如换一个新情境，检测学生是否已掌握了这一概念。更进一步的可以是依据已掌握的生物学概念，去指导解决生活、生产、环境、社会发展中的某些问题，会解释、会尝试作出决策。这些问题可以是模拟的，也可以是真实存在的，如公共卫生健康问题，生态环境问题，某一地区、某一时期出现的与生物学有一定关联的公众关心的问题等。在今日各类传媒非常发达的情况下，搜集这类信息并不难。例如，北京的春天，所进行的轰轰烈烈的植树活动，其中关于树种的选择、栽培的方法和养护，有许多涉及生物学、生态学、植物生理学等的知识。四、五月间恼人的杨絮、柳絮，解释它、治理它，需要的生物学概念涉及多个方面。当然，这些不可能都占用课堂的学习时间，但是，出现在课外作业中，以小组调查、研讨、交流的形式进行是可以的。前些日子，由于“名人”参与其中，转基因问题闹得沸沸扬扬，我们的学生都是学过了相关知识的，他们是否在教师引导下讨论过、作出了科学的回应？举这些例子，是想说明联系实际，运用生物学概念还是天广地阔的。

总之，学生主动参与很重要，概念教学也不可例外。

3. 要帮助学生理顺相关概念的关联、区分，使之系列化、网络化

真正透彻地理解、牢固地掌握生物学概念，并能随时从记忆库中去提取和运用，乃是对教和学的更高要求。这需要理顺概念之间的关系。

首先，从教学顺序上，概念是由易到难、由近而远、由表象到本质逐渐出现的。例如，讲解生态系统总是从它的组成成分——非生物成分和生物成分开始，再重点挪到生物成分中的生产者、消费者、分解者；然后研究营养结构和食物链、食物网；进而是物质循环、能量流动，最后是生态平衡的维持。（文中加黑点的部分都是概念）。教学中是在一个单元，若干节课中依次出现，后一个概念都以前一个或几个概念为基础。这说明了新一节课常常需要复习前一节课的相关概念，才能建立起进一步的概念，温故而知新。现在一些教师喜欢新奇有趣，搞上一个吸引眼球的视频，把上节课的学习内容扔在一边，“重打锣鼓另开张”。这并不总是恰当。

其次，还以上面的例子来说，这一单元学习下来，就有许多概念，它们的关系，显然是既关联又区分（恕不赘述）的，而且形成一个基本系列。应该可以在单元学习小结时，由学生以他认为的最好方式图示出来，这就是概念图了。如果每单元都这样做，在学生大脑皮层中的记忆区域储存和提取就更好了。

再次，有时内容较多，跨越了许多章节，涉及不同的生物学研究层次，整合成概念的系列，有许多条条和枝杈，那就是概念的网络了。例如，遗传变异的细胞水平、染色体水平、分子水平涉及了太多的概念，它们的关系组合成一个网络多有困难。我见过一些教师在高三总复习时，搞过这样的概念关系网络，很费心的。但太复杂了，未必好。因为已不是一目了然了，甚至看着让人眩晕。网络化好，但还是变成简单些的网络好。

简言之，习得的概念需要整理，在整理中涤化理解其内涵及与之相关

◎ 本论文手稿（部分）

概念的关系，这是概念学习的进一步深化。但要学生亲自为之，尊重学生的创新方式。由此还可从中悟出，在一系列概念中，哪些重要，哪些处于核心地位。

“再谈”，只是一己之见，不妥之处，请指正。

走马观花话课堂：要更多地关注教学内容的钻研和把握①

这轮课程改革，初中生物学教学的变革已进入第十个年头，高中也已进入第七个年头，成绩斐然。广大生物学教师在教学目标的厘定上、在创设生动活泼的教学情境上、在改变学生学习的方式上、在使用现代化教学媒体上、在评价、考核的改革方面等都付出了许多精力，颇有创新和建树，令人欣慰。但当精力集中在某些方面的时候，难免其他有些方面就容易被忽略。我要说的是对课程标准规定的教学内容的钻研和把握，尚有许多不足。

过去我们常讲备课首先要钻研教材，要弄清某一内容在一个单元或整个教材中的地位或教育价值；在这个学段中应达到的深度、广度；学生学习中可能的困难所在；哪些内容需要“重彩浓墨”，而有些则可概而略之等，颇费思绪和斟酌。

去年在黄山一次全国性的课堂教学设计和展示（要放映若干教学片段）中，我至少听了18节课吧。其中绝大部分都集中于怎样确定目标，根据某理论和原则确定了怎样的方法和策略，罕有对教学内容的要求和把握做必要的分析的。举两个例子来说。一是教材有一节“只有一个细胞的生物”，课程标准中与之对应的是：“说明单细胞生物可以独立完成

① 本文原载于《生物学通报》2011年第4期。

生命活动。”教材用大量篇幅介绍草履虫的形态结构和生活，教师的努力也专注于此。然而这是不够的，因为这里的目标不是观察和弄清楚草履虫即可，而是以点带面，涉及众多的单细胞生物（教材上也有图示介绍）；还有何谓完成生命活动；更有它们的细胞与多细胞生物的细胞既相似又有不同，有适应独立生活的特化等。这不能不说是对教学内容的钻研不够。二是“反射和反射弧”的课，课程标准中与之对应的是“概述人体神经调节的基本方式”；教师、学生列举（甚至演示）多种常见的反射活动，也做了膝跳反射，然后就总结反射概念和反射弧的组成，尤其是反射弧或示图或以文字表述，没有一位教师去解释脊髓断面的结构、神经元和相关神经纤维、神经，更没有展示过脊髓和神经的标本或模型，则反射弧是反射活动完成的神经结构基础这一重要概念，学生印象会很模糊。恐怕教师备课时未去钻研。类似的例子，高中教学中也有，限于篇幅，此处不一一列举。

现在流行着一句话：“我们不是教教材，而是用教材教。”如果这句话指的是我们不是拘泥于教材，而是要站在教材之上，以先进的理念，更符合学生实际情况的教学方式策略，使用好教材，那也没有错。但无论怎么说，要用好，也是先要细细钻研，确切把握，知道短长，才能用好。我倒要说，先学会尊重教材吧，它是依据课程标准编撰的，集中了许多人的智慧，还经过严格的审查。

不知道从什么时候起，一个涵盖课程目标、课程结构、课程内容、教学、评价等的全面改革，不经意间，被某些专家概括成了一句话：此次课程改革就是要改变学生的学习方式（大意）。或者，有专家在不同的场合过分强调了这个命题，导致了教师的误解。确实，改变学生的学习方式，从被动、接受灌输、死记硬背、重记忆轻学习能力培养的状况中改变过来，让主动、探究、合作、交流蔚然成风，极其重要。但这只是改革的一个重要方面，而不是改革的全部。就教学而言，贯彻课程目标是第一位的，目标制约内容的选择和呈现，目标和内容制约着教学方式策略的选择，这是必然的逻辑顺序。恕我斗胆直言，在不少教师的操作中，一备课，优先考虑的是选择什么样的方法，用什么样的现代教育手段等。有时候，一堂课的方法、手段，是让人眼花缭乱，教师也手忙脚乱，而对教学内容的钻研，用力甚少，教学的实效性大打折扣。极而言之，某些课华而不实。

总体来说，高中生物学教学在这方面要好一些，因为有严格的高考要求，教师在教学内容的钻研把握上不敢马虎，内容目标落到实处才有效。初中生物学教学在这方面的问题就多一些，除没有统一的、严格的学业成绩测评的制约外，还因为在我国的许多地区，由于复杂的原因，非生物学专业出身的生物学科教师所占比重甚大，教师的生物科学素养严重不足，若再不注意对教学内容的钻研和把握，单纯地着力于变革教学的方式策略，就是无本之木，无源之水！

我愿和教师们一起，努力钻研新课程的教学内容。那薄薄的四册初中教科书和六册高中教科书，涵盖了中学生物学科的基本要求。在教科书的背后，还有无限丰富的生命自然界的种种事物和规律，还有与教科书相关内容的无尽的延伸和创新，用所有这些来丰富自己吧！

走马观花话课堂：由“同课异构”而想到的①

第一次接触到“同课异构”是上海某教授主持的一项课题研究，其中一块内容是选择了上海和北京两地的教师代表，在北京某中学以同一教材内容进行教学观摩的比较研究，颇受启发。几年过去，去年在山东，全省的教师代表，分高中、初中，都以指定的若干节教学内容进行教学，再进行评比。随之，中国教育学会生物学教学专业委员会，以各省派代表的方式，在黄山以回顾、总结课改十年为契机，进行了全国性的“同课异构”的教学评优活动。回想起来，教学过程，精彩纷呈；教学特色，各有千秋。细细回味，启发良多。

其一，我们在实践中，就教学过程、教学论的研究找到了一种研究方法，即比较的方法。过去在大学的教师培养中有一种微格教学的方式，就某一内容进行教学片段的设计、实施，互相交流切磋。现在扩大了，到了校际、地区间，乃至全国。指定内容，呈现各自的理解、各自的设计、不同的实施，而殊途同归，寻找普遍的规律，是一个值得推广的研究方法。如若把它缩小到一所学校的一个教研组，总有若干位或十几位生物学教师吧，同一内容由若干位教师来执教，再交流探讨，也是一种用比较法进行的校本教研活动。

其二，在同一内容（以及要达成的目标）的教学实施方法和过程的多

① 本文原载于《生物学通报》2011年第5期。

样化中，让我们领悟到，也许多样化本身就是一个教学规律。我们常说“因材施教”，那是指针对不同的学生应进行不同的教学，以促进其发展，或说学情的不同，教学方式方法应有差异。推而广之，还有不同的课程资源，教学的不同物质条件，教学过程、方法也将不同；不同教师的个性、特长、风格，也使教学过程、方法有许多不同。因此，“同课异构”这一命题，并不仅仅是研究教学过程、方法的一种方法论，其本身就是对教学过程和方法的多样化的一个认同，是揭示了一种教学的规律。学生要生动活泼、主动地得到发展，事实是教师的教学智慧、才能也要生动活泼、主动地得到发展，注定也是多样化的。

其三，这不由得使我想起从教几十年来曾经历过的多次教学过程模式化的推广。其中延续最久，影响最广的应是20世纪50—60年代的凯洛夫（苏联）的五段教学模式，大致是组织教学——复习旧知识——讲解新课——巩固新课——布置作业，它的教学模式以教材为中心、以教师为中心，刻板、僵化，后来被扬弃了。随后，改革开放，引入了赞可夫、布卢姆、布鲁纳乃至皮亚杰等许多大家的教学理论，令人耳目一新，还有些应接不暇，探讨课堂教学模式也多样化了。但在20世纪80年代也有人提出了六段的教学最优化模式，宣扬颇多，响应者寥寥。似乎教师心中已感到，用一种模式来套多姿多彩、千变万化的课堂教学甚为不妥，还限制了教学的创意和创新。21世纪的新一轮课程改革，就教学而论，主要是倡导主动、探究、合作，改变学生的学习方式，相应地改变教师教学的方法和策略。所有的主要课改文件中，未出现要建立某种教学的新模式。不幸的是，还有些教师、教研部门，甚至教学行政部门，在刻意总结或推广某些教学模式，“XXX模式”之美还出现在重要传媒之中，号召人们参观之、学习之、推广之，令人啼笑皆非。以史为鉴，遵循基本的教学原则，不断创新，寻找并实践最适合的教学方法、策略是应该的，过分追求整齐划一的教学模式可能是有害的，即使要搞什么模式，那模式也是多样化的。

其四，十年课改，基础教育的面貌发生了深刻的变化，课堂教学也新意盎然，生物学课程的教学也是如此。在这个过程中，涌现了一大批优秀的课、优秀的教师，并有数以万计的特级教师产生，说明了课改还极大地促进了教师的专业化成长。我认识、熟悉他们中的许多位。每每谈起成长的心得之一，就是在多样化的教学实践中去感悟、反思、总结，在多样化的教学观摩中去学习、揣摩，辅之以理论的学习和升华，补短扬长，建立起属于自己的教学风格和特色。因此，教师的专业化成长，出类拔萃，也需要多样化的教学实践。采各家之长，才能独树一帜。反之，设想一下，一个风华正茂的年轻教师，从教伊始，就用一种课堂教学模式来框住他，其成长又会如何？

“同课异构”，显然不只是一种研究课堂教学的方法，它揭示了一条普遍的教学规律，多样化促使我们的教学百花齐放、百鸟争鸣，也促进了教师的成长。

走马观花话课堂：最好的媒体技术也不应替代实际的观察和操作[①]

生物科学的发展依赖观察、实验、探究等科学方法，生物科学的教学也依赖此。它们既是生物科学的教学内容，即习得科学方法和技能，又是理解、掌握科学知识，建立科学概念的必由之路。纵观世界各国生物科学教学改革的过程，普遍重视观察、实验、探究的数量增加和质量提高。21世纪我国的生物学课程改革，其课程标准和教科书，都对观察、实验、探究等，增加了数量和提高了要求，正在顺利推进。由于我们处在一个媒体技术迅猛发展的时代，互联网、各种多媒体教学技术，迅速进入了我们的课堂，在促进教学的便捷，提高教学的可接受性和效益方面，起到了重要作用，应该肯定，并还有很大的发展潜力。但是事物都有两面性，由于它的方便，在实际的课堂教学中，在有些情况下，已是一枝独秀，在中学生物学教学中，实际的观察、实验、探究等活动，正遭受冲击。让我们来看一些实例。

在初中教学中，在学习绿色植物的类群时，鲜有让学生直接观察藻类、苔藓、蕨类植物的活体或标本的。对所谓孢子生殖，鲜有观察苔藓的孢蒴或蕨类的孢子囊群的。甚至对被子植物和裸子植物的区别要点：果实和种子的状况，很少有展示实物或标本的。最好的情况是展示一些实物照

① 本文原载于《生物学通报》2011年第6期。

片，因为这样方便得多，点击一下键盘就可以。

还是在初中生物学教学中“分布广泛的细菌和真菌”的课，教科书原设计是展示暴露于空气中的培养基上着生的不同形态的霉菌和细菌的菌落——实物观察。继而有一个探究活动，配制培养基，探究不同环境下细菌、真菌的分布。在我听过的许多课中，都没有看到教师真带领学生去做，更多是用媒体技术展示细菌的分布和各种各样的细菌、霉菌图片，学生既没有做，也观察不到活生生的菌落。

再如“真菌”这一课，有教师从蘑菇引入时，让学生尽可能多地带来市场上可购得的不同种类的蘑菇，观察之，概括其共同的特征，再深入讲解，这是好的。但绝大多数教师是收集种种蘑菇的图片，点击键盘，展示一遍。试想，这两种方式的教学效果能一样吗？

在高中生物学教学中类似的情况也不少。研究种群数量增长的规律时，教科书详细地写了以酵母菌为材料进行培养，分时段取样在显微镜下计数，获得其增长曲线。在我听过的课中，只有安徽一位教师做了，效果很好。同一内容的课，大多是收集多种种群数量变化的例子，也有增长的曲线图，但都是多媒体演示的。这是便捷了，省时省力，但学生并没有亲历探究的过程，对知识的掌握，方法、技能的习得，科学精神和科学本质的体悟，就差之千里了。

……

我不禁想起《美国国家科学教育标准》中一些警句式的话：

“学习科学是一种能动的过程。”

“学习科学是学生要亲自动手做而不是要别人做给他们看的事情。”

“科学是格物致知的一种路径，其基本特点是以实证为判别尺度、以逻辑作论辩的武器、以怀疑作审视的出发点。”

“能动的过程”“亲自动手做”“以实证为判别的尺度”，一言以蔽之，学科学就是要做科学，没有什么方便的捷径可取代生物科学学习中的实际观察、动手实验、亲临多种形式的探究活动。美国的教育媒体技术决不会逊于我国吧！

在这样一个互联网时代，媒体技术一日千里的时代，为我们的生物学教学提供了很多便捷，自然是要妥善用之。但无论如何不能也不应替代做科学的基本原则，违背科学教育的基本规律。现在出现了一批泡在网络中的宅男、宅女，难道我们的生物科学教学也要“宅”起来了吗？

走马观花话课堂：再议“倡导探究性学习”[1]

“倡导探究性学习”，在义务教育和高中生物学课程标准中，都是作为“课程基本理念”而提出的，其重要性不言而喻。大家（包括我在内）已经议了许多，在教学实践中做了许多，还不乏许多好经验。悠悠岁月，课程改革一晃10年。就“倡导探究性学习”而言，所见所闻，是丰富了、创新了？还是走样了？盘旋脑际，挥之不去。

于是重新翻阅《美国国家科学教育标准》，课改伊始，我们曾经参阅过他们的提法，也算源头之一吧。在这本书中有一小节：国家科学教育标准中的一些观点和用语，其中就有对探究的解释，一共3段话。

第1段是关于探究的定义：“科学探究指的是科学家们用以研究自然界并基于此种研究获得的证据提出种种解释的多种不同途径。科学探究也指的是学生们用以获取知识、领悟科学的思想观念、领悟科学家们研究自然界所用的方法而进行的各种活动。”（黑点是我加的）

对于教学来说，似应特别注意学生的科学探究是各种活动。翻阅许多版本的新课程生物学教科书，也都列出有明确标识的学生的探究活动，以区别于“观察”“实验”“资料分析”等栏目，写法上也多采取引导学生提出问题，作出假设，设计和实施探究活动等方式。因此，我以为“倡导探究性学习”，追本溯源，应该是有计划地、有效地组织好学习过程中的探

---

① 本文原载于《生物学通报》2011年第7期。

究活动；而不是把许多课的教学，如中间讲了一点科学史，或有较多的提问，或有个别问题的学生讨论等，笼而统之都冠以“探究性教学”之名，甚至称之为新教学模式。一旦泛化了，就等于埋没了，名存而实亡。

我们再看第2段：“探究是一种有多侧面的活动，需要做观察；需要提出问题；需要查阅书刊及其他信息源以便弄清什么情况已经是为人所知的东西；需要设计调研方案；需要根据实验证据来检验已经为人所知的东西；需要运用各种手段来搜集、分析和解读数据；需要提出答案、解释和预测；需要把研究结果告之于人。探究需要明确假设，需要运用判断思维和逻辑思维，需要考虑可能的其他解释。学生们在学习探知自然界的科学方法时将会参与科学探究活动中的某些方面的工作，但学生们也应该培养自己从事完整的探究活动的能力。”（黑点是我加的）

这段话连续用了11个“需要”，来说明探究是多侧面的“活动”和“工作”。我之所以不厌其烦地整段引用，不仅是因为我对这段话的欣赏，更重要的是我看到了一些背离探究原意的教学行为。课程标准和教科书都提出或设计了一定数量的学生探究活动，它们比传统的验证性实验难，有些还要课内外结合，并延续较长时间。于是我们看到，部分教师夸大它的难度，强调学校设备条件不够，所占学习时间较长等，不做的、少做的大有人在。反之，把相当数量的课，只要不是纯讲授式，一律冠之以“探究式教学”之名，频繁出现于各类课堂教学的观摩、评比之中，评委们出于爱护和鼓励，通常也是点头的。这在一定程度上背离了“倡导探究性学习”，探究是活动的初衷，真是李代桃僵了。

那么，探究就不是一种教学方式了？不是的。如果用一个探究活动来达成某一教学目标，这个活动就是教学方式或方法。在一节课的某一内容的学习中，使用了探究活动的某一侧面，如让学生整理相关数据，变成不同形式的图表、或解读数据等，可看作在一堂课的某一内容的学习中，进行了探究活动。很少有堂堂课都称作是探究式教学的，因为随着学习目标和内容的不同，是要选用不同的教学策略和方式的。我们可读一读上述对探究做解释的第3段：

“这部标准虽然强调探究，但是这不能解释为我们建议科学教学只应采取探究的方式。教师们应该运用不同的策略设法使学生们掌握内容标准所描述的知识，弄懂所描述的道理，学会描述的技能……靠任何单一的教学策略或学习活动都是无法办到的。”（黑点和省略号是我加的）

既然存在着多种多样的教学策略，我们在强调和倡导探究这一策略时，就没有必要不敢提别的教学方式，诸如讲授式、谈话式、启发式、讨论辩论式、任务驱动式，乃至发现式，这些并没有因倡导探究而消亡，更不能说它们就落后了。一风吹，事事、处处、堂堂皆称为探究式，不妥也不公。

我曾经说过，我愿做科学教育改革的弄潮儿，弄潮需要勇气，也需要清晰的头脑，并非随波逐流。还倡导探究性学习的本来面目！

走马观花话课堂：科学教师就是科学界在课堂上的代表[①]

我写这篇教学随笔，是因为要刊登在《生物学通报》本年度的8月号上，你读到它时，恰逢新学年的开始。学年伊始，总是新老教师作出新的规则，为自己提出新的要求的时候，而刚从学校毕业走上讲坛的新教师，更是信心满怀，跃跃欲试。因此，我选了这句话“科学教师就是科学界在课堂上的代表”送给诸位。

这句话引自《美国国家科学教育标准》的“科学教师专业进修标准”。我们都是科学教师，因为所教的“生物学课程是自然科学领域的学科课程”。由此演绎生物学教师也应是生物科学界在课堂上的代表。确乎诚惶诚恐，但也发人深思。

为了不辜负“科学界在课堂上的代表”这一颇为崇高的称谓，提出以下各点供参考。

一是要全面了解生物学课程标准和相应的生物学教科书涵盖了哪些生物科学内容；它们分布在哪些生物科学的专业分支中；它们涉及历史和现代的哪些主要科学家的工作；它们形成了哪些重要概念、阐明了哪些科学原理、发现了哪些科学规律、建立了怎样的科学理论或模型，甚至还有哪些有教育意义的科学故事。然后，思量一下，我已经掌握了多少，还有多

① 本文原载于《生物学通报》2011年第8期。

少没有掌握，需要有计划地学习。避免那种临备课才查资料，半懂不懂就上讲台的临时抱佛脚状况的出现。没有对进入教学内容的科学概念、科学原理、科学规律、科学理论，以及它们当初是以怎样的方式被揭示、发现、建立做深入的了解，你可能会教错了或不到位，既不准确也不生动。我们还能称得上是“科学界在课堂上的代表”吗？

二是科学家的工作，概括地说就是探究，即“科学探究指的是科学家用以研究自然界并基于此种研究获得的证据提出种种解释的多种不同途径”。在某种意义上说，探究也是科学的本质之一。因此我们必须重视并上好那些通过探究活动来学科学的科学课。这些课大致有两类，一类是课程标准、教科书有明确标定的探究活动，另一类是教科书（或你自己设计的课程资料）已设计好的以科学发现过程来展示教学内容的课（如细胞学说的建立，生物膜流动镶嵌模型的构建，酶的本质及其发现，光合作用阐明的历史，孟德尔遗传规律的发现，DNA结构模型的建立等），其中都有杰出的科学家的探究历程，他们的科学方法、态度和精神，跃然纸上。要展示探究过程，不要简单给学生以结论。除此之外，如有时间和精力，自己或和你的同事、学生一起，确定一些专题进行探究，以训练设计调查、实验方案，应用恰当的技术手段和资源去收集和解读数据，体验以小组合作的方式，完成那种尚无定论的实际问题的解释或解决。提升了自己的探究本领，也推动了学生的课外活动。总之，科学家的基本工作就是探究，如果我们不重视或上不好以探究活动为特点的课，让学生体悟像科学家那样的思考和工作，我们有愧于“科学界在课堂上的代表”的称谓。

三是科学家群体，无论历史或现代，外国或本土，他们有许多共同的优秀品质。体现在他们工作中的怀疑、实证、逻辑的思维方式和品质，以及实事求是、坚忍不拔、谦虚谨慎、大胆创新的工作态度和精神，还有关注社会生活、生产、关注人类发展的博大胸怀等，对我们和我们的学生都是宝贵的思想营养。写到这里，不由想起在新高中生物学教科书的编撰中，有幸接触过许多位我国著名科学家。就举一例吧，已故生物学家，中国科学院院士邹承鲁先生，2004年在人教版高中生物学教科书的扉页上写下了“我最想对高中学生说的话”：“办老实事，说老实话，做老实人！”一斑可窥全豹。如若我们能在科学课的课堂上，以恰当的方式展示科学家们的熠熠生辉的精神风貌、道德操守，将大大促进学生健全人格的养成，一代代青出于蓝而胜于蓝。作为科学课的教师，也能无愧于“科学界在课堂上的代表”。

在结束本文时，我想说，这不是也从一个侧面贯彻好课程标准提出的三维目标吗?

走马观花话课堂：对科学本质的一些探讨①

说真的，在中学教了数十年的生物科学课程，一直都没有关注科学的本质究竟是什么。这些年参与中学生物学课程改革的研究和实践，渐渐地觉得这个问题很重要，因为生物科学教育是科学教育的一个重要领域，科学教育自然应揭示并使学生领悟科学的本质。在我们的课程标准中就有提及，例如，在义务教育生物学课程标准的“提高生物科学素养”叙述中，就有“理解科学的本质”的要求。再如《美国国家科学教育标准》中也说“良好的科学素养还包括认清科学的性质……”因此，要改革并提高生物科学的教育质量，对科学的本质似应有一个多数人可接受的认识。

鉴于此，想说说我们的一些看法，就教于同行。

科学是人们研究自然界形成的概念和构建的概念系列。通俗地说，就是习惯上说的科学知识，但用概念的称谓可能更准确。因为概念是对事物的抽象和概括，更深刻地反映了事物的本质属性。任何一门自然科学，又有它不断累积深化构成的概念系列，并且具有处于该学科中心位置的核心概念。为什么在自然科学的学习中特别强调理性思维和逻辑思维呢？就是为了更好地形成概念，掌握和运用概念。想一想我们所执教的某一学段的生物学课程中，有哪些重要概念，以及这些概念间的相互关系，帮助学生学好，那就是对科学本质的理解之一。

① 本文原载于《生物学通报》2011年第9期。

科学是人们对自然界的探究过程，因此人们说：科学探究是科学与科学学习的核心。《美国国家科学教育标准》中说："科学是格物致知的一种路径，其基本特点是以实证为判别的尺度、以逻辑作论辩的武器、以怀疑作审视的出发点。"路径就是过程。想一想我们带领学生学习的所有科学概念，哪一个不是科学家探究的结果，而且不断在探究中修正、补充、丰富和完善，这个过程永无止境。探究过程又必定包含着科学方法、技能乃至工具的改进，并锤炼科学工作者的科学精神和科学态度。因此，新的生物学课程把倡导探究性学习作为重要的课程理念，并在教学中要求学生参与局部的或全程的探究活动。因此，对科学探究的理解和实践，也是理解科学本质的要求。

科学是一个开放的体系，继承创新，吐故纳新，不断向前运动。这个运动，铭刻着许多科学家的丰功伟绩，也如大浪淘沙，淘走了多少谬误或浅薄。想一想我们的生物科学史也是这样，在生物科学突飞猛进的今天，许多原有的认识正在淘汰或修正或更新。没有一种开放的心态，没有一种与时俱进的精神，是学不好生物科学的。就教学而言，应该强化科学史的教学，应该把科学认知和概念形成的过程予以发掘，揭示科学的开放性、继承性、创新性。也要鼓励学生的怀疑精神、求异思维和创新思维。这是对科学本质的又一层理解。

科学、技术与社会的互动，是科学本质的又一特点。科学揭示规律和原理，构建了科学概念，除了在认识自然界的广度和深度方面的作用外，它以技术为桥梁，走向应用，改变人类的生活和生产，即对社会的发展起着巨大的影响，科学技术是第一生产力。反过来说社会的需求，又是科学技术发展的根本动力。因此，在我们的科学教育、生物科学教育中，揭示这样一种关系，帮助学生关注科学、技术和社会的互动，提高学习科学的社会责任感，是很重要的。当然，某些技术如果应用不当，也可以对社会产生负面影响，这也在这一范畴之内。

科学是社会文化的有机组成部分，在现代社会，科学素养和文化素养是密不可分的。自人类社会诞生以来，人们既生活于社会结构之中，也生活于自然界之中，人们研究社会、变革社会，也同时研究自然界，用科学改变自然界。事实上在历史学的研究中，也要研究特定时期的科学发展及其对社会的影响。科学崇尚理性，追求真理，而不屈从于威权或宗教之类，这本质是一种文化特征。想一想，严复翻译赫胥黎的《天演论》曾在中国起过多大影响，就是一例。中学生物学课程标准中的情感态度与价值观目标，很大程度是依据生物学课程的特点提出的人文性目标。

综上所述，科学的本质也许可以概括为知识性（概念）、过程性（探究）、开放性、社会性和文化性。把握住这些，有利于贯彻理解科学本质的要求。

走马观花话课堂：说说特级教师的“特”[①]

“青山隐隐水迢迢，秋尽江南草木凋”（杜牧）。在这江南晚秋，中国教育学会生物学教学专业委员会将在宁波召开学术年会，其重要内容之一是展示生物学特级教师的风采。借这个难得的机会，探讨一下特级教师的“特”表现在哪些方面，便于我们学习。

教师是一种职业，像所有职业一样，都很辛苦。但有些职业是可以“朝九晚五”的八小时以外，不妨也可悠哉游哉。教师恐怕做不到，因为他的心都在学生身上。教育教学之功夫，多年要在课余去钻研、去准备。蜡炬成灰，春蚕丝尽，虽显悲凉，但却崇高。所有教师，尤其是特级教师，是把职业当作一番事业来干的。特级教师最可宝贵的品质，是执着、坚强，并满怀希望的事业心。

特级教师无疑是教师专业化成长的典范。什么是专业化，说白了，就是不可替代的。广阔而深厚的人文素养、科学素养、教育素养，是特级教师必定具有的，令学生钦佩，令同行叹服。以中学生物学特级教师来说，对中学生物学课程涵盖的生物学科各分支的主要内容是相当精通的，而且大致清楚它们的发展现状和方向，于是教学中在把握内容的科学性上是严谨的，回答学生各种学习问题是游刃有余的。他们还有很强的动手能力，完成并改进，乃至设计各种实验、探究活动，践行着“做”科学的教学理

① 本文原载于《生物学通报》2011年第10期。

念。他们把生物学的基本观点，科学的本质属性，科学态度和精神，人文关怀，如春风化雨那样渗透于教学之中，让人觉得举重若轻，隐而无形，但却深入学生的心田，任岁月流淌，也难以忘怀。能做到这样，很不容易，不值得我们学习吗？

在教育、教学的改革上，特级教师是一个富有创新精神和创新成果的群体；或者说是一个在教育教学上有自己的见解、自己的特色和风格的群体。他们肯学习，但不盲从，汲取各种教育教学理论的精华，揣摩各种“模式”利弊，发挥自身所长，形成有特色的教学，并不断更新。不落后于时代，又有所选择和坚持。不做墙头芦苇，随风摇晃，而头重脚轻根底浅；不追时髦，务求实效。在浮躁之风甚盛的今天，做到这些很不容易，诚可学习。

特级教师的大多数恐怕不是学者型而是经验型的，但是他们把平凡的工作，作为日常研究的对象，勤于反思，刻意改进，力求完美，并屡添新意。他们以一堂堂精彩的课，一批批人才的成长，谱写着教育科学的新篇章，他们是一批行动研究者，是理论和实践紧密结合的践行者。我读过几本特级教师的著作，大多有生动的教学案例，朴实而深刻的感悟，少了许多文献摘引、空泛的议论，是教育科研论著中别具一格的新花。我赞美这些，是因为我深知教师的辛劳，他们的主要精力是要教好每一节课，培养好每一个学生，不可能也不应该要求他们都像教授、博导那样专注于论文的撰写，我甚至反对在教师的职称评审中过分强调教育教学论文的多少和优劣。于是我曾经讲过：教师的论文是写在一堂堂精彩的课上的，是写在学生对教师衷心爱戴的心坎上的。当然，我们也期待有更多的教师能写出理论上有突破、有建树的优秀论文，我们也期待有教师能成为某一方面的教育专家，甚至教育的大家。但那不是自诩的，更不是“打造”的。路漫漫其修远兮，吾（我们）将上下而求索！

特级教师的“特”，深究起来，还有许多，而且除共性外，还有异彩纷呈的个性，值得我们去学习、研究、推广。愿有更多的特级教师成长和涌现。“停车坐爱枫林晚，霜月红于二月花”（杜牧）。由于特级教师的成长需要经验的积累，岁月的砥砺，步入特级教师的行列，多在中年以上了。霜叶虽红，总比不上二月花的光华。在这人才辈出的时代，应有更多的年轻特级教师出现在中国的讲坛！

走马观花话课堂：教学设计重在“学”的设计[①]

过去教师备课只是要求写好教案，而现在是做教学设计，这可能是一个很大的转变。教案，重在教什么，怎样教。而教学设计显然还要关注为什么学，学什么，怎样学。更重视了教学是教与学的双向活动，学生是学习的主体，发展的主体，教学的有效性最终是要落实在学生的成长上的。

现在有各种教学设计的评比和考核，《生物学通报》也设有教学设计的专栏，是件好事。我也评过许多，读过许多，得益良多。但就大多数而言，用在“学”的设计上的功夫似嫌不足。就此，说一点如下的想法，就教于同行。

兴趣是最好的老师。此话人人都认同，但要体现在教学设计中，而且是从头至尾，或在大部分的时间内，让学生沉浸于兴趣之中去学习并不容易。我是说，开头要有兴趣，中间的环节时有兴趣的调动，结尾时仍意犹未尽，趣味无穷。我听过一节很有趣的课的开头，一位年轻的女教师在讲授生态工程的部分内容时，以童年时外婆家河水清清，柳林掩映，粉墙黑瓦的乡居（照片）开始，再介绍多年后回去，由于养猪业的发展、人口的增加、治污不力，家乡已很不宜居了，童年的梦碎了。颇有意境，很有感情。然而引入正题后，理性压倒一切，枯燥了许多。所以说，创造一个有兴趣的、有意义的情境，开头都相对容易，要持续地，结合学习内容，以

---

① 本文原载于《生物学通报》2011年第11期。

不同方式激起学生学习的冲动，比较难，让我们共同努力。

如何引导学生去建构？为学生“铺路”，由学生“建桥”。很多教师喜欢建构主义的认知理论，用它来指导教学设计，这很好。那么，如何引导学生去建构呢？我们的生物学科学习的内容，大体是生物学现象和事实，生物学概念（包括原理、法则、规律、理论等），以及相关的科学方法和能力，并形成一些至关重要的观点和态度。尤以形成重要的概念为核心。课堂教学中充满了由表及里（由现象到本质，本质常常是概念所在）；由特殊到一般（由个例的推广到共性，共性常常是概念所在）；由此及彼（由形成一个概念到概念在新情境中的应用）；由近及远（由此领域到相关的其他领域）等的思维活动。大体地说，在教学设计中，凡是“由”，都是可以由教师来为学生“铺路”的（当然也不反对学生的参与），而“及”和“到”，最好是由学生来“建桥”（当然也需要教师的帮助）。这才称得上是建构。环顾我们的教学设计，许多情况下是倒过来的。把一些生活经验的、表象的、尽人皆知的抛给学生去做、去答，占了很多时间，似乎很生动活泼，要害之处、深入提高之处仍由教师包揽，学生缺少“建”或“构”的锻炼，恐怕违背了建构主义的初衷。也许还是赞可夫说得形象，要把重点放在（选择在）学生跳一跳可以够得着的地方。如此，教学设计就真的以学生为主，帮助学生提高了学习的能力。

要有学生的活动，我说的不只是那种一问一答式的谈话法，而是给以一定的主题，保证时间、空间的动手动脑活动，可以是合作的，也可以是独立思考或操作的。除实验、探究活动课外，一般的课有5分钟或10分钟的学生活动是可以的也是必要的。诸如相关问题的资料分析、疑难问题的讨论、动手构建一个模型、画出一个概念图、练习一下概念的推广应用、共同总结交流答疑等，应该纳入我们的教学设计之中。否则，极有可能，我们的精美的教学设计，还是重在如何讲得面面俱到，精致和精彩方面。我从来不主张限定教师一堂课只准讲10分钟或20分钟，总要视情况而定。学生为主体，不是机械地划分一节课，教师讲多少，学生说多少，也不要去统计师生问答多少次。但有计划的设计并践行学生的动手动脑活动是必要的。当然这些活动不应游离于教学目标和教学内容的重点和难点之外，为活动而活动。

还要说说教学设计中的预设和生成问题，此事近来似乎很热。没有错，教学设计只是一张图纸，或者说是“路线图”。你期望生成的东西，不一定生成得好，没有预想到的东西，蹦了出来，也许很精彩，如学生理解得更宽泛、更深邃，这当然很令人欣慰；也许生成了一些没有料到的疑难或问题，有点措手不及。这都很好。前者，应该成为所有学生的认知财富，后者，可激励师生进一步学习和探究，这不就生动活泼了吗？总体关系应该是预设是为了有效的生成，要精益求精于预设；生成的点点滴滴将汇入下一次设计之中。这就是教学相长。

最后要说的是，教学设计，既要设计教，也要设计学，重在后者。还要有教案和学案之分吗？学案，是近来颇为流行的东西，其兴废各执一词。我看教案不要了，学案也别提倡，都在教学设计之中了。如果需要给学生课上提供一点书面资料，或做几道有意义的题，给就是了。大可不必成为必须编制的学案，增加师生的负担。就是教学设计，也是为教师自己用的，可简可繁，与发表或参与评比不一样，如设计理念、教学指导思想等写上一大篇，大可不必。我看心中装着课程标准，高于教科书内容的掌握，熟悉和爱你的学生，有一定的教育教学素养，一定能设计好的。

走马观花话课堂：教学设计贵在教学的创新[①]

上一期谈的是教学设计要重在学生活动的设计，接着要说的是教学设计贵在教学的创新。

我们常说：教学既是科学也是艺术。科学的本质就是发现和创新；艺术的灵魂也是美的发现和创造。当我们把教学的准备工作称为教学设计时，隐含的意思就是创造和革新。此次课程改革，从课程目标、结构、内容、方法、评价诸方面都提出了新要求。中学生物学课程的改革提出了一些基本的理念，如提高生物科学素养、面向全体学生、倡导探究性学习、注重与现实生活的联系，还有重视核心概念的教学等。这些都是符合国际科学教育发展潮流的新的提法，既是形势的驱使，也是创新的契机。机不可失，时不我待。

日常的情况常常是：有课程标准的规定，有教科书的演绎，照方抓药就是了。当然，能读懂方子，不抓错药，应该肯定（比起读不懂、抓不准来说）。但是，教科书只是在课程标准基础上的一种创新，它考虑的是学生的普适性，是编者的一种设计，而且限于书面语言为主的表达方式，"照本宣科"肯定不会有最佳效果。需要教师根据你所在的学校、班级、学生的实际情况；你所能够利用或创造的课程资源；你的教学能力和特长；还有你所践行的课程和教学理念来再设计，那就会迸发创新的火花，

① 本文原载于《生物学通报》2011年第12期，是"走马观花话课堂"系列随笔的最后一篇。

是你的、独一无二的课。事实是我们过去只有一套教科书，现在也不过几套而已。但同一内容的不同教师的课都各不相同，异彩纷呈，各有千秋。

因此，创新无处不在，教学设计和践行贵在创新。

今年11月在宁波召开的中国教育学会生物学教学专业委员会第13届学术年会上，有近200篇的中学生物学教学设计参与评比和交流。我有幸参与了评阅和聆听，深感如沐创意之春风，如饮革新之甘霖，收获良多。现简列如下。

- 教学内容的拓展和深化。例如，河南焦作的任晓东老师的“DNA重组技术基本工具的教学设计”，就课程标准和教科书而言，基本只是介绍科学原理。而本设计用的是模拟探究的方法，在模拟探究操作过程中生成问题、解决问题，在动手做科学、学科学。特别是对载体的特点及其应用，在“做”中深化拓展了教学内容。

- 适当调整内容的安排，更符合学生的认知规律。例如，广东佛山的黄带玲老师的“绿色植物光合作用制造有机物的教学设计”，这本是一个经典实验（萨克斯的实验），但教师根据学生的认知特点，采取逆向思维从假设结果出发，即假设叶片光合作用产生了淀粉，应如何检测开始，再到如何去叶绿素，最后才到验证光的作用。如此边讨论、边操作，逐一得出结论，符合学生认知规律，也使教学过程起伏而流畅。

- 开发、利用不同的课程资源，取得好的教学效果。在所有的教学设计中，都做得相当好。现只举一例。海南五指山市的廖涌权老师的“输血与血型的教学设计”，不仅改进了课程标准案例中的模拟实验（舍弃了各种化学药品，代之以寻常易得的物品标示2种血清和4种血型），尤为让人感动的是教师以自身献血4次共计1 400 mL来作为讨论血量和无偿献血的实例，已超越利用课程资源搞好教学的范畴，而彰显身教重于言教！

- 围绕核心概念，设计多样化的学生活动。例如，安徽合肥市的雎玲老师的“基因突变的教学设计”，累计有6个学生活动：游戏（传悄悄话）；查阅密码子表完成镰型细胞贫血症的病因分析；提供资料完成除碱基对替换外，还有增添或缺失引发突变；讨论DNA分子结构的相对稳定性和诱发突变；提供4个科研资料讨论得出突变的一般特征和利弊；学生绘制基因突变概念图做总结。和雕老师这个教学设计一样，其他教学设计也基本上都重视了围绕核心概念的形成，而设置了多种多样的学生活动，摆脱了以讲为主的桎梏而富有新意。

- 改进（或增加）实验探究的材料、过程、方法，有很大的创新潜力。例如，重庆市高新区的何翔老师的“人类对细菌和真菌的利用的教学设计”，从生活中水果腐烂发酵到学生体验葡萄酒的制作，再到其他发酵产品，来理解发酵的概念，发酵在生产生活中的应用，就很有新意（教科书是尝试米酒的制作）。

- 根据教学需要创设新的主题或课型。例如，吉林长春市的修立宏老师的“生命科学中的人文情怀的教学设计”看似是课程标准和教科书中没有的教学主题，实际是课程标准中关注生物技术的伦理问题的再组织和引申。围绕克隆人、设计试管婴儿、基因身份证，组成不同小组，经调查、讨论、交流来完成的一节以情感、态度、价值观教育为核心的活动课，颇有新意。再如，北京市安军老师的“生物学知识与进化的联系的教学设计”，广东佛山市陈华老师的“生物学探究实验中的变量分析的教学设计”，都是针对高三复习专门设计的课，针对性强，更具新意。

此外，在结合当地社会的生产、生活、环境实际进行教学设计，实施不同的形成性评价策略等方面，也具有很大的创新余地，不一一赘述。

因此，教学设计贵在创新，不仅必要，而且存在巨大的空间，呼唤你施展才华。当然，所有的创新应符合课程标准的总体要求，应为学生所欢迎，应能减轻学业负担，提高教学效率，促进学生的全面发展。

第二部分

课程与教材研究

生物科学教育要加强素质教育的研究①

在贯彻“科教兴国”伟大战略的今天，应把落实素质教育的研究放在突出的地位，从而推动生物科学教育的改善和发展，也促进整个教育的改革和发展。本文拟谈几点个人看法，供同行们参考。

1. 提高对素质教育重要性的科学认识

应试教育是以应付考试，特别是应付选拔考试为目的的教育；素质教育是以提高人的素质（当然是在先天素质的基础之上）为目的的教育。这里没有否认应试教育中对人的素质的培养；同样，也没有说过素质教育不要科学的检查、考核和考试。有教育，就会影响人的素质；有学校教育，就会使用考试的手段。不要陷入形而上学的争论，要正视两者本质上的差异。不妨先不抠概念，把应试教育和素质教育，看作是约定俗成的一种提法，摒弃争论，多做深入的实践和研究，较为有利。

（1）素质教育从覆盖的面来说，是面向全体学生的教育，是教育的平等，是教育为大众

任何人，任何儿童、青少年都有其与生俱来的素质及一定教育环境下素质发展提高的状况，对于教育机构、学校、校长、教师来说，其责任就是按国家规定的、社会需要的目标，使其在原有的素质基础上逐步地提

① 本文原载于《生物学通报》1996年第8期。

高。如果要讲教育观念现代化的话，则其重要方面之一，就是教育者要为实现教育的平等、平等的教育而努力奋斗。素质教育是面向大众的素质的提高，而应试教育其出发点和结果，是在强化精英教育。经济和社会的进步，固然离不开精英，但更需依赖占人口绝大多数的普通劳动者素质的提高。

（2）素质教育从时间跨度来说，是人的终身教育

现代形式的学校教育以及普及义务教育，历史地看，是工业社会的产物，经济和工业的发展，需要劳动者素质的提高，作为个体的受教育很大程度上是求职的需要，教育还没有成为人的本身的需要。而信息社会的到来，经济的发展，以有限的劳动就可能创造出巨大的财富，人不仅善于创造物质和精神文明，还要正确地享受物质文明和精神文明的成果，教育就一步步地发展为不仅是谋生的手段，还是提高生存和生活质量的需要。于是20世纪70年代末期“学习社会”“终身教育”就应运而生。学生时期是主要的学习时期，但就业后还要学习，退休后还要学习。而学生时代，既要学会立足社会，获得推动社会发展的本领，更要学会学习。学校教育，特别是基础教育，就是要为终身学习打基础。应试教育，不可避免地目光短浅，为一时分数的提高而排斥其他。因此，从教育观念的现代化来说，它不是现代化的教育观。

（3）素质教育从教育的内容来说，是人的素质全面提高的教育

这就要求贯彻德、智、体、美、劳全面发展的方针。这不是一件容易的事，涉及教育观念、课程设置、教育教学活动的目标和过程，还有教育行政管理等方面。即使微观地看一节课、一项教育活动也存在如何全面贯彻方针的问题。如果按素质的细目划分，至少涉及政治思想、道德情操和行为、文化科学艺术素养、劳动技能、心理素质、体魄健康等方面。而且由于社会发展、需求的不同，每一方面的具体要求又处于变动中，并有其重点要求。例如，科学素养的要求，现阶段就特别需要除科学知识外，要

加强科学方法、科学思维的训练和科学态度、科学精神的培养，还有自然科学和人文科学的互相渗透和整合。又如，在心理素质的要求中，独立思维能力、创造能力、自我调控能力，在现阶段都很突出。应试教育在全面贯彻方针方面，常常不可避免地突出智育，而忽视其他；应试教育以考试要求代替了素质的全方位要求及其对学生状况变化和时代变化的适应性变革，是不可取的。

（4）素质教育并不是要求面面俱到、平均发展的教育

由于人的先天素质的差异，基础不同，素质教育应该是在人的具体基础上的素质提高，因此强烈地呼唤：教育要为发展学生的个性服务。

全面发展的教育的另一含义，应是人的个性的全面发展。人的个性获得充分的发展，每一个人的独特潜能和创造力的释放，真正的百花齐放、百家争鸣，是现代社会所企求的。德、智、体、美、劳的全面发展的教育，一方面是希望从多方面来塑造人才，另一方面更是为从多方面发展人的个性创造条件，使其有机会把某一方面的潜在才智得到良好的启蒙、发现、培植和发挥，从而高于一般人。这应该是素质教育追求的高层次的目标，而应试教育的登峰造极，乃是用一张试卷来评价各有所长的万千学生，所谓“一张试卷定终生”，就很难谈到发展人的个性和创造才能。

（5）素质教育的目标要求，应是动态的、适应社会发展、人类自我完善的历史过程

不同的时代有不同的要求或侧重点。现在的中小学生都是21世纪的公民，21世纪中国将建成富有生命力的社会主义市场经济，中国将成长为一个发达国家。信息社会，高科技的竞争，对人才素质提出了许多新的要求，如积极的参与精神（参与建设、参与决策等）、开放性（善于搜集和选择各种信息、兼容并蓄，择善而从等）、竞争性（勇于竞争、公平竞争、又善于合作等）、创造性（创造的精神、创造的才能和不断学习以应变等）、法治性（尊重法律、善于应用法律武器、崇尚法治等）。所有这些都

对教育提出了更高的要求，应试教育目标的狭隘性难以承担这么多要求。

综上所述，向素质教育的转轨，实质上是教育观念的现代化问题。有了教育观念现代化，才可能实现教育内容、方法、评估、设施、管理体制等的现代化。

2. 依素质教育的要求来研究生物科学教育的改革

（1）生物科学教育在素质教育中的地位和作用的研究

近年来由于高考取消生物学科的考试，以及由此引起的激烈争论，转移了很多同志的注意力。在应试教育的模式下，考或不考影响学科教学的队伍、质量，以至学科的发展，的确是一件大事。以这样或那样的方式，恢复生物学科在选拔性考试中应有的位置，不管是应试教育或素质教育都是必要的。但当务之急，应该认真研究生物科学教育在素质教育中的地位和作用，才有利于生物科学教育的改革和发展。至少可在四个方面开展研究。

一是在贯彻德、智、体、美、劳的全面发展的方针中，生物科学教育应发挥的作用。例如，德育的研究大多停留在爱国主义资料的搜集，辩证唯物主义观点从哲学观点的概述，缺乏具体的、生动有效的教学设计及其规律的总结；体育则集中在青春期教育和性教育方面，其他极少涉及，即使对这些方面，也停留在一般的调查研究上，对具体的教学实例和教育规律研究得少；至于美、劳涉及的研究更少，智育很大程度上还是知识教育。因此，仍有好好研究的必要。如果把素质划分为政治思想素质、道德行为素质、科学文化艺术素质、劳动技能素质、心理素质、身体素质等方面来联系生物科学教育，则要研究的面和深度都有待进一步规划和投入。

二是作为经济高速增长的发展中国家，在当今和一段相当长的时期内，有许多和生物科学教育密切相关的现实教育问题，如农业依靠现代科技的问题，环境质量的免遭破坏和逐步提高的科学问题，发达和不发达地区面临的不同的卫生保健问题，地区间、国内外人员物资、信息流动而带来的有关生物科学教育问题等。总之，现代生物科学教育，不可能仅限于学科体系范围内，必须把社会生产、生活发展中的现实问题列入教育的任务中，这既涉及教育观念的变革，更须致力于课程和教材的改革。

三是教育要面向未来，从未来需求来看生物科学教育要研究哪些问题。至少可以看到的是，科学教育要把科学方法、科学思维、科学精神、科学价值观放到和科学的基础知识、基本技能同样重要的位置来。学生要成为未来社会决策的参与者，在传统的教学模式下，学生远没有成为教学的主体，未能培养更多的参与精神，没有积极地参与的机会和训练，又如何有创造精神和独立解决问题的能力？在基础教育中，除使所有受教育者获得一定的生物科学教育外，又如何着力培养热爱生物科学，并极具特长的个性的发展呢？杰出的生物科学工作者，是从青少年时期就萌芽了，我们又如何识别和培植呢？

四是生物科学离不开观察实验，而观察、实验并非仅仅服务于生物科学的研究。因此，生物科学教育中的重视实验、观察，本质上是一种通用的科学方法的训练，并不限于显微镜的使用、装片的制作、标本的采集制作、小动物解剖等操作技能的训练，更需要的是训练问题的提出，资料、信息的搜集，构想和设计，结果的整理、分析和表达，以及实验材料（标本）的选择和实验工具的改进等。类似的观察、实验在我们的系统教学中极少，却在课外科技活动以及小发明、小创造等比赛中见到，这说明是可行的，不是绝对难办的事。另外，生物教学中的实验，有许多是户外的、大自然中的，而不是把生物弄到实验室中，这在发达国家是大力提倡的，而我们给它的重视和条件创造得不够。还有许多难以开展实验的内容，应该用模拟实验的办法（如生物进化、自然选择等）开展，模拟本身就是一种现代科学方法。总之，加强生物科学教学中的观察实验，不是为观察实验而观察实验，也不仅是为了印证某一生物学知识的科学性，而是要真正让学生学会科学的方法，这种方法的通用性，不仅扩及其他自然科学，也在一定程度上适用于社会科学。把认识提高一步，改革才可能前进。

（2）依素质教育的要求来审视和研究我们的课程标准、结构、内容

科学无禁区，课程标准、结构、内容服从于教育目标的变化，任何国家或地区的教育目标都是不断变动和修改的。

一是如同经济领域一样，对世界的科学教育改革趋势应该加以研究，也就是生物科学教育要做比较教育的研究。我曾在“国外中学科学教育一瞥”（见本书第五部分）中叙述过四个趋势，即综合理科（义务教育阶段）、科学为大众、STS教育、高新技术教育。虽不足以概括世界中小学的科学课程改革的全貌精髓，但对我国中小学的科学课程改革仍具有参考意义。

二是课程标准、结构和内容的改革，既要发动群众又要依靠先行者。在这个意义上，每一位生物科学教育工作者，都既是群众又是先行者，大家都要来研究。当然最终还要依靠专家来厘定。无论是美国的BSCS或“2061计划”，参与的专家范围都极广，有科学家、教育家、教师乃至国会议员。但所谓“家”，必定出自研究实践和教育实践。作为第一线的中小学生物科学教育工作者，应该成为改革大军的一员，我们的工作可能是局部的、狭隘的，但却是基础的、有生气的。

三是作为一个经济发展和教育发展不平衡的大国，城乡的差别、沿海和内陆的差别、汉民族和少数民族聚居区的差别等都会长期存在，课程标准、结构和内容的差别是客观现实的反映。因此，既要研究统一性又要研究差别性，例如，国家占70%（统一性），地区占20%，学校占10%如何？这就使地区和学校有了主动性，地区有特色，学校有特色，特色就是个性，落实到人的素质上，也有利于个性的发展。以上三点，只是说我们应该有资格去研究，不要在生物科学教育的研究方面造成一涉及课程就是贯彻，而回避改革的态势。

（3）素质教育呼唤教学方法有相应的突破

几年来生物教学的改革，在教学方法的改革，或扩大到教学过程组织的改革方面，是很活跃的，有成绩的。但就加强素质教育而言，仍有许多问题有待研究。

一是教学过程要更多地研究学生的学法。教学过程作为师生的双向活动过程，在教法的研究方面成绩是显著的，相对来说，对学生的学习心理、学习方法，特别是不同年龄区段，不同社会文化背景，好、中、差的学生的学习心理和方法研究得不够；对应于生物科学教学，对学生学习的规律性研究得更不足。由于高考的驱动，在一个时期里，高度重视了复习的学生心理和方法的研究，而忽视了经常教学中学习规律的研究，甚至开快车，草草收兵，腾出大量时间用于复习，因“炒夹生饭”而加重学生负担。由于反对“满堂灌”，在一个时期里，课堂教学中大量地增加阅读、划重点，学得很死。边实验、边讲课的方法不错，但绝对化了，又引起许多问题。不恰当地运用目标教学法，肢解知识点，使学习缺乏系统性、整合性。以上这些片面性，说明了我们有必要对学生学习生物科学的方法和规律性做系统、深入的研究，使教学方法的改革建立在更科学的基础上。

二是学生是教学过程的主体，素质教育尤其要培养学生的主体精神、参与意识、独立思考和创造才能。因此，衡量教学方法的优劣，很大程度上要看是否调动了学生学习的积极性，是否创造了学生的参与机会，是否发挥了每一个学生的才能，是否尊重了学生独立思考和首创精神。此事说来容易，做起来很难，因为有一个框框，即教师的主导。教师的主导后面有大纲的主导、教科书的主导，还有考试的主导。这不能说不对，但至少要增加和放在突出地位的主导：导向学生的积极参与。如果不能每堂课都做到的话，至少有1/3或更多一点的课，要精心设计各种能最大限度组织学生参与的教学方法和教学过程，调查研究的报告、专题讨论、角色扮演、实验设计、合作学习、论文写作等可作为借鉴。这可能需要我们打破头脑中的课堂教学程式或模式，并非一定要有几个环节或阶段的程式化、模式化。

还要注意，教学方法不仅是课堂教学的方法，课堂内和课堂外教学的结合、小课堂和大课堂（自然界和社会）结合的教学方式，对多方面培养学生的素质有重大作用，更须予以研究。

三是传统教学媒体和现代教学媒体的选择和组合的研究。从投影技术、幻灯技术的改进，到电影拷贝、录像、计算机教学软件，直至多媒体技术在教育教学领域中的应用，推动了教学方法的改革和教育效果的提高，但也加大了教育投资，简言之，要花许多钱。因此，这里有许多问题需要研究。例如，传统教学媒体，最一般的挂图、模型、低成本的实验用具等，仍然在教学中要普遍使用和用好，对于穷国办大教育，对于艰巨的“希望工程”的现实，不可一味追求教育媒体的现代化。又如，电影拷贝、录像、光盘及计算机软件等，有显然的长处，但它们谁也替代不了实物、标本及身临其境的调查观察。再如，计算机应用软件的编制是很费精力的事，如果不是非它不可或只有它才能表达的生物学原理或生命活动过程，就不一定要舍易求难。从素质教育出发，学生的实际调查、实际观察、动手实验、亲自记录变化、亲自处理数据并把数据图像化等能力十分重要，教师做好的多种软件如果学生并未参与，其意义不是很大。因此，如何使用传统教学媒体，如何把各种教学媒体在教学过程中有机组合，不烦琐，相得益彰，如何适当地开发和使用现代教学媒体又注意节省投资，都是可研究的课题。

从应试教育向素质教育的转轨，是一个重大的转折，而贯彻科教兴国及可持续发展的伟大战略，对我国教育改革提出了艰巨的任务。为21世纪培养人才，现在的中小学生都将在21世纪成才，美国的“2061计划”，已着眼于21世纪的中叶，我们不能再迟缓了。

构建我国中学生物学课程框架的原则建议①

这里之所以只提构建我国中学生物学课程框架的原则建议，而不列出试拟的课程标准，是出于两个原因。一是第三次全国教育工作会议后，制定国家新的课程改革方案刚刚开始，各科课程标准的厘定正在招标的过程之中，在某些大前提、大原则未领悟之前，不想贸然提出一个新标准来。二是笔者和北京大学生命科学学院吴相钰教授主持的《北京市21世纪基础教育课程改革研究·生物课程标准》已于1999年由北京出版社出版，其中的《走创新之路（下）》可资参考。

现仅提出以下原则建议。

1. 根本目标是以学生发展为本，提高学生的科学素养

生物科学教育是整体科学教育的一部分。科学教育的基本任务是培养学生必备的、可持续发展的科学素养。因此，生物科学教育的基本任务，也是培养提高学生的生物学素养，以满足他们的生活、工作和终身学习及发展的需要。这里有以下两个方面的问题要注意。

一是要突出生物学方面的科学素养，即具备基本的生物学知识及学习和应用生物学知识有关的技能和能力，对社会中的生物学问题的解决有浓厚的兴趣并积极参与，用正确的价值观规范自己的有关态度、行为和习惯。

---

① 本文的原标题为《关于中学生物学课程改革的若干建议（三）》，载于《生物学通报》2001年第4期。

也就是在科学素养的培养上要突出生物学的学科特点，这是它的特殊性。

二是由于生物科学教育是整体科学教育的一部分，科学素养的培养是以部分而推动整体的。因此应认识到，科学素养的许多方面是跨学科的或泛学科的，特别是能力、态度和价值观方面，经常是通用的，如信息搜集、加工和利用的能力，提出问题、设计实验和解决问题的能力，创造性思维的习惯、能力和技巧，主动参与、与人合作和汲取不同意见做决策的能力，初步运用所学知识去评价、处理和解决与个人和社会生活有关的实际问题的能力等，还有在态度和价值观中强调的热爱科学、求实创新、勇于探索的态度和精神，对科学、技术和社会相互关系的关注和参与，对人、自然、社会和谐统一的追求并付诸行动等，都是整个科学教育对科学素养的要求。这种泛学科性质的要求，也是生物学课程应努力去实现的。科学课程可以综合设置或分科设置，但这些要求是一致的。

2. 在课程目标中要处理好知识、能力、态度和价值观的关系

多年来我国中学生物科学教育，如同它的学科名称《生物》那样，就是介绍生物和生物界，使得课程目标过分地强调了作为一个学科的生物学知识的完整性和系统性，甚至是生物类群的完整性和系统性，实际教学的出发点和归宿已经演变成掌握哪些知识点，理解哪些知识点，了解哪些知识点，是一幅相当纯粹的知识教育的画图，它排斥、削弱了能力（含技能）、态度和价值观等方面的科学素养的培养。

当代科学教育已经不再是传统的传授科学知识的教育，而是要全方位地提高学生的科学素质，是包括知识、能力、态度和价值观（还可能分得更细）的综合教育。如果我们坚持以学生发展为中心的课程理念，则能力、态度、价值观在人的发展中的作用，在某种意义上说，比知识更重要，即更具有适用性和持久性。更何况在信息社会，有许多获取有关知识的渠道和方式，学校教育应更多地注意学生学习过程中的能力、态度和价值观的培养，将更有利于学生的终身学习和持续发展。从有助于能力、态度和价值观的培养来精选学科知识，将有助于删繁就简、除旧布新，构建新的学科知识体系。

3. 构建新的学科知识体系时应注意的问题

（1）确立中学阶段生命科学学习的主题，依这些主题对初中、高中提出不同层次的要求，逐步扩展和深化。这些主题试拟如下（不是课程的纲目）：生物的多样性和统一性；生物体的结构和功能（含人类）；生殖和发育；遗传和变异；生命活动的调节和稳态；生态和动物行为；生物的进化和生命的起源；人与环境；生物技术。

（2）应在上述学习内容的框架内，融入生命科学的现代进展。详细论述参见前面《迎接中学生物科学教育改革的挑战》一文。

（3）应深切理解科学技术发展的原动力在于社会的需求和在社会生产、生活和发展中的应用，生命科学、生物技术也如此。

（4）应回顾科学发展的历史，分析历史，学习历史。

（5）与主题内容展开相并列，应设计系列化的学生探究活动。这些探究活动以观察、实验为主，还应包括资料搜集、分析和利用；数据采集、整理、图解化及其解读；社会访问和自然界的调查；某些专题研究的设计和进行；专题报告或小论文的撰写等。只有这样，才能使学生在实践能力和创新精神上有锻炼的机会，展示的机会，才能培养科学能力，熟悉科学方法，并迫使教师从传统的讲授中解放出来。这也是新的生物学课程和教材建设面临的一个难题，难在它的由简到繁、由易到难的系列化；难在它和知识内容的紧密结合；难在它的低成本、高效益的可行性上。

4. 学生主体参与教学过程应有新的教学原则来指导

我们的教学过程，本质上应该组织学生去参与，而不是单方面聆听教师的传授。学生作为主体不参与，就不能真正掌握知识，学会学习，更不能成为未来社会富有责任感、积极参与决策的公民。我们主张情境教学法、过程式教学法、发现式教学法和合作式教学法，还有学生要亲自调查，提出问题，设计实验，学会推理判断等，本质上是要把学习过程变成学生主动参与的过程、探究的过程。课堂教学评价的重要标准之一应是评价学生学习过程中的参与意识、参与程度、参与数量（占教学班人数的百分比）和参与成果如何。必须指出，“传道、授业、解惑”归根结底是以教师传授为中心，反映的是农业社会、手工作坊时代对人的要求。而工业社会，特别是发达的市场经济伴随而来的城市化、人口流动，人是要去闯天下的，要去寻找机遇，发展自己，不断地受到社会的选择，职业的选择，更不必说社会民主化的进程，对人的主体参与精神的要求了。因此必须大胆地改变我们旧有的教学模式，创建各种有利于学生主体参与精神培养的新模式。

美国“2061计划”中提出的有效的学习和教学所应遵守的一些原则，可供我们参考，详见《迎接中学生物科学教育改革的挑战》一文。

《全日制义务教育生物课程标准（实验稿）》的教学实施建议[①]

新的课程标准，新的教材，需要以新的教学理念、教学原则、教学策略和方法去支撑。尽管有一些中外生物科学教育的成功经验可以学习，但我国地域辽阔，地区和学校发展水平差异很大，课程的教学资源丰歉不一，教师对生物科学教育的重要性的认识也不一致，在教学中面临的实际困难也不一样，这就需要广大教师结合实际情况，创造性地开展教学，在教学实践中总结经验，探索教学规律。

为了减少教学的困难，尽快地适应新的课程标准的实施，谨就教学中可能遇到的问题提出下列一些建议，供参考。

1. 提高贯彻课程目标的自觉性

只有对课程目标有全面和深刻的理解，才能使教材的编写和教学活动的组织以及教学的评价符合课程标准的总体要求。这里主要讲在教师的教学活动中如何贯彻好课程目标。众所周知，教学活动是极富创造性的活动。同一内容的教学，不同教师都会有自己的教学策略、方法和风格，可以说，教学活动也是极富个性化的活动。但不管什么样的创造，不管什么样的个性，都应该是更出色地达到课程目标。

---

① 本文原载于《生物学通报》2002年第3期和第4期。

（1）课程目标是一个完整的科学体系

生物课程标准中的课程目标部分分为课程总目标和课程具体目标两部分，前者是后者的高度概括，对于教师的教学来讲，后者更便于理解和操作。

我们说它是一个完整的科学体系，首先是它把本课程期望提高学生的生物科学素养的要求分解为知识、能力和情感态度与价值观三个方面，相对过去偏向知识为中心的教学观来说，它提示我们在生物科学素养的构成中，知识不是唯一的，能力、情感态度和价值观与知识“三分天下”，或者说是构成生物科学素养的三个维度。只强调三者中的任何一个或两个，都是不完整的，是“跛足”的。这对于实际教学来说甚为重要，因为课程内容和教科书呈现方式，通常是以知识块或科学主题来呈现的。例如，内容标准中的第三个主题：“生物与环境”为一级主题，包含三个二级主题，依次是“生物的生存依赖一定的环境”“生物与环境组成生态系统”和“生物圈是人类和其他生物的共同家园”。其下还有具体内容标准十条，仅最后一条为“确立保护生物圈的意识”，直接提示了属于情感态度和价值观的教育，其他似乎都是知识目标。这样望文生义是不对的，如果我们细读一遍具体内容标准各条右侧的活动建议和附的案例“研究酸雨的危害”，就能体会到内容标准对知识目标要求的同时，提出了能力、情感态度和价值观方面的目标要求，甚至还提示了达到这些目标要求的方法和途径。

由此我们还可领悟到，课程目标之所以是一个完整的科学体系，还表现在知识目标、能力目标、情感态度和价值观目标三者的相互依存，互为基础，你中有我，我中有你的不可分割的关系。在教育领域，是知识目标重要还是能力目标更重要等的争论由来已久，就特定的教育发展状况，或社会在一定时期对人才素质需求的倾向性而言，这类争论均有现实针对性，是有益的。但就人的全面发展来说，就科学素养的整体性来说，全面地、均衡地和互动地追求三方面教育目标的实现，仍是每一位教师的教学实践所应努力的。

课程目标作为一个科学体系，有明确的阶段适应性。初中生物课程标准的课程目标，是针对初中阶段的学生身心发展水平、已有的生活经验和知识水平为基础提出来的。例如，在知识目标中共三条，有两条冠以“获得”而不是“掌握”，有一条冠以“知道”而不是“理解”。在能力目标中，仅对显微镜的使用，冠以“正确”（而非“熟练”），其余三条分别针对的是信息收集和利用的能力，科学探究的能力，运用生物学知识分析解决实际问题的能力，都一律冠以“初步学会”。在情感态度和价值观的目标中要求较为宽泛，但有些地方还是加上了“一定的”“关注”“初步形成”和“逐渐养成”等限制。如果教师们细心研读课程标准的具体内容标准时，将会读到许多目标动词（或行为动词），都是极具分寸感的。在课程标准的附录中还列表表示了内容标准中使用的行为动词所代表的各水平的要求。这种要求上的分寸感反映的正是针对初中学生的阶段适应性，它是科学的。背离了阶段适应性，目标要求不是过低就是过高，而过高的要求，常常是较多教师易犯的毛病。急于求成，揠苗助长，效果不会好，还容易导致负担过重和两极分化。

总之，课程目标既然是一个完整的科学体系，在教学实践中一定要科学地对待。

（2）课程目标应体现贯彻于教学活动中

生物课程标准规定的课程总目标和具体目标是要通过每节课或每项活动来逐步完成的。因此，在制订每节课（或活动）的教学目标时，要充分考虑课程目标的体现和贯彻。

教师在制订教学目标时，若教材是分单元的，则先要全面厘定单元的教学目标，再具体分解到各个章和各个节中去。它通常包括情感态度和价值观方面的基本目标，科学过程、方法及由此达到的技能和能力方面的要求，有关生物学的观点、知识和应用的获得和理解。具体到一个单元的章或节，其教学目标必有其侧重点，不应也不可能面面俱到，不要在备课时生拉硬套，该有的必须有，并要在教学过程中努力完成，达不到的，写在教案上也没有用。

在制订每节课（或活动）的教学目标时，要特别注意能力、情感态度和价值观方面的要求。由于传统的习惯势力，教师常常把知识结构、难点和重点反复掂量，围绕它考虑教学过程如何展开，这自然有它好的一面，但因此忽略了能力的培养以及情感态度和价值观方面的目标的实现，就不好了。因为对学生的可持续发展来讲，能力和情感、态度、价值观，其适用性更广，持久性更长。许多知识都容易遗忘，更何况当今知识更新的速度极快，只要具备获取新知识的能力，就可以通过许多渠道获取知识。

还要注意的是，生物科学教育是整体的科学教育的一个组成部分。在能力以及情感态度和价值观方面，其教学目标常常是跨学科的或泛学科的。过去的生物学教学，比较专注于本学科的特定的技能和能力以及与此相关的情感态度和价值观念，特别是技能和能力的学科性更强。这和科学课程的综合发展趋势以及学生参与社会生活，从事经济生产，作出个人决策所需要素养的综合性，存在一定差距。因此，应当重视跨学科或泛学科的技能、能力以及其他方面的素养的培养。我们是立足于生物学科，通过生物学科的教学培养全面发展的新人。课程标准对科学探究活动和技能培养的要求中，都贯彻了这种思想。因此，这些探究和训练既是生物学的，又是跨学科或泛学科的。如果各门学科都这样做，聚焦到一点，就是培养具有全面素养的人才。

2. 组织好探究性学习

提高学生的生物科学素养，不可能单纯地依靠知识的传承、讲授和灌输；长期使学生处于被动的地位，既不能全面提高学生的生物科学素养，也不利于学生的身心发展。因此，必须改变教学的策略和方法，改变学生的学习方式，概括地说就是需要倡导并实行探究性学习。

（1）探究性学习的重要性

一般认为，探究是学生用以获取知识、领悟科学的思想观念和科学家研究自然界所用的方法而进行的各种活动。也就是要变被动地听讲为动手、动脑的主动参与的多种形式的活动，在活动中学，在做中学。生物课程标准中几乎大部分的具体内容标准后面都列有活动建议，其中有许多就是科学探究活动。教师必须明白，实施本课程标准的教学策略和方法，组织好探究性的学习活动是最基本的，其他的策略和方法是辅助性的。

倡导探究性学习，就是努力在教学过程中培养学生的独立性、自主性，引导学生在质疑，调查，实验，收集、分析和解读数据，推理、判断和反思等探究活动中，既能理解、掌握和应用知识，又发展了收集和处理科学信息的能力，获取新知识的能力，分析解决问题的能力，交流与合作的能力，特别是培养了创新精神和实践能力。如果仅仅依赖教师的讲授，即使是最生动和引人入胜的讲授，也是不可能达到这样的目标的。

倡导探究性学习，还将使学生的学习过程更富有个性化。以教师讲授为主的教学策略和方法，不仅学生缺少表达自己的问题和见解的机会，而且教师总是取一个大多数学生能理解的水平来讲授，特别优秀的学生不满足，水平较差的学生跟不上，或者说学生没有什么选择的余地。而探究性学习，不同学生将以自己的发展水平为出发点，发挥自己的优势，根据自己的知识和经验，选择不同的解决问题的途径和方式，获得或深或浅、有宽有窄的结论，并通过交流和反思，进一步领悟。而且教师在组织和引导探究性学习的过程中，将能深入地了解自己的学生，向学生学到很多东西，促进教学改革的深入，达到教学相长的目的。

（2）组织探究性学习的注意事项

探究性学习是贯穿依课程标准编制的教材的全部文字和设置的各个栏

目之中的，因此教学过程的组织和实施，应该时时不忘探究。但首先要把教材规定的探究活动做好。

要掌握好依课程标准编制的教材规定的各个探究活动要求达到的目标的侧重点。有的活动要求学生体验科学探究的一般过程，探究的问题的性质并不复杂，结论也是容易获得的，如课程标准提供的案例“光对鼠妇生活的影响”；有的活动需要通过实验收集证据，重点在如何控制变量和设计对照实验上；有的活动重在数据的收集、整理和解读上；有的活动重在取样、检测上；有的活动重在设计合理的实验装置上。当然有些探究活动有几个侧重点，此外如何发现问题（确定问题）、作出假设，以及如何分工合作、交流讨论几乎是所有活动的共同要求。因此，一项探究活动的教学过程，仍然应该有非常切合实际的、明确的教学目标和重点。

组织好探究活动，要特别重视探究的过程，而不是结论。因此提供给初中学生进行探究性学习的题目，其结论是早有的，即科学上已有定论的。之所以还要学生去探究、去发现，是想让他们去体验和领悟科学的思想观念、科学家研究自然界所用的方法，同时获取知识。因此，其过程富含教育意义。于是，在教学中要花大力气组织好探究活动的教学过程，即让每一个学生有明确的探究目标、科学的活动程序，每一步骤都要到位，在教师指导下做好分工合作，观察、记录、检测和描述都要实事求是，讨论时要尊重其他同学的不同意见，鼓励学生的新发现、新见解或提出新一轮的探究问题。所以这些都是非常重要的，千万不要只关注结论的正确与否，甚至急于求得结论。

大多数探究活动是分小组来完成的，特别是在我国初中的班额偏大的情况下，多数活动只能分组进行。同时，分组进行有利于学生的分工合作以及互相帮助。但在分组的情况下，也会出现积极参加者、消极被动者甚至偷懒者。因此，在教学策略上应有计划地将小组成员编为A、B、C、D……在不同探究活动中承担的任务进行互换，如操作的、设计的、记录的和完成报告的等角色的互换。经过一段时间，小组的组成也可重新编排，以利于不同学生的相互了解和相互合作。另外，对探究活动及时、有效的评价也很重要，学生自评、互评及教师评定都可以，特别是有计划地评价不同的组，发现并表扬能起示范作用的小组或个人，不仅有教育意义，而且对以后的探究活动的进行有良好的影响。

教材在设计探究活动时，存在相当的困难。一是教材有章、有节，章节都有要学习的内容的标题，而且这些标题都是陈述句而不是疑问句，探究是要训练学生发现和提出问题的，这就是一个不易解决的矛盾。二是探究内容涉及的生物材料或生物与环境的状况等难以适应地区、学校的差别。三是探究应提供的资料和创设的情境，只能用文字、图片、数据来表示，它的生动性、具体性以及和学生的距离并不理想。这需要教师去弥补，即利用当地的生物材料；当地的生态环境及与社会生产、生活有关的生物学问题；当地的各种课程资源（学校的、社会的）；当地学生的生活经验；如果是发达地区，还有网上的信息资源等。教师经选择和组织，创设多样化的、更为亲切、生动的探究性学习的情境，将会取得更好的教学效果。因此，探究性学习给教师留下了广阔的创造性教学的空间，教师不要照本宣科，要充分利用这个空间。

探究性学习要注意安排好课内外活动的结合。教材安排的主要探究活动，就是要求在课内完成的，即有一定的课时。这绝不可以挪到课外，加重负担，甚至任其自流。但另外有些即使是课内的活动，也需要课外用适当时间才能坚持完成，如种子萌发条件的探究、种子发芽率的测定等，必须坚持数天，至于体验栽培管理一种植物的全过程，更需要数月的艰辛，否则又如何亲自体验其生长发育和栽培管理的全过程呢？而城市的孩子对于“谁知盘中餐，粒粒皆辛苦”只会停留在字面上的了解。有些探究的后续活动，需要课外时间，应给学生一定的选择性，不是每个人都必须做。还有调查、访问和参观等都要有计划地利用好课内外的时间，一个学期要早做统筹安排。

要重视探究活动的总结报告的撰写和交流。教师应培养学生通过文字描述、数字表格、示意图和曲线图等方式完成报告，有条件的还可通过摄影、摄像使报告更生动，并组织各种形式的活动让学生交流探究的过程和结果，从一般的课堂讨论交流到举办小型报告会；从出墙报、办展板到制作网页在校园网上交流；以及向家长、校友和学校的来宾展示。我们的学生可能会写一篇叙事或抒情的美文，却不会撰写一篇科学报告，这样的学生不是少数，这是因为我们训练不够。而撰写一篇科学报告的过程，是科学探究活动的继续，辩证的逻辑、严密的推理、正确使用科学术语、简约而流畅地表达等，都是科学活动要求的素养，在撰写科学探究报告时会得到锻炼。

最后要指出的是，探究性学习活动并不是全部的教学活动，教师应结合具体的教学内容、学生的特点和教师自身的教学素养，采用多种多样的教学策略和方法，达成课程目标。一切有助于调动学生学习的自主性，让学生能生动活泼地进行学习的教学策略和方法都应该提倡。第三次全国教育工作会议提出“智育工作要转变教育观念，改革人才培养模式，积极实行启发式和讨论式教学，激发学生独立思考和创新意识，切实提高教学质量。”（摘自《中共中央国务院关于深化教育改革，全面推进素质教育的决定》）这里讲的启发式和讨论式正是需要在探究性学习中体现的。要启发，教师就要说话；要讨论，教师和学生应当共同参与，而且教师的组织、引导起着很重要的作用。不要一讲探究，教师就三缄其口，说不得，讲不得。更不要把探究式学习单一化、模式化。本来探究性学习具有模拟科学家是如何工作的特征，众所周知，科学家的探究活动，既有共同的规律，又充满了个性、睿智和灵感。此外，由于现代教育技术的发展，它的创造性应用，也将推动教学策略和方法的改革。

3. 加强和改进生物学实验教学

生物科学和其他自然科学一样，本质上是实验科学。实验教学是生物学教学的基本形式之一，课程标准所倡导的探究性学习，有许多活动也是通过实验来进行的。对于实验教学，教师们是很有经验的，因此，这里仅提出加强和改进方面的一些意见。

实验教学就需要生物学实验室，基本的实验器材和条件，还有实验的动植物、微生物材料。课程标准在“课程资源的开发利用”中指出：“应高度重视学校生物学实验室建设，积极营造良好的实验、实践环境。同时也应鼓励学生和教师充分利用身边廉价的器具和材料，设计富有创造性的实验和实践活动。”建设合格的中学生物学实验室，无疑主要是学校行政管理部门的责任，但现实的情况是他们大都只能在资金的筹措方面发挥作用，而实验室的科学设计，设备配置，乃至管理，都需要生物学教师出主意、想办法。因此，要提倡和发扬生物学教师的主人翁精神和责任感，积极投入生物学实验室的建设。结合课程标准的贯彻执行，在实验室的建设中，下列两点应予改进。一是国内大多数生物学实验室的座位设计，是教室的翻版，学生一律面向讲台，与教师的教授为主相适应。而学生实验是活动，多数是小组形式的活动，这种刻板的座位安排难以适应实验活动的开展，需要做相应的改变。二是生物学实验室大多四壁空空，顶多有几张生物学家的照片，而窗台、几案之上也大多空空如也，不具备学习生物科学的环境，不像学生生动活泼的学习场所。如果墙上有各种生物图片，有学生的实验报告等专栏；如果窗台上有花草，几案上有水族箱、饲养的小型动物等，不是更有情趣，更能诱发学生对生物的兴趣和爱好吗？总之，要营造良好的学习环境和氛围。

提倡生物学实验的低成本、低损耗和简单易行。一方面鉴于我国是发展中的大国，有限的资金支撑着世界上最大规模的基础教育，凡事都要节俭。另一方面使用可替代的器皿、废旧材料，只要安全性没有问题，不仅物尽其用，而且在替代设计中有利于发扬学生的创造精神，把实验室中的实验变为生活中可进行的实验，更具有教育意义。课程标准的实验要求和所提供的案例，除显微镜外，没有昂贵或复杂的器材。例如，探究蚂蚁的行为，用的就是废弃的可乐瓶。教师只要认同这个道理，就能够在低成本、低损耗实验上作出许多创造。

实验的设计应该多样化。通常生物学实验，都要使用生物材料，应尽量就地取材。而且要特别注意教育学生爱护生物，对野生动植物不宜大量地采集，这既是爱护生物资源，也是一种情感教育。例如，课程标准的案例中涉及的鼠妇等实验动物，还特别提醒实验观察后放归大自然。整个课程标准就没有要求采集和制作动植物标本以及解剖动物，也是出于同样的考虑。在不用生物材料的情况下，也可以设计模拟实验，如课程标准中模拟血型鉴定的实验就以不同化学药品代替血液及血制品。模拟的方法也是科学实验中常用的方法。有条件的学校还可以引入多媒体技术，设计虚拟实验。实验设计的多样化，还包括同一实验的不同设计思路，教师可以创造，学生也可参与，以发展他们的创新意识和实践能力。

实验包含着丰富的技能训练，这里的技能不单单指的是操作技能，如显微镜的操作等，更重要的是科学探究的方法和技能。因此要特别强调如何控制变量，设计对照或重复，变量的检测，数据的整理、分析及表示方式以及书写实验报告等。这和过去实验的要求重在验证以及定性为主有显著的差别。

要十分重视实验过程中的安全问题。首先是实验环境安全问题，实验室中药品的安全存放，实验室的用电安全、消防安全，以及良好的通风设施等。其次是学生进行实验过程中的安全，最要注意的是接触药品后的冲洗和眼睛的保护。再次是如果实验涉及户外工作，要注意防止当地可能发生的意外。

4. 开创科学、技术和社会教育的新局面

科学、技术和社会的相互关系，自20世纪60年代起越来越受到人们的关注，而且逐渐发展成为科学教育的一种指导思想或课程的组成部分，统称为STS教育。例如，1996年颁布的《美国国家科学教育标准》，在规定从幼儿园到12年级的科学教育内容标准时，共分为八大部分，依次是：科学的统一概念和过程、作为探究的科学、物质科学、生命科学、地球和空间科学、科学和技术、从个人和社会视角所见的科学、科学的历史和本质。其后三部分几乎就是STS教育。在此次制定我国基础教育课程改革方案时，理科课程标准的目标，要求涵盖的范畴是知识和技能、过程和方法、情感和态度、科学技术和社会四个方面，因此，科学技术和社会，已进入理科课程的目标体系之中。在制定生物课程标准时，表述时，考虑到习惯，分为知识、能力、情感态度与价值观三部分，但科学、技术和社会教育仍渗透其中。

过去的生物学教学由于偏向以学科为中心，以知识为中心，科学、技术和社会相互关系的教育在教学中体现不够。新的课程标准在教学目标和内容标准中都突出了科学、技术和社会的相互关系，而且在构建突出人与生物圈的关系的体系上、内容的选择编排上及活动建议中都十分注意这个问题，还举出了若干案例供参考。这是因为科学技术的社会化和社会的科学技术化已是当今社会生活的特点之一，而了解科学、技术、社会的相互关系，关注和参与生物科学技术有关的社会问题的讨论和决策，是生物科学素养的重要组成部分，也是培养学生对自然和社会的责任感的重要途径。为此在教学中开创新局面、总结新经验是一件很有意义的工作。

首先是课程标准中蕴含大量的有关内容和学生的学习活动，一方面要重视，不要当作可有可无的附带的事，甚至觉得作为知识的价值不大。本来它的目的就不单纯是讲科学、技术与社会关系的知识，而主要是情感、态度、价值观的培养，同时包含着多种能力的培养。另一方面也不宜增添许多内容和活动，增加学生的负担，基本上依课程标准为准就可以了。

其次是科学、技术和社会相互关系的问题涵盖面很广，需要的背景资料涉及的领域很宽，对于初中学生常常难度很大。因此，更多地结合本地区、本学校和学生生活能接触到的相关问题进行教学活动为好，使学生感到亲切、实在，有用武之地。

再次，科学、技术和社会问题进入教学，常常要采取调查、资料搜集和分析讨论等方法，还包括上网查询，个别专访等许多活动，会占用许多的课外时间。因此，有些活动不一定所有学生都参加，部分有兴趣、有精力的学生参加，取其他形式（如报告会、展览等）与别的学生交流，成果共享。如果需要所有学生参加时，可分成小组，小组再分到个人，分别完成一块内容的一部分工作，而后交流，形成总的成果。这都是合作学习的办法，有助于合作和交流能力的培养。

最后，科学、技术对人类社会正负两个方面的影响问题，在教学过程中应该有正确的引导。现代科学技术的迅猛发展，对推动人类社会进步，缔造人类福祉方面的作用，是前所未有的。但某些现代科学技术的发展和不适当的应用，对人类未来投下的隐忧也确实存在。例如，生物科学技术自1953年沃森和克里克对DNA分子结构的阐明开始，很快导致了DNA重组技术的出现，由此使一系列农业的、医药的产品进入市场。当前人类基因组计划和其他生物基因组的研究及其成果，很快将推动新的一轮生物科学技术的应用，将改变人类的生活和自然的面貌，已经和正在引发一系列社会道德和伦理问题。凡此种种，学生应该了解，并有正确的观点。其中最重要的是，不应把负面影响归咎于科学技术本身的发展，而是要相信人类既然能发展新的科学技术，也必然能通过一定的社会机制、法律和道德规范，控制科学技术的应用，这也是学生未来的责任。学生应当相信，科学技术的发展，必将给人类带来光明的未来。“科学技术是第一生产力”“科教兴国”战略的贯彻，社会主义祖国将更加强大，人民生活将更加幸福。

还要说一点，由于科学技术发展极快，与此相关的社会生产、生活、发展的问题很多，有些还是热点问题。今日，大众传媒对这类问题的传播很快，也很热衷。因此，作为教师要从多渠道关注此类问题，并对各种信息及信息源的真实性、可靠性做必要的思考和分析，不能误导学生。这也是教师应具备的科学素养之一。

新的课程标准和教材正在教育部确定的实验区进行实验，实践出真知。贯彻落实新课程标准时，在教学理念、原则、策略和方法方面，必将会有进一步的创造和发展。

人教版生物课程标准实验教材《生物学》简介[1]

在21世纪的曙光里，我们共同迎来了新一轮基础教育课程改革。

◎ 2002年，正在从事教材编写的朱正威先生

这一轮课程改革的时代背景不同以往。我们作为科学教育工作者，对其中的一些特点应当尤为关注。一是知识经济初露端倪，国际间竞争日趋激烈，需要培养大批创新型的人才；二是社会的科技化，以及科学技术的社会化，需要全面提高受教育者的科学素养；三是科学技术发展的速度加快，学习化社会的特征日趋明显，需要着重培养学生终身学习的愿望和能力。

面对时代的要求和挑战，课程的理念和内容需要更新，教学和评价的方法需要改革。当然，教材也需要改革。

2001年秋，人教版生物课程标准实验教材已进入国家级实验区。为了使大家更好地了解和使用本教材，谨就本教材的编写指导思想、内容的选择和组织、编写方式和使用建议做以下说明。

---

① 本文原载于《生物学教学》2003年第1期，作者是朱正威和赵占良。

1. 编写指导思想

本书的编写指导思想：以全面提高学生的科学素养为宗旨，以培养学生的创新精神和实践能力为重点，以促进学生转变学习方式——变被动接受式学习为主动探究式学习为突破口，使教材符合学生发展的需要和社会需求，反映生物科学的新进展及其在社会中的广泛应用。

2. 内容的选择和组织

要使学生在知识、能力、情感、态度和价值观等方面全面发展，必须引导学生主动参与和体验各种科学探究活动，而不仅仅是被动地学习知识，因此，摆脱“以学科为中心”和“以知识为中心”的课程观念的束缚，促进学生实现学习方式的转变，是这次教材改革的切入点和突破口。从这种认识出发，教材在内容的选择和组织上有以下特点。

（1）突破传统的学科体系，构建突出人与生物圈的知识体系

传统的学科体系侧重讲述植物、动物和人体的形态、结构和生理，对植物和动物的形态、结构和生理，往往还要从低等到高等分门别类地讲述，以求突出进化的脉络，因此这样的教材几乎是大学植物学和动物学的缩写。仅从知识传承的角度说，这样的体系无疑具有优越性：知识的结构比较完整；系统性较强；层次分明；脉络清晰等。然而在当今社会，重知识传承、轻能力培养的做法已经明显不能适应时代的需要，即使在知识传承方面，应当重视的也不是信息的量，而是理解的质。传统学科体系的弱点越来越突出：知识容量过大，面面俱到，严重挤压了学生自主学习、主动探究的时间和空间；不少内容是从学科体系的完整性出发而选取的，离学生的生活实际较远，不利于调动学生学习兴趣和进行有意义的学习；需要学生单纯记忆的事实性知识过多，如叶形、叶序、花的类型、花序和类型等，不利于学生科学探究能力的培养；动物部分

和人体部分的内容有一定重复，等等。要想使学生在有限的时间内，对生物学的基本概念和原理有一定的理解，又能有较多的机会进行自主探究和实践，仅在传统的学科体系内做局部增删是无济于事的，必须构建新的知识体系。

新的知识体系如何构建呢？新课程标准的内容框架突出了人与生物圈，教材的知识体系也是按照这样的思路构建的：即突出人体和人类活动的内容，突出生物圈，突出人与生物圈的关系。之所以构建这样的体系，主要有以下几点考虑：①人和生物都生活在生物圈中，生物的生存、延续和发展都与生物圈息息相关，生物圈是所有生物共同的家园；②随着人类社会的发展，人类活动对生物圈的影响越来越大，人与生物圈的关系如何，在很大程度上决定着人类社会的可持续发展；③人既是生物学研究的主体，又是生物学研究的对象，学生应当通过生物学的学习，更多地了解自身的结构和生理，以及营养和保健，学会健康地生活，这是生物学课程的重要目标之一；④绿色植物和人是生物圈中作用最大的两类生物，按照这样的体系，可以侧重讲述绿色植物和人在生物圈中是怎样生存的，与生物圈的关系是怎样的，而相对减少动物部分的内容，从而在总体上减少知识性教学内容，为探究和实践活动提供时间；⑤这样的体系，可以更好地引导学生认识事物间的复杂联系，包括生物与生物之间、生物与非生物环境之间、人与生物之间、人与生物圈之间的相互影响、相互作用，有利于学生形成辩证唯物主义观点和可持续发展观点。

按照突出人与生物圈的编排思路，第一册教材包括生物和生物圈、生物和细胞、生物圈中的绿色植物三个单元。后面三册将陆续编排以下单元：生物圈中的人、生物圈中的其他生物、生物的多样性及其保护、生物圈中生命的延续和发展、健康地生活。

教材中具体内容的展开也大都围绕人与生物圈，引导学生认识各个类群的生物在生物圈中如何生存、延续和发展，对生物圈有什么意义，进而认识生物和生物圈与人类的关系，树立人与自然和谐发展的观点。例如，有关光合作用的内容，教材不是单纯地介绍光合作用的概念、原理、过程、条件和意义，而是从生物圈的角度出发，分成“绿色植物是生物圈中有机物的制造者”“绿色植物与生物圈中的碳—氧平衡”两章。

（2）安排了系列化、多样化的科学探究活动

教材中安排的科学探究活动包括观察与思考、实验、调查、探究、资料分析、模拟制作、进一步探究、演示实验、设计、技能训练、课外实践等。

“观察与思考”主要是让学生观察实物，练习观察的方法，培养观察能力，如对一些生物或非生物进行比较观察，观察花的结构等。

“实验”主要是让学生通过动手操作来加深认识，培养学生的动手操作能力，如“观察植物细胞”“观察人的口腔上皮细胞”等。

“调查”旨在倡导走出课堂，到大自然或社会中去，就某个与生物学有关的问题进行调查，培养实践能力，如“调查校园、社区或农田的生物种类”“调查当地或我国某地的植被状况”等。

“探究”旨在让学生参与和体验科学探究的一般过程，包括提出问题、作出假设、制订计划、收集证据、得出结论、表达与交流等，以培养学生的科学探究能力，如探究“光对鼠妇生活的影响”、探究“种子萌发的环境条件”等。

应当说明的是，探究是一种多侧面的活动。教材中所安排的探究，既有较完整的科学探究活动，也有让学生参与科学探究的某些侧面的活动。探究的方法是灵活多样的，既有实验的方法，也有观察、调查或测量的方法，这要根据探究的课题来确定。此外，教材中并非只有标为“探究”的活动属于探究，有些观察和调查活动同样是探究，如实验“观察种子的结构”、调查“植物生长需要哪些无机盐”等。

“资料分析”主要是给学生提供图文资料，让学生进行分析，得出结

论。教材在很大程度上改变了先说结论，后举实例的写法，让学生通过资料分析和讨论，自己得出结论，以期转变学生的学习方式，培养学生处理生物科学信息的能力。

“进一步探究”和“课外实践”，旨在鼓励学生进行扩展性的探究和实践，大多需要在课外完成，但是教师也应当提供机会让学生进行交流和讨论。同其他栏目相比，这两个栏目中的活动给学生以更大的自主性，教材中没有给予明确的提示或指导。

“技能训练”是为培养学生的科学探究技能而安排的练习性栏目，每个“技能训练”侧重训练一种探究技能。例如，有的训练“提出问题”，有的训练“作出假设”，有的训练“解读实验数据”，有的训练“推理”，等等。

“模拟制作”和“设计”等栏目，对于培养学生的动手能力、创新精神和实践能力是有益的。

（3）注重科学方法教育

教材结合有关活动介绍了观察、实验、调查和资料分析等科学探究的一般方法。

教材中明确写出这些方法性内容，意在引导学生在活动中注意领悟、总结和应用这些方法，而不是让学生当作教条来记忆。

（4）重视能力培养的梯度设计

改变以往将实验依附知识内容的做法，按照学生能力发展的水平和需要，首先安排思维和操作要求较低的探究活动，如观察身边的生物，阅读和分析有关资料等，其次安排技能要求较高的活动，如制作和观察切片及装片、设计并完成探究性实验等。在要求学生通过实验寻求答案的活动中，大致是先安排明确问题、假设、材料用具和方法步骤的实验，让学生在模仿中体验与领悟科学探究的过程和方法；再次安排由学生设计部分环节的实验；最后安排全过程探究的实验，让学生练习从问题到提出假设，根据假设设计实验材料用具和方法步骤，然后实施探究方案，记录和整理实验结果，分析结果，得出结论，并对自己已完成的探究过程进行评价和反思。随着教学内容的逐渐展开，科学探究活动的这种梯度化设计将在不同水平上循环。

技能训练也是如此，先安排简单的观察、比较、测量、计算等，后安排需要较多逻辑思维的分析实验结果、解读实验数据、推理等。后面各册安排的科学探究活动，对探究技能的要求还将逐渐提高。

（5）注重对生物学概念和原理的理解，适当删减需要单纯记忆的知识

重视科学探究，并不意味着否认知识的价值。知识、技能和方法都是形成科学探究能力不可或缺的基础。但是，并非所有的知识都有同等的价值。有的知识可能仅仅是专门人才需要掌握的，有的知识则是大众都需要掌握的。有的知识会较快过时，有的知识则具有较长的时效性。有关研究说明，教学内容与基本概念和基本原理相关性越强，其时效越长，迁移的可能性越大，对学生发展的价值越高。因此，本教材注重对生物学概念和原理的理解，适当删减需要单纯记忆的知识。这样做还有一种意图，即减少知识内容分量，为学生主动探究提供时间和空间。例如，关于被子植物，删掉了现行教材中根、茎、叶的形态，花的类型，叶序，花序等内容。关于根，一是在“植物体的结构层次”中，介绍了根尖中有不同的组织，这些组织是由分生组织的细胞分化形成的；在“植株的生长”一节，介绍了根是如何生长的；在“水分进入植物体内的途径”一节，安排了“根适于吸水的特点”等内容。关于茎，则主要让学生理解以下内容：茎是枝条的组成部分，枝条是芽发育成的；茎具有适于运输水分、无机盐和有机物的结构——导管和筛管。关于叶，则主要让学生理解叶片适于进行光合作用和蒸腾作用的结构，叶片的光合作用和蒸腾作用及其在生物圈中的意义。关于花，主要让学生理解花适于

传宗接代的形态结构特点。

（6）注意反映生物科学的新进展

随着生物科学的迅猛发展，细胞水平和分子水平的生物学知识越来越重要，正在成为普通公民应当具备的科学素养的重要组成部分。基于这样的考虑，本书中这方面的内容有所增加，将近年来的生物科学成果在教材中做了适当介绍，如克隆哺乳动物、转基因生物、人类基因组计划等，有些列入教材正文，有些则供学生课外阅读。

3. 编写方式

教科书首先要让学生爱读，这是引导学生主动学习和自主探究的基础。教科书还应当给学生个性化的学习和探究提供较充分的空间，也应当为教师创造性地开展教学活动留有余地。从这些认识出发，本书在编写方式上有以下特点。

（1）探究指导的写法力求有利于引导学生主动探究

在“探究”的开始部分，先呈现问题情境，引导学生发现问题。在作出假设这一环节，指出作出假设的依据，或者描述有关情境，让学生根据已有知识和生活经验作出假设。

在制订计划这一环节，有的探究项目是在引导学生分析所提出的问题和假设的基础上，提供给学生参考的探究计划；有的探究项目是提出如何制订计划的思考题，让学生通过思考这些问题，厘清思路，抓住制订合理的探究计划的关键所在。在收集证据、得出结论等环节，则提示学生如何收集证据，观察、记录和整理探究结果，通过分析结果与假设之间的关系，得出结论。对相当一部分探究活动的材料用具和方法步骤不做严格的规定。探究项目一般还安排有“表达和交流”“讨论”等环节，以培养学生的信息交流能力，并引导学生对探究过程进行评价和反思。

为了使学生更好地理解和进行科学探究活动，避免机械地套用固定的探究模式，教材中关于“探究”的体例并非千篇一律。例如，在“测定种子的发芽率”这项探究中，就没有明确写出“作出假设、制订计划、收集证据，得出结论”等标题，而是通过“问题、思考、提示、讨论”来引导学生探究怎样测定种子的发芽率。

（2）注重从学生的生活经验出发，避免从理论到理论

从学生已有生活经验出发，引导学生学习和探究，符合现代教学设计原理。从概念到概念，从理论到理论，或者先讲概念后举例的方式，都不利于激发学生兴趣。例如，关于藻类植物，教材并非先讲什么是藻类植物，而是从生活中常见的现象说起，自然引出藻类植物这一主题。

（3）教学内容具有一定的开放性

要促进学生学习方式的转变，教材的功能也应当有所转变。教材不仅具有释疑解惑的功能，而且具有启疑生惑的功能。在这次课程改革中，应当更多地关注如何诱导学生发现问题、提出问题、自主探究。学生在学习过程中产生各种疑问是可喜的事情，没有疑问反倒可悲。教材中有不少知识内容并没有给出结论，而是只提出问题，建议学生自己寻找答案。对有些活动内容的材料用具和方法步骤并未做过死的规定，而是给教师创造性地教、学生创造性地学留有较充分的空间。这样就使教材在一定的程度上是一个开放的体系，一个向教师和学生开放的体系，具有一定的可塑性。

（4）作业题加强引导学生的知识迁移和发散思维

作业系统是教材的重要组成部分，既有练习和巩固所学知识的功能，又有培养能力的功能，还对学生的情感态度具有潜移默化的影响。本教材作业系统的设计有以下几点改进：一是加强引导学生的知识迁移和发散性思维，以培养学生应用知识解决实际问题的能力和创造性思维品质；二是体现学习策略的指导，帮助学生对所学知识进行处理，使之条理化、结构化；三是广泛联系人类的生产和生活实际以及社会问题实际；四是体现科

学与人文的沟通和融合，有利于学生精神领域的全面发展。

（5）设置课外阅读栏目

设置课外阅读栏目是为了拓宽视野，帮助学生认识生物学的价值，渗透人文精神。这些栏目包括“科学·技术·社会”“科学家的故事”“与生物学有关的职业”“生物学与文学”。“科学·技术·社会”栏目旨在反映科学、技术和社会之间的互动，帮助学生建立科学的价值观。“科学家的故事”栏目旨在反映科学发展的过程，帮助学生认识科学的历史和本质。“与生物学有关的职业”栏目旨在反映生物学与职业的联系，帮助学生认识学习生物学的意义。“生物学与文学”栏目旨在反映生物学与文学艺术的联系，渗透人文精神。

（6）文字表达力求通俗、准确和生动

文字表述力求在准确的基础上，尽量亲切自然，拉近学生与教材的距离，同时拉近学生与科学的距离。教材中配有大量彩色图片，版式设计力求美观活泼，以激发学生的阅读兴趣。

高中生物新课标的课程结构[①]

由中华人民共和国教育部制订的《普通高中课程方案（实验）》（本文以下简称《方案》）和《普通高中生物课程标准（实验）》（本文以下简称《高中生物新课标》）已相继公布，2004年9月将在若干实验区正式开始实验。《方案》涉及普通高中教育的培养目标、课程结构、课程内容、课程的实施与评价等诸方面的改革，《高中生物新课标》力图在生物学课程中体现这些改革的要求，于是与我们习惯了的高中生物学课程有显著的差别，引起了生物科学教育工作者的深切关注。本文仅对课程结构做简要的介绍。

1. 高中生物新课标课程结构简述

《方案》规定普通高中课程的结构，由学习领域、科目、模块3个层次组成；8个学习领域分别是语言与文学、数学、人文与社会、科学、技术、艺术、体育与健康和综合实践活动。生物属于科学领域，科学领域中还有物理、化学和地理的一部分。因此生物课程是科学课程。

还要说明的是课程的修习将实行学分制管理。必修模块是确保所有高中生都达到共同要求，选修模块是在达到共同要求的基础上，满足学生在不同学习领域中进一步发展（有个性的发展）的需要（选修又分成Ⅰ和

① 本文原载于《生物学通报》2004年第2期。

Ⅱ，Ⅰ是国家规定的，Ⅱ是学校自主开发的）。无论必修或选修，每一模块学习并通过考核后，可获得2学分，每学分需18学时学习，因此，每个模块为36学时。为便于安排，每学期分为两学段安排课程，每学段10周，其中授课9周，复习考试1周。如此，1个36学时（2学分）的模块，若按周4学时安排，将在1个学段内完成。生物的3个必修模块，各为36学时（2学分），合并计算为108学时（6学分），可在3个学段（1.5学期）完成。至于选修模块的学习，学分、学时、学段和必修是一样的，但所有科目的选修模块，都允许零选择、选部分或全选，以有利于满足学生不同的兴趣和个性差异，形成个性化的课程修习计划。这是我国高中课程结构改革方面的划时代的进步，充分体现了以学生发展为本的教育理念，连同必修模块一起，从课程结构上保证了适应社会需求的多样化和学生全面而有个性的发展。

国家还对学生毕业的学分做宏观调控。即学生每学年在每个学习领域都必须获得一定学分，3年中总学分达到144分方可毕业。其中必修学分为116（含生物的6学分），选修Ⅱ（学校自主开发的）至少6学分，选修Ⅰ（国家规定的）不能低于22学分，高线不限（以上请参阅《方案》的课程设置及其说明）。

中学生物学教师关心的生物科目学时（学分）的多少问题，《方案》规定科学领域中地理、物理、化学、生物，其必修学时和学分是相同的，即改变了过去厚此薄彼的不正常状况。

2. 高中生物新课标的模块设计

《方案》对模块有清晰的表述："每一科目由若干模块组成。模块之间既相互独立，又反映学科内容的逻辑联系。每一模块都有明确的教育目标，并围绕某一特定内容，整合学生经验和相关内容，构成相对完整的学习单元；每一模块都对教师教学行为和学生学习方式提出要求和建设。"

看来清晰，但要落实到生物学课程的模块设计的具体实践中，并非易事。我们已经习惯了高中生物学课程，无论我国还是多数国家，基本上是不同形式或有不同重点（如美国BSCS的不同版本）的《普通生物学》，一本书，概而全。当然，在有些国家，由于各种原因，教师的教学内容选择比较宽松，可以在一本书中，多教或少教某部分的内容。以模块方式构建高中生物学课程的为数不多。这就是说，可参考的不多，必须创新，而创新不只是难，还有风险。“十年树木，百年树人”，教育尤须“风物长宜放眼量”。我们至少必须解决以下的问题。

- 以科目内容为基础，根据生物科学素养的社会需求和生物学科发展的现状，将内容分化为若干相对独立和完整的学习模块。
- 以模块组织课程内容时，既要确保学生终身学习和发展需要的基础内容，又要反映现代生物科学发展中与社会和个人生活最密切的方面以及某些“生长点”。
- 模块的选择和厘定，要区分哪些是共同基础，哪些是满足学生不同兴趣和个性差异。共同基础不可太宽或太窄，多样化也不可太杂或太碎，不可变成“课程超市”。
- 模块的数量，特别是必修模块的数量受到严格的规定：不能超过3个，因为所有科学领域的科目，均为6学分，108学时，每一模块2学分，36学时，1个学段内完成。
- 还需考虑我国教师队伍的适应状况，各学校课程资源的状况，高考考试组织和实施的难易程度……

就是在这样诸多考虑之中，并多方面征询意见，特别是两院院士代表的真知灼见，最终诞生了现在的3个必修模块：“分子与细胞”“遗传与进化”和“稳态与环境”；3个选修模块：“生物技术实践”“生物科学与社会”和“现代生物科技专题”。

《高中生物新课标》在课程设计思路中，对必修模块、选修模块设计的依据和它们的教育价值，还有在实施中两者的关系，有简明的表述：

“必修模块选择的是生物科学的核心内容，同时也是现代生物科学发展最迅速、成果应用最广泛、与社会和个人生活关系最密切的领域。所选内容能够帮助学生从微观和宏观两个方面认识生命系统的物质和结构基础、发展和变化规律以及生命系统中各组分间的相互作用。因此，必修模块对于提高全体高中学生的生物科学素养具有不可或缺的作用。”

生物科学的内容浩如烟海，若提出这要增加，那要补充，都是有道理的。但对于提高学生生物科学素养的适切性而言；对于浩浩荡荡、激越飞腾的生物科学发展而言，这样的精心遴选，更是有道理的。另外，3个模块相对独立，又以“生命系统”而整合。

“选修模块是为了满足学生多样化发展的需要而设计的，有助于拓展学生的生物科技视野、增进学生对生物科技与社会关系的理解、提高学生的实践和探究能力。”“拓展”“增进”“提高”，是分别针对3个不同选修模块的教育价值和对应的学生群而言的，使选修模块内容的总体涵盖面较宽，又避免了专业化的倾向。

“学生在学习了生物1的内容之后，既可以先学习生物2的内容，也可以先学习生物3的内容。在修完必修模块的基础上，进行选修模块的学习。”反映了模块的相对独立和相互联系。

设计思路还对每个模块在高中生物课程中的价值分别做了说明。至于每一模块的具体内容标准和活动建议，《生物学通报》将分别以专文介绍。

模块设计的工作是否就终止于此？没有。更困难的任务是转化为模块式的教材，为学生的学习和教师的教学构建一个适用性好的教学平台。教育部组织过多次学习和研讨，普遍认为模块式的课程和教材，应当具有某些共同特征，如：

- 在符合本课程总体目标的前提下，要体现本模块内容的教育价值；
- 确切地反映本学科一个或一组的主题或核心概念；

● 一个模块应有主要的、贯彻始终的科学思想观念和科学方法；

● 一个模块应有学习探究的共同情境，或随着问题的深入，情境有相适应的变化，情境可以是社会的、生活的、科学实验的等；

● 一个模块应体现内在的逻辑线索，同时又是开放的，即动态的、普遍联系的。

上述这些，似乎是课程专家要研究的问题，但教材的编著者，乃至每一位执教的教师，都是不能不考虑的。高中生物新课程的模块式设计，在教材中、教学中如何以崭新的面目出现，实践远难于理论上的勾画。现在还只是一枝蓓蕾，花开时节如何，只能拭目以待。

3. 新课程结构对教学提出了新要求

新的课程结构是为了更好地实现此次提出的普通高中教育的培养目标，也是为了更有利于课程内容的时代性、基础性、选择性的体现，同时必定要引起课程管理、实施、评价诸方面的变革。对学校和教师来说，面临着新的机遇和挑战。未雨绸缪，不妨做一些预测和展望。

（1）从课程结构的总体设计来看，高中生物课程与其他自然科学课程同属科学领域，而且在必修部分的学分分配上和理、化、地等同。这一方面有利于我国科学教育中长期存在的重理化、轻生地的状况的改变，使生物科学教育恢复应有的地位和尊严；另一方面对生物学教师发出的明确信息是：你是一名科学课程的教师，应该按照科学课程的教育规律来组织教学。

（2）现在由3个必修模块和3个选修模块组成的高中生物学课程，其内容的深度和广度都前进了一大块。例如，我们从来没有分别用36学时来学习分子与细胞、遗传与进化、稳态与环境这样的核心内容。学时增加，内容集中，其深广度可想而知。又如，过去的选修课也有几大生物工程，但没有专门的生物技术实践、生物科学与社会这样的内容，新课程做了全面的扩增。这样，一方面将能提高高中生物学课程在学校教育中的地位。尽管高中仍是面向大众的基础教育，但若一门课程被人为地降低难度、宽度，既影响它在提高国民素质中的作用，也波及本课程的地位，这方面是有历史教训的。另一方面，作为教师，我们必须问自己：我为深广度提高了的课程的教学做好准备了吗？如果你的教学不能使学生有兴趣，不能化难为易，对学生的人生选择和规划起不到积极的作用，那么，精心设计的课程结构和内容，将付诸东流。

（3）《方案》指出要合理而有序地安排课程，“高中一年级主要设置必修课程，逐步增设选修课程，学生可跨班级选修。”这就意味着3个必修模块应在高一年级修完，比之过去，降低了年级，学生相关的数、理、化基础不足，教学的难度又增加了。另外，选修原则上在必修之后，这就意味着，如若你教不好必修，还有几多学生来选修生物学课程呢？学生的兴趣，专业和职业的选择，常常受教师教学的影响，这是不争的事实。《方案》还指出：“学校要鼓励学生在感兴趣、有潜能的方面，选修更多的模块，使学生实现有个性的发展。”在你的岗位上，在各学科的竞争中间，你有多少胜算？

（4）你为参与以校为本的教学研究做好准备了吗？《方案》指出：“鼓励教师针对教学实践中的问题开展教学研究……使课程的实施过程成为教师专业成长的过程。”新课程的制订和实施，本质上是教育科学研究和教育改革。这种研究和改革，并不仅仅倚重专家的高瞻远瞩，更须根植教育、教学的实践。万千教师的研究和改革实践的洪流，将冲刷陈腐，涌现新的经验乃至新的理论。

（5）没有丰富的课程资源，将难以实施新的课程。尤其是作为科学教育领域的生物学课程，需要动手动脑“做科学”；需要把课堂和社会生活、生产、科学实验相融通；需要教学过程和现代信息技术相整合；需要因地制宜、因校制宜实施生动活泼的教学。凡此种种，要求我们积极投身于课程资源的开发和建设中，创造性地利用各种课程资源。这并不都是教学行政部门、校长的事，因为只有你才是你的学校中学科教育方面的专家……

新的机遇和挑战，还可列出若干。

“无边落木萧萧下，不尽长江滚滚来。”高中生物新课程的结构，来之不易，其实施，任重而道远。新陈代谢，推陈出新，未有穷期。

我对“提高生物科学素养”的理解①

无论是义务教育还是普通高中的生物课程标准（实验稿），都把“提高生物科学素养”作为课程的基本理念之一。以往的生物教学大纲都没有这样明确的提法，因此，很有认真学习的必要性。本文就谈谈自己学习的一些心得，以期与同行交流。

1. 追本溯源，加深理解

课程标准中使用“提高生物科学素养”（或物理学素养、化学素养等），其直接源头是素质教育的提出。一段时期里，对教育应该培养学生哪些素质有许多解析，但各种解析均包含科学文化素质这一条。到底称“素质”，还是称“素养”，引起了一些教育家、心理学家的争议：素质似乎是先天的，素养才是教育培养的。但“素质教育”的用法已约定俗成，也就流行开了。因此，科学教育的核心任务是提高科学素养，直接源自素质教育的推行。

具体到各课程标准的使用，还是借鉴了1996年推出的《美国国家科学教育标准》。该标准的“第二章　原则与定义”，对“有科学素养”进行了定义：“有科学素养是指了解和深谙进行个人决策、参与公民事务和文化事务、从事经济生产所需的科学概念和科学过程。有科学素养还包括

① 本文原载于《中学生物教学》2006年第1期。

一些特定门类的能力。”和我们生物课程标准中的提法应是大同小异。但《美国国家科学教育标准》在上述定义下，有一段更具体的描述，为了印象深刻，我把它拆成六段罗列如下：

（1）有科学素养就意味着一个人对日常所见所经历的各种事物能够提出、能够发现、能够回答因好奇心而引发出来的一些问题；

（2）有科学素养就意味着一个人已有能力描述、解释，甚至预言一些自然现象；

（3）有科学素养就意味着一个人能读懂通俗报刊刊载的科学文章，能参与就有关结论是否有充分根据的问题所做的社交谈话；

（4）有科学素养就意味着一个人能识别国家和地方决定所赖以为基础的科学问题，并且能提出有科学技术根据的见解来；

（5）有科学素养的公民应能根据信息源和产生此信息所用的方法来评估科学信息的可靠程度；

（6）有科学素养还意味着有能力提出和评价有论据的论点，并且能恰如其分地运用从这些论点得出的结论。

我不厌其烦地引用这六条，一是因为不是每个生物学教师都读过，二是因为它阐释得非常到位，既是应达到的高标准，又是着力于人的行为和能力的描述，从而对我们的教学有现实的指导意义。

有科学素养和有生物科学素养有区别吗？有区别，那是整体和局部的区别。不同人会以不同方式表现出自己的科学素养，对于生物课程来说，希望学生们能更多、更好地掌握和运用生命科学的概念和过程于生活和发展之中。

2. 科学素养，知识是基础

在新的生物课程标准中，把“提高生物科学素养”这一课程理念转化为课程目标的三个维度：知识、能力、情感态度与价值观。普通高中生物课程标准在分述三维目标后，还有一句点睛的话："课程具体目标中的知识、情感态度与价值观、能力三个维度在课程实施中是一个有机的整体。"这显然是说它们是相互联系的、互补的、不可偏废的。但讳言谁更重要一些。就在这个课程标准中，在阐释了什么是生物科学素养后，加了一句至关重要的话："它（指生物科学素养）反映了一个人对生物科学领域中核心的基础内容的掌握和应用水平，以及在已有基础上不断提高自身科学素养的能力。"我非常欣赏这句话，这个意思没有在具体目标中去说，而是升格到课程的基本理念中来讲，事实上它道出了"科学素养，知识是基础"这一命题。

提出这个问题是有针对性的。在此次课程改革的前前后后，确实在某些同志的话语中，某些教师的教学实践中，有一些尚可争议的偏差，如"会学比学会更重要""学习过程比获得结果更重要"等。猛一看，这是由于强调会学以应对知识迅猛增加的需要，为了强调学习过程的教育价值而淡化对结果、结论的追求。也许都是好意，但其片面性也是显而易见的，这些说法大多搬用了某些国外的理论，以增强说服力。正本清源，也许还是引用《美国国家科学教育标准》的话来说明为好。本文前面已引述了它关于"有科学素养"的定义，是落到了"所需的科学概念和科学过程"及一定门类的能力上的。它还说："实施国家科学教育标准意味着要获取科学知识，要培养领悟科学的能力。科学知识指的是科学事实、科学概念、科学原理、科学定律、科学理论和科学模型，科学知识是可以通过多种途径来获取的。一个人要领悟科学就得将多种多样的知识——包括科学上的各种思想观念、这种思想观念与那种思想观念之间的相互关联、存在此种相互关联的缘由、运用这些思想观念来解释和预测其他自然现象的方式以及将此类思想观念运用于许许多多事情上去的方式等综合在一起。"这段文字是典型的、美国式的冗长，但非常全面和严谨。简言之，科学教育中科学知识极为重要，它包含事实、概念、原理、定律、理论、模型，以及科学思想观念的互相联系和运用。以“舶来品”回应“舶来品”，是否更有说服力？

重视基础知识的学习，是我国基础教育的悠久传统。问题是知识内容的时代性、选择性，它的更新速度都较滞后，另外，在学习基础知识过程中发挥学生的主体精神、创造精神不够，这些是应该改革的。科学是人类认识自然过程中形成的知识体系，这是科学的本质特征之一。因此，科学素养的提高，是建立在掌握科学的基础知识之上的。2000年，在《我和中学生物科学教育》这本书中，在论述生物科学知识在教学中的重要性时，我曾说：“在这里，知识仍然是基础、是先导、是载体，为实现学生的健康发展，不可以不强调这个‘基础’‘先导’‘载体’，像目前流行的某些时髦理论那样，知识可以放到教育目标的最后一位，即变成能力—态度—价值观—知识，甚至知识越少越好。现行中学生物课程的内容，不是知识多了，而是选取不当或组合不当，或教学与评价的原则和方法不当。培根的‘知识就是力量’，并没有过时。信息社会，使知识的传递、加工、储存可以信息化，而不是不要知识。知识经济、知识社会，就在我们前头，是人类几千年文明发展的新进展。因此，学校教育要促进学生的健康发展，要以最好的学习方式给予学生最基本的、最基础的、最有用的、现代人不可缺少的知识营养。”

说了这么多，就是为了在提高学生的生物科学素养时，不要忘了仍要重视生物科学领域中核心的基础内容的掌握和应用。在我的脑海中，不禁浮现出“T”形台上的时装秀，无论多么的五彩缤纷、眼花缭乱，甚至怪异，但衣总是衣，裙总是裙，不能舍去长裙的基本特征和功能啊！

3. 提高素养，优选探究

提高生物科学素养的教学途径多种多样，但探究性学习是最好的教学策略、方式之一，所以无论是义务教育还是普通高中生物课程标准，都把

“倡导探究性学习”作为基本的课程理念提出。

科学的本质究竟是什么？综合多方面的论述，大体如下：（1）科学是人类在认识自然的过程中形成的知识体系；（2）科学蕴含着探索过程中形成的思想、方法和丰富的情感；（3）科学知识的形成过程是承前启后和开放的；（4）科学和技术是密切相关的，广义的科学包含技术，以设计为核心的技术也以探究为特点。

因此，从科学的本质出发，倡导探究性学习正符合科学本身的特点。从生物课程的三维目标来看，探究将自主地达成知识目标，在探究的过程中学得方法、发展能力，在探究中培育正确的态度、情感与价值观，可谓一箭三雕。尽管探究性学习费时多，组织难，不易驾驭，但对提高科学素养的效益高，对理解科学的本质大有裨益，舍此，还没有更好的策略和方法。

于是，我们看到在《美国国家科学教育标准》中，探究不仅仅放在教学的策略和方式之中，而且升格为科学教育的八大内容之一。在新课程义务教育生物课程标准中，内容标准共十个主题，第一个主题就是科学探究。因此，我们也是既把探究作为学习的策略、方式，又把它列为学习内容。策略、方式是可以选择的，课程内容是国家教育意志的体现，没有选择的余地，必须落实。

因此，提高生物科学素养，应优选探究。一是要坚决不要犹豫，克服客观条件的困难和主观的不习惯，努力尝试并积累经验。二是可以把探究分解为多侧面的活动，各个击破，如《美国国家科学教育标准》所分解的那样：（1）需要观察；（2）需要提出问题；（3）需要查阅书刊及其他信息源以便弄清楚什么情况已经是为人所知的东西；（4）需要设计调研方案；（5）需要根据实验证据来检验已经为人所知的东西；（6）需要运用各种手段来搜集、分析和解读数据；（7）需要提出答案、解释和预测；（8）需要把研究结果告之于人；（9）需要明确假设，需要运用判断思维和逻辑思维，需要考虑可能的其他解释。

《美国国家科学教育标准》中还指出："学生在学习探知自然界的科学方法时将会参与科学探究活动中的某些方面的工作。"这些"需要"就是某些方面的工作。于是，在我们的教学过程中，可以分项渗透，泛化于不同的学习内容之中，分别训练，不断训练。实际上教材设计中有许多不同的学生活动栏目，就是想帮助教师带领学生完成探究活动的某些方面，这对于大多数教师来说，基本不会有困难。三是要有机会完成完整的探究活动。这是难度较大的一块。教科书中就准备了适量的这类探究活动。它们的特点是：尽可能反映探究的全过程；紧扣教学的核心内容；分别突出某些探究能力的要求。这样就会少而精。当然，这只是教科书编撰者的想法，结合学校课程资源的情况，学生的水平，教师可以修正、完善或予以补充。

提高素养，优选探究，并不是说探究性学习的教学方法是万能的，由于学习内容如此丰富，且学生的学习基本上是习得间接经验，不可能也不应该事事都亲临探究，直接感受。教学策略方式的多样化和适切性，仍需要我们不断地创造和应用。传统的教学策略方式也应筛选、继承和发展。

4. 心系社会，模拟决策

科学素养也可简约地概括为一个人的爱科学、学科学、做科学和用科学的水平。用科学应是最高的境界。在前述《美国国家科学教育标准》中的"有科学素养"的六条中，有一条是以大型的黑体字醒目地横贯于页面的中央，它就是"有科学素养就意味着一个人能识别国家和地方决定所赖以为基础的科学问题，并且能提出有科学技术根据的见解来。"这句话的内涵是很丰富的，它不仅告诉我们，科学素养并不仅仅是反映在获得科学课程的优秀成绩或升入一所好学校上，还告诉我们，有科学素养不是只适应于教室中、实验室中去习得知识、掌握方法和技能，要关注社会生活、生产、发展中的科学。它更使我们明白，一个有科学素养的现代社会公民，要以自身的科学素养去参与社会的决策，推动社会的进步。而我国飞速发展的社会主义建设，已高扬着科学发展观、循环经济、环境友好、以人为本、社会和谐的旗帜，更激励着我们科学教育的改革，培养具有科学素养，勇于参与决策的一代新人。

学生可以而且应该有一部分时间用于社会调查、社会服务、社会实践，如新课程中的综合实践课。但是在更多的学科课程中，如生物课程中，更多的是心系社会，创设情境，模拟决策，使学生生物科学素养的提高融于科学、技术、社会的相互关系之中。在我们义务教育和普通高中生物课程标准的教学建议中，都有“落实科学、技术、社会相互关系的教育”的建议；在内容标准所列的活动建议中，约有四分之一的活动与此相关；在高中选修模块中，有一个模块就是“生物科学与社会”；在各种版本的实验教材中，都有科学、技术、社会的专栏或专项活动，引导学生在真实的问题情境中，参与讨论、辩论和决策，甚至向相关部门提出建议。所有这一切，我把它称为：心系社会，模拟决策。

我在《我和中学生物科学教育》这本书中曾写道，要让社会生活、生产、发展中与生物科学有关的问题进入学校课堂，进入学生的学习活动，让学生在学生时期就尝试扮演社会角色，以培养社会的人。在这个过程中必定会发展学生多方面的能力，特别是适应社会生活的诸多能力，如调查研究的能力，与人沟通合作的能力，乃至做决策的能力，还会有创造性的见解。这也是培养科学态度、人生态度，形成正确的价值取向的重要途径。

希望我们的教师，在提高学生生物科学素养的教学中，能够把这类教学内容与教学活动，放在重要的位置上，获得更好的效益，创造更多的经验。本文所谈，着重于一些理解和体会，不是全面的论述，不妥之处请读者批评指正。

我们对教学实践的期待①

《全日制义务教育生物课程标准（实验稿）》[本文简称《生物课程标准（实验稿）》]自2001年颁布以来，历经了十年的教学实践。2003年至2011年3月，生物学课标修订组曾三次广纳各方面的意见，分析《生物课程标准（实验稿）》中存在的问题，并紧跟国际科学教育的发展，对它进行多次研讨，几度增删，并最终形成《义务教育生物学课程标准（2011年版）》。为了方便教育一线的领导和广大生物学教师对新修订的课程标准有较深入的理解，更好地开展教学实践工作，谨列出几个方面，和大家交流。

1. 重申了生物学课程的科学课性质

在此次修订过程中，生物学课程标准“课程性质”部分的第二自然段是完全重写的，这是起首的一段话。我国中学阶段的生物学课程教学已有近百年的历史。百年沧桑，潮起潮落，却总有一个问题没有得到彻底解决。或者说，在学者那里是清楚的，在中小学并没有解决，那就是生物学科归属的领域问题。君不见，一提理科（源于日本，实为科学），就必称数、理、化，却未见生物学（还有地学）。此事由来已久，在目前的中学里仍然存在。就是这次课改以来，由非生物学专业教师来担任生物学教学

① 本文原载于《基础教育课程》2012年第2期。

的，在初中仍然比比皆是，由文科教师兼任生物学教学的数量也很大。例如，某省七市、州2011年初中校总数为1 280所，生物学教师2 999人，其中生物学专业教师792人，只占26.4%，而非生物学专业教师2 207人，占了73.6%。从教师的人事安排上看，大量非生物学专业的、非科学教育专业的人员在执教生物学课程。生物学课程体现科学精神，当何等艰难！无论出自何种客观困难，这总应在改革之列。

即使是生物学专业教师，也不能说在教学实践中就能很好地体现生物学课程的科学课程性质和要求。《义务教育生物学课程标准（2011年版）》要求“既要让学生获得基础的生物学知识，又要让学生领悟生物学家在研究过程中所持有的观点以及解决问题的思路和方法”。一个“既要”，一个“又要”，但在现实的教学实践中，如果是专业的生物学教师执教，在“既要”上基本上做得较好，即知识目标落实得好一些，而在“又要”上就不一定做得好。“又要”，反映的是科学的基本观点、科学研究的方法，还有对科学技术和社会相互关系的理解。这些，很多时候并不直接反映在具体的“内容标准”的条目中或教科书的知识描述中。抓住了知识要点，并不就能“自动”地完成这些重要的教学任务。反过来说，这些重要任务的完成，也影响知识性目标的有效落实，及其应有的深度和广度。十年来，教师们付出了许多艰辛，也涌现了一批真正凸显科学课特征的生物课，但远远不是大多数。至于非生物学专业教师执教的课，就更不予苛求了。因此，修订后的生物学课程标准重申并完善了初中生物学课程性质的描述：“其精要是展示生物科学的基本内容，反映自然科学的本质。”如若没有落实好上述的“又要”，那么就反映不了自然科学的本质了。学习落实生物学课程标准，生物学教师在教学实践中继续努力吧！

2. 完善了对探究性学习的要求

倡导探究性学习，是《生物课程标准（实验稿）》中提出的课程基本理念之一。可以说，十年生物学课程改革，一线教师教学的专注点、兴奋点，大都聚焦于此，颇有建树。但也存在一种倾向，即有相当一部分教师仅仅把探究性学习当作一种教学策略和方式。我们经常可以看到或读到关于某内容的探究性教学、探究性教学模式的研究等，而且不管何种教学内容，一律要求进行探究性教学。更有甚者，不管是何种性质的内容，教师总会伴随授课过程（其实是讲授或启发式教学），在板书或投影屏幕的一侧逐一标出，这是提出问题、这是作出假设、这是制订和实施计划、这是得出结论等，意在表示这堂课是在探究性学习。听着都很累。这既是探究性学习的被狭隘化——探究性学习窄化为一种教学方式，又是探究性学习的被泛化——事事处处皆探究。因此，《义务教育生物学课程标准（2011年版）》对探究性学习的定义和实施做了明确的表述，希望教学实践中减少片面性和形式主义。

让我们回到《义务教育生物学课程标准（2011年版）》对科学探究的定义。

科学探究是科学家工作的基本方式。在生物学课程内容中，无论是科学事实的真实描述，还是科学原理、规律的揭示，以及科学概念的形成及其应用，都是一代代科学家辛勤劳作、深入探究的结晶，它们构成了一幅璀璨辉煌的历史画卷。因此，科学史或科学发现中的重大事件，是学生学习科学探究的最好素材，在课程标准中、在教科书中、在教学实践中都要精心选取。学生在有限的学习时间内，不可能事事都亲历探究，间接地了解科学探究的历程，领悟科学家工作的思想、方法和精神，是主要的学习渠道。教学中精心选取科学史中的材料和现实中科学家的研究工作，并将它们有机地、自然地组织到教学之中，就是开展探究性学习的一个方面。

科学探究也是科学课程中重要的学习内容。这应如何理解？首先，义务教育阶段生物学课程的内容标准，包括十个一级主题，第一个主题就是科学探究，因此，它是学习的重要内容之一。其次，《义务教育生物学课程标准（2011年版）》在“理解科学探究”的标题下明确提出：在“教学中，教师要帮助学生形成以下重要概念”，即：• 科学探究是人们获取科学知识、认识世界的重要途径；• 提出问题是科学探究的前提，解决科学问题常常需要作出假设；• 科学探究需要通过观察和实验等多种途径来获得事实和证据；• 设置对照实验，控制单一变量，增加重复次数等是提高实验结果可靠性的重要途径；• 科学探究既需要观察和实验，又需要对证据、数据等进行分析和判断；• 科学探究需要利用多种方式呈现证据，数据，如采用文字、图表等方式来表述结果，需要与他人交流和合作。

这些都是重要概念，要求的水平是“理解”。因此，科学探究是学生必须学习的内容。

科学探究也是有效的教学方式。《义务教育生物学课程标准（2011年版）》在“教学建议”部分，提出“引导并组织学生进行探究性学习”，这里讲的是“有效的教学方式”，如：需要为探究性学习创设情境；应该鼓励学生自己观察，思考、提问，并在提出假设的基础上进行探究活动方案的设计和实施；注意探究性学习活动的课内外结合；重视探究性学习报告的完成和交流；探究性学习不是全部的教学活动（指应结合具体的教学内容，采用多种不同的教学策略和方法，达到教学目标）。

总之，教师要通过科学探究帮助学生了解科学家工作的基本方式，理解科学探究包含的重要概念：要在教学中选取合适的内容，组织学生进行正确的科学探究活动，有些是全程性的，有些是局部的。这样做，才是全面地、正确地落实“倡导探究性学习”的要求。

3. 肯定了“内容标准”十大主题的适切性

对于课程标准的编制者和修订者来说，最揪心的一件事，就是“内容标准”部分选取的十大主题及其设计思路中突出人与生物圈的考虑等，能否为教育行政领导部门、生物科学的专家学者和广大生物学教师认同和支持。原来初中生物学课程是植物学、动物学、人体生理卫生三门课并列，现合并为一门课程——生物学。如此大的变化，内容的取舍、组织就很艰难。十年前，在制订《生物课程标准（实验稿）》时，课标研制组曾为此做过大量调查研究，参阅过许多国家相应的课程标准或大纲，征询过许多专家学者的意见，特别是听取了广大一线教研人员和教师的意见，最终决定走自主创新之路，从而形成了我国《生物课程标准（实验稿）》中学习内容的十个一级主题及相关说明中的“课程设计思路”。这是自中华人民共和国成立以来第一个初中阶段生物学的综合课程，不再分科，应属首创。此次在修订意见的征集过程和专家的审议中，大家一致肯定了十个主题框架，因此框架并未改变。欣喜之余，我对教学实践提出如下期许。

希望教科书的编制者能更深入地探讨这十个一级主题的相互关系，各自在教科书中的地位和作用，前后如何衔接，轻重如何，如何有利于教学和学习。近年来这方面也有许多研究成果，值得参考，如教育部基础教育教材审定工作办公室编撰的《新课程实验教材精粹选评·生物卷》、赵占良撰写的《中学生物学教材编制的基本理论问题刍议》等。不过，在《生物课程标准（实验稿）》颁布后，教科书版本虽然实现了多样化，但大多迫于时间仓促，成书迅捷，研究不够，尚有很大的改进余地。

希望一线的教师们，备课不能只备教科书，要学习生物学课程标准中对内容的各项要求，切实把握好各具体内容所使用的行为动词，以把握好教学的深度、广度，认真研讨各内容之间的相互关系；帮助学生掌握好“内容标准”中列出的重要科学概念；“内容标准”中列出的实验、探究和其他学生活动，要创造条件，努力完成；应该从调动学生学习兴趣、提高

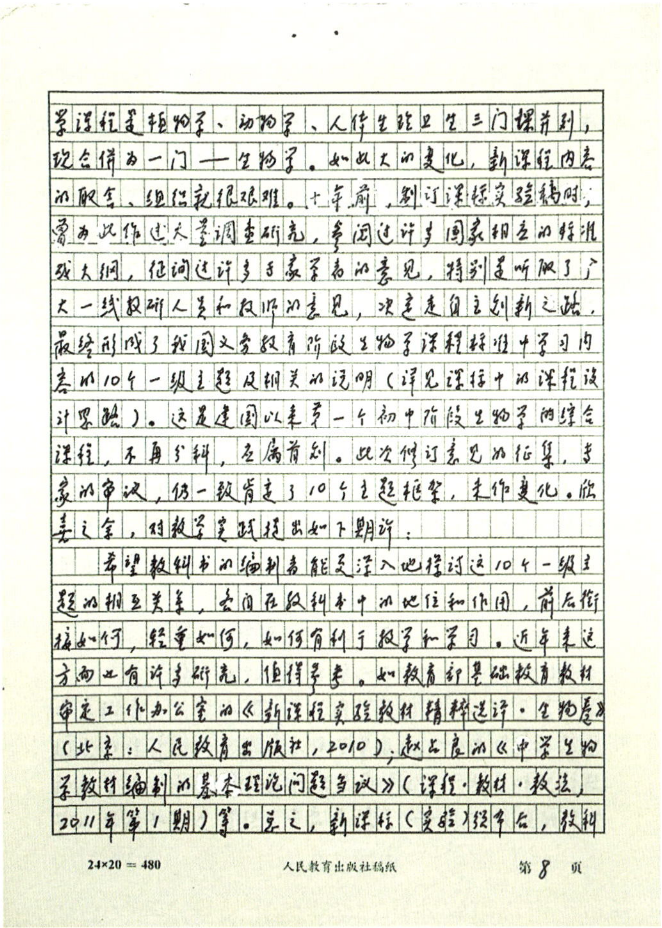
学课程是植物学、动物学、人体生理卫生三门课并列，现合併为一门——生物学。如此大的变化，新课程内容的取舍、组织就很艰难。十年前，制订课标实验稿时，曾为此作过大量调查研究，参阅过许多国家相应的标准或大纲，征询过许多专家学者的意见，特别是听取了广大一线教研人员和教师的意见，决定走自主创新之路，最终形成了我国义务教育阶段生物学课程标准中学习内容的10个一级主题及相关的说明（详见课标中的课程设计思路）。这是建国以来第一个初中阶段生物学的综合课程，不再分科，应属首创。此次修订意见的征集，专家的审议，仍一致肯定了10个主题框架，未作变化。欣喜之余，对教学实践提出如下期许：

希望教科书的编制者能更深入地探讨这10个一级主题的相互关系，各自在教科书中的地位和作用，前后衔接如何，轻重如何，如何有利于教学和学习。近年来这方面也有许多研究，值得参考。如教育部基础教育教材审定工作办公室的《新课程实验教材精粹选评·生物卷》（北京：人民教育出版社，2010），赵占良的《中学生物学教材编制的基本理论问题刍议》（课程·教材·教法，2011年第1期）等。总之，新课标（实验）经审定，教科

24×20＝480　　人民教育出版社稿纸　　第8页

◎ 该论文手稿示例

教学的有效性角度出发来选择适合的教学策略方法；还要根据地区、学校、学生的发展水平和要求，把握好“内容标准”的实施。此次课程标准修订中，咨询委员会专家曾提出，课程标准应为基本标准，即不排斥根据学生情况有进步的要求。

4. 强化了重要概念的学习

理科课程内容标准要凸显重要概念的传递，是此次课标修订的重要要

求。放眼国际科学教育界，近年来围绕科学概念的教学和核心概念的界定，有丰富的实践和论述。从科学探究的倡导到主动交流合作学习的学习方式的变革，进而到梳理学科核心概念和探求概念形成的教学规律，这是对科学教育研究的深化和完善。从生物学课程改革中基层的教学实践来看，尤其是初中阶段的教学，还存在忽视科学概念的有效形成，过多地注意了教学策略方法的多样化和学习的生动活泼等现象，有些课甚至华而不实，对此应予以引导、纠正。因此，此次课标修订强化了重要概念的学习。具体体现在以下几个方面。

一是在十个一级主题下均标出“教学中，教师要帮助学生形成以下的重要概念”。这样列出以后，就对教学有了明确的指导和要求，也便于对学生学业成绩进行测评。

二是在“教学建议”部分增加了“关注重要概念的学习”，对教学实践予以指导。还对概念、生物学概念、生物学重要概念给出了解释。请老师们注意，在教学中要注意生物学事实和概念的联系和区别、一般概念和重要概念的联系和区别。这有别于课改前讲的加强基础知识教学的笼统提法。

这里又对概念传递的方式做了解释，强调“用描述概念内涵的方式来传递概念可以更好地针对学生的年龄特点和认知能力来确定概念教学的深度和广度”。这意味着概念教学不应要求学生死记硬背科学术语，也不应超越学生认知水平求全求深。这里还提出：“教师在设计和组织教学活动时，应注意围绕重要概念展开。教师要精选教学内容，采用多样的教学方式，以促成重要概念的建立、理解和应用。”这就是说，我们的课不能搞得很杂、很乱，要有中心，这中心间接、直接地指向重要概念的形成，在教学中关注学生对重要概念的理解和应用。

最后，还对概念教学的一般过程做了阐明和提示。在此不赘述。

5. 补充了“生物的多样性”中动物的类群

“内容标准”中的第八个主题是生物的多样性，包含生物的多样性、生命的起源和生物进化两部分。在此次修订过程中，有关专家学者和生物学教师对《生物课程标准（实验稿）》的相关内容提出了意见：无脊椎动物仅提及环节动物、节肢动物，缺少许多常见的、在自然界具有重要作用、和人类生活息息相关的类群；脊椎动物中则缺失两栖类和爬行类。这不仅和生物多样性的主题难以契合，也给学生学习生物进化造成了困难，并对动物基本类群的内容有所削弱。这些意见是正确的。现在《义务教育生物学课程标准（2011年版）》中增加了无脊椎动物中的腔肠、扁形、线形、软体各类群，补上了脊椎动物中的两栖类、爬行类，使之相对完整。由此会带来教学中一些需要研究的问题。

一是增加了教学内容的总量。这样在教材编撰和教学中就要适当简化其他主题的内容，简化的应是非重要概念的内容。

二是不能回到课改前《动物学》的教学内容，如每个类群必讲述代表动物，而应着力于形态、结构的比较，理清进化脉络等。

三是应围绕本主题的重要概念之一“不同类群的生物各有其特征，在生物圈中具有不同的作用，保护生物的多样性极为重要”，以及“它们与人类生活的关系”来撰写教科书和组织教学。

四是本部分内容涉及大量的形态、结构的特征，在教学中教师不要搞死记硬背，要引导学生多观察标本、模型、图片，多识别常见种类，把握最本质的特征，以培养学生的观察能力、概括能力。

本次义务教育各科课程标准的修订审议工作，是在教育部领导下，坚持科学方法、坚持民主作风、坚持合作精神、坚持严格的程序，由方方面面的专家共同完成的。就《义务教育生物学课程标准（2011年版）》来说，还有许多修改之处，未列入本文，希望颁布后广大教师能细致研读，付诸实践，期盼初中生物学课程和教学的改革更上一层楼。

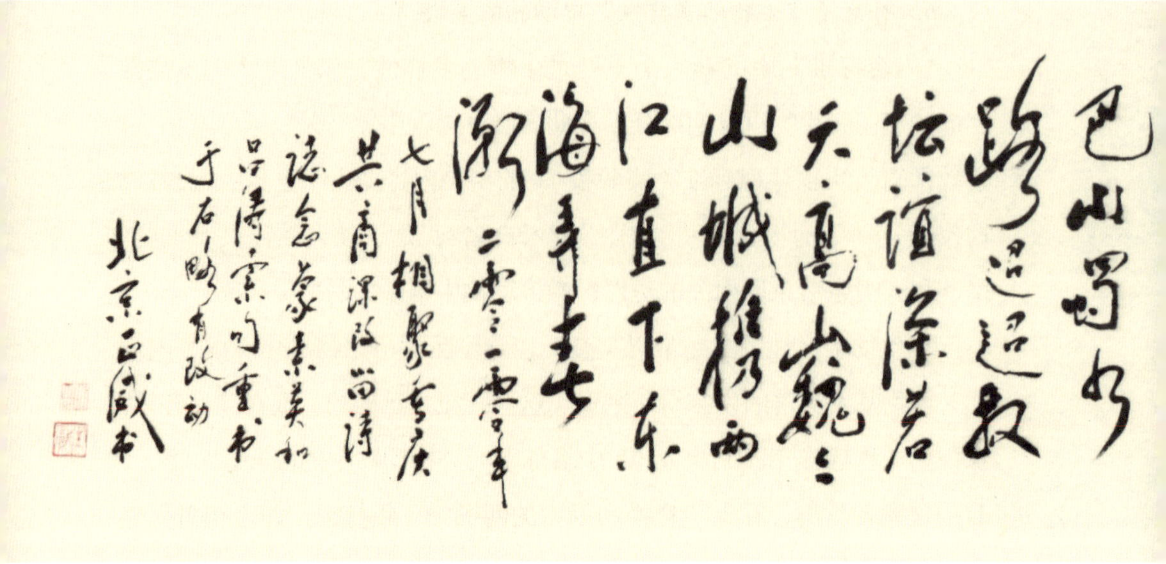

◎ 朱正威先生手迹①

◎ 创作现场

① 本幅作品完成于2010年7月26日，目前由重庆市教育科学研究院收藏。

编教材：我的圆梦之旅[①]

1999年，我应约参与人民教育出版社生物学新课程的开发建设工作。经历了人教社50周年、55周年社庆，现在又迎来了她的60周年华诞。我是一个执教中学生物学45年的老教师，蒙人教社的垂青，得以把悠长的教学生涯中的经验、体会融入生物学新课程的建设之中，是圆了一个梦，一个振兴我国中学生物科学教育的梦。

我是20世纪50年代中期进入北京师范大学附属中学执教生物学的，几乎使用过人教社编撰的各个生物学教材版本，我成长为一名好教师，这些教材功不可没。现在能参与新教材的立项申请、主编和培训工作，真是有缘！教材是最重要的课程资源，惠及上亿学生、万千教师，也关系人教社的声誉。回顾这些年，实在是诚惶诚恐。

在人教社60周年社庆到来之际，结合自己的圆梦之旅，我最想说的体会有以下三点。一是人教社求贤若渴，创设了一个宽松的学术环境。课程和教材的开发建设，是一个学术性很强的工作。没有各有所长的专家参与，没有畅所欲言、友好交锋的学术氛围，是不会编出好教材的。二是既要纵观国际教育的变革，又要立足于我国教育的现实，两者之间互动平衡，使教材既反映了先进性，又保持了普适性。人教社作为中小学教材的主流出版社，在这方面引导和把握得比较好。三是锲而不舍，精益求精。

① 这篇文章是2010年人民教育出版社60周年社庆之际朱先生写的，以纪念自己在人教社的工作。该文发于人民教育出版社微信公众号。

在某种意义上说，好教材是“改”出来的，“磨”出来的。勇于改，乐于改，在改中求得教材的完美，也在改中锤炼编者谦虚的胸怀、坚韧的作风。如今，人教社编辑出版的10册九年义务教育和普通高中的生物学教材已进入大江南北的万千课堂，我似已圆梦，其实还有漫长的“改”的路要走。

这些体会，也是我圆梦之旅的收获。因此，我感谢人教社给了我历练的机遇，成功的机会。2004年，我从事教育工作50年，恰逢第20个教师节，意外地在家中迎接了胡锦涛总书记的到访，作为教师的代表，接受总书记的节日祝贺。总书记说：“21世纪是生物科学的世纪，朱老师，你们生物科学教育应该大有可为了。”事也凑巧，当时茶几上放着刚刚出版的人教版高中生物学新教材，总书记翻阅后说：“教材内容很新，图文并茂，而且有许多学生活动，好！”真是对我和我们人教社的莫大鼓舞。

这个梦，真的很美丽！

第三部分 教师专业发展研究

要像海绵那样善于吸收
——关于自学的一点体会[①]

作为中学生物学教师，教学的主要任务是向学生揭示生命自然界发生、发展的客观规律。教师有限的知识和学生无限的求知欲这一对矛盾，是影响教学质量提高的主要矛盾。科学进展，“知识爆炸”，使这一矛盾更为突出。近20年来，生物科学在微观和宏观两方面都有迅速的进展，而且数理统计、计算机技术、控制论、信息论的应用，更刷新了生命科学的面貌。科学技术的最新成果，以前所未有的规模和速度，进入生产和人们日常生活的领域，并通过各种渠道影响学生思维的内容和方式，激起他们更旺盛的求知欲。这样，教师的学习和提高就更为迫切了。形势要求我们要努力向“渊”和“博”的方向发展。

“渊”和“博”要有明确的目的。我们的主要任务是教学，因此应该首先考虑教学的需要。中学生物学教师，并不一定需要成为分类学家、形态解剖学家、生理学家、生态学家、胚胎学家或遗传学家，但需要通晓这许多方面的基础知识、研究方法和发展动态。知识的“渊”和“博”主要表现在这方面。同时，要当好教师，还要有计划地结合工作实践学习教育学、心理学、教学法，提高教学能力和教育艺术的修养，逐步掌握教育教

① 本文选自由中国农业机械出版社出版的《教海投石——北京师大附中教育教学经验选编》一书（1981年9月出版）。

学工作的客观规律。总之，对“渊”和“博”的要求，是由教师工作的性质决定的，是为提高教学质量，更好地培养、教育好青少年服务的。

1. 要在“博”上多下功夫

青少年正处在长身体、长知识、世界观逐步形成的时期，他们的感觉——神经系统具有高度的兴奋性、敏感性以及转换性，什么东西都可引起他们的兴奋或转移其兴奋。他们渴望了解整个世界，渴望掌握知识宝库的钥匙，他们要求教师要有广博的知识。

（1）首先，在自己的专业范围内要“博”

对于中学生物学教师来说，从微生物学到人类学，从古老的分类学到近代的分子生物学，从个体发育到系统发育的知识，从基础生物学到应用生物学等，都应该具有相当的基础知识。中学教师不同于大学教师，必须适应“全方位教学”。因此，专业知识的广博范畴在某种意义上比精深更为重要，否则就处处被动。仅仅是某一个偏狭的生物学问题，若回答不上来，学生就可能向你撇嘴：“还是生物老师呢！”大学生是不会这样要求的。

（2）在专业知识的进展方面要“博”

每门学科都在发展，特别是近些年来，其发展之快，是前所未有的。学习稍一懈怠，就会跟不上。以生物学教师来说，在“史无前例”的十年之后，大有“洞中方数日，世上已千年”之感。如果不了解自己专业范围内的进展，就无法以科学进展的近代观点来阐释一般的、经典的概念，甚至会在教学中教给学生过时的或错误的知识。例如，关于细胞结构和分裂的知识，其结构已经不是光学显微镜下所见的界限分明、相对稳定的核、质、膜三部分了，而是动态的、相互联系的膜相结构和非膜相结构的统一。其分裂，过去重视前、中、后、末四个时期核物质的变化，而现在认识到恰恰是过去认为不那么重要的相对静止的分裂间期发生着以遗传物质复制为中心的一系列物质和能量的复杂变化。不了解这些进展，讲基础知

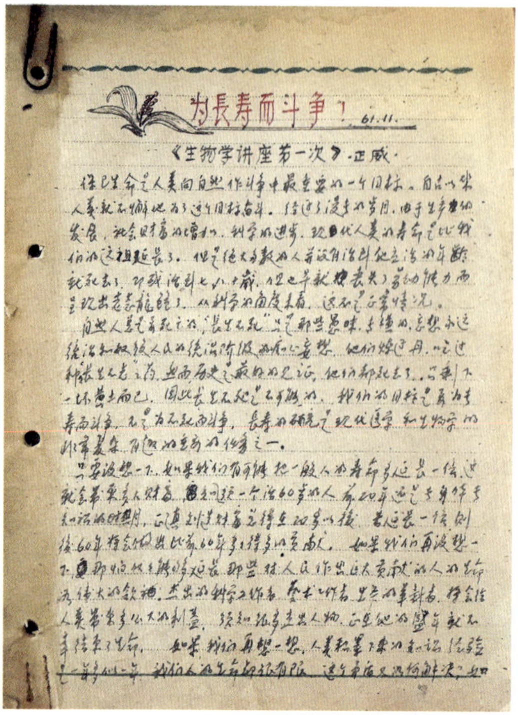

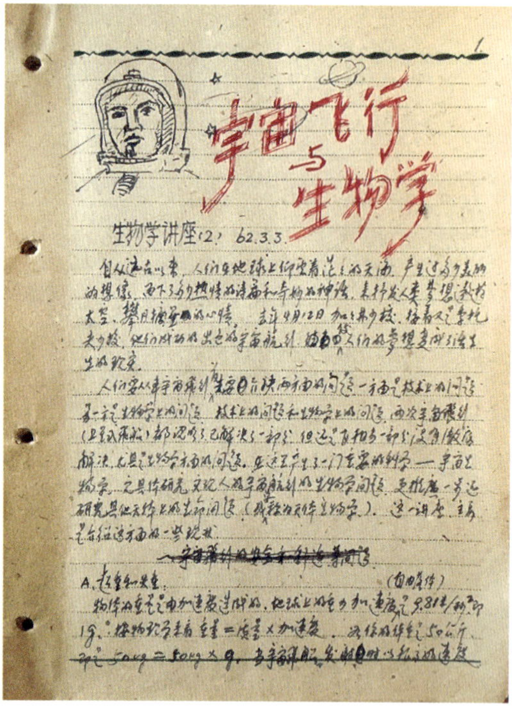

◎ 朱正威先生为青少年做了很多科普讲座，这是1961—1962年的讲座手稿

识就很难准确、科学。

（3）本专业范围应包括知识、技能、技巧等方面

一个中学教师，“事必躬亲”，原则上是没有助手的。因此，对专业知识仅仅是懂，能讲，还不行。例如，生物学教师还要会设计实验、演示实验，会采集、制作、保存标本，会组织学生进行课外研究活动，会一些植物栽培、动物饲养，会创造性地利用现代化教学手段，等等，这就更需要好学不倦，积累多方面的知识，进行多方面的锻炼。

（4）要求越出本专业的范畴，注意知识结构的合理性和多样性

专和博既互相促进，也互相制约。不仅要注意本专业的精深，还要涉猎其他领域的知识和具有比较广泛的兴趣。因为中学生正在接受基础教育，他们的特征是极富好奇心，几乎什么都想知道，更何况各门科学有互相联系、互相渗透的一面。例如，生物学和物理、化学、数学等就联系很紧密，已经产生了许多边缘科学和交叉科学。如果一个教师，对文学、历史、哲学、数学、物理、化学、天文、地理、生物学诸方面的知识都有相当的了解，有一个合理的知识结构，那么在他的教学工作中，就能左右逢源、挥洒自如、相得益彰了。尤其是关于语言文学的修养，更要有足够的重视。因为不管教学手段有多大的变革，口头语言、书面语言仍然是教学的主要手段，而语言又直接影响思维，影响知识的理解和记忆。教师应该多读，多写，认真提高这方面的素养，务求语言准确、简洁、丰富、生动。

2. “渊”，要渊得精当

教师掌握的知识应有相当的深度，但教师的时间和精力都是有限的，不可能在许多方面都研究得很深很透，因此要渊在关键上（精），渊得得当，即用最少的时间和精力取得最好的效果。

（1）“渊”，应以教学大纲和教材为中心，力求深入透彻地理解和掌握

以中学生物学教学来说，现行教材初中两册，高中一册，教材中的任

何一部分，都可以成为深入下去的重要方面，要有计划地研究几年，一部分、一部分地深入钻研和掌握。例如，高中生物学的遗传部分，择定自修的参考书时，就可分为三类：第一类是要精读孟德尔、摩尔根等人的经典著作；第二类是选读几本国内外的遗传学教科书；第三类是泛读的一般小册子。这样，有关内容，从经典的到一般的，从艰深的到通俗的都有了较深入的、全面的了解，再回到教材中来，教学时就能够自由把控了。

（2）“渊”，要花力气用正确的观点去统率教材

任何科学知识都反映着某种观点，任何科学知识必为某种观点所贯串或统率。当我们用正确的观点去分析、统率的时候，零散的知识一下子就井然有序了，而且升华到高一级的水平，有些本来平淡无奇的东西，一下子会变得熠熠闪光。譬如高中生物学，分为生命的物质基础、结构基础，生命的基本特征（新陈代谢及其调节、生物的生长发育、生物的遗传变异），生命的起源等部分，内容很多，也较复杂。那么，统率全书的基本观点是什么呢？是生命自然界的物质性和统一性。生命自然界有着同一的起源，有着以核酸—蛋白质为基础的相似的物质组成，有着类似的细胞结构和以细胞分裂、分化为基础的生长发育，有以同化和异化的矛盾统一为基础的物质代谢和能量代谢，有以ADP和ATP互相转化为基础的能量供给体制，有同一的“DNA→RNA→蛋白质”的遗传基本法则，等等。在具体章节中，还有更为突出的具体观点。这好比教材的灵魂，教师应将这些钻深吃透。如果有时间，还应学习一点有关自然科学的哲学著作，这将有很多启发。

（3）“渊”，要努力把知识系列化并选择讲授的最佳方案

知识的系列化，有利于理解和记忆，还便于在需要时从知识的库存中信手提取，就像从几万册图书编码中可以迅速地找到自己所需要的书本一样，多而不乱，繁而有序。学生所学知识在其记忆中是否有合理的“序”，很大程度上取决于教师讲授的“序”。“序”的本质是知识内在的

规律性。以生物学教学来说，从以下角度来考虑，有助于把知识理成合理的系列。

如果从生物学研究的全层次性来考虑，现代生物学研究的一个显著特点是从电子、分子、细胞器、细胞、组织、器官、个体、种群、群落、生态系统和生物圈的各层次全面展开。中学生物学教学中的某些内容，涉及好几个层次。例如，讲遗传物质，从细胞水平来说，细胞核是遗传物质的主要所在地；从亚细胞水平来说，是核内的染色质、染色体（为主）；从分子水平来说，是染色体中的DNA（为主）及细胞核、细胞质中的RNA；从亚分子水平来说，是核酸分子中4种核苷酸组成的三联体密码。层次清楚，就易于掌握和记忆。

如果从生物学研究的历史发展来考虑，生物学中的现代概念，都有它的发展和形成过程，按发展过程组成知识的系列，有利于理解和记忆。例如，遗传的功能单位基因，在遗传学不同的历史发展阶段，其含义是不同的。1865年孟德尔假设了遗传因子；1888年染色体被命名；1900年重新发现孟德尔定律，并逐步把遗传因子的传递规律和染色体在减数分裂中的行为相联系，而后约翰逊把遗传因子称为基因，摩尔根根据连锁互换中基因互换率的计算，把基因定位于染色体上；继之以染色体的结构和化学组成的分析，确定DNA是基因物质；20世纪50年代沃森和克里克关于DNA分子空间结构模型的确定，使分子遗传学进入新阶段。教师对此应该脉络清楚，再传授给学生。

教师更经常考虑的，是根据学生认识过程的一般规律，如从特殊到一般，从具体到抽象，从简到繁，从相似到区别等来把知识组成合理的系列，便于学生理解和掌握。

（4）“渊”，不仅要深入，还要浅出

我们的教育对象是青少年，教师钻得很深，但教给学生则必须浅显易懂。浅出，并不比深入容易，学得深而不透，就一定浅出不了，把高深复杂的知识通俗化而又不损害其科学性、准确性就更难。因此，对于每个教师的学习提高来说，有个三部曲：深进去—透彻理解—浅出来。这才能比较好地适应教学的需要。

加里宁同志说过：“教师一方面要献出自己的东西，另一方面又要像海绵一样，从人民中、生活中和科学中吸收优良的东西，然后再把这些优良的东西贡献给学生。”为了我们的学生，为了祖国的明天，让我们像海绵那样善于吸收吧！

学习提高的多维性
——致青年生物教师①

接触老一辈的自然科学家，或者读他们的著作，常常惊异于他们知识的丰厚，钦羡他们把科学技术与社会、自然和人文，做学问与做人，交融于一体。他们治学有方，教授得法，乃至成为一代宗师。而我们，以及更多的年轻教师，总显得单薄，教学如此，谈吐如此，作文也如此。这使我想起，似乎应该多维地、多方位地提高自己的素养，以适应教育教学的需要。

1. 读书面要宽一些

读书是最主要的学习方式，会选择好书来读也是一门学问。对生物学教师来说，读书的面要宽一些，这也是针对我们当前的专业教育普遍存在的过专、过细的偏向提出的。

这里有三个原因。一是当前生命科学本身的发展，使生命科学内部的各分支之间越来越表现出交叉和融合的倾向；生命科学与相关科学，如与化学、物理学、技术科学、地学、环境科学、医学乃至于心理学、伦理学等的关系愈益密切。二是在科学教育的领域内，世界范围内的改革潮流是：综合理科教育的兴起；以科学、技术、社会相互关系为主旨的理科

① 本文原载于《大自然》1989年第12期。

教育；“科学为大众”的理科教育的价值取向——这三者由于符合科学和社会发展的关系，适应学生认识世界的特点，适合科学普及和教育的需求，所以在中学科学课程的改革中，具有强大生命力。三是教育科学和心理科学的长足发展，提出了许多有革新意义的教育观念、教育理论、课程构想、教法设计。教育科学愈来愈牢固地摆到了社会科学和自然科学提供的基础之上，呈现出欣欣向荣的趋势。以上三方面都是对中学生物学教师提出的挑战，尤其是对青年生物学教师提出的挑战。我国中学生物科学教育的改革和质量的提高主要寄希望于青年教师。如果我们仅靠读几本高校的教科书，仅仅满足于纯生物学的学习和提高，就难以挑起这个重担。因此我主张读书的面一定要宽一点，不要怕“杂”。“杂”，才有强大的生命力，这本来是遗传学上的一条规律！

◎ 朱正威老师坚持每天读书看报

2. 向实际学习要勤一些

我说的“实际”有三个意思。一是工农业生产实际、卫生保健实际，人口控制和发展的实际、改善环境质量的实际等。二是大自然的实际，当然不仅仅是多识鸟兽草木之名的实际，而要突出生物群体关系的实际、生态环境恶化的实际，濒危物种抢救的实际等宏观问题。三是教育对象的实际，我们的教育对象由于社会的进步和发展，思想状况、接受特点、知识需求都已经和正在发生许多变化，其中有些是有益的，有些又是令人忧虑的和困惑的。但不管怎样，作为教育者必须去研究它。一本教材总要求能稳定若干年，以便稳步地提高教学质量，但也因此，教材总落后于实际，使之不落后、少落后，只能依赖于教师的努力。

这些年来的中学生物学教学，反复地强调一种思想：“以纲为纲，以本为本。”纲，就是教学大纲；本，就是教科书。自然，这对全国中学生物学教学质量的统一要求、稳步提高是有积极作用的。但由于大纲和教材不可避免地落后于发展的实际，再加上这些年来在知识分子群体中发生的脱离实际的情形影响到中学生物学教学，脱离实际的倾向加剧了。最突出的表现就是：我灌输给你，你不会，我就给你多练习，反正把这本书搞得滚瓜烂熟，考试成绩上去了，尤其是高考成绩上去了，就可以心安理得。这实在是一种危险的倾向。因此，从提高民族素质来说，不了解实际，不研究实际问题，没有解决实际问题的能力是不行的；从培养高层次人才来说，更需从青少年起就养成面向实际、有研究实际问题的兴趣、有解决实际问题的能力。对教师来说，为发现少数有才干的学生，需要格外细心了解他们的特长、需求，教给他们治学之方，引导他们走上健康成长的道路。

因此，我主张青年生物学教师要多面向生产生活实际、大自然的实际、青年学生的实际学习。

3. 向老教师学习要谦虚一些

近些年，新从高等师范院校毕业走上中学教师岗位的大学生逐渐多起来了，他们具有知识新、思维活跃、热情高等许多优点，而且大多具有较好的外语基础。但是由于各种原因，他们对教育科学的了解甚少，对我国的国情、对我国中等教育的实际体会不深；有些同志对客观条件要求得多，对自己的要求不够严格，还有一部分大学生在吹捧声中滋长了自我评价偏高的倾向，经常处在一种自我感觉良好的情绪之中，影响了上进心，影响了向老一辈教师的虚心学习。

我说向老教师学习，是指老教师这个群体而言，群体的成员大多是20世纪50—60年代和60年代初期走上教育岗位的教师。我希望青年教师要把他们作为一代教育工作者这个群体来研究一下，看看他们显而易见的优秀品质和专长，理解他们的弱点，虚心地学习前者。

这一代教师值得学习之处主要是以下几方面。一是对党和国家的教育事业的忠诚。他们中不少人历尽磨难，矢志不变，大多在基础极差的教育环境（如设备条件）中，恪尽职守，辛苦耕耘，创建了我国学校生物学教学的设备条件、教学规范，他们的青春年华默默无闻地付与了这块教育园地和孩子们，他们是可尊敬的。二是对学生的热爱和了解。对学生的爱和了解是做好教师工作的基本功，而这只有在长期的教育教学实践中才能培植和积累起来。年轻教师即使愿望很好、理论认识也很高，但没有经过实践的磨炼，总还略逊一筹。三是他们的经验，尽管这些经验可能纯粹是经验的形态，没有上升到理论的高度，但比起一些华而不实的时髦理论来，可贵之处在于有失败和成功的对比，有痛苦和喜悦的交织，是实实在在的。我们一些青年教师常喜欢高深玄妙的理论（我无意于贬低真正的理论，即为大多数人实践检验而证明是正确的理论），特别是外国的理论（我无意于排外，对外国的一切适用于我国的好东西，都要学习），而对老一辈教师的朴素无华的经验之谈关心不够，重视不够。四是他们都比较宽容，特别是对青年教师比较宽容。他们都是做父母甚至祖父母的人了，看到有朝气蓬勃的年轻教师来接班，其拳拳之心溢于言表，且偏于宽厚，这就很容易被青年人误解为自己确实不错，已经“青出于蓝而胜于蓝”了。对于老教师这一群体的这些方面是很值得学习的，更不必说其中的优秀教师乃至教育家了。

但是向他们学习并不应仅仅理解为学他们上课的一招一式，学习他们的某一专长，而是要学习他们的治学之道、教育之道、做人之道。

借《大自然》之一角，说了上面一些不成熟的话，我也算老生物教师了，愿与青年生物教师共勉之。

小议正确地对待和使用教材①

教材反映了教学的目标，因此既是教师教学的依据，又是学生学习的依据。另外，由于内容决定方法，教学方法的选择和决策，尽管受多种因素的影响和制约，但在诸因素中，教材内容几乎是决定性的因素。一位新教师在教学中也首先要过好教材关。

1. 对教材要有全局性了解

中学生物学课程，现在共设置四门：植物学、动物学、生理卫生和高中生物。任何一位教师只能在具体年级讲授一门或两门课程，对一个教龄有限的青年教师来说，常对教材的全局缺乏了解，这样就很难从全局的高度来驾驭局部。为此，建议如下。

（1）要通览中学生物课程的全部教材，掌握教材的体系，内容的梗概。

（2）在上述基础上，对照教学大纲，深刻领会大纲中关于教学目的要求、教学的原则和方法的阐述，使能形成既有血有肉（内容），又有骨有髓的深刻印象。

（3）据此再分析一个学习阶段（如初一或初二）的具体内容需要有哪些知识基础和认识过程的铺垫，哪些内容又是为后来的学习打好基础的，

① 本文原载于《生物学通报》1990年第4期。

哪些内容是必须在本学习阶段一次完成的等。也就是说，要把本学习阶段的内容置于学习全过程的合适位置上，不偏不倚，不轻不重。

（4）着手制订学科的学期或学年教学计划，进入具体备课的过程。

就我所知，不少青年教师，恰恰不重视这样一个基本功，而急急匆匆陷于具体的某一节的备课之中。由于胸中缺乏全局，走一步瞧一步，表现出盲目性和无计划性。在实际教学中，内容处理孰轻孰重、孰少孰多、孰浅孰深、孰慢孰快，心中无数概出于此。

2. 发掘教材的优势，慎重对待改革

教材改革（连同课程设置）势在必行。因为社会在发展、科学在发展、教育在革新，有很多对现行教材进行改革的理由。而且，教师作为教学过程的具体实践者，无疑也是教材改革的生力军。我们期待着有更多的教师参与教材的改革。

但是，任何改革都是继承和创新的矛盾运动，改革永远包含着合理的继承。作为一名青年教师，一般地说，虽有改革的愿望和锐气，但缺乏足够的实践经验。我们认为首先要虚心地、深入地钻研教材，在实践中发掘教材的长处，同时也积累发现教材的不足之处，逐步地形成对改革的设想，经过必要的科学论证，再付诸实践。现在确有一些同志，在对原教材缺乏深刻了解的情况下，奢谈改革，或乱砍乱加，这是不严肃的。对原教材可以改革，也应该改革，但不能取虚无主义的态度。为此，建议如下。

（1）一位青年教师至少要了解我国现行生物课程及其教学的演变历史，不了解过去，就难于认识现在，把握未来。

（2）要对现行生物课程及其教材，从初中到高中至少讲授一遍，并在能明确理解教材的体系、指导思想、选材、结构等方面的优点之后，再探讨其不足和欠缺，乃至于错误。

（3）要对我国的国情有足够的认识，在这一基础上来分析现行生物课程教材改革的方向。教材建设要为社会主义的政治、经济、文化、道德的建设服务，而我国作为社会主义初级阶段的一个人口众多、地域辽阔、发展极不平衡的大国，若简单地移植别国的生物课程设置、教材内容，恐难以适应。

（4）要了解世界生物课程建设和教材改革的趋势，现在世界理科（包括物理、化学、生物、地学等学科内容）教学改革的基本趋势是：综合理科（或称科学课），尤其是初中阶段如此；“科学为大众”的指导方针，区别于一切为了培养科学家的升学模式；STS的基本精神，即重视科学、技术和社会的相互关系的教育，以此来设计课程、编辑教材、组织教学过程。以上三个趋势或潮流，来势迅猛，值得研究和借鉴。

以上四点，想说明涉足教材改革，应注意微观和宏观的统一。微观是要了解现行教材的来龙去脉，要有足够的教学实践的积累；宏观是要了解国情，放眼世界，要把两者结合起来去思索，既不因循守旧，而常图创新，又立足于实践和学习，而使改革有据。

3. 备课首先是掌握和驾驭教材

这本是不言而喻的事，之所以还要说一说，是因为近年来探讨教法改革的文章较多，给人一种错觉，似乎教学改革主要是教法改革。影响所及，一些年轻教师，钻研教材的兴趣淡薄了，搞各种教学方法的试验的报告、经验，连篇累牍，这不能不使人感到忧虑。必须指出，我国教师队伍素质存在的问题，除政治思想素质不论外，业务素质主要是专业知识水平的广度和深度不足，教育科学的理论修养不足，对社会主义建设的实际需要缺乏深刻的、全面的了解和关切。由于知识掌握的广度和深度不足，就难以摆脱照本宣科的状况，就失去了（或限制了）选择恰当的教学方法的自由，加上教育科学理论研究的不足和为社会主义建设服务（不是简单地为升学服务）方向不够端正，问题就更为突出。中学生物教师的群体中，缺乏学者型的教师，就很值得深思。老一辈的不少知名生物学家，都曾经是优秀的中学生物教师，这是很有启发意义的。必须提倡教师要首先掌握和驾驭教材内容（广义的）。为此，我建议如下。

（1）备课就教材之内而言，应该依次解决好如下的问题。①本章、本节在完成学科教育的目标方面应起到哪些作用？②本章、本节知识的结构如何，体系如何？这种结构、体系和学生的认知过程是否不一致？③本章、本节知识的重点和难点何在？为强化重点和解决难点需要为学习过程创设何种情境、何种条件？④完成这些教学任务所需的时间计划，最少的时间和最好的效益的相会点在何处？⑤本章、本节教材内容的辐射和延伸方面的考虑，为掌握内容，培养必要的技能、能力应准备的家庭作业、应用练习等。

（2）备课还应备到教材内容之外。一些青年教师常常是一本教材、一册教参，就心安理得地上课了。这很难指望会有满意的教学效果。我说的备到教材之外，指的是：①特定内容的深度、广度，理应掌握得比教材要透彻、要宽广；②一般教材内容大体涉及事例、概念和应用，教材上有一个例子，你要准备三个以上，教材中一个概念的表述，要抠一抠是否确切、全面，实际应用中存在些什么问题，教材是否结合上了；③同一内容是否只有本教材这样的叙述风格、编排体系，比较一下别的教科书，国内、国外，不同层次均可以参照比较，择善而从；④教材的相对稳定性和科学技术的迅猛发展是矛盾的，因此，年年备课，每年都要注意与教材内容相关的新进展、新事实、新观点，用来丰富和改革教材。

（3）备好教材内容，就近期来说，有几个问题需要特别关注，使在授课内容上能跟上社会发展、科技发展的需求，并为进一步实行教材改革积累经验。这些问题是：①认真对待和加强生物学科教育中的思想政治教育，以适应育人的需要；②认真对待与生命科学有关的社会生产、生活和发展有关的实际问题的联系和强化，不必过分拘泥于传统的学科体系；

③注意学科之间，特别是理科各科之间知识上的横向联系，为科学技术的综合倾向及综合理科做必要的探索和准备；④加强生物科学史的教育，或者说加强科学哲学（方法论）的教育，为能力培养打好坚实的基础；⑤大力加强实验教育内容的研究，训练实验设计、动手的能力；⑥大力加强生态观念的培养，特别是明确人在自然生态系统中的位置的教育，培养尊重、爱护自然的观念，学会生存；⑦要更多地考虑生物科学教育内容适应人的全面发展的需要和职业选择的需要（而不仅仅是升学的需要）。

以上这些要求，也许是提得高了些。但是一个立志于生物科学教育的建设和改革的生物教师，一个要成为教育科学工作者的教师，不能不对自己提出高一些的要求。那种“以本（教科书）为本”的备课方式，很可能是在训练教书匠。

4. 高等师范院校的教师、学生应该研究中学教材

我们的中学师资主要是由高等师范院校来培养的，尽管教师的后续教育或终生教育是极其重要的，但他的初始教育、基础教育是在高等师范院校完成的。遗憾的是现在有许多不如人意的地方，且不说专业思想状况如何，就毕业生对中学相应学科教材的掌握状况来说，也颇不理想。我们希望如下几点。

（1）高等师范院校的各专业教师，都要了解和研究中学教材（现状、建设和改革），使自己的教学能为未来的教师顺利地掌握和驾驭教材减少困难。这个工作不应该完全推给教材教法教研室去做，事实上这类教研室的大多数，由于各种原因，力量是单薄的。

（2）另一方面，也确有不少高等师范院校的专业教师，关心中学教学，对中学教材的建设出过很大力气，或成效显著，或受到中学教师的爱戴。这些同志的工作和热情应该得到承认和鼓励，其成果应该成为评职晋级的依据之一。不这样就难以改变高等师范院校的教学和科研脱离中学实

际的倾向。

（3）不少国家没有设立高等师范院校专门培养师资，这一事实不应作为某些从事高等师范院校工作的同志要求取消师范教育（或师范性）的借口，恰恰相反，这些国家的非高等师范院校的学者、教授，有许多人在从事中学学科教育的研究，特别是发挥专家学者站在学科和科学发展趋势高度的优势，对基础教育的教材建设和革新，付出了巨大的努力。美国、英国、日本等都如此，无须一一列举。这里除体制、政策等原因外，观念的转变恐也是一个原因。一本科技专著，当然贡献很大，但一部优秀的中学教科书，于民族素质的提高，于国家的昌盛，于几代人的茁壮成长的贡献，绝不次于一本科技专著。已故陈桢教授一本《复兴高级中学生物学》，风行几十年，惠及几代人，值得我们学习。

不拘一格降人才
——热情扶植青年生物教师的成长①

“我劝天公重抖擞，不拘一格降人才”。读清朝诗人龚自珍的诗句，环顾中学青年生物教师的状况，颇感亲切和紧迫。

以北京地区而言，到20世纪90年代中期，中学教师中毕业于20世纪50或60年代的大学生，都将离开讲坛。目前，各校青年教师已接近教师总数的一半。决定教育教学质量的关键因素是教师的素质和水平。生命科学知识的普及和学科的建设发展所需的人才，很大程度上取决于中学生物学科的教学状况。因此，借《生物学通报》之一角，就扶植青年生物教师的成长说几句心里话。

我们老教师，首先要对这个问题有较强的历史责任感。这是因为即使我们水平最高，最富于教育教学经验，但新老更替是自然规律，我们必须以最好的方式把接力棒传递下去。其次，现在似乎一下子来了许多年轻教师，从年龄上不是我们的弟妹，而是儿女一辈。弥补师资断层，历史地落在我们肩上，因此责任格外重大。再次，教育工作同别的行业不同，教育水平、教育思想、教育技巧，很大程度上依赖于教育教学实践的磨炼，而不只是学历合格就行。几乎没有一位青年教师不要校长或老教师的指导帮

① 本文原载于《生物学通报》1992年第9期。

助就能轻易胜任工作并赢得学生、家长和社会的信任。所以，我们或做泥土，或为人梯，或是久经风雨侵蚀、已是斑驳的断垣残壁，愿我们的后来者，爬上去，成为枝繁叶茂、绿郁青葱的常春藤。这是我们的光荣、我们的豪迈。

我们老教师还应该想到，我们的劳动应该取得最大的社会效益。这有三层意思。其一，不遗余力地教好我们的学生。这大家都在努力，而且由于片面追求升学率的影响，纷纷都在“把关”，付出了太多的精力。加上某些教育行政部门和社会舆论的压力，有些时候我们已经不自觉地或无可奈何地偏离了素质教育的目标，为应试教育浪费了可贵的精力，乃至于把生物课教死了。这里社会效益是被打了折扣的。其二，教师是一位教育科学的研究者和实践者，要取得更大的社会效益，一面教书育人，一面要进行教育科学的研究和探索。近年来，随着教育教学改革的深入，教育科学的活跃，加上职称评审的促进，许多同志都甚为重视，论文乃至专著日益增多，丰富了教育科学的“百花园”。其三，我们劳动的社会效益，还在于为造就一支数量充足、质量优秀的青年教师队伍，贡献我们的热情、智慧和经验。培养他们，不仅是培养教师工作的接班人，而且是培育国家、民族、社会主义事业兴旺发达的接班人的新一代园丁。这第三层意思，在一些同志中，恐还没有引起足够的重视。“三层”的摆法上，多数把第一、第二层看得重一些。当然，原因与我们对好教师的评价指标上的偏颇有关，不宜多于责怪。今年6月18日，北京市在人民大会堂隆重举行了143名特级教师收徒拜师会，正是强调了老教师、优秀教师的重大社会职责之一，在于要带好年轻一代的教师。在职务评聘条例的中、高级教师职责中，也明文规定了培养帮助青年教师的任务。这也反映了社会主义条件下人际关系的特征和人才成长的优势。愿我们的聪明、才智、经验和勤奋，能在培养造就一代优秀青年教师的事业中更呈光辉。

我们老教师在看到青年教师的不足时，还要经常想到他们总体上的优点。首先，在提倡双向选择、人才流动的今天，他们能走进工作艰苦、生活条件清苦的教师行列里来，委实不易。仅这一点就十分可爱了。尽管他们并不经常把忠诚于党的教育事业放在口边，但一点一滴的劳动已融入了为了明天的事业之中。其次，他们在改革的大潮中成长，思想开阔灵活，勇于接受新鲜事物，比较务实。这对于解放思想，促进教育教学的改革是有利的。再次，他们的专业知识领域和水平有优势，由于他们是在科技发展迅猛的岁月受的高等教育，这是学术领域里百花齐放、百家争鸣最好的历史时期，因此比我们50、60年代学习的内容、观点、思维方式都有前进，而且大多数人的外语水平都不错。如果利用这些优势，在较高的起点上努力于教育教学实践，成长的速度将比较快。最后，不必讳言，他们也有不少的弱点。一类属于年轻幼稚、涉世未深的毛病，这是未经雕琢的玉石必有的缺陷。另一类是社会思潮变迁的反映，这有利也有弊，“两耳不闻窗外事，一心只读圣贤书”不好；随波逐流，毫无主见，当然也不好。但前者在于雕琢，后者在于引导。而雕琢之工，引导之责就在我们这些老家伙了，难道不是吗？

为了热情扶植青年生物教师的成长，我以老教师的身份说了以上这些话，希望和老教师共勉，也希望青年教师动心。1924年1月19日，鲁迅先生曾在我校做过《未有天才之前》的讲演（见鲁迅全集），他希望我们要做“泥土”，并说：“独有这培养天才的泥土，似乎大家都可以做……则纵有成千成百的天才，也因为没有泥土，不能发达，要像一碟子绿豆芽。”又说：“做泥土要扩大了精神，就是收纳新潮，脱离旧套，能够容纳，了解那将来产生的天才。”让我们记住并实践鲁迅先生这个教导吧！

寄语新教师之一[①]

1. 教案是给自己用的

教案，应是教学设计方案之简称。在20世纪50年代以前的中国教坛似并没有强调此举，只是备课笔记历来有之。教案之说、之格式大体是从苏联舶来的。舶来的东西，有许多是好东西。中小学的教案设计，它的规范化，它的编印成集，还有作为教学评价的依据之一，曾经规范了我们的教学，促进了教学研究和交流，是起了积极作用的，功不可没。

但几经演变，写教案，尤其是公开课、评优课等情况下的教案编写已占去了备课的大量时间，还有许多形式主义乃至形而上学的分项要求，以及为诸如“了解”“理解”“掌握”之类的字斟句酌，颇费脑筋。极而言之，一些地方是为给别人看的，倒不是为自己用的了。实为本末倒置。

应该重申：教案是为自己看的，自己上课用的。要去掉那些对己无用的，大大增加对己有用的东西。重要的一是有明确的、可以达到的也应该达到的目的要求。也就是一堂课学生应该学会什么，是内容，是方法，是价值观，明明白白。不要说大话、说笼统话，诸如不着边际的培养什么能力或世界观，常常不是一堂课可以达到的。二是要周密设计教学过程，这个设计的要点是把教学内容和学生认知心理，还有组织学生参与三者统一起来，后两者尤为重要，课的优劣，常常体现于此，对新教师更是如此。

---

① 本文原载于《生物学通报》1996年第6期。

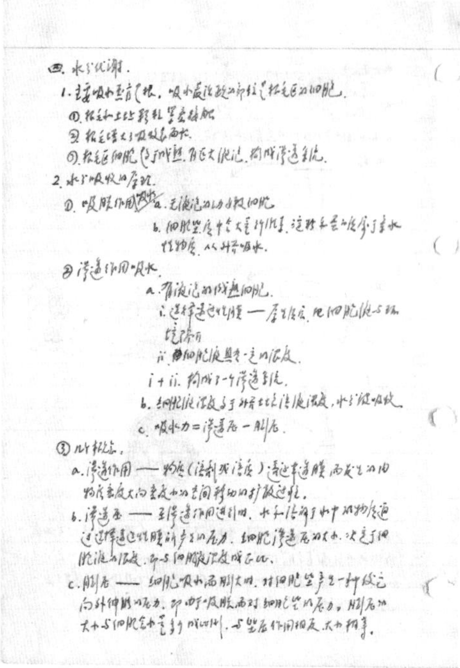

四、水分代谢。

1. 主要吸水器官是根，吸水最活跃的部位是根毛区的细胞。

①根毛和土壤颗粒紧密接触

②根毛增大了吸收表面。

③根毛区细胞已分化成熟，有巨大液泡，构成渗透系统。

2. 水分吸收的原理。

①吸胀作用吸水 a. 无液泡的幼小的细胞

b. 细胞壁原生质中含大量亲水性物质，这些物质能吸引水分子，从而吸水。

②渗透作用吸水。

a. 有液泡的成熟细胞。

i. 选择透过性膜——原生质层，把细胞液与外界溶液隔开

ii. 细胞液具有一定的浓度。

i+ii. 构成了一个渗透系统。

b. 细胞液浓度高于外界土壤溶液浓度，水分被吸收。

c. 吸水力=渗透压－膨压。

③几个概念。

a. 渗透作用——物质（溶剂或溶质）透过半透膜而发生的由物质密度大向密度小的方向移动的扩散过程。

b. 渗透压——是渗透作用进行时，水和溶解于水中的物质通过选择透过性膜所产生的压力。细胞渗透压的大小，决定于细胞液的浓度，即与细胞液浓度成正比。

c. 膨压——细胞吸水而膨大时，对细胞壁产生一种从内向外伸张的压力，即由于吸胀而对细胞壁的压力。膨压的大小与细胞含水量多少成正比，与壁压作用相反，大小相等。

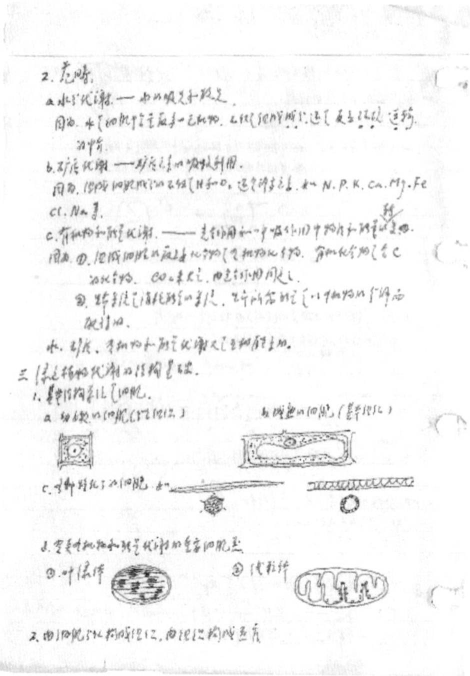

2. 总之：

a. 水分代谢——水的吸收和散失。

因为，水是细胞中含量最多的一种化合物，又是细胞中所进行的[illegible]的介质。

b. 矿质代谢——矿质元素的吸收和利用。

因为，组成细胞成分的元素除C、H和O，还含许多元素，如N、P、K、Ca、Mg、Fe、Cl、Na等。

c. 有机物和能量代谢——是光合作用和呼吸作用中物质和能量的转变。

因为：①组成细胞的最主要化合物是有机化合物。有机化合物是含C的化合物，CO_2来源之一，由光合作用固定。

②[illegible]

水、矿质、有机物和能量代谢是互相联系的。

三、绿色植物代谢的结构基础。

1. 基本结构单位是细胞。

a. 幼嫩的细胞（分生组织） b. 成熟的细胞（基本组织）

c. 特化了的细胞，如

d. 完成有机物和能量代谢的重要细胞器

①叶绿体 ②线粒体

2. 由细胞分化构成组织，由组织构成器官

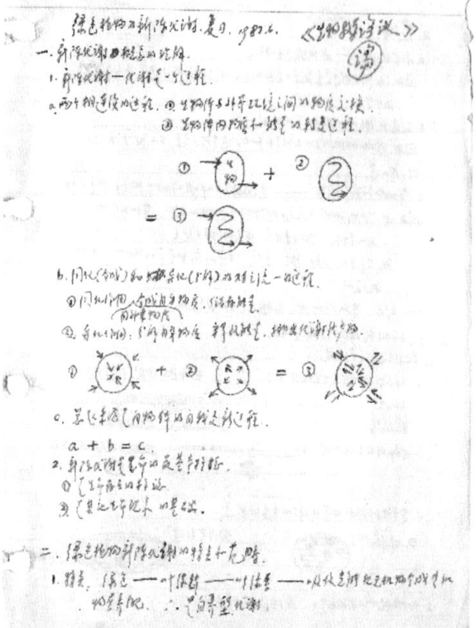

绿色植物的新陈代谢。复习。1987.6. 《生物教学通讯》

一、新陈代谢的概念的理解。

1. 新陈代谢——代谢是一个过程。

a. 两个相连续的过程。①生物体与外界环境之间的物质交换。

②生物体内物质和能量的转变过程。

① + ② = ③

b. 同化（合成）和异化（分解）的对立统一的过程。

①同化作用：合成自身物质（同种类物质），储存能量。

②异化作用：分解自身物质，释放能量，排出代谢终产物。

① + ② = ③

c. 是生命活动的自我更新过程。

a + b = c.

2. 新陈代谢是生命的最基本特征。

①是生命存在的标志。

②是其它生命现象的基础。

二、绿色植物新陈代谢的特点和范畴。

1. 特点：绿色——叶绿体——叶绿素——吸收光能把无机物合成有机物营养自己。∴是自养型代谢

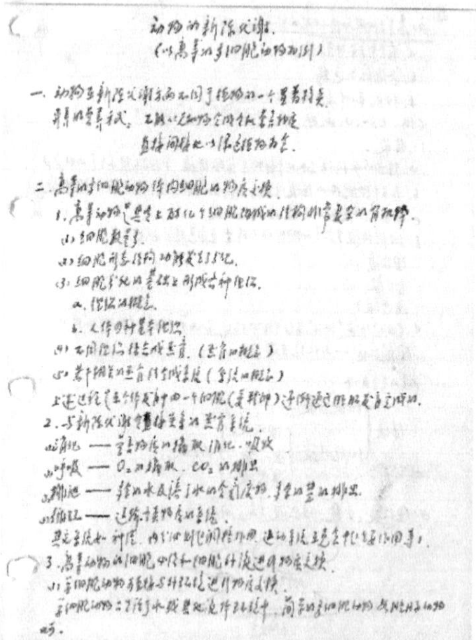

动物的新陈代谢。

（以高等的多细胞动物为例）

一、动物的新陈代谢有不同于植物的一个显著特点

异养的营养方式。它们以现成的食物作为营养物质，直接间接地以绿色植物为食。

二、高等的多细胞动物体内细胞的物质交换。

1. 高等动物是由多达上万亿个细胞组成的结构非常复杂的有机体。

(1) 细胞数量多。

(2) 细胞形态结构功能发生了分化。

(3) 细胞分化的基础上形成各种组织。

a. 组织的概念。

b. 人体的四种基本组织

(4) 不同组织结合成器官。（器官的概念）

(5) 若干相关的器官结合成系统（系统的概念）

上述过程是由一个细胞（受精卵）逐渐通过细胞发育完成的。

2. 与新陈代谢直接有关的器官系统。

(1) 消化——营养物质的摄取、消化、吸收

(2) 呼吸——O_2的摄取、CO_2的排出

(3) 排泄——多余的水及溶于水的含氮废物、多余的盐的排出。

(4) 循环——运输营养物质的系统。

其它系统如神经、内分泌系统的调节作用，[illegible]等。

3. 高等动物的细胞必须和细胞外液进行物质交换。

(1) 单细胞动物直接与外界环境进行物质交换。

单细胞动物生活在水中或寄生在液体环境中，[illegible]

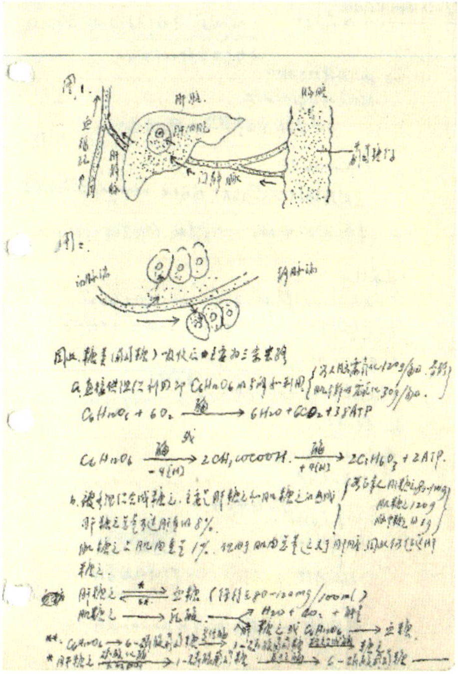

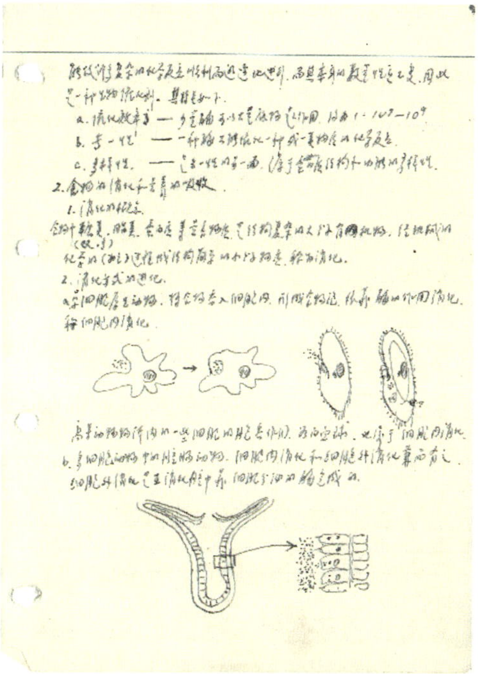

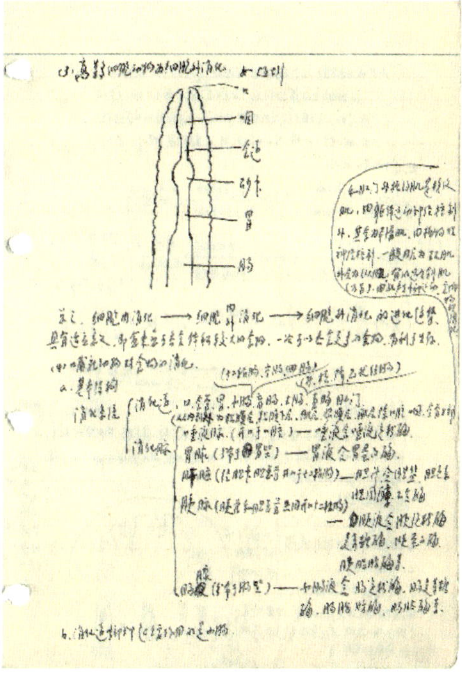

◎ 朱正威老师的备课笔记手稿

三是为了自己用，这堂课用，以后还有参考的价值，教案的多半应是所需资料的摘录。我们不可能在每次备课时，都读许多相关资料，一次备课就是一次信息的搜集和整理，往后则是不断地补充同一问题的新知识、新进展。现在不少新教师的教案要么是讲稿，要么是教科书内容的纲目（更细一点的）的编制，前者没有必要，后者太简化了。

教案用过之后，还要看看想想，这很重要。因为设计和实施过程中由于主客观的差异，总会留下遗憾，遗憾就找到了改进的办法。写上两句，画上个符号，自己看懂就行，即原本就是为了自己用的。

2. 了解周围的生物界

备课并不限于对一节节教材的钻研和写教案，一位新教师还至少要了解你工作所在地周围环境中的种种生物，特别是和教材叙述有关的生物。

其一，是校园生物。一所中学大约总有几十亩到上百亩的校园，总会有房舍、操场、花园、草坪、水池等，由于日照、水分、土质等不同以及人的活动的影响，还会形成不同的小生境，由于绿化、美化等需要还会不断增添或更替一些物种。这是学生天天接触的生物环境，其中有不少是教材要求学生研究、观察的生物。因此，要普查其种类、了解其生境、掌握其物候，使校园生物为你所用，或做观察、或做实验材料，或赖以设计学生研究的课题。

其二，如果是农村学校，则应该对方圆1～2千米内的农作物、饲养动物、常见的野生动植物有所了解，特别是应选定若干小生态系统，如池塘（或小河）、林地、丘陵等，做一点深入的调研，对教学和课外活动都极有用处。要对具有季节性出现的生物界变化现象，如病害、虫害的发生，草木的花期，鸟类的迁飞，常见脊椎动物的繁殖期等，做到心中有数，这对教学会很有帮助。

其三，如果是城镇学校，大城市的植物园、动物园、公园，自不必说，那是研究生物的好去处。要特别提到的是菜市场，要了解“菜篮子”。小一点的地方，那里有本市镇周围出产的种类；大一些的城市，则有来自天南海北的各种蔬菜、食用的各种动物。那里可增长知识，获取标本和生物实验材料，还反映了栽培技术的变革（如上市的时间）和品种的变迁。如不到野外（或海滨，或山野），有些种类要采集到很困难，而市场上却可以购得很理想的种类。生物教师逛菜市场，实在是别有乐趣，大有醉翁之意不在酒之意趣。

上述实是很重要的备课，且贵在坚持，也可组织学生一起参加，并由此加深或铺展开来，还将有其他的教学改革的启示。

3. 了解你自己

教师备课要备教材、备学生，而且还要备自己，就是要了解你自己，了解自己在专业知识上、教学能力上的长长短短、是是非非。

一位新教师晚上写完一个教案，可能睡眠中还会做一个不安宁的梦，直至第二天走向教室时，心中仍忐忑不安。这就叫心中没有底。底，就是底蕴。一个有大专以上专业学历的新教师，翻开学生的课本，都是看得懂的，但未必教得明白。这在专业知识上常常有以下几种可能。一是了解得不广，“一个例子一个概念”（指形成学生一个概念，就能举一两个例子，多了力不从心），大有人在。一切可以称得上基本概念、原则、原理、规律的东西，都是有许多事例佐证的。你需要有丰富的生物学事实、实例、现象的掌握，做到信手拈来，就得下功夫。二是了解得不深。深指的什么？主要是指在任何一个重要的知识点上的现代和近代发展，你应该了解，讲起课来就游刃有余。顺便说一句，据调查，《生物学通报》的读者中，有相当一部分同志，喜欢能拿来就用的文章，不愿读与教材离得远一点、拓展得广一些的文章，尤其觉得综述性的文章是“远水解不了近渴”。这实在是很遗憾的事，这将限制你专业知识的深入。三是一个重要的知识点，不知道其研究、发现、发展过程的来龙去脉，也即不了解一个个具体的科学史，所以在教学中总是失之肤浅，更不能以科学史来教给学生科学方法、精神和价值观。

还要了解自己的教学能力。教学能力是综合智力、技能的反映，教师和教师之间的差距很大。有人讲起课来演绎有方，归纳有据，有逻辑地组织内容、启发思维很出色；有人技精手巧，绘图、教具使用、实验设计颇有功力；有人长于组织调动学生参与，弹指挥手之间，学生既争相踊跃，又井然有序。但集各长处于一人者，甚少。因此，教学能力也要知自己的底，近期来说，可扬长避短；但长远来说，要有意识、有针对性地多方锤炼，务求全面成长。

4. 认清教法改革的突破口

教法改革天天在做，每个生物教师也差不多都在努力，尝试了许多有特色的教学方法。回顾一下，大体是这样的。二十世纪五六十年代以讲解法、谈话法、讲述法为主，基本上属于教师注入式；七八十年代因能力培养之重要而增加了教材阅读和学生议论的分量，一时间有席卷全国之势，可惜这类似于文科教学法，缺乏科学课的特色：进入九十年代则掀起了强调增加实验、边讲边实验的方法，试图突出生物科学的特点。这说明我们在摸索前进。

但是，我们的实践带有很大的盲目性，从以教师为中心（包括以教材为中心）到教师为主导、学生为主体，应该说是一个巨大的认识上的飞跃，但真正把学生放在主体地位，必须解决许多认识问题和实践问题。一是如果确立学生为主体，则教师的“主导”应严格地限制在制订和实施学生生动活泼、主动地参与的教学方案的设计上，大幅度减少在课堂操作中事事处处的指导，甚至限定学生的思维、要求他们必须按照教师的“思路”走。二是要以学生积极参与为突破口来设计教学方法。要认识到未来公民的重要素质，就是能通过一定的民主程序参与社会生产、生活和发展的决策。要在教学过程中创造学生参与的机会，则首先是要把教学过程按照认知心理的一般特征，如从现象到本质、从特殊到一般，从感性到理性等来组织；其次是要把研究的问题设计为探究的过程，让学生在探究中增长才干，探究过程当然包括必不可少的观察和实验；再次是以极大的热情来鼓励学生的求异思维和发散思维，哪怕这思路可能是错误的，走了弯路；复次是要把教学内容中一切可能和现实社会生产、生活和发展中面临的问题结合起来，进行研究，才能最大地吸引学生参与；最后要结合教学内容把科学史作为素材，又作为手段予以重视，科学史蕴含着科学方法、科学精神、科学的价值观等重要内涵。这样，你就接近了教学方法改革的突破口——教法改革贵在使学生真正成为教学过程的积极参与者，学习的主人。

寄语新教师之二①

1. 爱护生物，并不在于言辞

爱护生物，爱护大自然，从来没有像现在那样成为亿万人的心声和行动，而且成了教育青少年一代的重要的道德内容：道德不仅调节人与人之间、人与社会之间的关系，而且将在调节人与自然的关系中体现出来。于是，生物课教师理当在教学中言传身教，教育学生爱护生物，爱护自然。

这样的教育，自然可在很多方面、不同层次上进行贯彻，情感的、理念的、行为的，逐步地引导、培养。由于传统教育的影响，我们总难免于偏爱说教，而忽视了情感的熏陶和耳濡目染的身教。最近，听了一节青年教师“两栖纲——蟾蜍”的课，很受感动。蟾蜍，癞蛤蟆也。其外貌颇“癞”，皮肤上疙疙瘩瘩，且有毒腺，大部分孩子是不敢用手触摸的，明知是有益动物，也难以生出爱意。这本属人之常情。但这位老师——一位年轻女士，为每一组学生都准备了一只蟾蜍，养在玻璃缸中，让学生观察研究其形态，还要进行肢长和体长的测量，那非动手不可。教师一开始讲解，就握蟾蜍在手，怎样“握”的呢？左手轻握，右手爱抚，同时徐徐道来。蟾蜍在她手里，俨然是心爱的宠物。于是，学生在动手时，既不害怕，且轻拿轻放，呵护这小生命。课将结束，教师突然问学生：“这些蟾

① 本文原载于《生物学通报》1996年第12期。

蜍该怎么办呢？”学生议论：应该放生，放回大自然，而且是青草池塘。从教育的角度来看，这是德育和智育的统一，并“更上一层楼”。

我还听了另外一节课——叶的形态，包括有叶形、叶序、叶镶嵌等内容。教师年轻，但颇有经验，能紧紧抓住叶和光照的关系，并准备了许多不同形态的叶和叶序的实物，边讲边引导学生观察，最后指出：不论什么形态的叶和叶序，都有利于获取光，进行光合作用，有利于植物的生活，也有益于自然界，因此，我们要爱护每一片绿叶。这也是智育和德育的统一。但美中不足的是，每一位学生面前的瓷盘里，都有一堆绿叶，而且一堂课下来，已经萎蔫了。如若这堂课挪到校园里或野外去上，既可徜徉于绿野之中，细细观察那叶形、叶序和叶镶嵌，又尽可能不采摘那些需要爱护的对象。

孩子们的心灵是那么敏感和稚嫩，如果我们动之以情，重视身教，是否比灌输更好一些呢？

2. 思维，不可这样急匆匆

听了许多年轻老师的课，有一种老说不太清楚的感觉：大多数课总是上得这样匆忙。说话是快一些，年轻嘛，反应灵敏，自然不像中老年人说话那样慢条斯理。快，是青春的跳跃，生命的律动，朝气蓬勃，令人愉悦。但细细究之，似不在于此。而是主观上欲启发学生思维，客观上又不给学生以充裕的思考时间和思维驰骋的空间，像机关枪似的快问快答，简问简答，似乎是不断地从学生那里索取答话，可使自己连续地“灌”下去！

举一节课来说——根对水分的吸收。这是一节边实验、观察，边讲解的课。教师很辛苦，既为每位学生的单独实验做了准备，又在课外指导学生做了一次演示实验，再拿到课上来。实验材料是萝卜的圆锥根的切块。按说，该准备的都准备了，课是可以上得很好的。遗憾的是整个教学过程，是教师说一下，学生做一下，教师问一下，学生答一下。教师反复问：哪边溶液浓度高，哪边溶液浓度低，哪里是进水了，哪里是出水了……在一连串的简问简答和齐声回答中度过了这一课。表面看来热热闹闹，但学生究竟真动脑子了吗？真的思维很活跃吗？恐不尽然。

因为这节课真有几个难点，是要学生在教师的帮助下动脑筋的。一是选用萝卜的圆锥根的切块作为实验材料的原因。前面讲的是根尖的根毛区吸水，萝卜的圆锥根不是根尖的根毛区。学生对此有疑问，要思考，只有在教师帮助下想清楚根毛区吸水是由于其细胞的特点，而萝卜圆锥根的细胞特点与之是类同的，因此可以用来做实验材料。二是为什么要分别置于清水中和盐水中做比较，也是要启发学生思考的，即模拟根在变化的土壤溶液中的情况。三是从宏观的实验（萝卜圆锥根切块）推论到微观——细胞水平的吸水和失水，更是要害之处，需要思维的跨越。四是农业实践上的应用，也富有锻炼思维的价值。现在这些培养发展学生思维能力的好机会，都不去利用，多么令人遗憾！

培养和发展学生的思维能力，就要从教材、从生活、从学生的认知心理来进行细致的考虑，并创设思维的情境和条件，还要给予时间。思维，不是急匆匆的问答就可以启发的。那种“急匆匆”的问答式教学，与其说，你是为学生服务的，毋宁说，你是要学生为你的讲课服务，这就本末倒置了。

寄语新教师之三[1]

1. 理科要讲“理”

最近听了57堂微型课，涉及初一教材的5部分内容。这是北京市初中教师教学基本技能的比赛。选手由各区、县选派，有一定的代表性，优点有代表性，问题也有代表性。这个标题和下一个标题下的内容，都是说问题的。

生物教师对某些人把生物课当成文科来对待是很有意见的。那么，教理科就要讲“理”。“理”，包括科学事实和过程，但更重要的是要讲讲为什么。举一例来说，我们听的“细胞的结构和功能”的课，在指出各部分的功能时，都很不讲“理”。

例如，细胞壁起保护和支持的功能，理由只是它位于细胞的外围。学生不禁要问，没有细胞壁的动物细胞怎么办？其实，细胞壁是全透性的，首先不是保护而是支持。怎样实现支持作用的呢？可以在学生可接受的水平上讨论。如若没有细胞壁，一株挺立的植物会是什么样的形态（还要说到水分的充盈）？如木材、坚果的壳，甘蔗的皮为什么比植物体别的部分坚硬？（细胞壁特别厚实）这样，支持作用（同时也起保护作用）不就清楚了许多吗？

例如，关于细胞膜的功能，简单地告诉学生“控制物质进出细胞，有

---

① 本文原载于《生物学通报》1997年第4期。

益的物质不能轻易出来，有害的物质不能轻易进去”，就更不好理解了。一是总要举个例子吧，如两株不同种的植物生活在同一土壤和施肥条件下，吸收的矿质元素种类和数量不会相同方面的例子，形象生动地说一说，不更好吗？二是“有益”“有害”不能轻易“出”“进”之说，已近乎不科学了，干脆就不能那么讲。

例如，关于细胞核的功能，说它含遗传物质，与生物的遗传有关。在我听的近10节课中，最好的仅是说“你知道种瓜得瓜，种豆得豆吗？这就是遗传，与细胞核内的遗传物质有关”。有大量的核移植或替换的实验，为什么不可以举一两个例子来说明呢？

这样讲课是多么没有“理”！孩子们从小就爱读《十万个为什么》，如果我们的理科——科学课，不努力去启发和帮助孩子解决一个个新的为什么，我们的课就失去了存在的意义，更谈不上培养科学思维和科学精神。也不要把责任全推给教材，好的教师，不管教材有多少缺陷，都能导演出生龙活虎的“话剧”来，这才是基本功呢。

2. 学学用学生的眼睛看世界

我们的年轻教师，大约是在十几年的学习生活中被灌多了、灌久了，脑子里的知识似乎都是一、二、三、四，A、B、C、D，确实不乏系统性、严密性，但常常忘了孩子们——初中生还是孩子或大孩子——是如何看世界的。

关于叶的结构和功能，在我听的近10节课中，大多是以典型叶的横切面，边画边讲，边讲边写（各部名称和功能），胜利结束。就一、二、三、四而言，很清楚。但就学生的认识过程而言，并不是最佳的，因为听课中学生跃动着的思绪是被压抑的。

其一，学生想知道的是怎样去了解叶的内部构造。这就要懂得如何做一个叶的横切片。其二，做成了横切片，急于想知道的是放大后的全貌

（不是边画边讲的局部），并希望把观察叶外貌的经验用到对内部各部分的认识上，他们可以部分地识别。其三，叶的内部结构为什么要这么复杂呢？这和在光下制造有机物是什么关系呢？这就到了要害地方了。其四，叶内部结构的主体是叶肉细胞，叶肉细胞内有叶绿体，应该示以放大的叶肉细胞及放大的叶绿体（显示微观结构也没有关系，并不要他们记住），这叫重点突出。其五，叶绿体在光照下用水和二氧化碳为原料合成有机物，于是如何保证光的获取，水和二氧化碳的供给，有机物的运出等，和学生一起讨论分析表皮、气孔、叶脉中的导管、筛管以及机械组织支持叶面的必要等。这样会变得生动有趣，叶片的结构多么像一个化工厂啊！其六，叶的结构都是这样吗？这只是一个典型的结构，植物界的多样性，在叶的结构上也有差别，表皮并非都是光滑的，气孔分布也各有特点，叶肉细胞层也有差异等，使学生知识面更宽一点，了解各种植物有各自的适应性，但总体又是一致的。

上述归结起来实际就是：从表及里，从整体到局部，又从局部到整体，还从个别到一般。总之，要符合认识过程。要当一个好教师，要上好每一节课，就要不断地探索学生对每一件事物的具体认识过程——学学用学生的眼睛看世界。不是说课堂教学中学生是认识的主体吗？这不是一句空话，也不是像某些人机械地理解的学生活动了多少，教师提问了多少次，只有把教学过程组织得符合学生的认知过程，学生的主体作用才得以体现和发挥。

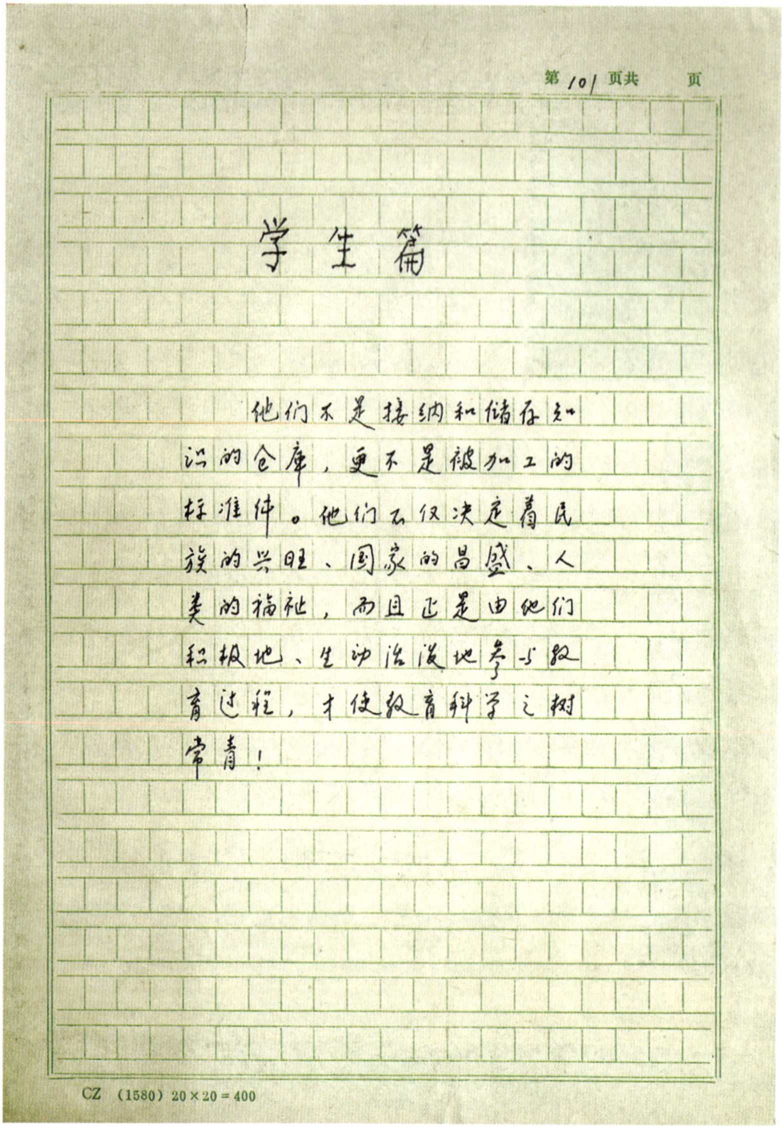
第101页共　页

学生篇

他们不是接纳和储存知识的仓库，更不是被加工的标准件。他们不仅决定着民族的兴旺、国家的昌盛、人类的福祉，而且正是由他们积极地、生动活泼地参与教育过程，才使教育科学之树常青！

CZ (1580) 20×20=400

◎ 朱正威先生手稿——朱先生的学生观

素质教育呼唤教师素质的提高①

自《中国教育改革和发展纲要》明确提出基础教育要从应试教育向素质教育转轨以来，不仅教育行业内部，甚至外部也都有热烈的讨论，而且有不少地区和学校作出了成绩。素质教育不是某人或部分人的主张，而是教育面临经济竞争、新的科技革命的挑战，以及不断加剧的环境和资源的压力所必定要作出的反应。素质教育若要取得切实的进展，重要的一环是必须相应地提高教师队伍（广义地说包括各级教育行政部门的负责人和学校的校长）的素质。笔者曾任北师大附中校长多年，现在仍在教学一线工作，想就自己亲身的体会谈点看法。

1. 师德

提高教师的思想品格和道德水准，是提高教师素质的核心。师德除普遍的共性外，随着时代的变革和社会的发展而面临的许多新情况，必定会产生新的问题，出现新的要求。师德素养宛如一株不断自我更新的常青之树。

首先，在社会变革的洪流中，教师要更好地自我定位，深刻理解教师职业的重要性。这是因为改革开放以来，经济的发展和社会的进步举世瞩目，同时人们的生活方式、思维方式、价值观念也在迅速变化。一切变化

① 本文原载于《北京教育》1997年第10期。

总会在青少年一代身上产生正面或负面的影响，引导和教育青少年一代适应社会的变革，摆正人生的航向，准备迎接未来的挑战并取得成功，教师处在一个导航者的地位上。经济的发展和生活水准的提高，人们比以往任何时候都更希望子女受到高品质的教育，对教师素质的标准也要求甚高，社会生活中的“择校”现象，很大程度上是“择师”现象，教师正处在亿万家长的高要求之中。应试教育向素质教育的转轨，实际已经不是国家文件的要求，而是人们已经领悟到学生不能单是会考试、会拿高分，社会需要的人才是德、智、体、美、劳诸方面全面发展而又有个性特长和富于创造性的人才，人力资源已经不全是按计划来分配，而日益由社会来选择，也就是人才的市场化。这就反过来要求教师从教育观念、教育内容、教育模式、教育方法等都要有适应素质教育的改革，教师应该是教育改革家。过去我们大都习惯于把教育看作是教师和学生的双边（或双向）过程，才有教师为主导、学生为主体的提法。事实上现在学生接受的教育呈现出多边化，既有学校教育，还有家庭教育、日益发达的社会教育、大众传媒的教育（还没有包括计算机互联网，但这也是不远的事情）、学生的自我教育等。教育的社会化，社会的教育化，这种教育的多边性，对以教师为主体的学校教育是又一个挑战。因为毕竟学校才是教育的专门机构，教师才是通过专门训练的教育人才，负有对教育多边性的调控作用。在某种程度上说，教师是多种教育力量的组织者。还要指出，“科教兴国”战略的提出和实施，已经并将继续把教师的职业推到极端重要和崇高的地位上。对于已经是教师和正在准备当教师的人，是否对上述种种变化的情况有足够的认识并感到责任的重大，从而更热爱这个职业而奋发图强呢？我们讲职业道德，首先要讲这一条，要在三百六十行中定好自己的位置，而不是自我贬低或见异思迁。

其次，我们正在“两个文明”一齐抓，一个具有高度物质文明和精神文明的社会，通过几代人的努力一定会建成。教育工作者既是物质文明的奠基者，更是精神文明的传播者。如果我们充分意识到这一点，那么，在当今物质生产发展迅速，生活水准逐步提高中，对社会生活领域里出现的某些物欲横流的现象及其对教育工作者队伍的影响，应有清醒的认识和警惕。以教谋私，败坏教风者，固然是少数，但作为精神文明的传播者，严格律己不够，还比较普遍。教师的物质生活不断提高，是社会文明的标志，也是党和政府以及社会各界一致努力的结果。但是，教师职业的崇高，更重要的是教师对社会和未来的贡献。教师的物质生活条件，即使在最发达的一些国家中，也只处于中等或中上水平。要想富，甚至豪富，就不必选择教师职业。少一点物欲，多一点艰苦奋斗的精神，以严于律己、诲人不倦和一流的教育教学质量来赢得社会的尊师重教，仍然是师德建设的重要课题。

其三，素质教育本质上是着眼于人的发展，学校和教师要通过自己全部的工作，使每一个受教育者能在自己的基础上（这基础是有差别的）都得到良好的发展，这既符合社会需求，又符合受教育者身心发展的需求。为此要细心了解每一个学生，热忱爱护每一个学生，像尊重自己一样尊重每一个学生，和学生真正建立平等的关系。没有了解就没有教育，没有热爱也不会有好的教育，没有尊重将损伤孩子的心灵。陶行知先生有段著名的话："你这胡涂先生，你的教鞭下有瓦特，你的冷眼里有牛顿，你的讥笑中有爱迪生。你别忙着把他们赶跑。你可要等到坐火车、点电灯、学微积分，才认他们是你当年的小学生？"胡涂先生今日仍有，而且由于长期的应试教育的负面影响，偏爱、偏见、放弃乃至于体罚，并没有从教育领域消失，而以分数的频繁排队并伴之以呵斥、训诫，正在伤害一批又一批学生的自尊心、自信心和潜在的创造才能。当有厌学出走甚至轻生时，我们又说今日学生心理素质差，不耐挫折，那我们的责任呢？素质教育和师德都呼唤我们去爱、去尊重。

其四，"教师的教育劳动的独特之处是，为未来而工作。今天在孩子身上所培养起来的，要在几年之后，甚至是几十年之后才会成为一个成熟人的公民性、道德和精神面貌的因素”。（苏霍姆林斯基）对未来的热爱和追求，对未来的信念和信心，应该是师德的重要要求。世界充满了问题，也充满了危机，但你是为未来而工作的，是播撒希望的种子的人，理应学会辩证地看待事物，并教育学生辩证地认识世界，规范自己的实践。我们生活在一个开放的、信息化的社会，不论是政治的、经济的、文化的，各领域的纷繁的社会现象和信息，总要反映到学生的思想中来，他们总是在教师（及其他人）引导下，在错综复杂中形成正确认识的。教师没有坚强的信念和高尚的理想不行。“四有”人才，首先就是有理想。也许可以说，教师是天生的理想主义者，否则就不必当教师。借口社会的复杂、社会有阴暗面，而不去教学生正义、纯洁，削弱或放弃对正面教育的要求，也放松对自身的要求是有害的。

2. 观念

邓小平同志指出的教育要“三个面向”——面向现代化、面向世界、面向未来，有着极为丰富的内涵，是教育改革和发展的根本方向。首先必须按“三个面向”的要求转变我们的教育观念，从应试教育向素质教育转轨。对于教师来说，以下几个转变是很重要和现实的。

一是从偏向少数“精英”到面向全体学生的转变。在理论上谁也不想承认自己是面向少数“精英”的，而实践上是为选拔而努力，选拔的同时是大量的淘汰，把升学有望和升学无望的两类学生分得清清楚楚，前者是精心栽培，后者是凑凑合合完成学习年限，从课程内容要求到师资安排都有差异。某些学校还在因材施教的名义下，按主要科目的学习成绩实行频繁的排队分班，把选拔淘汰工作经常化。这不是教育工作的高明，而是失败。面向全体学生，本质上是教育的平等，即不分资质的高低、文化背景、身体状况等差异，都有接受同等教育的权利，在各自的基础上得到发展，其结果可以有短长，但其发展过程中得到的关怀不可有厚薄。连许多发达国家和发展中国家都高喊教育的平等，作为社会主义国家我们应做得更好。在这个问题上不是理想主义和实用主义之争。如果真的讲实用的话，那么，应该努力的方向是在统一标准以外，分别给不同资质、不同兴趣爱好的学生设置不同的选修课程或项目，使其发展各有千秋。当然这首先不是教师的事，而是校长的事。

二是从单纯追求学科知识的水准到追求人的全面素质的提高。这实质上是在学科教学中全面贯彻教育方针的问题。学校教育的主渠道仍是学科教学。因此各学科的教师始终面临是单纯讲学科的知识，还是通过学科教学，以德、智、体、美、劳诸方面的营养给予学生之间的矛盾。徐特立同志在《各科教学法讲座》中曾说："教师有两种人格，一种是'经师'(因为中国过去教经书中的知识的称经师，现在是教科学知识，为了容易记，所以仍袭用这个名称)；另一种是人师，人师就是教行为，就是怎样做人的问题。经师是教学问的，就是说，除了教学问以外，学生的品质、学生的作风、学生的生活、学生的习惯，他是不管的，人师则是这些东西他都管。"徐老这里主要指的是学科教学中的德育，学科教学中还远不只是德育问题，如科学教育，除科学知识以及科学的精神、态度、价值观念等德育内容外，还有科学思维的培养，科学方法、技能的训练等许多内容。因此，在某种意义上说，每一门课应该都是对学生全方位地教育，要做到这点不容易，首先需要观念上的转变。

三是从教育和社会的脱节到紧密联系社会的生产、生活、发展的教育。国际上从20世纪70年代起，STS教育兴起，就是一种观念的改变。STS是人们顺应科学技术革命对社会的正面、负面影响而提出的科学教育改革的构想，即社会中的科学技术教育，要把和社会生产、生活、发展有关的科学技术内容纳入课程，培养学生的责任感和参与精神。这对于整个教育改革是一个有益的启示。把几乎所有的学习时间和空间都用于应试，是在助长教育、教学和社会实际的脱节。和社会脱节是难以切实地、全面地提高学生的素质的。要发扬我们曾一贯坚持的理论和实践相结合，教育和生产劳动相结合的传统，并进一步使教育和现代科技相结合，教育和社会生产、生活相结合。

四是从以强化竞争的教育到以合作为基础的教育。国际间经济竞争的激烈，社会主义市场经济一改计划经济的状况，处处都在竞争，似乎和“应试教育”崇尚竞争不谋而合，于是一些同志十分赞赏应试模式的竞争，认为只有这样才能培养学生适应社会，这是一种片面性。1972年的“学会生存”主张，其主旨是按照终身教育的理论来安排一个人的一生的学习、工作、闲暇和退休生活，并相应改革现行的教育体制、结构、内容和方法，以适应经济和科技的发展、产业结构的调整和劳动市场的变化对个人的挑战。而随着时间的推移，人们意识到未来人类所面临的挑战远远超出了个人的范围，世界出现了既互相竞争又越来越互相依赖的格局，从资源到环境，人类面临的问题已超越了国界，需要倡导一种“全球合作精神”。1989年在北京召开的“面向21世纪教育国际研讨会”，提出了“学会关心”的教育指导思想。从“学会生存”到“学会关心”，是对现代教育认识上的深化。应试教育使我们被评比、竞争、分数排队冲昏了头脑，几乎要忘记了我们教育的好传统——集体主义教育。国家的发展，民族的振兴，多么需要炎黄子孙团结一致地奋力拼搏，而现代科技的发明、创造到转化为社会生产力，已经是一个社会过程，而不是个人奋斗能实现的。这多么需要“团队精神”。我们的教育观念不做相应的转变行吗?

五是教育教学的模式要从以教师为中心转变到以学生的主体参与为中心。应该说这个问题发现得较早，在20世纪60年代就以批评凯洛夫教育学的形式提出不能以学校为中心、教材为中心、教师为中心，但同那个时期许多社会现象一样，带着强烈的政治色彩，逐渐走上了对学校、教材、教师的否定，也就走向了歧途。而后在改革开放的年代，我们终于提出了

“教师为主导，学生为主体”来构建教育教学的新模式，但在“应试教育”的框架内，学生为主体仍难以实现，而且学生的负担加重，被动地学、厌学的现象十分普遍。除了公开课、观摩课、评优课可见到考虑学生的积极参与外，大量的日常教学中“满堂灌”，学生被动地学处处可见。而21世纪的人才观正在叩击着教育的大门，未来人才应具备的对他人、对社会的高度责任感，更高的道德水准，自主的、积极进取的创新精神，独立获取知识、处理各种信息的能力，丰富的个性、特长和适应性等品质，绝不可能没有教育教学过程中学生的主体参与而形成。近来，东西方教育要互相借鉴、互相学习为东西方教育界人士所普遍地提及，在放手构建学生主体参与的新的教育模式方面是可以向西方学到一些东西的。而每一位教师若是转变了观念，一定可以在借鉴的同时，创造出更符合国情的新模式。

六是要从过多的统一要求向追求教育的多样化、个性化发展。毋庸置疑，教育领域的统一要求是我们教育的优势，不这样，一个世界上学龄儿童最多、社会发展水平差异极大的教育大国，取得迅速的进展是难以做到的。然而，素质教育是追求人在不同的资质基础上的各自最优发展，不应该只用一个尺度来度量，只用一个标准来规范，应该有多样化的学校、多样化的教材、多样化的教学方法来造就多样化的人才。学生要有更多的选择学习的机会，使个性的发展具有更大的空间和自由度。如果长期地千校一面，一个教学大纲，雷同的几套教材，一张试卷，还有大同小异的“满堂灌”的教学方法，会造成缺乏多样化和个性化的结果，同时也影响教师才能的发挥，使教师向着“匠人化”方向发展。然而，我们需要才华横溢的亿万人才，也需要才华横溢的千万教师。

教育观念的转变，还可以从不同角度举出更多方面。观念不转变，“上有政策，下有对策”那一套，也会冒出来。例如，已经有了“课内应试，课外素质”“考试科目应试，非考科目素质”的说法，值得我们深思。

3. 功底

我们的教师除了要有崇高的师德、现代观念，还应有符合现代教育要求的功底。

面对现实，教师首先需要站在面向21世纪的高度来系统地学习教育史和现代教育理论。由于我国在师资培养上历来把教育方面的课程压得很少，称为公共课，大量时间用于文、理的专业课，而不像某些国家学完文、理专业后，为取得教师资格而进行两三年的教育理论专门学习和实践，因此教育工作者一经进入工作，就穷于应付日常事务，主要是在学科教育中干中学，面很窄，所以难以出现在教育理论上有创见、有成就的教师，大多为经验型的，很难设计和驾驭改革。出现了盲目执行教育行政部门的要求或不结合实际情况照搬（甚至歪曲地照搬）外来的教育理论或学派。例如，几十年来曾不断推出一些外来的教育理论，近年来，颇流行布鲁姆的结构主义教育理论，没有消化或半消化状态的“××教学”，恐怕连布鲁姆先生自己都不见得认同。这类做法不好。应该立足于中国的国情，立足于中国丰富的教育文明，借鉴外来的经验，创造出有中国特色的社会主义教育理论来。这个任务单靠教科研机构不行，必须有千万教师的参与。

其次，要提高教育科学研究的能力和水平。现在大家都认同，好教师应是学者型的。学术研究最基本的方法是对历史和现状的调查和分析，应该学会并立志做好这个基本工作。譬如，当前教育改革和发展中面临的主要问题有哪些，其表现形式如何，其历史和现实的原因是怎样等，若心中无数，教育科研就必定脱离实际，也难以指导和规范自身的教育、教学实践。又如，对本学科教学研究的前沿动态要掌握，争论的主要问题、主要观点有哪些，哪些是较成功的实践，和国外的差异在哪里，这些都要了解。不能埋头做那些早已解决的、过时了的研究，或随心所欲、无的放矢。再如，组织教育教学实验，总得有明确的规划、设计，总得有对该问题背景材料的搜集和分析，总要有足够大的空间范畴和时间跨度，总要有数量统计和分析，否则难以作出科学的论断和科学的发现。我们有完备的教研部门，有无数的教研组，可是我们的工作若停留在备课、评课或组织一些参观之类的活动上，前进就太慢了，甚至还没有纳入教育科研的轨道，此种状况，不能不令人着急。

再次，要更新和提高自己的学识和技能水平以适应未来教育的需要。“一本大纲、一本教材、一本教参”教一辈子的状况，并非绝无仅有，恐不能继续下去了。教师是人类创造的新的知识财富、新的发现发明、新的研究方法、新的价值观念等的最及时的传播者。20世纪最后的几十年，每一专业和学科都极快地更新和增加内容，边缘学科、综合学科不断产生，从人类基因组图到克隆技术，从信息网络到纳米技术，教师追都追不上。而教师还是学生智慧和潜能的开发者，新的认知理论、教育工具、教育手段如雨后春笋，不学习怎么行！还有知识的整合化席卷文化科学领域，相关学科的结合部，理科和文科的交融，人、社会、自然和谐统一的价值取向，都对教育事业和教育者提出了全新的要求。教师的时间除休息外，恐怕要“倒三七开”，即三分工作，七分学习。这似乎说得严重了，其实，为了全面实施素质教育，迎接21世纪的教育挑战，不这样，恐怕真不行。我甚至要说，最好的教育行政管理人员，尤其是校长最主要的工作是创造并保证教师学习提高的条件。

最后，要有健康的心理和人格。1995年美国哈佛大学心理系教授丹尼尔·戈尔曼提出了人的成功除智商（IQ）外，还有情商（EQ），即情绪智商，甚至提出成功的原因智商只占20%，情商（还有其他条件）就很重要了。实际上EQ讲的是人的心理素质、自我修养和性格特征，现代社会由于科技的迅猛发展，网络缩短了时间和空间，人的交际在增加，与人、与社会共处是一个很大的学问，紧张感、压力感是现代快节奏生活的伴生物。而教师接触的人很多，工作对象是人，学生多，家长多，真是关系到千家万户，主要接触者又是稚嫩、敏感、脆弱、可塑性极强的青少年男女。于是，健康的心理和人格，如对事业的孜孜不倦、乐观开朗，对学生普遍的爱和关注，师生平等的切磋探讨，人际间的互尊互谅，自我认识不断完善，这些属于EQ方面的要求，就显得更为重要，再加上社会转型期年长者和年幼者在观念上的许多差异又增加了适应的难度。教师的情绪、人格会顽强地影响学生的成长，一句话可以葬送一个人，一句话也可成就一个人才。人格的感召和熏陶，远比知识教育对人的影响要大，一位教育家说得好，“在教育中一切都应当以教育者的人格为基础”。

朱正威访谈录：教师是天生的理想主义者①

张慧（本文以下简称“张”）：朱老师，您从教50年，桃李满天下，您认为怎样才能做好一名教师呢？

朱正威（本文以下简称“朱”）：我以为一个好的教师，首先要爱学生，爱教育事业。没有对学生、对事业的爱，就没有了教师的灵魂。因而，在课堂上我力求精神饱满，富有激情；要寻求各种教学策略启迪学生的心智；刻意于科学的严谨、准确和鲜活：务求在教学活动中给学生以丰富的、健康的思想营养。我鼓励有潜质的学生，呵护后进的学生，绝不以分数或升学的指挥棒向学生施压。我认为教师对学生的爱超过亲情，是爱国家、爱民族、爱未来的体现；它并非只是温馨慈祥，而是符合教学规律的，严格要求的教育教学的实践行为。50年来支持我孜孜以求的是我对学生的爱和对生物科学教育的爱。

作为生物科学教育工作者，在长期的实践中，对这个工作的艰辛和重要性有了较深刻的认识，对它的爱是非常理性的。现在许多人都说21世纪是生命科学的世纪，然而，长期以来，它在我国基础教育中地位卑微，甚至难以和自然科学课程中的物理和化学平起平坐，这关系到一个人科学素养的均衡，也关系到国家的竞争力。为此，我用很大一部分精力来研究中学生物科学教育。一方面努力在生物科学教育实践中出成绩，引起方方

① 本文原载于《中国教师》2005年第2期，采访人：张慧。

面面的重视；另一方面，投身这一领域的科学研究和教育改革。从2000年至今，研制课程标准、编写教材、培训教师，我投入了几乎全部的精力。在这个过程中，我感到我们的生物科学教育事业在前进。

张：现在教师职业渐渐热起来，您对硕士、博士当老师有什么看法？

朱：这要从两方面来看，教师素质要提高，博士、硕士多了是件好事，但从另一方面看，硕士、博士拿到学位了，但实际工作能力究竟如何，是否适合当老师，这个问题就大了。老师这个职业是要有一点儿天赋的，老师的主要任务是传承知识，如果你压根就不愿意和人交流，就不适合当老师，未必见得每一个硕士或博士都善于和人相处、交流。

而且，我们现在高等教育的内容太“窄”，这与教师职业要求有很大的差距。在学生眼中，教师是万能的，从思想、学问、情感到做人，他认为教师应该是他的榜样。现在家长对教师的要求也很高，知识面窄，就比较麻烦。

还有最根本的一条就是，教师是要和人打交道的，这一职业需要教师自己去实践、去领悟，积累经验，不是只读书多就能当一个好教师。一些示范学校要求有多少比例的硕士或博士，但事实上，虽然硕士、博士有他们的长处，但也可能不如在教学岗位上教了很多年，仅是大学本科毕业的老师更胜任这个职业。当一名好教师，仅仅靠学历这一条是不够的。

张：我记得您曾说过“校长是教师的教师”，请谈一谈您的认识。

朱：在北京师范大学附属中学百年的历史中，我是担任校长时间最长的一位，历时十年。如果说有什么体会的话，我认为校长的根本任务是贯彻好党和国家的教育方针政策，同时应该是教师的教师，爱护教师、关心教师、培养教师，与教师共甘苦。现代化的学校管理，是一种以人为本的管理，应该建设一个以人的发展为中心的校园文化。

一位新教师到学校中来，将经历继续在实践中学习和成长的过程，特别需要精心地培养，一位不行刷掉再换一位的做法要不得。现在有些校长把管理工厂生产线工人那套办法拿来管理教师，把教师看作劳动力，这是用人的异化，是不行的。

教师进入学校经过三五年能比较称职就不错了，这三五年谁来管他，当然是校长了。校长要给他创造良好的环境，来扶植他，给他成长学习的机会。天才只是少数，大部分的好教师是“磨”出来的。我很反对用人而不培养人的做法。有些校长虽然在口头上不讲，但是在内心深处有这样的想法，在行为表现上借着人事制度改革，让竞争代替培养。我们必须认识到，竞争会对人有督促作用，但作用是有限的。培养出人才对整个社会都是好的，人才流走了，不是赔本，从全局角度来讲是好的。好校长就是要关心教师，奉行“拿来主义”是不行的。

张：那您在培养教师上有什么好方法吗?

朱：首先，校长和教师要平等相待。校长的一个职责就是创造一个好的氛围，这是学校文化很重要的部分。如果校长和教师不平等，会影响到教师和学生、教师和家长的关系。校长对教师老是训斥，久而久之，教师对学生甚至对家长也会采取同样的态度。人都是在交流、沟通中成长的，民主平等的师生关系、教师和家长的关系、老教师和新教师的关系，是在以诚相待的交流中，在和谐的氛围中形成的。在这样的环境下，人才没有什么顾虑，才能发挥他的才能。

其次，校长在教育教学中，在对基本的理念的理解上，要坚持“百花齐放、百家争鸣”。现在很多学校中出现的问题，背后都是有教育教学理论根据的，不能简单化处理，这就好那就不好，而是要用效果、要看是否有利于学生的成长来检查。当然，做到这一点很难。因为校长可能有一套自己的理论，而现在教育教学的理论五花八门，赶时髦弄不好容易用一家之言代替丰富多样的、有效的方式。所以，校长不要轻易表态，要创造一种自由交流的学术空气。教育教学研究是一门大学问，让大家敢于探讨问题，都会有收获。

进一步说，校长不要搞整齐划一，要承认教师强烈的个性化色彩。没有全能、完美的教师，要鼓励教师发展自己的长处、个性，形成自己的流派和风格，这样才能出名师。在选择教学的策略和方式上，不宜整齐划一。比如，多媒体教学手段好，但所有的课都有必要用吗？“一窝蜂”地用多媒体演示，本来是要学生观察和领悟的东西，用多媒体啪啪啪演示了，学生还领悟什么啊？常常有这样的风气，某位老师的教学流程“风行”，他的教学方法就被神圣化了，这是不可取的。因为在他的意义上是正确、可行的，但换一个老师、换一个学校就不一定很合适。整齐划一要不得，要让老师根据自身的特长运用好所有课程资源，建立自己的特色。

当然，还有其他一些方面，比如说老师的待遇、培训等，这些都很重要。但作为一校之长，要有自己的办学思想，不一定讲出来，但它的存在对教师、对学校都会产生很重要的影响。现在很多校长有苦衷，忙于基本建设、忙于筹集资金，把教学管理、培养教师的任务都交给校长助理或者副校长，这是不可取的。校长是学校事务的决策人，不能把管理教师的任务都交给别人。

张：朱老师，您是如何看待“教书”和“育人”的？

朱：教师教书实际上是在育人，是帮助人成长和发展。学生在每一堂课上不仅学知识，还学教师做人，甚至把教师的毛病也会学去。教育本来就是人的社会化，所以教师不仅仅是在传授知识，教师传授的知识本身及其过程都在影响着学生如何进入社会，成为一个什么样的人，这是一个全方位的影响。在一次研讨会上，有位老师无意之中说：“我听了朱老师两年课，朱老师上课不是在上课，他的一举一动都是为了学生的发展，不是为了课本身。”我认为这是对我最高的评价。教师首先应该弄清楚知识，但在组织教学的过程中，不管是提出问题，还是启发、批评、表扬，学生的发展和需求是最高要求，如果学生有问题，就停下来解决这些问题，不再往下进行，这是心里装着学生，而不是为了完成教学进度。一切为了学生的发展的观念不是空洞的，不是停留在口头上、文章中。因而，教师不是在教书，而是在育人。

教学是极其复杂的过程，要有一定的经验才能驾驭，你的一言一行，你组织教学的过程，统统都是为了你面前的学生。有一次，一个姓李的孩子，在我讲不同的染色体自由组合时，他回答出了我提出的一个很难的问题，我当着全班同学的面对他大加赞赏，还当堂把我随身带的一本自己写的上课参考用书《生殖的奥秘》签上名送给他。我想至少会鼓励他今后动脑子、创新。这不是谁能准备和导演的，课堂上经常会出现各种情况，必须心中有学生才能处理好这些事情。现在教学论研究者们开出了太多的教条，这些方子作为参考是可以的，但是完全照着来做就不行，因为学生不一样，学校不一样，时代也不一样。

教师要不断地变化。20世纪50年代的学生是在高度纯洁的社会中成长的；而市场经济开始后，经济发展了，人才流动了，职业也在变化，孩子们就发生了变化；现在进入信息社会，如此多的信息通过各种途径涌来，学生接触的信息很多，在他的脑子里很难形成一个主流的东西，当你讲主流认识的时候，就会有很多东西来轰击你，所以思想教育变得非常难。教师就要在这样多元化的环境中，让学生认为你是最优秀的、最好的，这是很难的。

而且，学生的接受能力也不一样。一个好老师，要随着时代的进步来把握青少年的基本思想特点，存在的问题和优点。好老师要与学生有对话的机会，比如学生爱足球，你不能对此一无所知，不然无法和学生对话，无法达到师生和谐。当然老师不是万能的，你不懂，你也可以向他们学习。学生的喜怒哀乐教师要了解。教师的工作是人的工作，人随着社会变化，教师要掌握他的特点，因势利导，做到这一点是很难的。生物教材关于“人的由来”的知识就由原来的初三提前到初一讲授，因为青少年的发育提前了，他们需要知道的时候老师就要讲，否则就错过了最佳的传授时间。时代变了，人就变了，教师也要变。

张：您认为教师应该学习哪些方面的知识？

朱：教师首先要学习专业知识、多媒体技术和教育理论方面的知识，不断地学习才是老师辛苦的真正原因。现在科学发展很快，教师要抓紧一切时间来学习，通过一切机会来学习，教师不能等待上面的培训。我在我的教学中就会加入最新的知识，我读书很杂，有什么报纸、杂志抓点零碎时间就看了，因为我是搞生命科学的，经常关注本领域的新的发展，我经常会去西单图书大厦，看看有什么新书，有就买回来。《Newton科学世界》《科学美国人》是我爱看的杂志，当然还有生物学方面的学报和通报等。

其次，要学习的就是一般的文史哲的知识。文学、哲学，包括当前社会发展中突出问题的探讨，要经常关注。哲学严格来讲和科学是不分家的，这些知识不同于专业知识，对它有大概的了解，有利于处理生活工作上的事情。另外人要均衡发展，要有人文知识也要懂自然科学，比如说新版生物教材中一个练习题，表格列出女人怀孕之后身体增加14千克，以及身体各部分增重的情况，让学生知道了科学知识，而背后是人文教育，让学生体会母亲孕育他的艰辛，这就是自然科学和人文教育的结合。人文是无处不在的，用了之后效果完全不同。

再者，要学习重要的方针政策，尤其是教育方面。作为一个教育工作者要关注方针政策，这是为了适应教师的工作。现在的老师兴趣比较窄，这不是好事情。我谈谈我编教材的体会，6本高中教材，每本书10位作者，一共60位，其中博士生导师就有十一二位，有中科院的、北大的、中国农大的、北医大的，如果你不学习怎么组织他们编教材，外行是无法和他们磨合的。我编的教材是全国五套教材中唯一一套一次就通过的。编书有编书的学问，从编书中我也学了不少东西，我开玩笑讲我是“大器晚成”。

张：您曾说过“教师是为未来工作的，是天生的理想主义者”，请谈谈这句话的含义。

朱：我比较偏爱年轻人，在工作上也扶持年轻教师，虽然老教师工作生活上都有一定的经验，但我认为希望在年轻人身上，我对他们比较宽容和关照，不轻易否定年轻人。我和年轻人相处很愉快，他们约我去唱卡拉OK，我说好！有什么不愉快，请我吃饭，我说你是想向我倾诉嘛，我请你！年轻人有很多好的地方，虽然有时候偏激，但他们是未来，他们总会超过你的，一代总会比一代强，历来如此。教师是为未来活着的，是为未来做铺垫，为未来工作，如此而已，保有这样的理想主义，才不会被眼前的事情搞得灰头土脸。

教师是为年轻人工作的，头发白了，脸上皱纹多了，但是与学生交流的时候要有共同思想、共同语言，你怎么可以不保持年轻的心态？所以这个职业是有它特殊性的，教师要全方位完善自己，多方面丰富自己，这是没有止境的。学习是个很累的过程，但是你会很快乐；停下来，脱离了时代，就会老得很快，跟着时代前进就会变得年轻。

张：您对新课改推进过程中遇到的困难、障碍、矛盾有什么看法？您认为课改的前景如何？

朱：现在进行的课程改革是自1949年以来一次很重要、也很必要的课程改革。有些国家，如日本，每七八年就要进行一次课程改革，一般不会超过10年。在1978年进行新课程建设时，邓小平同志指示要赶上时代，应该让老师适应课程改革，让老师“赶”课改，我认为这是正确的思想。

课程改革之后，教师有不适应是正常的，改革就会有变化，就会有不适应，师资水平上的不适应、课程管理上的不适应，甚至家长社会也不会认同。但是改革是必要的，而且出现的问题也不完全是教育的问题，例如，学生负担加重，也是就业压力在学校教育上的反映。

过去主要着力于教法的改革，现在改革课程是对的。我非常赞同这次课程改革的基本理念：一切为了学生的发展。基础教育是为了学生的发展，原来以学科知识结构为中心的课程（世界上很多国家都是这样）不是很合适，应该以学生的发展为中心，来兼顾社会需求和学科发展。在普通教育、基础教育中不能过分强调学科体系的完整性，一方面一个中学把学科建设搞得那么完整不太可能，另一方面，中学教育培养的不是“家”，而是普通人，是为了提高国民素质，兼顾学科体系和社会需求，所以中心应该是为了学生，以这样一个基本理念来设计课程的门类、结构、内容，从这样大的方向上，我认为是可行的，我是认同的，也努力去做了。

张：有些老师反映课程改革走得“快”，您是怎么看待这个问题的？

朱：现在的课程改革存在很多问题，首先是有老师反映走得“快”。之所以有这样的反映，是因为中国的教育以及中国整个社会发展的不平衡。例如，东西部差异，城乡差异，还有部分少数民族地区的相对落后，在这种千差万别、不平衡的情况下，课程改革就显得快了。而且，目前我们的师资状况，包括校长、行政部门领导的素质都有待提高。比如地方上有很多老师并不具备专业素质，我看到很多生物课的老师都是由语文或数学等老师兼任的。现在课程改革提倡自主学习、探究学习，那么多的科学实验，外行只能照本宣科。另外负责课程管理的校长，可以给中考和高考的科目多多的课时，可以不把国家的课程改革当回事，以眼前利益为准，这就是校长的素质问题。种种原因显得课程改革推进得快了。

再说课程改革中教师培训的问题，教师培训要真正落到实处是很难的。就拿我来讲，压力非常大，课改以来的暑假我都在培训，但也顶多到达省会城市，很难达到偏远乡镇；而且培训是很细致的工作，一线教师问的问题都很细微，我们很难一一回答，因而培训上漏洞很多，所以说，培养培训队伍是很难的问题。

针对老师不适应的问题，我认为应该给他们一定的压力，事实证明，我们的老师还是很有潜力的、大部分也是热爱教师职业的。他们觉得难，但我们不能向后退，我们要清醒、理性地认识困难，帮助他们克服困难。我对课程改革的前景充满了信心。

另外，要把教育科研与教育改革结合起来。改革必定会冒出许多新问题，需要研究人员介入。但事实上，目前这种结合仍停留在宣传上。我们的研究动不动就搬来“洋”理论，这说明教育研究人员还只是在宏观层面上宣讲基本理念，而不是在解决遇到的教育理论和实践问题。像其他社会科学工作者一样，教育研究者不能在本本上找问题，要在实践中找问题，要解决问题，需要下去调查。所以，我认为课改的基本方向是对的，更应该考虑的是在适合国情的操作层面上如何顺利推进的问题，要落到实处。

张：有人批评说中国没有创新人才，没有诺贝尔奖得主，是因为中国科学教育出了问题，有人反思大学教育，有人反思中小学教育，您是怎么看的?

朱：中国的中小学科学教育存在很多问题，首先，科学教育的本质是提高公众的科学素养，而不是瞄准提高升学率。如果拼命追求升学率的状况不解决，很难让中小学科学教育为普遍提高公众科学素养服务。

其次，科学教育的发展不均衡。一直以来科学教育过分偏向理化，其他科学领域只是小字辈。我认为在工业化过程中，数理化是极端重要的，应该重视，但在提倡以人为本的今天，要解决环境问题、健康问题，生命科学也是很重要的。虽然我们的科学尖端队伍发展了，但是百姓的基本科学素养怎么样？提高较慢。生命科学在中学教育中仍需加强。而且，教育中科学和技术的分量不均衡。当代技术的科学化和科学的技术化说明科学和技术两方面是不可分的，基础教育中要处理好科学和技术两者的关系，进一步还要处理好科学、技术和社会三者的关系。

再次，科学教育要有队伍，最基础的队伍就是中学教师和科普工作者。队伍的建设是整个国家要考虑的问题，科技部、教育部等部门要联合起来，规划投入多少，还要监督投入的落实情况。现在一个现象是没有人愿意写科普，中学教师中有能写科普的老师，但他们更愿意编考试模拟题，因为不仅轻松而且赚的钱比编科普书要多，这都说明需要国家政策上的倾斜和扶植。

科学教育不是一蹴而就的，国外科学教育搞得好，也是积累了多年的经验和投入了很多才发展到今天这一步的。以前我们国家重视的是经济建设，现在开始重视国民素养的提高，不仅仅是消灭文盲，还要把培养具有更高人文和科学素养的国民提到日程上来。重视了、投入了、努力了，自然会慢慢好起来。

生物学特级教师应兼具科学精神与人文精神

——访生物学特级教师、全国先进教育工作者朱正威先生[①]

《中国教师》：特级教师或专家级教师应当具备什么样的学科知识体系？

朱正威：生物学特级教师对生物学领域里基础的、前沿的、重点的问题应该是相当熟悉的。这个是最基本的学科素养，道理虽然简单，然而当前还有很多生物学教师学了很多关于植物分类的知识，却连本地区一些常见的植物的名字也叫不出来，更遑论其他地区的植物。特级教师毕竟还是教师，他不是科学院的院士，不能要求很高，但是必须要能跟得上发展，至少要多读读生物学领域领军人物的论文，了解他们的工作以及他们工作的意义，不过未必一定拿到教学里来。然而，许多生物学教师，包括高中生物学教师，包括能培养出很多高分考生的教师对教材和考纲把握得非常好，但只要出了这个圈子就不行了，教书时间长了越来越被课本上的那点东西所限制，甚至根本不读新书，不读中外的科技杂志，这样的教师比比皆是。很多生物学教师对教科书也很熟，但很难提炼出一些规律性的东西。生物学特级教师必须关注学术前沿，能在课堂上通过对学科研究进展的讲解使学生爱上生物学，能通过对生物学规律的提炼使学生学得容易、

① 本文原载于《中国教师》2011年12月下半月刊，记者：孙彦川。

学得透彻。

《中国教师》：除了具备丰富的生物学知识，生物学特级教师还需要具备哪方面的素养？

朱正威：特级教师对教育科学、心理科学要有相当的素养，要知道教育的普遍规律和中外教育的区别、中国教育史的变化、心理学到底能解决什么问题、当代心理学在哪些问题上实现了历史性突破。再进一步才是学科教学论的素养，小一点是生物学科教学论，大一点是科学学科教学论。生物课教师是科学课教师，所以要懂得科学教育的规律，就像《美国国家科学教育标准》讲的那样它是“格物致知”。“格物致知”指的是“怀疑是审视问题的出发点，实证是判别的尺度，逻辑是论辩的武器”，这就是科学教育要倡导的价值观以及要遵循的规律。

生物学特级教师要能够搞清科学的本质。首先科学是概念和概念的系列，它不是现象，这也可以叫作科学的知识性。科学是一种规律性知识，而非事实性知识。第二个特点，科学是过程，它是一代代的科学家探究的积累。那么这里面就有科学方法，有科学思想观念，有科学精神，有科学态度，所以我们要强调探究性学习，因为它是个过程，过程里有很多的内容。特级教师必须理解科学史。再进一步说，科学是个开放体系，科学不承认权威，今天是对的，明天可能就会被推翻，变成错的。科学鼓励怀疑精神，鼓励创新。

《中国教师》：中学生物学特级教师的人文素养对提高课堂教学质量是否有帮助，会有哪些帮助？

朱正威：生物学特级教师必须要有相当的人文素养。科学本身是文化，有其社会性，科学技术的发展归根结底也是由社会需求推动的。反过来讲，科学的发展也会影响社会发展，不仅可以提高人的生产力，还改变人的观念和文化。例如，新的发明已经完全改变了我们的习惯。总之，社会和每个成员的发展既离不开科学精神，也离不开人文精神，单靠哪一个也不行，二者必须平衡发展，因为它们本身是交融在一起的，所以生物学特级教师应该懂得科学本身的这样一些含有文化特色的内容。此外，科学是一种文化还体现在没有一本历史书在讲到一个时期的发展时不讲科学。因此，作为一位科学课程的特级教师，应该有多元的、相当丰富的一般文化素养。从最基本的说，在教学过程中总要用语言文字来表述，所以要有过硬的语言基本功。一篇好的论文也应该是一篇很优美的文字，而且很简练。

《中国教师》：生物学学科的魅力体现在哪些方面？

朱正威：科学是追求真的学问，是追求真理，因此它和真善美文化所追求的美是不可分割的。真理本身就很美，而美的东西必定是反映了客观事物的真理和规律性。规律性的东西是最为本质的东西，它很深刻、很严谨，也很美。从宏观上说，我们的星球这几十亿年来的变化，很大程度上是由于生命的存在和发展造就了今天这么美好的一个世界。整个的生命世界是和人类本身的发展、生存息息相关的，我们和整个生命世界如果能够处理得好，处理得很和谐，那就发展得很好。我们追求的和谐本身是一种美的境界，但我们现在有很多不和谐。生命在微观上就是更美的东西了，各个生物体互相依存、相互作用，处于一个相对稳定与和谐的状态，这是生物体最基本的特征，这个层次的稳定与和谐也是一种美。

《中国教师》：生物学教师达到什么样标准才能配得上特级教师的称号？

朱正威：首先，特级教师必须忠诚于自己的事业，不管是出于什么原因、处于什么水平的认识，这是最重要的。其次，他的教学和工作必须带有一定的研究性，这也很重要，因为研究和不研究肯定是不一样的。不一定需要有多么高的研究水平，备课可以是一种研究，反思也可以是研究，对比使用不同的教学方法也是一种研究，尝试新理论也是一种研究。一旦教育教学工作带有了研究的性质，就会比一般教师前进一步。再次，特级教师应该是有风格的，在教学方面他得有自己的特色，有与众不同的地方，某些更好的特级教师则形成了自己的理论和独特的见解。特级教师群体应该是多样化的，有些是课教得很好，有些是辅导学生高考成绩比较好，考好了总比考不好强，对此不应一概否定；有些就是在培养学生多方面的能力，特别是像创新性活动、课外活动等方面作出了突出贡献；还有些是在传帮带方面有突出成就，带出了一批批优秀的年轻教师。所以应该用多把尺子衡量优秀教师，而不是像我们评个职称那样简单地画个杠杠就行。就我个人观点而言，我比较强调的是特级教师自己成长起来，通过同行评议成为特级教师。

武汉年会于诸同仁惜别

俯看大江去
远望黄鹤楼
千里来相聚
江城好个秋

皆怀忧国志
甘为孺子牛
讲台仅三尺
风云万里收

欣逢盛世里
结伴汉江游
千帆竞发处
烟波无人愁

历历汉阳树
谊生天地久
从兹挥手去
梦里鹦鹉洲

——2007年10月24日晨记于武
汉武昌区紫阳路首义园

七律一首

终无高楼遮暖阳
极目远山心神旷
冬树稀疏鸟穿飞
坚冰晶莹鱼潜藏
寂寞原野横阡陌
袅袅炊烟飘酒香
碌碌平生究何谓
何不归隐入田乡

——2008年1月28日
写于平谷培训中心

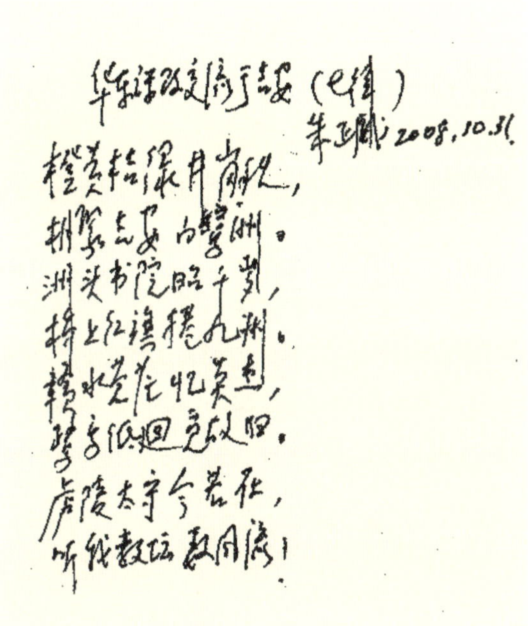

◎ 朱正威先生的小诗手稿

第四部分

教学管理研究

循序渐进，按规律办学[①]

北京师范大学附属中学，成立于1901年，是在中国教育史上享有盛誉的一所老校。根据我校几十年风风雨雨的变化，特别在十一届三中全会以后的长足进步，我们认识到要使学校的发展有后劲，最关键一点，就是循序渐进，按规律办学。

1. 公办自助，搞好办学的基础设施

办教育，没有基础的物质条件不行。中华人民共和国成立后，这所著名老校，除20世纪50年代初期，建过一幢有10个教室1个图书馆的教学楼外，其余皆为历经沧桑、几经修补的平房；教师宿舍也是几处平房、四合院；教学设备仅50年代略有添置，和许多学校相比，唯师资队伍有其优势。百年树人，必须倾全力以求基础设施之改善，此举，将涉及数代人的成长。

改善学校的基础设施，必须增加投资。国家财力有限，只能公办自助，一靠教委，二靠自己，只当伸手派也是不行的。我校经过六年奋斗，三分之二靠教委，三分之一靠自己。校内已建起崭新的教学大楼、实验大楼、多功能的阶梯教室、学生食堂、礼堂、标准较高的运动场和体育用房，外加花园、道路，校容校纪焕然一新，断垣残壁荡然无存。至于室内

① 本文原载于《中小学管理》1988年第12期。

教学设备、仪器，则完全靠自力更生，逐步向现代化迈进。校外新建、改建了教工宿舍，计88个单元，年内还有18套住房将交付使用，这就使大部分教工能安居乐业。办好这些事，确实要花许多钱，如果不办，自己创收和筹集的资金，也可提高教工收入。我们没有这样做，全体教工都认识到，为了学校的长远建设，要作出一点牺牲；分光用光，是对教育事业的长远利益不负责任。

2. 新旧交替，加紧师资队伍的建设

我校一向以有一支学术水准较高、治学严谨的师资队伍而著称。“文革”期间，师资队伍青黄不接。而教师队伍是办学的生命线，不抓好是不行的，谁抓得早、抓得紧、抓得好，谁就有了主动权。

老教师，当然是宝贵财富。但面临新的科学技术革命和不断深化的教育改革，他们也必须提高。他们的提高主要是结合教育教学实践总结经验，或确定课题进行研究探索，学校为他们参与各种学术活动创造条件，如接触教育教学理论、教材内容、教学方法改革的前沿，推广他们的实验和成果。十一届三中全会后，先后有五位教师成为特级教师；中老年教师的学术论文和论著已出版了一大批。但是，不管怎样，教师队伍的老龄化不可避免，因此必须努力增加新鲜血液，改善年龄结构，而且要抓紧在老教师还在时，迅速增补，使青年教师有人帮、有人带。但囿于编制所限，又必须严格执行离、退休制度，逐步加速新旧交替，这是一种矛盾重重、难度甚大的工作，但我们走过来了。现在教师队伍的三分之一以上是中、青年教师，他们中的一部分已能胜任工作，保持较高的教育、教学水准。当然对他们既要严格要求——教育思想、工作量、工作法、进修提高等；同时又要热情关怀——工作上，生活上，特别是给予学习提高的机会，乃至允许调离，高材高就。回顾走过来的路，我们深切感到，除了稳定和提高师资队伍的一般做法，有两个观点很重要。一是新旧交替是客观规律，早交替比晚交替好，不能过分求稳，更不能对年轻教师过分挑剔，甚至忧心忡忡；青年比起老年来，当然稚嫩得多，娃娃学步，难免蹒跚，但唯其年轻，才富有朝气和希望。二是要允许人才流动，有流动才有选择，有选择才有生气，只要学校办好了，不愁飞不来金凤凰，倘若是老树枯藤，恐怕也就只能栖鸦了。

3. 全面发展，指导教育教学改革

德、智、体、美、劳全面发展的方针，是搞好基础教育，提高民族素质的根本性方针。教育教学要改革，就一所进行普通教育的中学来说，贯彻全面发展的方针，既是它的出发点又是它的归宿，重点中学更应该是贯彻全面发展方针的典范，取得高的升学率，出尖子人才等，只有在使受教育者德、智、体、美、劳全面发展，成为社会主义发展建设的合格公民的基础上，才能做好，才有意义。

几年来，我们从事教改的核心，就是这个。必须大力加强德育教育工作，特别是其中的社会实践，已经按照教委的部署全面落实，指导学生参加一定的劳动，重视军训和日常的行为规范教育，并建立了社会实践日的规定，完善了学习、纪律、锻炼、卫生、法纪、安全、爱护公物的综合量化考核指标，同时和评选三好学生、优秀班集体相结合，使德育教育转向重实践轻说教。加强了体育教育，把周学时调整为3。在高中增设艺术类选修课，还建立了劳动技术教研室，使劳动技术课逐步发展到8门。为扩大学生眼界，关心社会生产、生活和发展，并为升学就业的志愿选择提供帮助，全校已开设各类选修课18门，全部进入课程表，并要求考核，其中部分选修课贯彻STS精神。因此，在教学计划的修订和课程设置方面，已经冲击了以升学为轨迹的办学模式。当然，课外活动的开展，尖子学生的特殊培养，毕业班的工作，该抓的都要抓。但无论如何，我们以为，重点中学的设备条件、师资队伍，生源质量都比较好，这些是贯彻全面发展

方针的好条件，而不是有了这些好条件，就更奋发地去追求升学率，甚至提出自己是培养尖子人才的学校，忘了自己是普通教育，首要任务是培养合格的公民。好比一棵大树，没有满树青枝绿叶，没有强大的根系，朵朵鲜花是绽放不了的。

总之，我们也是在办基础教育。

4. 校长负责，建立强有力的指挥系统

我校于1985年春试行校长负责制。经过三年的实践，现在已逐渐理顺了各种关系，健全有关制度和职责，党委逐渐转变职能，教职工代表大会参与民主管理，校长已确立在学校的中心地位，对学校工作实行全面领导和负责。

实行校长负责制，不仅需要观念上的转变，更需要在实践中解决一系列问题。一是校长有最终的裁定权。校长以下的各级干部应都是助手、参谋，要勇于出主意、想办法。校长要充分尊重他们的意见，但一经校长裁定，就必须努力去办，不可扯皮。二是党委要积极发挥监督保证作用。校长要高度重视并保证这一作用的实现。但是党委必须把一切属于行政职能的权力交给校长，信任校长，包括思想政治工作，也要放手支持校长去做。三是教职工代表大会不是形式，更不宜追求轰轰烈烈，而是要提高参政意识，对重大问题的决策（如我校制订三年教改方案、通过教职工聘任制试行条例、解聘人员名单等）发挥作用。校长要充分尊重教职工代表大会及其常设机构工会委员会的意见。四是校长负责制不是校长包办一切，必须同时加强各级干部和教职工的岗位责任，尤其要充分发挥副校长和中层干部的作用。校长的责任是要尊重他们、团结他们，遇事请教他们，宏观上引导和协调他们之间的工作，出了差错，要为他们分担责任，消除后患。五是校长权力的核心是财权和人权，在某种意义上说有了财权才有人权。这两项权力，非争不可，也非用好不可。事实上，在上级的批准下，

学校除发给教工基本工资外，尚有不同的岗位津贴、工作量津贴及其他奖励（均为创收自筹资金），这就在人事调配上有了主动权，奖勤罚懒，择优上岗。现在我校在职改工作完成的基础上，已不停顿地试行了双向选择聘任制，既允许解聘，也允许拒聘，促使人才流动和优化组合。只是目前努力提高领导班子的管理水平，决定管理水平的关键，还不是纯管理学的内容，而首先是对教育事业的热爱，对改革、开放、搞活形势的适应，以及教育、教学或总务的专业水平。我校要求教师要学者化（而不是教书匠），主管教育、教学工作的干部首先必须学者化，是教育、教学的行家里手，不能再搞外行领导内行。我校全体校级干部和主管教育教学的中层干部，始终没有脱离第一线的教育教学工作，有些还主持教育教学科研项目。这不是脱离不脱离群众的问题，而是确保内行地位。

一个负责任的班子，一个团结一致的班子，一个内行的班子，就一定能起到强有力的指挥作用。

以上所说，循序渐进，按规律办学，并非做完一件，再做另一件，而是说要把这些大事认真地一件件抓好，因为这些都是基础工作，来不得半点花架子，办好了，学校的发展就会有后劲。

公平地核定中学生物学教师的工作量[①]

中学生物学教师的周授课时数，各省、市都有自己的规定，许多地区其满授课时数大多高于数、理、化等科。对此类规定，生物学教师曾有些意见；近来，由于分配制度的改革，周授课时数的不同方式，已经影响到教师的实际收入，因此有慎重核定的必要。

我们学校目前确定，除语文学科以两个教学班为满授课时数外，其他各科均以周12课时为满授课时数，生物学科也不例外。

我们的出发点有以下三点。一是从学生全面发展的需要来说，各科很难有主次之分，只有基础工具科和一般文化科学知识科（及其他）之分，拉平各科的周满授课时数有利于全面重视各科的教学。二是不能以作业的多少来考虑决定该学科的周满授课时数。这不仅是因为作业（旁及实验准备等）各科各有特点，难以用统一的标尺来衡量，而且常常是教学计划规定的周学时少的学科，授课的班级数必然增多。例如，周学时6的学科，教师上2个班的课就达12学时，而周学时2的学科，上6个班的课才够12学时。前者教学的人数为100人，后者教学的人数达300人。教学是对人（学生）负责，则其工作量绝不算小。三是生命科学在当代是关系到人类生存发展的重要科学，生命科学的发展，极大地影响到社会生产和生活的各个方面，而在我国学校教育中，生物科学教育与世界各国相比，

① 本文原载于《生物学通报》1989年第3期。

确实重视不够。在这种背景下，作为一种扶持，更有必要从工作量上予以照顾。

上述认识，在我校是得到认同的，希望其他学校一起来探讨这一问题，我们相信，当生物学科的工作量额度和其他学科取齐时，会更好地激发生物学科教师工作的积极性，促使他们认真地工作，自觉地按生物学科本身的特点来组织教学。

校长要从宏观上抓好教育教学工作[①]

目前，北京市许多中学都在进行学校管理体制的改革，并且作出了成绩。学校管理体制改革的出发点和归宿，只能是调动各方面的积极性，促进教育教学工作的改革和提高教育教学质量。学校校长，在部署和实施管理体制、管理方法改革的同时，必须始终注意集中主要精力，从宏观上抓好教育教学工作。

1. 经济的方法不是提高教育教学质量的唯一方法

管理的方法，有行政方法，法规方法，思想教育方法和经济方法等。由于教师待遇低，强调一下经济的方法，增加教职工的收入，调动大家的积极性，是应该的。但是在经费紧缺的情况下，过分突出经济杠杆的作用，校长难免会倾注过多的精力挣钱、分钱，这就有可能顾此失彼，甚至忽视了教育教学质量的提高。

教育教学质量的提高，是诸多因素综合作用的结果，如校长的办学方向如何，教育教学的物质条件如何，教师的精神风貌、专业素养如何，学生的素质和学校对学生的管理教育如何，教育教学的科研工作抓得如何，学校工作作风是否踏实等。必须全面地、和谐地、有远见地做好各方面的工作。在某种意义上说，提高教育教学质量也是一个系统工程。现在确实

① 本文原载于《中小学管理》1989年第4期。

存在某种危险的信号——校长满脑子的经济问题，单纯地以提高经济收入稳定队伍、刺激积极性，来提高教育教学质量，并对这种片面的方法给予过高的期望，或者为钱操心而无暇顾及其他，这不利于集中抓好教育教学工作，应该引起我们的警觉。

2. 提高教师的素质是提高教育教学质量的关键

校长是教师的教师，校长的重要任务之一是悉心培养和锻炼、造就一支良好的教师队伍。课是一堂堂上的，学生是要一个个培养的，全部工作主要依靠教师去做，否则，多有水平的校长，也是办不好学校的。要高度尊重、信任和爱护我们的教师。教师作为知识分子中的一个特殊的组成部分，他并不是“出售”知识，而是用他的心灵、人格、对人生真谛的领悟、治学经验的积累来培养人的，和别的知识分子比较起来，有其特殊性。这种特殊性反过来要求校长必须尊重他们、理解他们、信任他们、爱护他们。他们不仅需要生活上、经济上应有的照顾，更需要精神上的鼓励、满足，得到社会的承认。我们目前某些做法不一定恰当，如为了实行结构工资，把许多影响收入的因素划得很细，追求某种理想的多劳多得和优质优酬，追求一种难以实现的公平，也许是好意，但实际上引发出来的却是让人感到教师劳动的商品化，让人心灵上感到屈辱。还有片面地认为给教师提高了报酬，理应有好的教育教学质量，其实大谬不然。报酬的支付在具体学校、具体人身上，并不一定表现为正相关。尊重、信任、爱护，又不是挂在嘴上的空话，而是要体现在各个方面。举例说，每一种类型的教师（具体说是每一位教师）都要从领导者那里知道对自己的期望，从而有奋斗的目标，优秀教师、骨干教师、青年教师乃至后进教师都得有自己的又是领导者赞许的奋斗目标，领导者要帮他为这些奋斗目标的实现创造条件，一经接近或实现就要给以鼓励。再举例说，教学评估究竟谁来进行，应该教师、学生、领导三结合来进行，而且必须以教师的自我评估为主，越是充分相信他，他的自我评估就越接近于真实。又如聘任制，是一件大事，应该在实际聘任时倾听教师自己的意见和愿望，也决不可能轻易地不经过教职工自己的组织（如教职工代表大会的常设机构的代表）的参与就决定解聘。对多年从事教育工作的年长同志，更不能轻易使用解聘的权力，应该实行必要的保护性措施等。

要不断地调整全校、年级、教研组教师的合理年龄结构，以老带新，以新促老，互相切磋，互相弥补，共同提高。一所中学，没有青年教师，不仅没有接班人，而且缺乏生气，也很难有教育观念、教育教学方法、知识水准的更新；没有中年骨干教师，就缺乏冲锋陷阵的先锋、把关的猛将、均衡各种矛盾的缓冲、承上启下的桥梁；没有老教师就可能丢掉传统，失去顾问，中青年教师缺乏导师。三者中，当前特别要强调的还是青年教师，不仅因为他们是未来的中、老年教师，还因为由于工资总额包干，优化组合，弄得不好，就不愿接受青年教师，这是一种危险的短视行为。我们以为比较合理的年龄结构是老、中、青年教师比为３∶３∶４。

要为形成教师合理的知识结构创造条件。教师合理的知识结构，就学科专业知识来说，要求宽、深、新。知识面很窄，或知识深度不足，或知识陈旧，是很难提高教育教学质量的，而这仍然是当前影响教育教学质量提高的主要因素。另外，教师必须掌握和运用教育学、心理学、学科教育理论，由于长期以来教育科学理论上的一家之言，心理学被宣布为伪科学而停滞，也使许多教师的教育教学工作停留在经验的阶段，缺乏理论的指导和研究。因此，学校要创造条件，促进教师合理的知识结构的形成和深化。首先，要供应教师充足的图书资料，而这种图书资料绝对不是各种考题或复习指南之类的东西。其次，要创造条件，让更多教师有参加各种学术活动的机会。再次，教师应该在学校的引导和组织下进行教育教学科研的工作。对于努力提高自身素质，成效显著的教师，应该予以奖励，要使勤于学习、刻意创新蔚然成风。

要不断地通过学习研究，互相探讨，形成比较统一的教育教学观念。例如，辩证的人才观，全面发展的质量观；教师必须以身作则，是受党和国家的委托进行教育工作而不是自我表现的观点；大环境（社会）和小环境（学校）相统一的观点；素质教育和精英教育相统一的观点；思想政治教育、道德行为教育、心理素质提高相统一的观点；教育教学改革中继承和创新相统一的观点；乃至于实际工作中教书和育人、课内和课外、知识和能力，智力和非智力因素、主体和主导、兴趣和目标等的正确关系，都应该逐步形成比较统一的认识，采取比较一致的行动和实践。这种改革并不容易，需要学习，需要创设自由讨论的情境，也需要校长有较深厚的教育修养和符合实际的、明确的观点，并敢于要求。校长是教师的教师，理应有精力、有兴趣去研究这些有关教育教学质量提高的关键性观念或理论，并达到相当的水准。

3. 努力改善提高教育教学质量的物质条件

教育教学工作不是物质生产，但是一切精神生产是离不开物质条件的。一间教室、一本教科书、一块黑板、一支粉笔，这样的条件，即使教师个人的待遇再高，也不会取得良好的教育教学质量的。认为精神生产只需要精神的纯洁和努力，知识的再生产只要求知识，这不是唯物主义的观点。如果讲教育的现代化，那么除了教育观念的现代化、知识的现代化，还必须有教育物质条件和手段的现代化。

首先，改善学校环境和基础设施。良好的环境和基础设施，不仅是教育教学的物质条件，其本身也是一种教育因素。后者，常常容易被忽视。例如，校舍的整洁优美是美育教育的重要组成部分，对个性的陶冶也起着重要作用；设施的整齐、各种器材存放的有序，起着纪律教育的作用；光照适宜、空气新鲜、噪音得到控制、绿化等因素是健康保健所必需；而良好的校园环境，可激发学生对学校的爱，对国家给予青年一代的关怀有更深切的感受，起着爱国主义教育的作用。正是基于这样一种认识，我们近年来克服各种困难，兴建了布局比较合理的、条件较好的教学大楼、实验电教楼、多功能阶梯教室、食堂、礼堂等，建筑面积达1.1万平方米，连同旧有建筑共1.3万平方米，另建7 000平方米操场和体育用房，4 000平方米的花园绿地，全校无裸露的自然地表。

其次，要花大力气，有计划地添置和更新教育教学设备。没有足够数量的、质量良好的、尽可能现代化的教育教学设备，教育教学质量的提高就会受到严重的制约，必须提及的是，要改变说教和满堂灌的教育教学弊端，使学生真正发挥认识的主体作用；使学生能生动活泼地学习，没有相应的教育教学设备也是不利的。为什么在我国提倡培养学生的能力的问题上，普遍出现的倾向是强调阅读，致力于一般学习方法（如预习、自习、完成作业等）的研究？这从一个侧面反映了缺乏现代化教学手段的现实。因此，校长应从教育教学改革的角度上来理解和重视教育教学手段的现代化。为此，近年来，经过在原有基础上的努力，我们现在拥有理、化、生、地、劳技等课的仪器、标本、模型、器材工具等4 000余件；教学设备有摄像机、录像机、录音机、彩色监视器、大屏幕电视、自动幻灯、35毫米和16毫米电影放映机、投影仪、英文打字机等，电子计算机有苹果I和中华学习机共50台，IBM（国际商业机器）5台；艺术教育所需设备正在完善；此外还有三套高密度电视唱盘（VHD）的放送设备和全套理科软件（和日本合作编制和监修），一套激光视盘放送系统。专业教室有物理、化学、生物（附有暖廊）、地学、计算机、语言、演播、视听、音乐、美术、缝纫、打字、制图、电工、机修等专业的共20个。图书馆有藏书14余万册，以满足师生的学习需要。

再次，必须有合理的、突出服务于教育教学第一线需要的投资分配计划。校长当然要管钱，管钱的核心是资金的合理流向，合理的流向首先是满足教育教学第一线的需要，要创造高的教育教学效益。

除了给予教职工以必要的、合理的岗位补贴，工作量补贴，质量效应补贴和各种奖励外，资金的投入次序是：（1）教育教学必需的设备条件，如教学器材、常规维修、能源消耗等；（2）学生教育教学活动的各种补贴，如图书资料、社会实践补贴、各种奖励金；（3）用于教师素质提高的各种活动费用，包括图书资料、进修费用、学术活动费用以及对青年教师的若干倾斜政策所需；（4）留有必要的储备，每年办几件对学校长远利益有关的实事，包括校内大型设备的添置，校产的发展，住宅、交通运输建设等项目的实施。

必须警惕资金单纯为了改善教职工个人收入，导致学校的发展缺乏后劲的倾向。校长还必须在控制和紧缩开支时，只要有可能，应为直接有关教育教学活动开展的开支开放绿灯。

4. 把全面发展的方针落到实处

1949年之后，我国的教育方针经历许多变化，这反映了我国社会发展的状况，也反映了人们对教育功能的不断修正和深化的认识。虽然目前还没有一致的表达方式，但是，我们认为使学生在德、智、体、美、劳诸方面都能生动活泼地、主动地得到发展，仍然是最基本的内容。当然，这种发展和社会经济、社会生活、社会发展和个性发展的需要相适应。尤其是普通教育的基本任务在于提高我国公民的素质，而不是单纯为升学服务，因此全面发展的方针更应落到实处。

首先，现行教育计划和课程设置应做适当的调整，以利于全面发展方针的贯彻。我们已经减少同年级并开的某些科目；减少了某些必修课的周学时，而把劳动技术课、计算机课列入必修课；体育增为周学时数为3；实行男女分组教学，高三实行体育专项选修，体质特殊的差生实行体育补课，除“两操”外增加下午的“天天练”。增设选修课，现在共开有25门，纳入课表，内容以扩大知识面为主，尤其是扩大科学史、实验基本技术以及和STS教育相关的知识内容。高中增设艺术类的选修课程。各年级均增设社会实践日，每学期1～3日不等，这样在课程结构上反映了德、智、体、美、劳的并重，形成了必修课、选修课、劳技课、社会实践课并存的新格局。

其次，必须把毕业班和非毕业班、高中和初中同样重视和对待，这是全面发展的另一个角度或层次。做到这一点有许多困难，突出的是两个问题：观念上的改变和师资队伍的建设。前者关键在既要重视毕业班的合格率、优秀率、升学率，它是衡量教育教学质量的尺度之一；又要不受它的左右，把各年级的教育教学工作看成是一个互相影响的长过程和系统工程。校长应该引导全体教师完成这个观念的转变，最终把素质教育和精英教育统一起来。后者的困难在于要有一支合格的教师队伍，而合格的教师队伍既有配备的问题，也有培养的问题。我们始终坚持实行大小循环结合的配置原则，年轻教师可以教高中、毕业班；年长的教师可以教初中和非毕业班；谁都有“把关”的任务。我们已经有占教师总数37.8%的年轻教师活跃在从初一到高三的各个教学岗位上，前途是大有希望的。

再次，在评级、评职称以及制订工作量和分配待遇上，坚持高、初中教师，各科教师享受同等的待遇。如果口口声声讲全面发展，而在实际工作量和待遇的分配上，执行厚此薄彼的政策，若不是偏见的话，也是认识上的偏颇。就高中和初中而言，同属中学阶段，虽然我国在学历上要求初中、高中教师分别为专科和本科学历，我们以为这是不得已而为之的，初中也应具有本科学历。诚然高中知识的深难度要高于初中，但一个不能教高中课的教师，教初中时也难以高屋建瓴，更何况在初中教育教学中，同样有其年龄特征带来的特殊难处。就各科教学而言，在全面发展的教育中，都各有其重要地位，课时分配上可以有多有少，但在造就人才的作用上很难分出轻重。尤其是初中体、音、美、生、史、地等课程，由于在教学计划中所占课时较少，并且升学考试中不考，在已经受到忽视的今天，更应该对它们予以格外的关注。如果在分配办法中，要求这些学科的教师在同一报酬下增加周学时的定额，或同一学时却取得较低的报酬，那么全面发展的方针是难以落到实处的。

校长从宏观上抓好教育教学工作，要注意的问题，远不只是以上四方面，但以上四方面在当前确有一定的针对性，因此说了这些，请批评指正。

对当前北京市中学管理体制改革的一些看法[①]

学校管理体制的改革，顾名思义，应是指学校内部的领导体制、管理机构和管理制度的改革。其基本方面应由国家和地方教育行政部门，通过适当的程序以法律或法规的形式确定下来，学校应在这些法律或法规规定的范围内来实行管理，并可结合学校的具体情况制订一些实施细则。当前北京市正在实行的校长负责制、工资总额包干、聘任制和结构工资制、发展校办企业等改革措施，有许多积极的东西，但也提出了不少问题。本文只谈问题和建议。

1. 改革应该有利于以法治教

我国正在健全法制的道路上努力前进，有关教育的法律、法规也正在逐步拟订和健全之中，以法治教是大家普遍关心的问题，现行的各种改革应该有利于以法治教，而不应该与之相反。

其一，建立中小学教师职务系列及其相应的工资标准是十年改革的重大成果之一，也是由国务院、国家教委以相应的文件颁布实施的，应当看作具有一定的法律效力，然而，目前的结构工资改革，恰恰是在教师的职务等级及相应的工资标准立足未稳时，即宣布对它进行改革。这项改革授权校长可以决定扣除职务工资的百分之几（在实施中扣除10% ~ 100%

① 本文原载于《教育研究》1989年第7期。

均有）进行浮动，该浮动部分加上学校创收的部分，各校自行制订一种多劳多得、优质优酬（由于教育教学工作评价及考核的复杂性，优质优酬还有许多困难）的分配办法。我认为校长有权对学校创收的部分，在国家法律或法规（如税收政策）允许的范围内使用，但是校长无权对国家规定的教师职务工资进行扣除或增加。确定职务等级及其相应的工资标准是很严肃的事，它反映了教师的学历、资历、工作状况和效果，并且是经过一定的程序、有领导地、民主评审决定的，决不可以轻率地对待，各自为政。

关于这项改革的目的，有几种认识是不合理的。一是要“淡化”职称评审没有解决的矛盾。即高级、中级职务名额少，论资排辈占有一定的成分，使现职中青年骨干教师中的一些问题未能得到妥善的解决。职称评审遗留的问题应该由改善职称评审工作和职称评审工作经常化去解决，而且不搞浮动职务工资照样可以用学校创收的部分去解决多劳多得、优质优酬的问题，从而使中青年骨干教师在收入上有所增加。二是人浮于事，工作量普遍不满的问题突出，因此，认为扣除一部分工资进行浮动是有理由的。但是，在评定教师职务（同时享有相应的工资等级）时，并没有以工作量为评定标准，一些学校的超编有具体的历史原因，而且应该说有领导上的计划不周，还有人口出生率的波动等原因。如此复杂的问题，用人人扣除一份进行浮动来对付，实在失之偏颇。三是认为扣除一部分工资进行浮动，能调动人的积极性——实际是去挣回被扣除的工资部分。我以为这是在滥用权力，是对教师的不尊重。总之，在这个问题上校长不应享有改变国家规定的工资标准的权力，而仅具有依法分配和使用学校创收部分的权力，地方教育行政部门也不应鼓励甚至要求校长去这样做，这是一个法制观念问题。

其二，改革中授权校长制订各种岗位津贴和工作量津贴，包括校长自身的岗位或职务津贴。如果说校长根据自己学校的财力，并经过一定的民主程序，确定校长以下各个岗位（或职务）津贴和各种工作量津贴，还是可以的话，那么在校长领导下给校长订岗位（或职务）津贴，则是错误的。我完全理解也希望校长责、权、利结合，也认为校长应该取得高于教师的职务津贴，但是现在的校长，绝大多数是上级教育行政部门任命的，他的工资和职务津贴理应由任命他的上级部门确定。如果要校长自己给自己定，那么，上级教育行政部门是在逃避自己的职责，而校长则是越权，法制观念不强。

其三，现在和优化组合相联系的聘任制，涉及法制的问题更多。首先，教师究竟具有国家公务员（或国家干部）的身份，还是自由职业者的身份？如果是后者，优化也罢，聘任也罢，都好说。如果是前者（多年来，我们实际上是把教师当作国家干部的），则失职、渎职等可予处分，直至除名，但不能以人多了或相形见绌了就予以解聘。其次，在还没有形成健全的教师劳务市场和社会保障以及再培训机制的条件下，贸然解聘，必然导致许多难以解决的矛盾，而许多问题的矛头将会指向校长。再次，如果不是优化组合，而是亲化组合，或别的什么组合怎么办？如果社会风气不正，校长素质良莠不齐，又没有相应的解决纠纷的仲裁机构，这类情况是有可能发生的。因此，在教师法出台之前，在没有健全的制约校长权力的相应机制建立之前，不可能实行真正的聘任制。

我同意应该逐步扩大校长的人权、财权和办学的自主权，但是不能操之过急。校长只能在有关的法律、法规约束的范围内行使权力。没有相应的制约的权力，是一种危险的权力。改革全过程中的每一步骤，都应该努力从依法治教的角度来考虑，这有利于健全法制。

2. 改革应该有利于教师队伍的建设

一支数量足够、素质优良、结构合理的教师队伍，是发展教育事业和办好学校的关键。北京市目前试行的改革，据说要解决的一个矛盾是教师队伍严重超编，工作量呈现“滑坡”的趋势。局部地看，这个问题确实存在，也应该解决。但是全局地看，中国其实是缺学校、缺教师，尤其是缺合格的教师。即使是文化教育发达的北京，其郊区不缺教师吗？不缺合格的教师吗？不缺外语和体、音、美等专业的教师吗？历史地看，教师队伍的超编也只是暂时的，人口的波动，已经从低谷直趋高峰，北京市已经为避免出现小学“二部制”费了很大的力气，接下来，中学也将承受巨大的压力。困难不仅是校舍不足，也有师资不足之虞。因此，不能用局部来概括全局，不能只顾眼前不看长远，并以此作为制订政策的依据。

解决局部超编，本来应该有三种办法。一是严格教师合格证制度，强化教师的经常性考核。确实不合格的，应从现行教师队伍中分离出来。遗憾的是这样的制度极不完善。例如，我们的教师进修和培训机构，合格考试过分宽松，甚至教什么课，就考什么课（中学教材），及格就可当教师。你既承认了他合格，又有什么理由予以解聘？只有在严格考核、考试的基础上决定去留，考核、考试面前人人平等，校长就好做决策，教师也真正受到了督促和激励。二是制订相应的优惠政策，鼓励合格的教师向不发达地区、条件差的学校流动。三是根据学龄、人口变动的趋势，实行师资储备政策，在储备期间实行再培训，不愿进入储备行列的，可转入其他行业。

简言之，不可把局部超编问题，简单地推给校长去解决，校长负不了这样大的责任。校长更不要以为有了工资总额包干、优化组合和聘任制，就能顺利解决这样的问题，而跃跃欲试。

现在的改革还在以下几方面对师资队伍的建设考虑不周。

一是现在师资队伍并不稳定。优秀学生报考师范院校的不多，大专毕业生敢到教师岗位工作的不多，已经在岗的中青年教师，“身在曹营心在汉”者不乏其人，已经择“高枝”而栖者，人数也颇为可观。造成这种状况的原因之一是工资待遇低，但除此之外，教师社会地位不高，“教育是立国之本”的言辞和实际落实之间的巨大反差，学校教育教学环境之落后，人才难于流动又缺乏正常的晋升制度等，都是影响教师队伍稳定的物质的、精神的因素。如果某些学校这些方面条件好一些，双向选择的聘任制尚属可行，而大部分学校，则将造成师资队伍的更不稳定，落后地区、落后学校，将面临困难。

二是师资队伍的年龄结构不合理，青黄不接是众所周知的。目前搞优化组合，多劳多得，将会使学校的师资队伍的新陈代谢发生某种困难，新教师不受欢迎，或干脆分不下去。此事孕育的后果，将在不大远的将来显现出：教师队伍严重老化，后继乏人！还必须指出教师职业的特殊性——相当程度上依赖于经验的积累，一个新教师，不经过若干年的教育教学实践，要胜任工作是困难的。因此，总要有新老并存，相互学习提高的过程，如果只卡编制，只顾目前“一个萝卜一个坑”，这是一种短视的政策。

三是我国教师队伍的素质亟待提高，即使学历已经过关，也是如此。改革十年，为什么在教育观念的更新，教学内容和方法的改革方面进展不大？除了别的原因外，教师素质是个大问题。素质的提高需要条件，条件之一是时间。如果片面地强调多劳多得，满负荷工作，将入不敷出。更何说，能多劳多得者，大多属中年知识分子，他们由各种原因引起健康状况下降，死亡率颇高，也应引起重视。

四是教师的工作量和工作的质是相联系的，没有工作的数量，当然没有质量可谈，但为保持一定的质量，其工作的数量必须适当。有一种和外国比较的方法，说我国中学教师的工作量不及人家的几分之一。但是这需要分析，许多发达国家和地区，其教学班的人数远少于我们，如英国一般都在30人左右，考虑工作量必须考虑所教学生数。还有我们办学的升学模式，不恰当的追求升学率给教师增加的工作量和精神负担，是许多国家的教师没有承受过的。更不必说发达国家的五日工作制，外加上家务劳动的社会化，以及比我们高得多的报酬，这些都导致他们的生活水准远高于我们。我们常说要建设中国式的社会主义，那么我国人多、人穷的现实，是不能不考虑的因素。

这些都是我国教师队伍的现实，教师队伍是制约我国教育发展的根本因素之一。一切成功的改革，应该有利于师资队伍的建设，局部可行的改革措施，不一定适用于全局。

3. 改革不宜过分突出经济的方法

就学校的管理方法（还不是管理体制）而言，既有行政方法、法规方法、思想教育方法，还有经济方法。经济的方法是让校长有权以经济杠杆提高学校管理效率和促进教育教学质量的提高。但过分突出经济方法，并不妥当，而在经济十分拮据的情况下，突出经济杠杆的作用，更是困难的，并容易诱发许多弊端。

其一，学校不是企业，并不从事直接生产，也不介入流通领域，学校的“产品”是各种规格的人才，不能直接盈利，也很难有一种简单的尺度、简便的方法去检验其“产品”的优劣。学校的这样一种性质，决不可忽视，即使学校有一点盈利的校产，搞一点校办企业，学校仍然不是企业，校长当然不是企业家。学校是培养人才的机构，校长应该是教育家。企业的分配方法可以和企业的经济效益挂钩，厂长、经理可以搞经营承包责任制，校长应该有任期目标，但任期目标不应包括对教职工经济收入的目标实行承包。混淆了学校和企业的性质，必然派生出许多问题。

其二，校长一旦对教职工的经济收入的提高承担责任，势必把主要精力用于开辟财源，制订各式各样的分配方案，不得不去适应经济法人的地位，不得不去冒经营的风险等。尽管提出了把校办企业的所有权和经营权分开，由厂长去负责经营，但事实上校长和校办企业的关系并不等同于政府主管部门和企业的关系，校长不可能超脱。在目前的经济过热的状况下，各种各样的企业在争原料、争能源、争市场，大多数校办企业由于资金、人员、信息、管理等各方面的弱点，在竞争中处于劣势，越是处于劣势，校长的负担就越重。还要提及的是，学校最值钱的就是校舍、地皮，城市学校尤其如此。为生财有源，校舍和场地正在被悄然蚕食，已经紧张、落后的教学设施，更趋紧张，危及教育、教学工作的顺利进行。

其三，过分突出经济杠杆的作用，将导致价值观念的偏移。首先，校长为得到社会的资助，不得不无视招生制度的规定，招收各式各样的资助生，而资助很难要求是单方向的，堂堂公立中学、“清水衙门”，不是也在违心地“赞助”不正之风吗？其次，随着通货膨胀和学校创收收入的时起时伏，分配方案需要不停地调整，计算越来越烦琐，每项工作都有相应的经济报酬，都有合理不合理、公平不公平的问题，由于教师工作的量和质都不易度量，这种争论也难以休止。于是，到头来是可以把奉献精神算进钱眼里去的。试想，我们在关心提高教师收入的同时，不正在不知不觉之中扭曲人们的价值观念吗？

总之，现在的改革除了校长负责制外，其余如工资总额包干、发展校办企业、制订校内分配方案乃至优化组合等，核心是个“钱”字。如果说，因为教师收入低，学校应努力设法弥补，我是赞成的；若说这就是管理体制改革的必由之路，我认为不妥，因为它过分突出了经济方法，把校长的精力集中到挣钱、分钱上去，必然会贻误教育教学工作。学校教育教学工作质量的提高，除教师的待遇外，还要看校长的办学方向如何，教师本身的素质如何，教育教学的环境和物质条件如何，教育教学工作的考核评价如何，教育教学科研的开展状况如何等。也就是说，教育教学质量的提高是一种综合效应，在这个综合效应中，校长抓不抓教育教学工作又是关键。把校长的注意力引导到突出经济方法治校的改革，是片面的乃至蕴含着危险的改革。

在结束本文时，我想特别说明一点：有人说目前的改革是顺应商品经济发展的必然。我对商品经济没有研究，但我知道比起日本，美国、欧洲共同体这些具有发达的商品社会的国家或地区，我国的商品经济还只是“婴儿”。他们的学校管理体制是这样的吗？是如此突出经济杠杆的作用吗？是通过搞经济收入上的竞争来提高教育教学质量吗？因此，不应把“商品经济”当作一种标签来贴。我们需要的不是贴标签，而是认真地改革实践和学术探讨。

与青年校长谈心：制订学年度学校工作计划的若干原则[①]

学校学年度工作计划的制订，是学校管理的经常性工作之一，也是每学年开始的头等大事。一个好的学年度工作计划，从制订过程到实施，不仅起着规划、部署、督促完成各项工作的作用，还起着调动学校内部各方面的积极性以及理顺关系、协同作战的作用。每一个学年度工作计划的顺利实施，都使学校的建设和发展步上一个新的台阶，为实现三年或五年规划奠定一个又一个的基础。为此，提出以下制订原则，供参考。

1. 方向性原则

办好一所学校，最重要的要看办学的社会主义方向坚持得如何，党和国家的教育方针贯彻得如何，地区教育主管部门的要求执行得如何，社会或家长的合理要求和愿望解决得如何，等等。简言之，并不是我想干什么，怎样干，就订什么样的计划，要反对随意性。也不应以办学要有特色，来为随意性辩解。办学特色恰恰是在坚持社会主义方向、全面贯彻方针的前提下，发挥学校的优势才能创建的。因此，制订学年度的工作计划，首先要贯彻方向性原则。就当前情况而言，以下几点关系重大。

（1）切实地全面贯彻教育方针。近年来在教育方针的表述上有过许多

① 本文原载于《中小学管理》1990年第4期。

议论，给人造成了一种错觉，似乎我们没有明确的教育方针，因此，出现了制订学年度工作计划时，对方针学习不够，贯彻不力，就事论事。这是不对的。1989年11月30日，时任国务院总理李鹏会见参加“面向21世纪教育国际研讨会”的中外代表时讲话说：“中国的教育方针概括起来有三点，第一点就是‘教育要面向现代化、面向世界、面向未来’；第二点强调德、智、体等全面发展；第三点是‘教育必须为社会主义建设服务，社会主义建设必须依靠教育’”。这是在制订计划前，首先需认真学习的。

（2）明确基础教育的性质和任务。中小学，包括普通高中，都属于基础教育的范畴。它与以就业为目标而进行的定向专门教育（职业教育）和以培养高级专门人才为目标的建立在中等教育基础上的专门教育（高等教育）相比较，特点是以提高国民素质为目标而进行的不定向的、非专门化的思想品德、文化科学知识、身体素质、劳动技能等方面的早期培养和教育。强调这一点，是要防止片面追求升学率，而是要提高普及率、合格率，在此基础上获得较高的升学率；同时要防止目前某些以培养尖子为名的偏育、偏科的早期专业化，这些都不利于全面提高国民素质。一般中小学在制订学年度工作计划时，应该自觉考虑到这些，不要盲目地因升学率不高，就追升学率；因竞赛尖子少，就搞“小灶”，突击培养尖子。

（3）学校工作必须坚持以教育教学为中心，以提高教育教学质量为出发点和归宿。

制订学年度工作计划，切忌上级布置什么任务就单打一地完成什么任务。例如，今年要搞职称评审，就围绕职称评审安排工作；今年要搞管理体制改革，工作中心就全在管理体制改革上；今年强调加强德育，就全力以赴搞德育教育活动等。当然上级布置的各种任务都应该努力完成，每学年总有一些重要的中心工作，但必须把这些任务、中心工作与日常的教育教学工作结合起来，并使它们有效地促进教育教学质量的提高，或使一些工作更富有教育意义。最近，北京市教育局陶西平局长说：“最根本、最紧迫的任务是把全面提高教育质量真正摆到主要议事日程上来。”言外之意是确有没有摆到主要议事日程上来的。如果这样，还有什么学年度工作计划可订呢？

2. 全面性原则

学年度的工作计划是要规划、部署和制约相当长一段时期工作的，当然应该全面，如果片面，则一年之后未曾顾及的方面，不仅落后了，而且将影响、制约其他方面的工作。这里讲的全面性，主要指以下五方面。

（1）德、智、体、美、劳诸方面的教育教学的目标要求、加强措施、总结评估都要注意到。而且，学校工作是以教育教学为中心的，这些应该成为计划的主要内容。

（2）非毕业班和毕业班的工作都要兼顾到。这些年来，因片面追求升学率，确有从人力、物力的安排上，只重视毕业班而忽视非毕业班的倾向。依我看，某些情况下的教育教学质量上不去，就在于不重视非毕业班的工作，基础不扎实，到毕业班再加班加点。而且毕业班的临时抱佛脚，极易重智育轻德育，导致毕业生政治思想素质不高。

（3）学校各部门的工作要兼顾，各有要求。例如，对干部、教师、职工如何要求？教育处、教学处、总务处的工作如何安排？党支部、行政、工会、共青团、民主党派的工作如何配合？

（4）队伍建设和办学的物质条件建设一起抓。办学要依靠一支知识结构、年龄结构合理，师德水准、专业水准优秀，团结一致、勇于奉献的教职工队伍。在学年度工作计划中，每年都要有切合实际的培养提高计划。同时，教育教学质量的提高又离不开良好的、逐步现代化的教育教学设施的建设，在财政困难的情况下，也要每年有所前进。

（5）常规工作和教育科研、教育改革工作要兼顾。要打破对教育科研、教育改革的神秘观念，科研和改革，本质是创新。学校工作的每一方面，每一时期的实践，都不可能是已往的简单重复，都或多或少具有创新的方面。如果刻意去做，那么，在常规工作中有意识地进行革新、进行资料的累积、进行分析比较、总结提高，学校工作就会进展得更好，并为教育科学的繁荣作出自己的贡献。

3. 可操作性原则

学年度工作计划是要付诸实施的，不能大而空，尽说些原则性的话，而是要能够指导人们的行动，规范人们的行动，而且是可检查的、可评价的，这就是可操作性原则。具体地说，要求注意以下几方面。

（1）要有明确的目标要求。例如，课堂教学本年度着重要求的是把基础知识教学抓好，还是着重培养发展智能？是突出教学中的德育，还是基本技能的训练？是内容的改革，还是教学方法的创新？是倡导启发式教学，还是现代化教学手段的利用？这些都需要，但总有侧重点，或总有新要求。目标越具体，计划就越容易操作。

（2）要有配套的具体措施。例如，提高和改进课堂教学的某些方面，则应有学习（学习什么内容）研究、外出参观比较、观摩评优、总结提高、表彰奖励以及中间穿插师生综合评估等工作，这样才易于操作。再如，要进行国情教育，则应有情况分析、确定重点、课内课外如何结合、不同年级要求和方法有何差别、教育效果如何鉴定等一系列措施。

（3）要有相应的具体计划。学校各部门若无具体的计划，则学年度工作计划难免落空。例如，一项德育计划，各年级组、各班主任都要有相应的落实措施。一项教学改进要求，各教研组、各有关教师都要有具体的落实措施。一项提高职工素质的计划，各部门都要有自己的具体要求和做法，党支部、教职工团支部、工会也要有相应的配合计划。

（4）要有具体的负责人、完成的日期、完成后的总结。例如，对于青年教师评优课，负责人是校长还是教导主任？评优委员会怎样组成？评优课参加人、现场负责人是谁？课程内容、进行日期计划的编制如何？评优总结如何进行？一一确定，才易于操作，按部就班地运行。

4. 民主决策原则

在学年度工作计划中，要使决策科学化，必先民主化。计划的制订，绝不是校长或领导班子几个人冥思苦想而成的，因为这不仅容易主观片面，而且如果计划制订过程中充分发扬民主，最易调动各方面的积极性。制订的过程不仅是集思广益的过程，也是动员的过程。要使计划制订的过程具有教育性——包括对群众的教育和对干部本身的教育。

当前，民主决策的原则，主要应注意以下几方面。

（1）要在上一学年度群众性总结的基础上来进行。这里的群众性总结指的不是要开几天会，轰轰烈烈搞一番，而是要听取或阅读各年级组、教研组、处室的总结汇报，阅读有关同志的专题总结、经验总结等，掌握实际情况；再邀集一些同志座谈、商讨，对成绩，问题和改进的方向、措施，取得共识。

（2）要认真对待上级教育部门对新学年工作的指示。有些同志对待下级（群众）提的意见比较重视，总想有个交代，但对待上级的指示，常常不以为然、我行我素，这是一种无政府主义的思想习惯，严重者，甚至以嘲讽上级来表示自己的高明，这是很不对的。作为基层学校的负责人，要善于把上级的指示和群众的智慧结合起来，把原则和具体的实践结合起来，制订出好的计划来。

（3）学年度工作计划的制订，是学校的大事，要充分发挥基层党支部的政治核心作用、监督保证作用。校长和书记要协商，党的支部委员会要讨论其原则和方向，必要时要向党的支部大会征询意见，向教职工代表大会的常设机构征询意见。

（4）广泛听取意见。一所学校里总有一些德高望重的老同志和极富于参与意识的中青年同志，如果能有专门的座谈会，听取他们的意见，那会使计划锦上添花的。

（5）开学初，向全校教职工介绍学年度工作计划的基本精神和要点。分年级组、教研组、各处室讨论，听取各组汇报后再组织修改，由校长颁布实施。实施过程中，如有重大变动，也需和大家交代清楚。

总之，学校是大家的学校，计划是大家的计划，实施要靠众志成城，计划的科学性和权威性是要大家承认的，不是自封的。

教学管理的关键是师资管理[①]

学校以教学为中心，学校管理工作的核心是教学工作的管理，而教学管理的关键是师资管理。学校是培养人才的地方，要培养出好的人才，首先要培养造就一支优秀的师资队伍。因此，学校培养人才具有双重性，既培养学生，也造就教师，而且后者决定前者。

当今，我国教师队伍正在经历着中华人民共和国成立以来规模最大的新旧更替过程，重视和研究这个问题更显得迫切。

1. 见物不见人的观念应当改变

世界各国发展教育的普遍经验是：一是靠教育立法，二是靠增加教育投资，三是靠数量足够、质量合格的教师队伍。三者都重要，但细究起来，教育立法是规定教育的社会地位、职能和发展的方向以及用一系列方针政策来保证教育良性发展的方式，包括吸引优秀的人才到教育部门来工作，并为他们的工作创造良好的社会环境。增加教育投资是不断改善教育的物质条件，包括教师的物质待遇、工作条件。这二者基本上属于发展教育事业的外部条件，而教师的数量和质量才是提高教育效益的内部条件，而且这是发展教育事业的最活跃和最积极的因素。在教育立法上，我们已经迈出了最初的几步；在教育投资上，已经逐年有所增加。尽管比起教育

---

① 本文原载于《教学与管理》1991年第2期。

发达的国家来说，还差之甚远，但更为迫切的是师资队伍的建设，这方面十分滞后，解决的难度，有甚于前二者。笔者去年在美国纽约州塞拉科斯市西吉尼斯中学和高年级学生座谈时，在座的有二十多位学生，问及其志愿时，竟有三分之一多表示将来要当教师，和我国中学生的志愿相比如何？在田纳西大学的教育学院，见到了正在学习准备当幼儿教师、小学教师、中学教师的大学生，他们除在文、理学院攻读四年取得学士学位外，还要在这里用一两年时间取得教师资格或教育方面的硕士学位才能去担任教师，和我国对中小学、幼儿园教师的学历要求相比如何？更不必说他们不少中小学校长都有博士学位。还要补充说明的是，他们学校的教学设施平均水平要高于我国，但并不是普遍地都好于我国，教师的工资收入，也只是各行业中的中等水平，但教师的基本素质确有优于我国的，这是应该引起我们思考的。

还要指出，列宁同志认为，教学工作的方法，根本上是由教师决定的，而不是由多种有关教育教学的文件、指标来决定的。我们现在花了很多力气来端正教育思想或办学思想，有许多好的文件、好的指标，但所有这些都要通过每一位教师——直接的教育教学实践者去实践，还要创造性地运用于自己的工作之中。没有良好素质的教师队伍，不过是事倍功半而已。

在学校的教学管理中，有学生事务的管理、有教学设施的管理、有各种制度的健全和管理等，但最重要的仍然是体现在教育教学过程中的教师管理和对教师政治思想的提高、道德行为的规范、专业素质的深造、生活条件的改善的深切关注。否则绝不会有持续的、相对稳定的、不断提高的教育效益。

我不是说，普遍地存在见物不见人的状况，但某些倾向是存在的，尤其是近年来，呼声甚高的是“钱”字，似乎有了钱，学校就能办好。自然教育的欠账甚多，要钱应该，但如果忽略了人——师资队伍的管理和建设，这些钱很难转化为良好的教育效益。例如，校舍改善了，危房解决了，是大好事，但没有好的师资队伍，这还是一个漂亮的空架子。愿我们更多地重视教师队伍的建设和管理，同培养学生一样，这也要百年树人。

2. 教师管理要使用和培养相结合

教师是教育者，教育者要先受教育，这主要不是各级师范院校的事，师范院校只是给了未来教师最基本的训练。一位好教师，很大程度上是在教育教学实践的锤炼中成长起来的，一所好学校，应该是培养好教师的摇篮；一位好校长，应该是教师的教师。因此，要树立使用和培养相结合的观念，要有使用和培养相结合的措施，要健全使用和培养相结合的运行机制。

（1）要有系列的岗位锻炼

这指的是要让每一位教师都有计划地经受多种教育、教学岗位的锻炼。其一，学科教学，从低年级到高年级，对一位新教师来说至少要走一遍。以完全中学来说，从初一到高三，某些课要六年的时间，某些课约需三年的时间。这样，才能对本学科的教学大纲、教材有全面的了解，才能对各学校的学生特征有亲切的体验。不经过这样一轮，成不了一位合格教师。原地踏步或总有一部分称为把关（毕业班的关）教师的做法是一种短视的做法。其二，必须经历班主任工作的锻炼。只管教学，不能当班主任，不是一位好教师。班主任工作将比较全面地检验和培养一位教师的教育思想、教育的机智和应变能力、教育活动的组织能力、对教育对象的研究能力。要防止在一所学校里，班主任永远是班主任，科任教师永远是科任教师，即使有些同志不易胜任班主任，也要敢于要求和培养。其三，要让所有教师能开一门选修课或指导一项课外活动。选修课和课外活动，至今也是我们大多数学校的弱项，除了教育思想认识上的片面，很大程度上是没有合适的教师，因此更应该有计划地提出要求，分期分批地做准备和实施。其四，一切步入中年的教师及有经验的老教师都要负担培养新教师的工作，这不仅对新教师的成长是必要的，对有经验的教师将起着一种督促、精益求精的作用，使自己的教育教学工作更上一层楼，更何况青年教师身上也有许多值得学习的东西。其五，有计划地安排到教研组长、年级组长乃至教导主任、校长等岗位上来锻炼，使其思想境界更高，驾驭全局的能力更强。上来了，还可以下去，不要搞终身制。

（2）要有明确的目标要求

首先要强调工作态度、工作的责任心、工作的严谨、工作中的自我批评精神、工作中把握住教育方针的要求。也就是说，教师的职业道德应是合格的。其次是要有好的教育教学业绩。教育教学业绩不是一定要达到多少“分”（分数），而是要求好、中、差呈常态分布，而且好、中、差都通过教师的劳动有了进步。所从事的班主任工作，能形成良好的班风和建立较好的班集体。所从事的课外活动、学科竞赛活动、选修课，有明显的成绩。再次，要有相当的教育教学研究能力，这种能力反映在诸如评优课、观摩课中，具有特色的班级活动、团队活动中，发表的教育教学经验总结中，承担的教育教学科研课题中，撰写的教育教学论著中。以上三者，尚言之是态度、业绩和水平三方面，这三方面如果都有明确的目标要求，并分解成不同的层次来要求老、中、青教师，就会更好地调动教师的积极性。

（3）要利用和创造继续教育的机会

要求继续教育，要求不断提高，是大多数教师的迫切愿望。由于时代的变化，教育科学的进展，各专业学科的发展，教师的观念更新、知识补充、能力提高显得十分迫切。而就大多数教师而言，不可能都去脱产进修，所以主要是在职进修提高。在职进修提高的途径十分多样化。其一，经常的校内外互相听课，高质量的教研活动就是提高的良好机会，此事一定要抓，不要忽略这种经常性的、提高的机会。其二，要提倡自学、自修、自我批评、自我总结。确有部分教师，要求学习的呼声很高，而且主要是希望脱产或半脱产进修，在师资紧张的今天，是不易满足的。学习最经常的方式应该是自学自修，并根据教育教学的实践，客观地评价自身的长短，长处应总结经验，使之更为条理化、理论化，上升到一个新高度，短处则应弥补，日臻完善。其三，作为学校领导要为教师提供交流教育教学经验、进修学术讨论的条件。例如，每年教师节或每年校庆，就是很好的给予优秀者以奖励的时机。其四，对参与学术活动，如听讲座、参加学术会、讨论交流教育教学有关专题等活动，给以时间和经费保证，不要短视，费时费钱是为了长远的教育教学质量的提高。其五，要提供足够的图书资料，不了解教育教学的大量信息，闭门造车，教育教学质量的提高就很受限制。但必须指出，不能花大量的钱去购买各种复习资料、试题之类，这不仅不是治本的办法，而且教师凭这些去提供教育教学质量的“捷径”，会越走越懒，久而久之，丧失了钻研精神、创造精神，成不了好教师，顶多是教书匠。其六，有条件的，要脱产或半脱产进修，但这种进修，应该有明确的目标要求，进修回来要在哪一方面承担任务或作出贡献，事先就要要求清楚。有的可以取得第二学士学位，有的取得硕士学位，有的获取学校需要的某方面的专业合格证书。回来后仍要在教育岗位上作出新贡献，而不是以进修为“跳板”，跳到别的地方去。近年来我校已有一人派遣出国进修回来成为骨干，有一人在职进修取得硕士学位，还有两位在国外进修，即将回来工作，在市、区继续教育班进修的还有多人。他们的学历早就合格，进修是为了将来，为了不断提高教师的整体素质，并要让每一个同志感到，在提高上是有前途的，以鼓励整个教师队伍的进取心。

（4）要通过教师集体的建设来提高教师素质

教师集体有党的组织、共青团组织、民主党派组织、工会组织，所有这些组织都要把教师的培养提高，作为自己的重要工作内容来抓，而不是校长孤零零地去抓。例如，青年教师日益增多，教师团支部就要把提高青年教师政治思想素质、专业水平、教学能力作为重要的工作。我校教师团支部在党总支领导下，就专门组织教学观摩评优活动、教育教学工作自我评价的交流活动、请老一辈优秀教师传经送宝的活动，效果就很好。工会通过教职工代表大会的形式，围绕教育教学工作开展活动。例如，第一届教职工代表大会（1986年）就是以端正教育思想，以学生德、智、体、美、劳全面发展为指导思想，作出了加强德育工作、增开26门选修课、劳技课正规化、体育课增为每周3课时等决定，起了全面贯彻教育方针的学习、动员作用。这些做法，实际上是把学校的民主管理和教师队伍的建设结合起来。

3. 教师管理要深入教学过程的管理

学校以教学为中心，教师的教育思想、工作态度、业务能力主要体现在教学过程之中。教学过程由备课、课堂教学、课外辅导、作业批改、成绩考核等组成，环环相连，每一环节的优化，才有好的教学效果。

（1）教研组是学校教学工作的基本单位，它的职能，不仅在集体备课、研究本科教学的有关问题，更重要的是以集体的力量培养造就优秀的教师。教研组不但要相互听课、组织研究课，更重要的是要定期进行自我评价和互相评价，也就是每位教师都要定期（一学期一两次）总结自己教学工作的基本情况、经验和问题，在组内交流，成员之间进行互相帮助和探讨。交流时，必须谈自己的教学工作，而不是讨论一般的教学问题，更不是谈学生如何。组长和老教师应该带头，营造一种批评和自我批评、永不满足、不断进取的风气，使青年教师从中汲取营养，更自觉地要求自己。

（2）领导要上课、听课、听取学生及家长的意见

一个好的教学领导，自己应该上课，而且要上好，有经验的教师都知道课是常上常新，坚持上课就会对学生的实际情况、教育教学工作的现状和问题有深切的了解，和教师有更多的共同语言，领导教学有更大的主动

性。领导不要借口行政事务忙而脱离教学；听课也是领导教学的一种方式，但听课有目的，或是为了重点了解帮助一些教师的教学工作，或是为了研究教学工作具有倾向性的共性问题，而不是泛泛地听，而且听了就要和教师交换意义，不宜只听不说。要定期不定期地听取学生和家长对教学工作的意见，这是重要的反馈路径，反馈的信息经过整理、核实、研究之后，再做教师的工作。

（3）要健全教师业务档案的管理

要建立起每位教师的业务档案。档案应该包括教师历年的任职状况记录，包括任课的年级、学时数、学生成绩状况；所任选修课科目、指导课外活动的情况，从事的其他教学工作。还要记录教学研究活动的情况，包括观摩课、研究课的情况，教学经验总结交流情况，论著的出版情况，承担科研课题情况，应聘外出讲学情况。另外，要记录历年受到的多种表彰和奖励情况等。

这些记载不仅可作为职务评聘的依据，更重要的是尊重教师的劳动和业绩，并为领导者对教师的任用和进一步培养提高提供参考。当然，要注意不是去记教师的缺点或失误，教学工作中的缺点和失误应该通过正常的批评帮助去解决，没有必要予以记载。因此，业务档案不是保密的，而是教师可以查阅的，不少内容可存入原始材料或其复印件。总之，这种业务档案的建立，不仅要让教师放心，而且要使教师感到对教育事业的贡献，党和国家不会忘记，从而更努力地去工作，去创造更光辉的业绩。

关于加强教风建设的必要性和途径①

我做了36年教师，后来由于工作的需要又做了6年校长。关于教风建设的必要性和途径问题，我校刚刚开完3天的教职工代表大会，主要的议题就是如何加强我校的教风建设。教职工代表们在会上发表了很多很好的意见和建议，所以我可以在这个问题上谈点认识。

1. 教风建设的必要性

教风，简单地说就是学校内部的全体教育工作者，包括学校的领导和教工从事教育、教学、服务、管理等工作的指导思想、工作态度和工作作风。我认为教风是师德建设的集中体现之一，是学校的思想政治工作的深入程度和效果好坏的重要检验标准，也是对学校工作综合评价的重要指标。学校办得好不好，要看教风。可以说，教风明显地反映学校的工作指导思想、教职工的精神面貌、工作态度和工作作风。在贯彻师德规范这个问题上，从学校具体落实来讲，我们明确提出来要加强教风建设。这个提法是否妥当，还可以讨论，我讲几点认识。

第一，加强教风建设是教育事业发展的需要。近年来，党和国家对教育十分重视，国家对教育的投入逐年增加，北京市中小学教育体制改革也取得了初步成效，在相当大的程度上改善了教师的待遇，办学条件也有了

① 本文原载于《教工月刊》1991年第4期。

相当大的改善。在这种情况下，人们有理由提出另一个问题，就是提高教育教学的质量。教育教学的质量是否与教育的投入相适应，各方面都十分重视。解决这个问题的关键在学校，在学校的校长，具体地讲首先是校长的办学指导思想端正不端正，其次决定于学校全体教职工的素质。如果这两个方面都不错，还要取决于全体教职工从上到下的工作态度、工作作风和奉献精神。并不是有了一流的素质，就可以获得一流的教育成果。从这个意义上说，师德建设、教风建设，是当前必须加强的工作。只有提高全体教职工的师德水平，教师的教风端正了，才能更好地贯彻党的教育方针，全面提高我们的教育教学质量。

第二，加强教风建设是由学校教书育人的任务决定的。学校的一切工作都是为了育人。育人靠谁？靠全体教职工，主要靠工作在第一线的教师。教师工作中的指导思想、行为规范、工作态度如何，是直接关系到育人的质量的。教师的一言一行，是对学生成长的最现实的影响。学生接触社会的面很有限，有父母、亲友、教师、同学等，其中教师对学生的影响是很大的。教师的思想水平如何、业务素质如何，直接影响学生的成长。对此我有很深的体会。每当校友回校看望教师，或是回校参加一些座谈会，他们除了对教师教给他们知识表示衷心的感谢外，谈论最多的话题是某某教师对在教他们如何做人方面有什么样的影响。今年（1990年）春天，曾有一群学生回校，给曾经教过他们的三位教师祝贺六十大寿。学生们那幸福的回忆，那充满激情的倾诉，大多是由于当年教师们在教育他们如何做人方面的指导和影响，特别是教师自身的模范行为给学生的印象，而不是教师传授了多少知识。这很让我们教育工作者深思。

第三，加强教风建设是教师队伍的变化提出的要求。教育事业的发展，师资队伍正在发生新老更替，有的学校更替很快，给师德建设提出了新的要求。我们学校就是如此。现在，大约40%的教师是1982年以后从事教师工作的。这种状况就引发一个问题，学校多年来在办学过程中形成的比较好的教风和传统，如我们这所有90多年历史的老校多年形成的对学生全面负责、严谨治学、教书育人、甘于奉献等，是一代代教师奋斗的结果，新一代的教师能不能继承、发扬、创新？当然，现在的大学生能到中学来教书是很不错的，但是面临的问题是能不能像老教师一样，发扬学校的传统？我认为现在的青年教师继承、发扬不够。原因是多方面的，首先是校长重视了没有，抓了没有？继承和发扬好的师德传统是一个十分紧迫的问题，我认为应该引起重视。

第四，加强教风建设是加强思想政治工作的需要。必须承认，近几年来教师队伍思想状况的变化，有好的一面，但也出现了一些值得反思和研究的问题。因为教师中出现的一些思想问题，并不仅仅是学校里的问题。学校与社会是相联系的，教师的思想也受到社会思潮的影响。可以说近几年来社会的一些思潮对教师的影响很大程度不是积极的。如何当一名教师？我国古代的教育家孔子有许多论述，现代和当代的教育家也有许多论述。现在，一些教师对传统的东西不很尊重，主要反映在物质与精神的关系上，追求物质的欲望比过去高了，而精神上的追求却低了，价值观发生偏差。在一个时期里，对一所学校的评价标准简化到了两个字：钱、分。甚至社会上还有种观点，即改革开放中我们接触了一些外国的教育理论，强调发挥学生的主动性多了，发挥社会教育的功能多了。而忽视了另一面，即对教师的要求低了，教师的指导作用、教师对学生的严格要求无形中也被降低了。我们经常听到教师讲学生这不行，那不行，就不说说我们自己。在这种情况下，强调加强师德建设、教风建设是十分需要的。

第五，在学校工作的同志经常听到和提到的是校风建设、学风建设，但是校风、学风、教风三者的关系如何讲得不多。我认为三者的关系可以说是个三角形：教风确定学风，教风和学风合起来就是校风，所以说教风起决定作用。不抓教风，学风也抓不好，因而校风也不会好。应该承认，现在我们一说就是学生学习风气不好，不认真、不刻苦、不好问等。然而，学风是培养出来的，要靠教师来抓。

第六，教师的劳动有明显的个体劳动的特点。虽然学校中有学科教研组等，但最终教师还得用自己本人的专业知识、对学生的态度、对事业的态度、本人的气质风度等来影响学生。这些特点，在很大程度上决定了教师工作的独立性和自由度。领导也不能天天看着教师工作。教师工作的质量指标完成得如何有很大的模糊性，再加上工作效果的长期性，使得教育水平很难衡量，靠定出许多条条框框来考核教师是可以的，但更重要的还要解决教师思想问题，要让他热爱教育事业，爱学生，要自觉地、努力地去工作。

总之，不论是从当前的形势来说，还是从教育的本质特征来看，加强当前学校中的教风建设都是十分重要的。师德是教风的集中体现，要把教育质量搞上去，必须提高教师的责任感，提高他们的政治业务素质。而具备了这些基本的条件之后，还要调动起他们的工作积极性，离开这条去讲提高质量是不行的。所以我说要抓师德，必须狠抓教风。

2. 抓师德、教风建设的途径

抓教风建设是学校教职工自身的事。教职工是学校的主人，因此要发动大家一起来抓。自己的教风好，不仅对教育工作有利，更对自己成为一名好教师、对自己的未来有利。所以抓教风，要成为教职工自身的要求。

第一，如何抓教风？首先应该通过适当的形式，让教职工自己讲这个问题。我们学校采取了召开教职工代表大会（本文以下简称“教代会”）的形式。在学校召开教代会，提了不少年了，我是支持的。但我认为不能只讨论研究教职工群众的福利问题，要开好教代会，必须要发动教职工就学校的重大问题发表意见。我们学校第一届教代会讨论通过学校发展三年规划；第二届教代会经过广泛地征求意见，党、政、工三方及广大教职工代表一致同意这届教代会的议题就是抓师德建设，具体就是抓教风建设。

通过教代会，发动大家自我教育、自我奋起、自我要求，才能真正提高教师的师德水平。否则，只靠党政领导抓，就会在教职工中形成抵触情绪，很难达到预期的效果。

事实上我们这第二届教代会开得十分成功，大家都说比上届好。第一天的会上校长做了题为“巩固教改成果，加强教风建设，全面提高质量”的工作报告。报告对上一次教代会以来的工作进行了认真总结，提出了今后的工作目标。报告后，组织教职工代表讨论。大家畅所欲言，情绪热烈，直到中午12点半。大家针对师德建设问题发表了很多的意见、建议。有对学校校长的，有对学校党支部的，有对学校教职工自身的，而且还分出老、中、青三个层次。然后，起草了一个决议，在大会上通过。会后，代表们还向全体教职工进行了传达。这次教代会进一步说明目前抓师德、教风建设的必要性。

第二，师德建设归根到底是加强教职工的思想政治工作，其核心是做好教职工的思想工作。因此，应该把提高教职工的思想素质放到提高教师的素质的首位上抓，而且要深入到教育教学工作的第一线中去。以往的思想政治工作因为没有深入到学校工作的第一线，其效果差是可想而知的。上级布置的传达文件、学习文件等不是不重要，但我认为要真正加强思想政治工作就必须要解决教职工的思想问题，解决他们的事业心、工作态度、工作作风等根本问题，使之深入到每一位教职工的心坎里。

要解决好师德建设问题，关键是领导班子。可以说抓师德、抓教风关键在校长，是校长的办学指导思想、工作作风、工作态度如何的体现。因此，首先要要求学校的领导、党员干部、党员教师以身作则，成为教风建设的模范。领导班子的自我建设应该放到重要的地位抓好。特别是校长更要以身作则，校长不行，还能要求谁行呢？学校里的领导干部、党员队伍都建设好了，其他方面的工作就好做了。

第三，师德建设工作的重点是青年教师。每一个层次都要提高，但是青年是我们国家的未来，是学校的未来，所以我们要重视做好他们的工作。一般地说，青年大学生能到中学来工作，做一名青年教师，是很可贵的。他们热情高，有学识，兴趣比较广泛，应该肯定这是他们的优势。但是他们比较缺少干劲，缺少吃苦精神；他们不了解自己所从事的事业是最应该吸引他们兴趣的方面，也是他们人生的意义的根本之所在。我经常与青年教师谈心，告诉他们如果你在事业方面不行，你的其他方面也不会成，爱情也不会甜……青年人要立志在事业上有所成就。现在的问题是，青年教师往往对未来要求比较高，但他们缺少“千里之行始于足下”的干劲，要想成就一番事业必须要从脚下做起，从年轻时就踏踏实实苦干。不能只是羡慕老教师，有多少好弟子了，是什么专家、理事了，是特级教师了，等等。之所以说这些，就是要强调加强青年教师的师德建设的必要性，要了解青年教师的问题，不能光提要求。同时，要平等地对待青年教师，鼓励他们发扬长处，克服不足。要让他们事事处处感到一种压力，但同时又是在平等参与，不能一说就是让他们向谁谁学习，时时处处位于“徒弟”的境地。要让他们看到前途，具体来说就是，凡政治上要求进步的，要求加入组织的，都要关心他们，帮助他们；要求进修的，学校要尽力安排，不放过任何一次上级给的机会。1990年，我校还送两名教师出国进修。总之，要让他们感觉有奔头，身上有压力。解决了他们迫切要解决的问题，再去认真严格地要求，全面提高他们的素质，才能充分调动起他们的主动性，他们才有可能专心致志地工作，真正在教育事业上贡献聪明才智。

第四，抓师德、抓教风要有实际措施。要抓好师德、教风建设，就要对学校的领导、教职工群众分别提出具体的要求，提出具体落实的措施。应该如何做，怎么做？要可操作、可检查、有公开性。比如说，要求教师要认真备课，就要有检查。要求互相学习、互相听课，就要让听课人填写听课记录表，并按时交到教导处。对领导的要求，要明确，要定期公布，领导下到年级组里没有，听课没有，听了多少，是不是都按计划行事了？要让大家都了解。领导做到了，就好要求别人了，也对大家是一个鼓舞。

抓师德建设，抓教风建设，是我们第二届教职工代表大会上提出来的近一个时期工作目标。我们要常抓不懈，抓出成果，真正实现我们提出的“谦虚严谨、求实创新、团结奉献”十二字校风目标。

第五部分

国外教育研究

日本中学生物教学见闻[①]

由于和日本方面合作编制中学理科教学视听教学的软件，特别是制作生物教材的高密度电视唱盘以及其他友好交往，笔者有机会几次访日。还因为自己是生物教师，所以对日本中学的生物教学做了些了解，介绍如下。

◎ 1987年，朱正威先生为日本中学生制作的生物VHD（一种高密度电视唱盘）首映[②]

① 本文原载于《大自然》1989年第2期。
② 朱正威先生是日本聘请的给日本中学生做电子教材的第一位中国教师。

1. 课程开设的综合性

日本的初中设理科课，高中（称为高等学校，中学只指初中）单独开设生物学。初中的理科是综合理科，内容包括物理、化学、生物和地学等，混合编写，自成体系，不是分科教学。通过文部省审定、公开发行供学校选用的教科书有许多版本，一般分为四册，内容编排基本上是化学和物理学知识在前，生物学和地学知识在后，各占两分册；化学和物理学交叉较多，生物学和地学交叉较多。大体顺序是机械运动、物理运动、化学运动、生命运动、宇宙和大地运动，隐约可见其反映了运动形式的由简单到复杂。这样生物学教学就和别的自然科学教学紧密联系，互相兼容，使学生形成对自然界的整体认识。生物知识方面，不是概念成堆，死抠概念，而是注意知识的宽度，对微观和宏观都有涉及，特别不拘泥于分类学，对生态内容尤为重视。笔者曾看到初中学生研究自然界的食物链和种群消长的关系，教材上还有从卫星上拍摄的日本国土的生态状况，作业上有研究登山公路的修建和汽车废气对植被的破坏等。高中生物类似我国的普通生物学，深度和我国高中的相当，宽度则大一些。

2. 灵活变通的教学安排

教材虽分册编排，有一定的顺序，但在实际教学时，内容顺序是可以变通的，具有单元教学的味道，有相对的灵活性。

我仔细研究了日本岐阜大学附中的教学计划。他们设有国语、社会、数学、理科、音乐、美术、保健体育、技术和家庭、英语等课程（此外还有道德课及选修课），理科教学占总学时的12%，生物约占理科的1/3。三学年中每学年都安排生物学、物理学、化学、地学等有关章节。有意思的是，对生物学知识的学习，第一学年和第二学年安排在4、5、6三个月，第三学年安排在6、7两个月，仅《人与自然》安排在第三学年的2、3两个月，所以生物学知识学习的黄金季节得到了照顾，这样就不会出现我国那种霜风凄紧时讲光合作用，数九隆冬时研究花的构造这种困难。这也是对生物学教学重视的一例。

3. 强调直观和实践

课堂教学是基本的教学形式。生物课大多在理科实验室上，理科实验室大多设备比较完备。尤为有意思的，我们的中学生物实验室常常是四壁空空，他们大多布置有与生物学学习有关的资料，如各种挂图，饲养着生物的水槽、盆栽的植物等，有些还有学生的作业和制作品，创造了一个良好的学习情境。理科实验室还大多配有各种视听手段，如笔者听的一堂真菌课，学生用显微镜观察、记录、填写书面报告；教师把显微镜下的真菌通过摄像机把图像直接放大在电视屏幕上，清晰而真实，一一指点，指导学生观察和讨论。笔者在听一节食物链和食物网的课时，教师使用高密度电视唱盘将已经录制好的图像放映在电视屏幕上，让学生观察讨论。按教师的教案设计来看，程序是导入、课题提示、实证和考察、总结、发展（推广应用的意思）。上述放映录制好的图像，正是“实证和考察”。

日本的教科书，规定学生的实验和观察内容多，以启林馆（出版社名称）的教材来说，共63个。另外每章后面均列有本章的提要和指导性提示，以及所学知识的推广、扩大应用。这样学生可以学得活一些，动手、动脑能力强一些。

值得一提的是学生的远足每学年都有，意在让学生接触社会、接触自然，还可以参观各种博物馆。到初中毕业前，还一定有一次比较长距离的修学旅行，到国内的其他地方去，现在已经在教育的国际化口号下搞出国修学旅行了。有一次正在6月中旬，笔者和修学旅行的三年级学生同坐在新干线的列车中，孩子们欢欣雀跃，少不了还带着各种采集、观察工具的，令人羡慕。

近年来都市的学校，纷纷到农村乡间去建立学校的别馆，让学生到郊外学习和生活一段时间，也称为乡间留学吧。和笔者学校建立姊妲校的日本文化女子大学附中，在东京以外建立了一座美丽的山庄，以便师生去郊外方便。

4. 生物教师的甘苦

日本的中学教师是辛苦的，每周平均14学时以上，教学班的人数多为40 ~ 45，而且日本学校向以管理严格著称，教师还要兼做班主任或学校聘任的其他管理工作。

由于实行综合理科，学生物的教师也要兼教物理、化学或地学的内容，这就需要时间去接受培训或自学。教学效果如何，学生的学习兴趣、成绩、反映，是评价教师工作的重要方面，以至于决定教师的去留，在私立学校尤其如此。教师的平均年龄较低，说明有源源不断的师资补充，我接触的许多生物教师都正值年富力壮，且以男性居多，这当然和日本的妇女就业状况有关。

他们学术信息比较灵通，因为图书资料供应充足，尤为令人羡慕的有些地区有良好的资料中心。我在岐阜大学的教育学部（相当于大学中的学院）参观过一个这样的中心，它所准备的资料，包括课时教学计划的设计，都有大量备份——用计算机储存。在它所负责的静冈地区，任何学校的教师，都可以通过电话索取有关资料，与计算机联机的印刷机会立即打印出来。

即使是浮光掠影，仍然给我留下了很多启发。中国的生物科学普及教育也是到了应该改革的时候了。抱残守缺，几十年一贯制的教学内容和方法，很难跟上世界科学教育变革的潮流。

日本中学生印象散记[1]

日本文化女子大学附中是我校的友好学校。1988年仲秋，正逢该校建校15周年，我们一行数人应邀参加庆祝活动，和该校师生生活了一周，留下了美好的印象。

1. 师生佩戴姓名牌

我们学校的师生都有校徽和校服。日本文化女子大学附中的师生不仅穿具有标志的校服，而且每人胸前都别有一枚塑料制作的姓名牌。一个千人以上的学校，教工要认识全体学生，学生之间要彼此认识，本是一件难事。可是，师生胸前佩戴姓名牌以后，学生之间，师生之间，无须多做介绍，一目了然。我们常听说日本的管理工作有一套，区区小事，可见一斑。主人也为我们这些客人戴上了姓名牌，“招摇”而过，我们的大名连同友好的情谊，也深深地留在他们的心中了。

2. 跪读圣贤书

我们听的那节课是在一间铺着榻榻米的专用教室上的。教室中只有一块黑板，没有学生座椅，学生不是席地而坐，而是席地而跪，课本放在面前的榻榻米上，聆听教师的讲解。课本上的文字是汉字，内容均摘自我国

① 本文原载于《中学生》1991年第6期。

的《论语》《孟子》等以及有关的古典诗歌，按爱国、尊敬长辈、手足之间、师生关系、朋友之间等方面编排。我听的那节课，教师在讲孔孟对孝道的论述，他不仅引经据典，还穿插有我国古代讲孝义的故事。学生齐声朗读我国的古诗："慈母手中线，游子身上衣。临行密密缝，意恐迟迟归。谁言寸草心，报得三春晖。"中国人听日本人讲这些，真是感慨颇深！

3. 颇具民族特色的选修课

每周星期三的下午，学生全部上选修课。教师有本校的专职教师，也有外聘的兼职教师，甚至有社会知名人士，如教柔道课的一位教师，就曾获得过日本柔道冠军。选修科目多达50余种，包括中文选修在内。引人注目的是它的民族特色，如《和服及礼仪》《茶道》《花道（插花）》《书道》《拳道》《柔道》《马道（射箭）》，乃至《木雕》《漆器制作》等。上课的方式主要不是讲，而是练身，学生都非常专心。

4. 校庆家长掌勺

在校庆那一天，全校停课，各教学班布置一新，学生、教师、家长、校友以及学生的好友都可来学校参观。实在热闹。那么，1 900多人的伙食供应如何解决？是由父母会（相当于我国的家长委员会）负责烹制食品，食品种类也很多，学生凭券就餐。我品尝了一份荞麦面，外加小菜，别有风味。因为是能干的母亲们的杰作，极富家庭情趣，使人不由得想起：学校就是一个大家庭。

国外中学科学教育一瞥[①]

近年来有机会出访了美国、英国、日本等国家，或普教考察，或友好交流，由于自己是中学生物教师，遇到科学（自然科学）教育，总难免想多看上一眼，或多问几句。再加上欣逢改革开放的年代，各种科学教育信息，随着人员的接触、书报杂志的流通、大众传播媒介的介入、会议的交流等，比过去也就知道得多了些。因此，凑成此文，供有兴趣的同志参考。

1. 普及和提高中小学科学教育的质量，受到前所未有的关注

人类历史上曾经有过石器时代、青铜时代、铁器时代；更有过蒸汽机的发明、电的发现和利用、核能的使用；乃至近代各种新材料的产生，信息的储存、翻译、传播，生物工艺学的兴起……科学技术的每一进步，都促使了生产的发展、经济的兴旺，以至生活方式、文化观念的深刻变革。而在现代社会里，几乎任何重大的科学技术的进步，已经不只是依赖少数天才、精英的发现和发明，而是依赖于全体国民受教育的程度，依赖于劳动大军的整体素质，依赖于科学技术研究开发领域里，有组织的科研、技术设计、推广应用的群体力量。由此，各国有远见的民间或政府人士为发展经济、增强国力，都关注教育的发展和改革，特别是科学技术教育的发展和改革，并为此投入了大量的人力、物力。

① 本文原载于《生物学通报》1991年增刊第12期。

这里说说美国，这可能具有代表性。无疑，美国在科学技术上也是一个大国，但是，美国的中小学教育和其中的科学技术教育，也存在相当多的问题。首先，美国已普及了高中教育，但实际取得高中毕业证书的只有入学人数的76%多。布什总统的六点计划（在州长会议上提出的教育计划）中提出要在20世纪末达到90%以上。能否实现，还是个未知数。其次，美国宪法规定联邦政府不直接管教育，中小学教育由州和学区来领导和管理，现在联邦政府的教育部是14个部中最年轻的部（成立于20世纪80年代），主要是协调和指导。因此，教育目标、课程设置、教学大纲和计划等，就必然表现为多样化、自由化。他们自己曾说，课程开设如超级市场的商品，应有尽有。这比起统得过死有好的一面，但这也就难以保证比较一致的高质量。有鉴于此，在2000年的教育改革计划中已经提出，要搞五门核心课程——英语、数学、科学、地理、历史的统一大纲，并分别在四年级、八年级、十二年级试行统考，以保证质量。再次，数学和科学教育质量不行，他们自己也承认，在这方面中学生的国际比赛中，名次很靠后。为此，布什的六点计划中有一点就是要在2000年，使美国青少年在科学和数学的国际比赛中名列前茅。

美国最近提出了一个“2061计划”，更说明了他们对科学教育的高度重视。“2061计划”的名称来自哈雷彗星，这项工程开始于1985年，这一年恰逢哈雷彗星临近地球，而下次哈雷彗星出现的时间是2061年，现在能够活到那时看到这颗彗星回来的人是现在刚上学的小学生，故称为“2061计划”。该教育计划由华盛顿的科学家、工程师和国会议员会同全国各地的专家一起拟订，要求增加学生中学习理工科的人数，提高所有美国人的科学技术和数学水平，并得到布什总统的支持，他说：到2000年，美国学生在科学和数学成就方面将是第一流的。该计划的第一阶段，已发表了长达217页的文件：《面向全体美国人的科学》。其基本点是要求所有美国人都应该具有科学、技术和数学方面的文化水平。这显然是一场科学和数学教育改革，其主要负责人詹姆斯·拉瑟福德曾说："整个教育制度必须彻底变革。""这需要花四分之一世纪的时间，需要一代学生的努力，需要全国竭尽全力，这是一场能够而且必须打赢的战争"。这里他用了"战争"一词，不是偶然的，反映了美国在当今世界的竞争中因所处地位的变化而产生的危机感，从而要求普及和提高它的科学（还有数学）教育的质量。

2. 中学科学教育改革的潮流或趋势

这里介绍的"潮流"或"趋势"，是指对中学科学教育有相当影响的一些方面。它是否正确，是否为绝大多数人赞同，则是另一回事。但是，我国中学科学教育的改革和发展，不能不关心和研究世界性的潮流或趋势。具有中国特色的社会主义的中学科学教育，应继承发扬自身的优良传统，汲取各国的精华，在教育实践中逐步形成和完善。

（1）科学课程的综合和分化相结合的趋势

理科是采用综合理科还是分科教学的争论由来已久，本文不参与争论。就世界大多数国家来说，小学和初中（或相当的学段）以综合理科（科学课）为多数，高中（或相当的学段）以理、化、生、地、天文、环境等分科教学形式为主。小学、初中阶段的综合，有许多优越性，从认知心理学角度看，这个年龄段的学生习惯于把周围世界的事物当作一个完整的东西来认知，而还不能（或不习惯）去分别认识它的物理的、化学的或生物学的方面，就问题来教学也许更好。另外，多学科互相交叉渗透的一些问题在教学中也比较好解决。还有实行综合的科学课后，在教学计划、课时分配中，作为核心课程，将和语言、数学等课程并驾齐驱。例如，在我国，初中生物课重视不够；也许在科学课中，就能较好地解决。就我所见的这类综合科学课中，许多国家的教材，生物学或生命科学在其中都占有较大的比重。

高中（或相当的学段）几乎都是分科教学，但做法也不一致。例如，美国的一些中学，理、化、生分科教学，具有不同的层次，一类是基础级的，即每个学生都必须学习；另一类是选修级的，例如，选修生物学的可不选修物理，学够理科的学分即可，实际上按志趣在分化（或分流）；再有一类是学院（Collage）级的。例如，学生物学科用的教材是大学普通生物学，通过考试后，相应的州属大学将承认其学分（学习相应专业时），这是一种很有意思的做法。英国有大学预科，在预科教学中理科的分科分得更细。

（2）科学教育中的STS的研究和实践

STS是近年来世界各国科学教育改革中形成的一种新的科学教育构想，以强调科学、技术与社会的相互关系和科学技术在社会生产、生活、发展中的应用为指导思想而组织实施的科学教育。该问题的提出是因为第二次世界大战以后，在一些发达国家中，科学技术的发展和应用都极快，如核技术、电子技术、空间技术、新材料、基因工程等。人类将以系统论、控制论、信息论为起点，以交叉科学、自然科学的新成就和思维科学的新进展为内容，形成一次新的科学革命。同时科学转化为技术，技术形成生产力的速度异常快，新的技术成就及其产品正在大踏步地进入生产领域和生活领域。不仅如此，新的科学技术和高度发达的生产力，又给社会提出了许多新问题，例如，核能是否应该不受限制地发展？基因工程的研究是否应谨慎地加以限制？世界人口的增长应取何种对策？怎样控制非再生性能源的消耗率？环境恶化怎样防止和消除？实际上，科学技术革命不断引起人和大自然的关系的讨论，而人和大自然的关系本质上是社会过程，新一代的教育，如果不能获得科学、技术和社会生产、生活、发展相互关系的知识、技能、参与意识和正确的价值观，最终将影响人类社会的生存和发展。

因此，STS教育在许多国家和地区已在开展。即在理科教学的大纲和教材中努力加入有关的内容，包括人类社会面临的共同问题，本国的社会生产、生活、发展遇到的问题，地区（乡土）发展问题等，既反映了理科教学中理论和实际结合的趋向，又反映了理科教学要有一定的超前性。同时，出现了STS系列的以问题为中心的选修课，包括微型（授课时间短）的选修课，还有同样指导思想的课外科技活动，作为对传统科学教育的补充。当然有必要说明，在某些情况下，处理不当也会使普通教育向专业教育靠拢或出现实用主义倾向。在英国，笔者见到某大学主持编撰的中学化学教材，从实际应用出发设计了饮料化学、织物化学等多种分册，其效果如何，需慎重对待。

STS教育对我国理科教育的改革是有启发的，首先，自中华人民共和国成立以来，我们一直把理论和实际的结合，教育和生产劳动的结合，作为重要的教育指导思想。其次，我们现在强调教育要为社会主义建设服务，包括为地区经济的发展服务，因此和STS是相通的。

（3）中学科学教育的“科学为大众”和高科技的普及相结合

近年来，对在20世纪70年代普遍强调加深加宽理科教材，以及要像培养科学家那样培养中学生，把已知的东西当作未知的去发现等的一系列提法，提出了修正。因为实际是不可能把学生都培养成为精英，或基础教育不应该是精英教育，而是提高全体国民素质的教育。提出“科学为大众”的口号，实际是要降低深度、难度，扩大知识面，增进对一般科学知识的了解及一般能力的培养。与此同时，又提出了高科技知识在中学科学教育中的反映问题，这两者都是联合国教科文组织支持的（STS也是），粗一看，似乎是矛盾的，实际上两者是一致的，恰恰因为高科技的产品正在快步进入生产、管理、生活等各个领域，作为一个现代社会的公民，必须在受教育期间，通过科学课程的学习，对此有一定的了解和掌握，这和“科学为大众”并不矛盾。某些同志片面地因“科学为大众”而降低对理科的要求，特别是片面保留那些传统的、比较脱离实际的知识，而砍掉那些实际生产、生活急需的与高科技相关的、难一些的知识，恐未必妥当。

3. 国外中学科学教育中值得学习的一些特色

我国中学科学教育和别的国家，特别是发达国家相比各有特色，孤芳自赏不对，妄自菲薄更不对。以下提到的一些特色，只是希望洋为中用，使我国的科学教育锦上添花。

（1）教材和教学内容的多样化

导致教材和教学内容多样化的原因各不相同，有的是国家没有统一的教学大纲；有的是教育由地方政府管，于是大纲、教学内容差异甚大；更普遍的是一种自由竞争的观念在指挥着，在这种情况下各种学术机构、团体乃至学校及个人都可出版教材，各个出版社为了赚钱，争相出版教材，有些国家有严格的审定机构和审定程序，有些国家却不怎么严格，因此教材和教学内容的多样化就很自然了。这种多样化有促进科学教育改革和提高教学质量的一面，也有鱼龙混杂，难以统一要求的一面。但总体看来，还是利大于弊。就我国来说，还是可以借鉴的，实际上也已经开始了这个过程，但步子是否还可以大一些呢？例如，国家制订的教学大纲在原则上更宏观一些，给教材编撰者乃至教师的教学留有更多的、发挥特色的余地，是否更好一些？

（2）课程设置的必修和选修相结合

长期以来，选修课是我国普通高中的一个薄弱环节。选修课能更好地发展学生的特长，发挥学生潜在的能力，培养学生自觉钻研、积极进取的精神，还可以更好地适应社会多方面的需要，为学生高中毕业后升学或就业打下一定基础。国外许多学校的科学教育（还有人文科教育）都开设有种类繁多的选修课，一个学校通常可有几十门，甚至有上百门的。学生一入学就会领到一本选课指南，从而得到指导。还有选修课具有明显的职业准备或为地区经济发展服务的性质，如美国内华达州的牧区，一些高中就有农牧业的选修课，学校还有小型牧场和农牧机械的实验室；由于商业的发达，不少学校有商业经营、财务管理等选修课。在英国学校里，有着许多为升学或满足不同志趣学生的选修课。国家教委最近拟颁发《关于在普通高中开设选修课的意见》，应是改革完善我国普通高中教育包括科学教育的一项重要决策。

（3）严格的师资培养

决定教育质量的关键是师资水平，科学教育尤其如此。只有出台既提高教师的社会地位、工资待遇，又严格任职标准的两结合的师资政策，才能真正吸引优秀人才到教师行列中来。日本的教师都是大学毕业后再接受培训并取得教师资格的。美国正在试行的办法是，学生必须先在文或理学院取得学士学位，在此期间，有志于教师职业者，可先在教育学院选修若干课程，毕业后，完全进入教育学院学习，包括教育实习，至少一年方可取得教师资格，连续两年则还可取得教育方面的硕士学位，如田纳西大学（田纳西州）、塞拉克斯大学（纽约州）就是如此。不少国家要求教师工作几年后，即有一次脱产进修（照发工资），以适应科学和教育发展的需要。

（4）把教学过程变为学生积极参与讨论、发展思维能力、设计和操作能力的主动过程

以讲解为主，强调学生跟着教师的思路走的课堂教学，是我们的特色，也许日本和我们甚为接近。美国和许多欧洲国家，教学以学生主动参与为中心相当突出。在美国、英国的许多中学科学课程中，讨论课是一种主要形式，实验课的比重大多达到1 ∶ 1的分量，有创见的学生受到大家的鼓励。有一次我看到学生亲手制作的DNA分子空间结构的模型，琳琅满目，大小从1米多到10厘米左右都有，材料从废塑料到女孩子装饰用的珠子、闪光金属片，可见学生发挥了创造精神之一斑。我还见到师生共同采集饲养的内华达州塔荷湖的各种鱼类（学校就在湖的附近），这位科学课教师，获得了国家的奖励和表彰。

（5）努力实施教学手段的现代化

现代化的科学教育手段是提高科学教育质量的关键。举几个例子说，

美国的大多数中学的科学实验室，都备有一台或几台计算机，供教师和学生使用。在日本的生物课中，拍摄录像手段得到了较广泛的应用，特别是把显微镜观察通过摄像机和电视屏幕联系起来，一目了然。在一所日本学校的营养学实验室中，我见到了讲桌上空的巨大的玻璃镜，可把教师的演示操作反映其中，即使在最后一排座位的学生，也能清楚地看到。特别要提到我国不少重点中学拥有相当多的理科实验室，与同样规模的国外中学比，毫不逊色，甚至优于他们许多，但是，我们的利用率太低，空着的比用着的要多，这是投资的浪费。

介绍以上这些，只是为了借他山之石以攻玉。没有疑问，教育有它的共性，有许多方面各个国家和民族是相通的，可以而且应该互相借鉴。但是，各个国家的社会制度不同，历史渊源不同、文化背景不同、生产力发展水平不同、自然环境（人和资源的关系）不同等，一个国家和民族的教育应有自己的特色。毛泽东同志早就提出过民族化的问题，现在我们又提出要建设具有中国特色的社会主义教育，让我们振奋起来，汇入这澎湃的洪流中去。

Yorkshire Evening Press, Wednesday, October 7, 1987 15

Chinese peek in on our appliance of science

CHINESE education chiefs went to school in Selby to learn about teaching.

The Eastern visitors are in Britain to study science courses and look at secondary school management.

Their schedule included Brayton High School, yesterday, which pioneered science teaching along integrated lines.

The party comprised two school principals and two senior officials from the education department of Peking.

Courses

They were made to feel at home thanks to the effort of Brayton fifth former, Fu Hing Pang, who prepared a welcome banner in Chinese to hang over the door.

Their visit was the first of its kind sponsored by the China Association for Science and Technology which will circulate the group's report throughout their home country.

Significant changes in the teaching of the subject are expected as a result.

The integrated science system at Brayton has been operating since the school opened in 1979 and most pupils take double certificate courses in the upper school.

Successful

The approach has since been adopted in many other secondary schools and is now national policy.

The Chinese delegation were shown round Brayton's science department by the headmaster, Mr Bill Duxbury.

He said afterwards that the visit had been a great success and the school had enjoyed the experience.

The Chinese group will also visit York University, King's College, London, Winchester College and education authorities in Hampshire and Ipswich.

Science class: Chinese education chiefs are shown an experiment by first-year pupils at Brayton High School.

◎ 朱正威老师随代表团访问英国时英方报纸的报道

自 珍

生于忧患，长于战乱。
青春闪光，壮年悲歌。
再度奋起，已逾不惑。
人间冷暖，教海沉浮。
荣辱不惊，寸阴当惜。
朝花夕拾，人生足矣。

——七十有一，于渤海之滨
涛声之夜

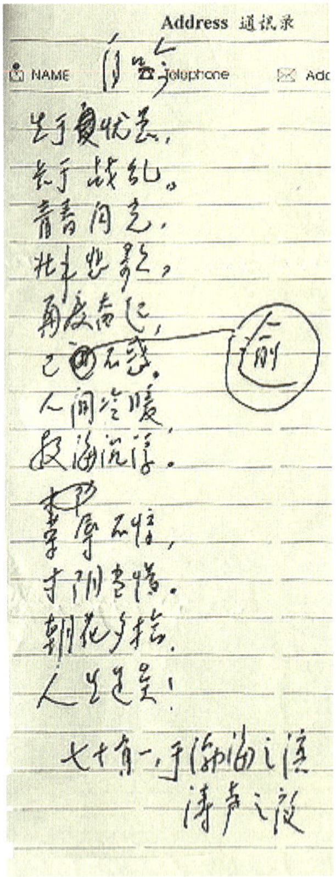

后记

再次聆听大师的教诲

谭永平[①]

朱老师离开我们两年多了，但是我们感觉老人家并没有走远，在天国里，他一定还在慈祥地注视着我们，还在满怀激情地关注着我们的生物学教育事业。

◎ 从左至右依次为本文作者谭永平、朱正威、赵占良（2006年摄于魏公村）

① 谭永平，人民教育出版社生物室主任。

中学生物学教育界的同人，经常自发地组织纪念活动，有研究人员在对朱老师的教育思想进行研究。人民教育出版社生物室包春莹老师牵头，申请了专项课题对朱老师的教育思想开展研究。在纪涛老师和朱丹先生、朱波女士的支持下，课题组整理了朱老师历年发表的文章以及其他珍贵历史文献资料，汇编成书。由于工作关系，我较早就阅读了书稿。在读书稿的过程中，我的感觉是，我又一次聆听了朱老师的教诲。读书稿时，耳畔仿佛听到老人家用带点无锡口音的普通话，在给我讲他关于生物学教育、教学的思考，其中饱含着大师的教育情怀。朱老师的音容笑貌，是那么真实。读完书稿，我有必要记录下自己的感想，向朱老师致敬，也表达对大师的怀念。

1. 认识到深邃的思想来自厚重积淀

和朱老师共事18年，在教材编写会上听朱老师主持讨论，在全国学术年会上听朱老师评课，在各种培训会上听朱老师的讲座，在办公室里讨论书稿，以及平常的随意交谈之间，我都能感受到朱老师那些具有真知灼见发言的背后蕴含着深邃的思想。读这本书，我才知道那深邃思想的背后是厚重的积淀，它来自求学时那一页页工整的笔记和绘图作业、教学时那富有创意的教案、学科教学的研究里直达问题根本的追问、教育管理的研究中对教育规律的寻求……所有这些积淀，成为思想的深厚基础，支撑着朱老师在教材编写、教学实践、培训讲座时表现出来的智慧高度。例如，关于STS教育，朱老师早在1986年前后就已经有了系统的、深刻的思考；关于生命系统的层次性，朱老师早在1988年甚至更早就已经有了阐述；在1999的文章里，朱老师更是全面阐述了生命科学的特征，其中有关于生命系统的层次性、复杂性、开放性等的阐述。我们已经知道，新课改后他主编的初中和高中生物学教材中，已经融入了这些思想，有人说朱老师主编的中学生物学教材是有思想的教材。这些思想，是植根于朱老师几十年持续的学习、思考、积淀。

2. 见证了深邃思想的穿透力

读完本书，再次感受到，深邃的思想是具有穿透力的。朱老师在20世纪50年代、60年代发表的文章，今天读来依然很有启发。他在20世纪末，对生物学教育、教学的系统思考，对今天的中学生物学教育影响深远。例如，怎样激发学生的兴趣、促进学生独立思考、培养学生的学习能力；怎样体现生物课的特点，不要把生物课教成死物课；怎样在生物学教学里开展思想教育等，朱老师有很多真知灼见。他在多篇文章里都提到，课堂里要有社会、要有学生的生活、要有科学史。这些思想、观点，今天来看依然是很有启发意义的，有的思想甚至就是我们现在正在生物学课堂里践行的。

3. 感觉如长者谈话般的亲切

读这本书，我感觉是既有收获，还不觉得累。那是因为，朱老师的文章，不会大篇幅讲那些玄乎的理论，也不会拿出架势讲大道理，而总是用平实的语言，结合具体的实践问题来讲述深刻的道理。我们能看到，他文章里几乎都是明快、好懂的话，不知不觉间就让读者受益匪浅。读这本书的时候，我感觉就是一位智慧的长者在跟我谈话，一如和朱老师共事18年的经历中，朱老师跟我谈话的样子。

4. 感受到滚烫的热爱教育之情

朱老师的智慧和才华，来自他不断学习、与时俱进，来自他永远在进行的思考和总结。而这种自觉的学习、思考，来自对教育的热爱，对学生的热爱。朱老师在文章里提到，教师要对学生、对事业热爱，没有了对学生、对事业的热爱，教师就没有了灵魂。

实际上，在课堂里，在教材编写过程中，在培训的讲座里，大家早就感受到了朱老师对教育倾注的热爱。他的学生，在回忆的文章里，也一次次强调了朱老师对学生的爱。

朱老师对教育的热爱，表现在对课堂教学实践的关注，表现在对课堂教学实践的倾注心血。朱老师多次提到，教育研究，要关注一线，要关注实际问题。1990年，朱老师就结合实际，探讨过如何正确对待和使用教材；朱老师关注新课改后的探究教学的问题，关注新课改后一线教学出现一些值得关注的倾向，并就这些教学实际问题提出了建议。我们不太缺理论家，特别是不缺把外国理论搬进来的理论搬运家，而是缺少扎实地在课堂开展实践并从中提炼、升华理论的大家。朱老师多次提到，教师应该把论文写在课堂里，他对课堂教学实践倾注了大量心血，所以，他的课才那么生动。朱老师把对教育的爱倾注于课堂教学实践。

朱老师对教育的热爱，还表现在关心教师的成长。2005年，朱老师在接受采访的时候明确说，教师是天生的理想主义者，校长是教师的教师。朱老师曾经当过名校校长，他对怎样办学、怎样建设师资队伍，怎样抓好教育教学工作，怎样做好学校管理，都有深刻的思考。如果要还原这些思考背后的共同点，那就是坚持教育教学为中心，以提高教育教学质量为出发点和归宿，其中的关键是师资。朱老师在1981年的文章里就谈到教师应该如何做到“渊”“博”，1989年的文章里就谈到青年教师要多维学习，1992年的文章里谈到老教师如何扶植青年教师。在1996年发表的几篇文章里，更是全面探讨了作为生物教师应该如何备课、理科如何讲理、学学用学生的眼睛看世界；1997年发表的文章里，从师德、观念、功底几个方面，讲述了如何提高教师素质。

朱老师不但这么说，而且是这么做的。他当校长的时候，为北京师范大学附属中学教师的发展提供了难得的机会。在新课改以后，十几年里，他冒着酷暑、严寒，无惧旅途劳顿，走遍大江南北，为教师们带去一堂又一堂精彩的讲座，帮助教师理解课程标准、把握教材、提高课堂教学水平……

5. 薪火相传，我们努力前行

朱老师已经离我们而去了，他的思想和情怀，激励着我们。我们沐浴着大师留下的智慧光芒，在教育教学实践中不断总结、提升自己的素养。我们继承朱老师的热爱教育事业的精神，在中学生物学教育事业里尽最大的努力作出自己应有的贡献。

我们，努力前行！

人民教育出版社生物室 

2020年6月16日写于北京·魏公村

附录 一

附录1　朱正威先生的课堂笔记

本部分呈现的是朱正威老师在华东师范大学上大学期间的动物学笔记和植物学笔记。朱老师的笔记是全班同学考试时的复习资料。

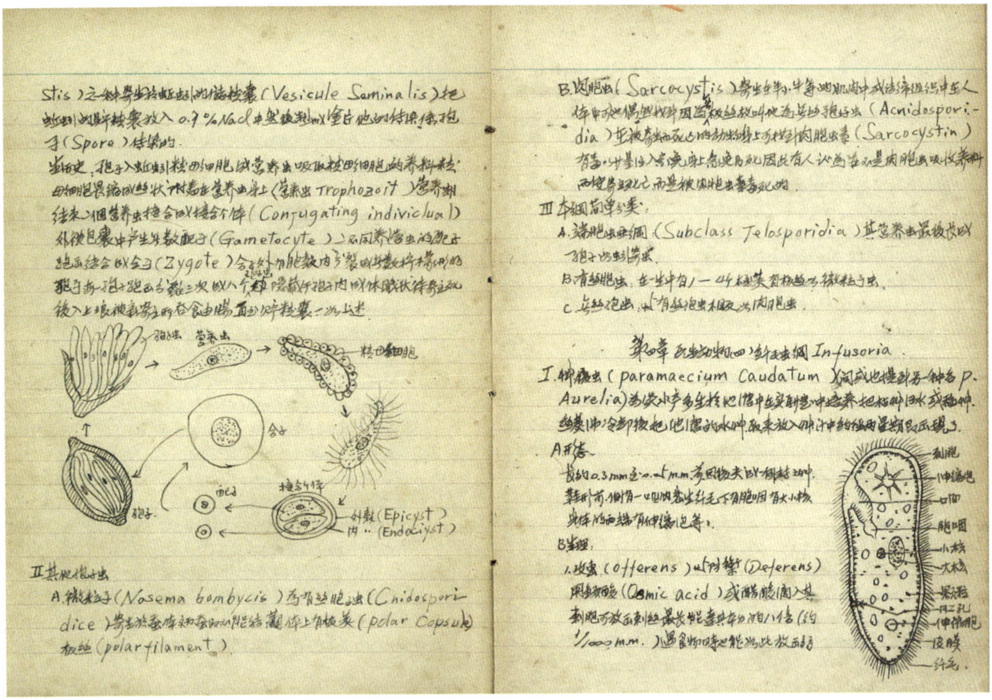
Stis）之一种寄生于蚯蚓的储精囊（Vesicule Seminalis）把蚯蚓的储精囊放入0.7% NaCl中然后制成涂片便可得见许多孢子（Spore）传染的。
生活史：孢子入蚯蚓精母细胞成营养虫，吸收精母细胞的养料，精母细胞退缩成丝状，附着在营养虫身上（营养虫 Trophozoit）营养期结束，二个营养虫接合成接合个体（Conjugating individual）外被包囊，中产生多数配子（Gametocyte），二不同营养虫的配子，配子结合成合子（Zygote）合子外分泌胞壳，内分裂成多数梭形的孢子，每一孢子胞再分裂三次成八个镰状子孢子，孢子形成休眠状待寄主吞食，入土壤被新寄主吞食由肠至储精囊一如上述。

Ⅱ其他孢子虫
A.微粒子（Nosema bombycis）为有丝胞子虫（Cnidosporidice）寄生于蚕体和蚕的细胞中，孢子体上有极囊（polar Capsule）极丝（polar filament）。
B.肉胞虫（Sarcocystis）寄生在羊、牛等的肌肉中或结缔组织中，在人体中也偶然找到，因无极丝故叫做无丝孢子虫（Acnidosporidia），在被寄生而死亡的动物身上可找到肉胞虫素（Sarcocystin）有毒，少量注入家兔身上，家兔即死，因此有人认为寄主不是肉胞虫吸收养料而使寄主死亡，而是被肉胞虫毒素毒死的。
Ⅲ本纲简单分类：
A.端胞子亚纲（Subclass Telosporidia）其营养虫最后发成孢子的寄生虫。
B.有丝胞虫：在一生中有1—4个极囊，有极丝，如微粒子虫。
C.无丝孢虫：与有丝孢虫相反，如肉胞虫。
第四章 原生动物（四）纤毛虫纲 Infusoria
Ⅰ.草履虫（paramaecium Caudatum）附或也提到另一种名 p. Aurelia）为淡水产，多生于池沼中，在实验室中培养，把稻草放于水中煮沸后冷却，取池沼的水加入，放入草汁中，约经两星期即出现了。
A.形态
长约0.3mm至0.25mm，为圆筒状，似一倒转之草鞋，前端有一凹陷为口沟，纤毛，下有胞咽，有大小核，身体的两端有伸缩泡等。
B.生理：
1.攻击（offerens）与防御（Deferens）用锇酸（Osmic acid）或醋酸滴入，其刺胞可放出刺丝，最长能达其本身的八倍（约1/1000 m.m.）遇食物时也能如此放出。

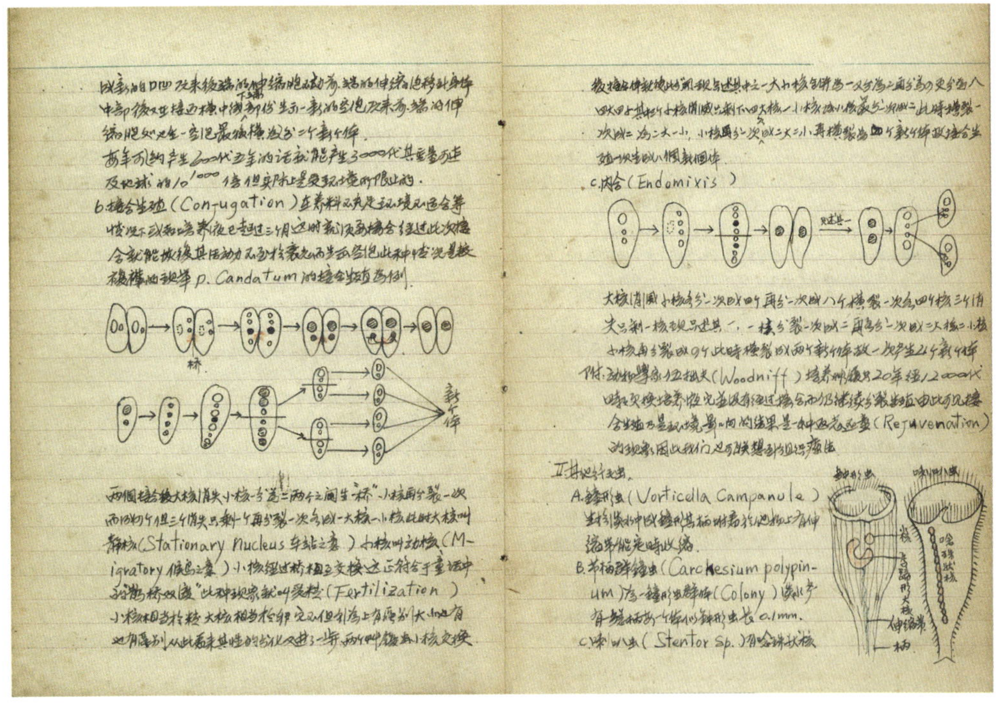
成新的口沟，原来后端的伸缩泡成为前端的伸缩泡，移到身体中部后又生接近横中线的下端部份生出一新的空泡，原来前端的伸缩泡也如是生一空泡，最后横裂为二个新个体。
每年可约产生600代，五年的话就能产生3000代，其容量可达及地球的10^{1000}倍，但实际上是受环境所限止的。
b.接合生殖（Conjugation）在养料不充足环境不适合等情况下或分裂繁殖后已经过三个月，这时就须要接合，经过此次接合就能恢复其活动力，不致于衰老而死亡，此种情况是较复杂的，现举 p. Candatum 的接合生殖为例。

两个接合后大核消失，小核一分为二，两个之间生"桥"，小核再分裂一次，而得四个，但三个消失，只剩一个，再分裂一次，分成一大核一小核，此时大核叫静核（Stationary Nucleus 车站之意）小核叫动核（Migratory 候鸟之意）小核经过桥相互交换，这正符合于童话中牛郎织女鹊桥双渡，此种现象就叫受精（Fertilization）小核相当于精，大核相当于卵，完全但形态上有区别大小也有区别，从此看来其性的分化又进了一步。两个个体交换小核交换后接合体就彼此分开，现只述其中之一，大小核合并为一，又分为二，再分为四，更分为八，四大四小，其中小核消失，只剩下四大核一小核，然后小核再分一次成二，此时横裂一次，成二分为二大一小，小核再分一次，成二大二小，再横裂为四个新个体，故接合生殖一次生成八个新个体。
c.内合（Endomixis）

大核消失，小核分二次成四个，再分一次成八个，横裂一次分四个，核三个消失只剩一核，现只述其一，一核分裂一次成二，再分二次成二大核二小核，小核再分裂成四个，此时横裂成两个新个体，故一次产生2个新个体。
附：动物学家伍拉夫（Woodruff）培养草履虫20年经12000次以上交换培养液，完全没有经过接合而仍然继续分裂生殖，由此可见接合生殖乃是环境影响的结果，是一种返老还童（Rejuvenation）的现象，因此我们也可联想到组织培养。
Ⅱ其他纤毛虫
A.钟形虫（Vorticella Campanula）生于淡水中，成钟形，其柄附着于他物上，有伸缩带能迅速收缩。
B.节柄群钟虫（Carchesium polypinum）为一钟形虫群体（Colony）淡水产，每一枝柄有一个似钟形虫，长0.1mm。
C.喇叭虫（Stentor Sp.）有念珠状核

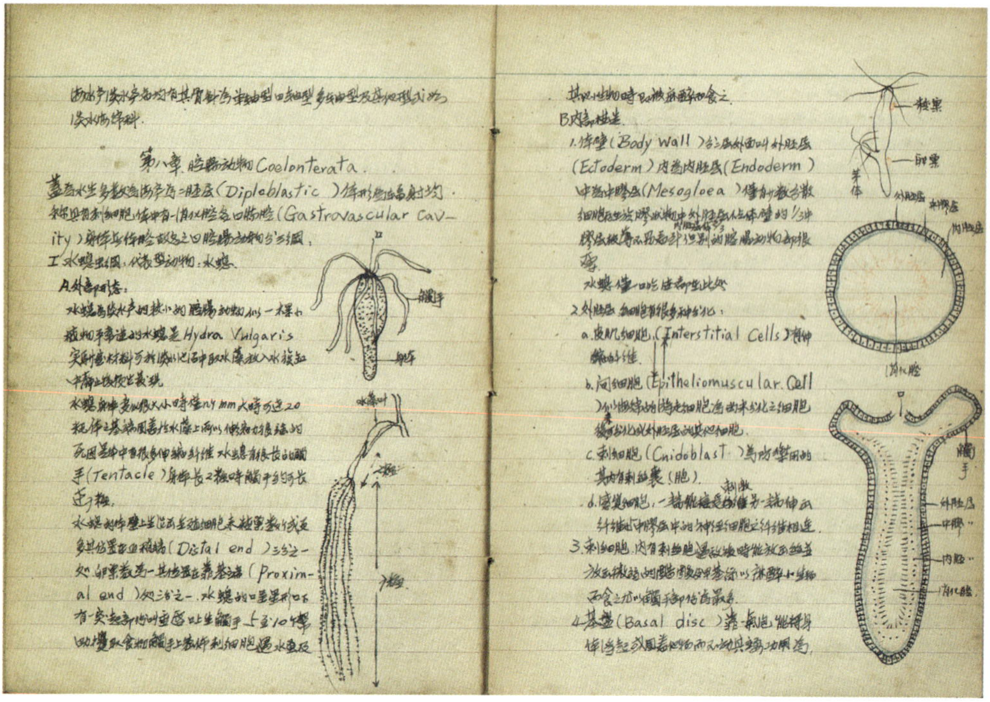

淡水产淡水多为均有其質[illegible]单轴型口轴型多轴型及其他[illegible]淡水腔体科.

第八章 腔肠动物 Coelonterata.

蓋為水生多數為海产為二胚层(Diploblastic)体形為辐射对称.具有刺细胞,体中有一消化腔名曰肠腔(Gastrovascular cavity)身体与体腔故名之曰腔肠动物,分三纲:

I 水螅虫纲,代表型动物:水螅.

A.外部形态:

水螅為淡水产的极小的腔肠动物,似一棵小植物,平常遇到的水螅是Hydra Vulgaris 实验材料可於淡水池沼中取水藻放入水族缸中静止後便出现.

水螅身体变化很大,小时仅1/4 mm,大时可达20 [illegible]体之基端固着於水藻上,[illegible]水螅有很长的触手(Tentacle)身体长之数倍,触手约有[illegible]

水螅的体壁上生殖细胞,未被[illegible]多其位置在远端(Distal end)三分之一处,卵巢数為一,其位置在近基端(Proximal end)处三分之一.水螅的口呈[illegible]有一突起部份叫垂唇,[illegible]生触手,[illegible]10条[illegible]食物,触手上[illegible]刺细胞[illegible]

其以小生物時[illegible]食之.

B.内部构造.

1.体壁(Body Wall)分三层,外面叫外胚层(Ectoderm)内為内胚层(Endoderm)中為中膠层(Mesogloea)[illegible]细胞[illegible]中胶层[illegible]体壁的1/3[illegible]

水螅[illegible]

2.外胚层细胞有很多种分化:

a.皮肌细胞(Interstitial Cells)有伸缩纤维.

b.间细胞(Epitheliomuscular Cell)[illegible]细胞[illegible]分化之细胞[illegible]外胚层[illegible]细胞.

c.刺细胞(Cnidoblast)為防禦用的,其内有刺丝囊(胞).

d.感觉细胞,一端能接受刺激,另一端伸出纤维[illegible]中膠层中的神经细胞之纤维相连.

3.刺细胞,内有刺丝胞,遇[illegible]時能放出刺丝[illegible]小生物[illegible]触手[illegible]

4.基盘(Basal disc)[illegible]

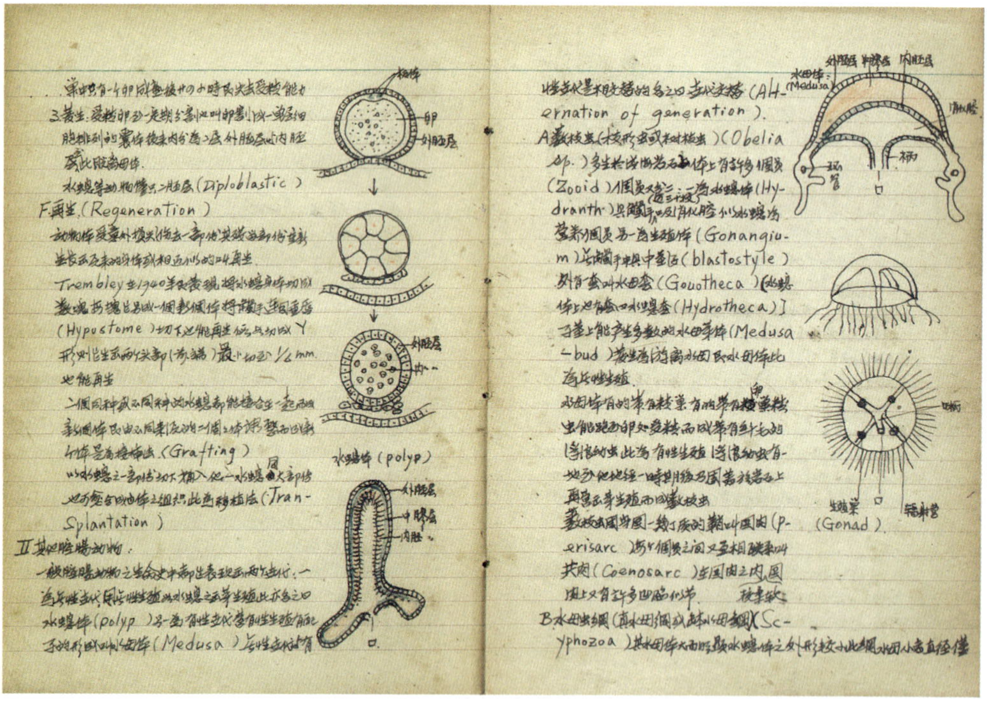

巢中只有一个卵,成熟後廿四小時即失去受精能力.

3.发生:受精卵分一定規分割,叫卵割,成一单层细胞排列的囊体,後来内分為二层,外胚层与内胚层,此時為囊胚.

水螅等动物僅只二胚层(Diploblastic)

F.再生.(Regeneration)

动物体受意外損失,傷去一部份,其残存部份重新生长,成為原來的体或相近似的叫再生.

Trembley 在1740年發現,将水螅身体切成数塊,每塊能長成一個新個体.將触手連同垂唇(Hypostome)切下也能再生,[illegible]切成Y形,则能生出兩个头部(前端),最小切至1/6 mm.也能再生.

二個同種或不同種的水螅都能接合生一起而成新個体,[illegible]叫接合法.(Grafting)

以水螅之一部份切下,插入他一水螅[illegible]也可[illegible]此為移植法(Transplantation)

II 其他腔肠动物:

一般腔肠动物之生命史中都出表現兩種世代:一為無性世代,用無性生殖,如水螅之出芽生殖,此种為之曰水螅体(polyp)另一為有性世代,營有性生殖,[illegible]叫水母体(Medusa)無性世代[illegible]有性世代是相交替的,名之曰世代交替(Alternation of generation).

A.薮枝虫(枝形虫或树枝虫)(Obelia sp.)多生於淡水[illegible]体上有許多個员(Zooid)個员[illegible]一為水螅体(Hydranth)具触手[illegible]消化腔,[illegible]营養個员,另一為生殖体(Gonangium)無触手,其中圣[illegible](blastostyle)外有套叫水母套(Gouotheca)[水螅体上也有套叫水螅套(Hydrotheca)]子茎上能产生多数的水母芽体(Medusa-bud)[illegible]水母体,此為無性生殖.

水母体有的带有精巢,有的带有卵巢,精虫能游至卵处受精而成带有纤毛的[illegible]此為有性生殖.[illegible]

薮枝虫外面有一層[illegible]叫围肉(Perisarc)[illegible]個员之间又互相[illegible]叫共肉(Coenosarc)[illegible]

B.水母虫纲(真水母纲或钵水母纲)(Scyphozoa)其水母体大而明显,水螅体之外形较小,此纲水母小者直径僅

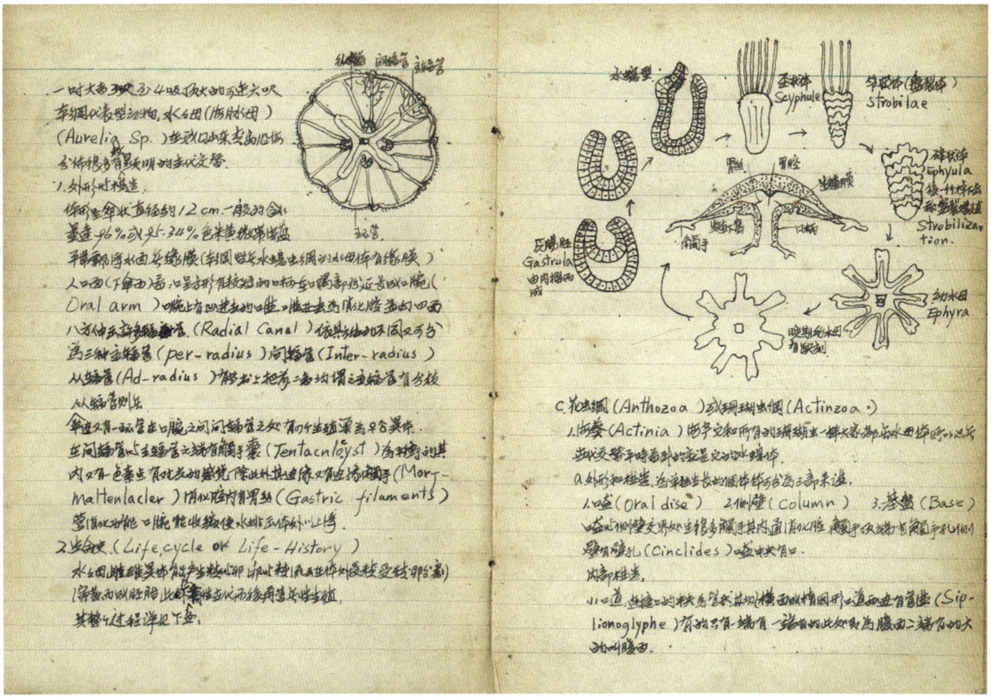

(Aurelia Sp.)
1.外形构造.
Oral arm
(Radial Canal)
(per-radius)
(Inter-radius)
(Ad-radius)
(Tentacnloyst)
(Mort-Mattenlacler)
(Gastric filaments)
(Life,cycle or Life-History)
Scyphula
Strobilae
Ephyula
Strobilization.
Gastrula
Ephyra
C.花虫纲(Anthozoa)或珊瑚虫纲(Actinzoa.)
1.海葵(Actinia)
1.口盘(Oral dise) 2.侧壁(column) 3.基盘(Base)
(Cinclides)
内部构造.
(Siplionoglyphe)

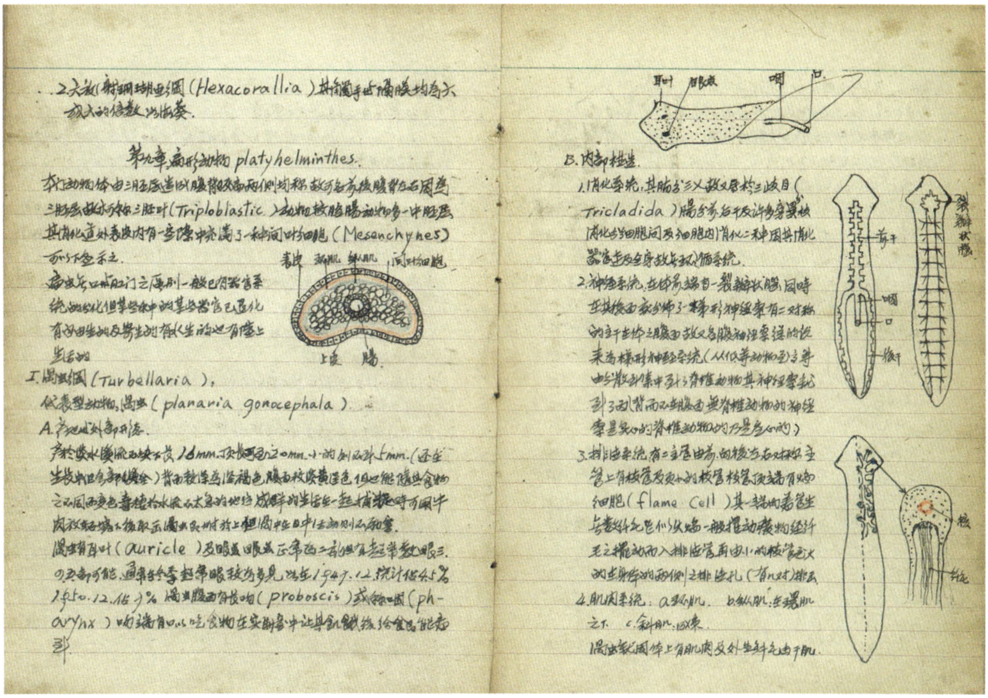

2.六放(射)珊瑚亚纲(Hexacorallia)
第九章 扁形动物 platyhelminthes.
(Triploblastic)
(Mesanchynes)
I.涡虫纲(Turbellaria).
代表型动物：涡虫(planaria gonocephala).
A.产地及外部形态.
(auricle)
(proboscis)
(pharynx)
B.内部构造.
(Tricladida)
细胞(flame Cell)

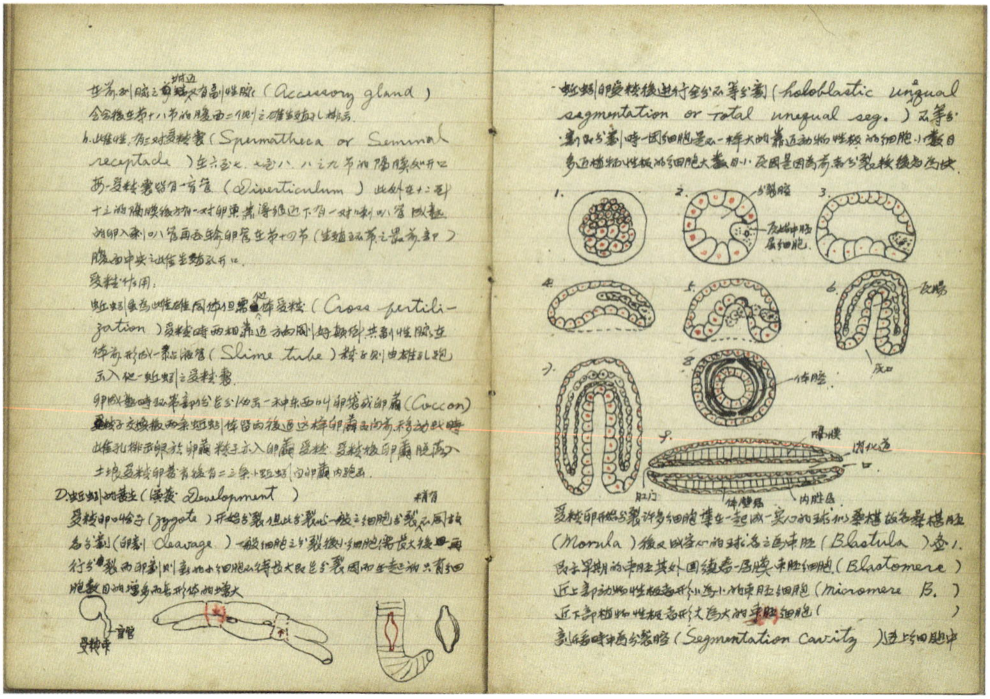
(Accessory gland)
(Spermatheca or Seminal receptacle)
(Diverticulum)
(Cross fertilization)
(Slime tube)
(Coccon)
D.蚯蚓的发生(发展 Development)
(zygote)
(Cleavage)
(holoblastic unequal segmentation or total unequal seg.)
分裂腔
体腔
肛门
(Morula)
(Blastula)
(Blastomere)
(Micromere B.)
(Segmentation Cavity)

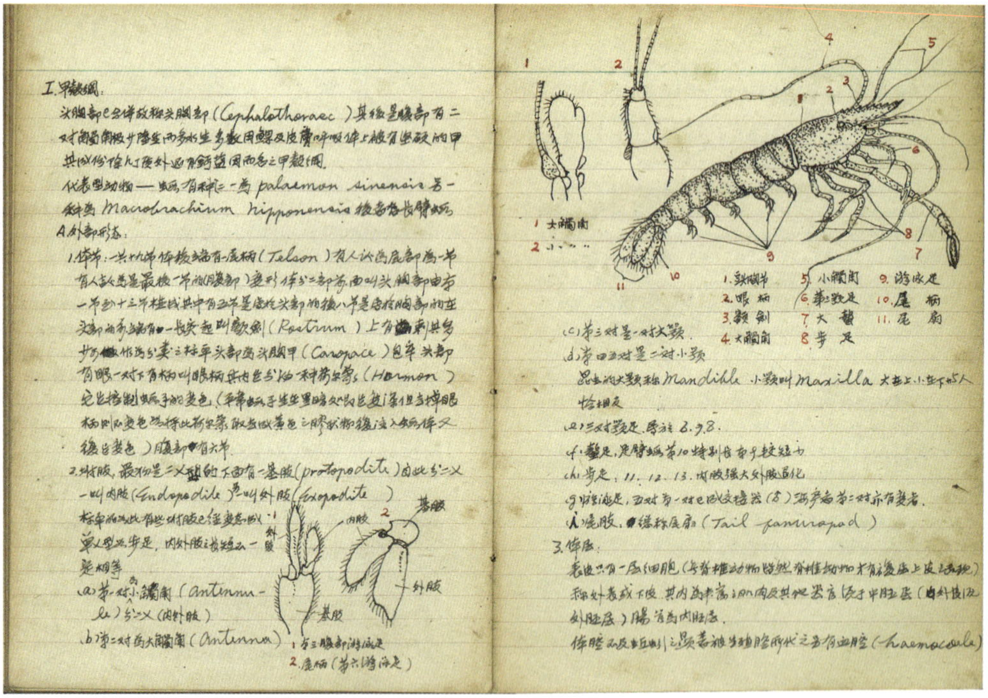
I.甲壳纲：
(Cephalothorax)
palaemon sinensis
Macrobrachium nipponensis
A.外部形态：
(Telson)
(Rostrum)
(Carapace)
(Harmon)
(protopodite)
(Endopodite)
(Exopodite)
基肢
内肢
外肢
(Antennule)
(Antenna)
1 大触角
2 小 〃 〃
1.头胸甲
2.眼柄
3.额剑
4.大触角
5.小触角
6.第三颚足
7.大螯
8.步足
9.游泳足
10.尾柄
11.尾扇
Mandible
Maxilla
(Tail fan uropod)
3.体层：
(haemocoele)

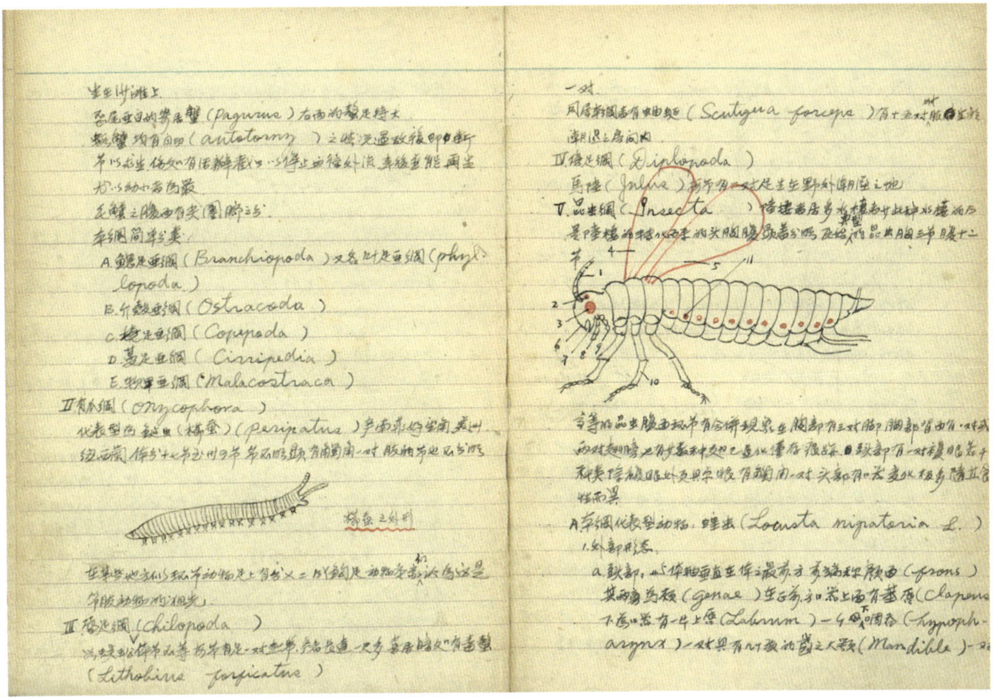

生在沙滩上。

寄居蟹(Pagurus)右面的螯足特大

蟹均有自切(autotomy)之能 [illegible]

[illegible]

[illegible]

本纲简单分类：

A. 鳃足亚纲(Branchiopoda)又名叶足亚纲(phyllopoda)

B. 介裂亚纲(Ostracoda)

C. 桡足亚纲(Copepoda)

D. 蔓足亚纲(Cirripedia)

E. 软甲亚纲(Malacostraca)

II 有爪纲(Onychophora)

代表型为栉蚕(peripatus) [illegible]

[illegible]

栉蚕之外形

[illegible]

III 唇足纲(Chilopoda)

[illegible](Lithobius forficatus)

一对。

[illegible](Scutigera forceps)[illegible]

IV 倍足纲(Diplopoda)

马陆(Julus)[illegible]

V. 昆虫纲(Insecta)[illegible]

[illegible]

[illegible]

A. 本纲代表型动物：蝗虫(Locusta migratoria L.)

1. 外部形态

a. 头部 [illegible](frons)

[illegible](genae)[illegible](Clypeus)

[illegible](Labrum)[illegible](hypopharynx)[illegible](Mandible)[illegible]

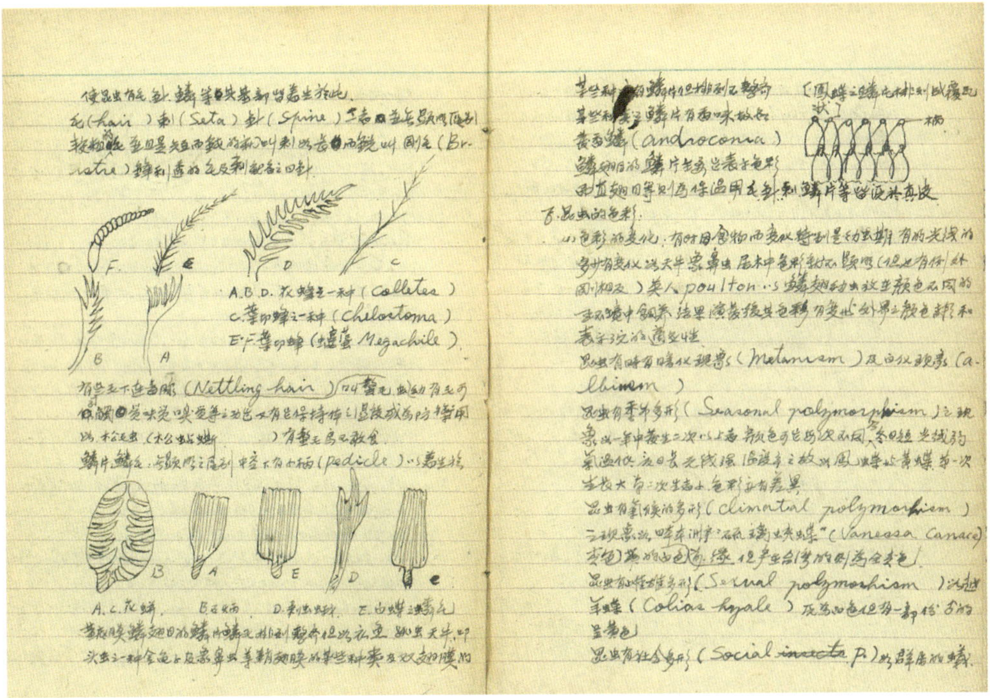

[illegible]

毛(hair)刺(Seta)针(Spine)[illegible](Bristle)[illegible]

A.B.D. 花蜂之一种(Colletes)

C. 叶切蜂之一种(Chelostoma)

E.F. 叶切蜂(Megachile)

[illegible](Nettling hair)[illegible]

[illegible]

鳞片 [illegible](pedicle)[illegible]

A. C. 花蜂 B. [illegible] D. [illegible] E. [illegible]

[illegible]

[illegible]

[illegible]

香鳞(androconia)

[illegible]

[illegible]

F. 昆虫的色彩

(1) 色彩的变化：[illegible] 英人 poulton [illegible]

[illegible]

昆虫有时有黑化现象(Melanism)及白化现象(albinism)

昆虫有季节多形(Seasonal polymorphism)之现象 [illegible]

昆虫有气候的多形(climatal polymorphism)之现象 [illegible](Vanessa canace)[illegible]

昆虫有雌雄多形(Sexual polymorphism)[illegible](Colias hyale)[illegible]

昆虫有社会多形(Social ~~insecta~~ p.)[illegible]

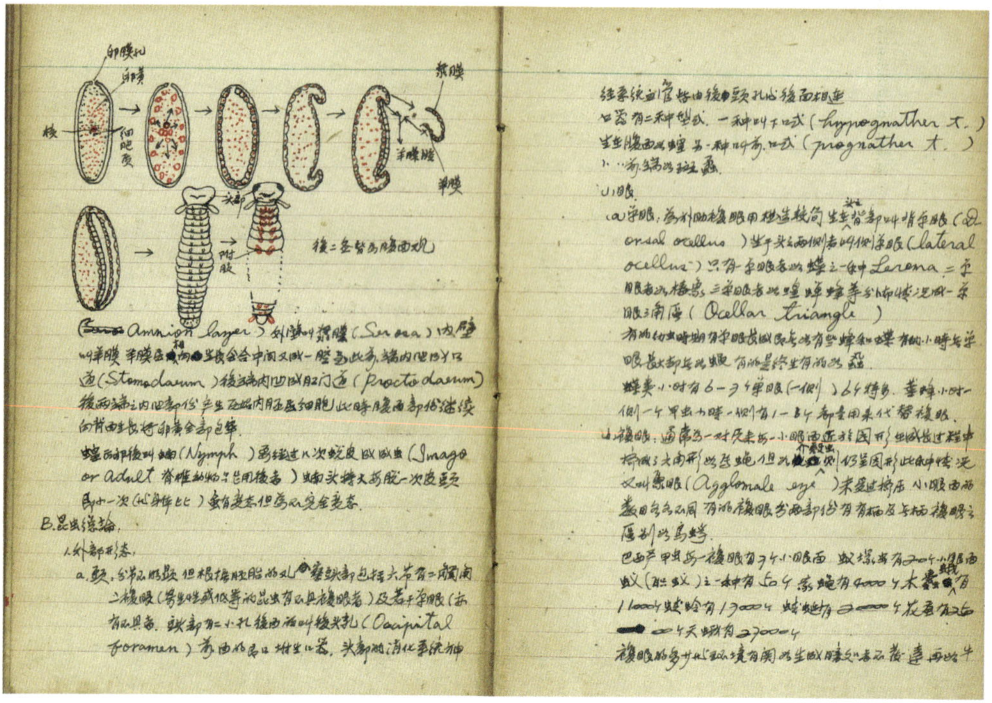

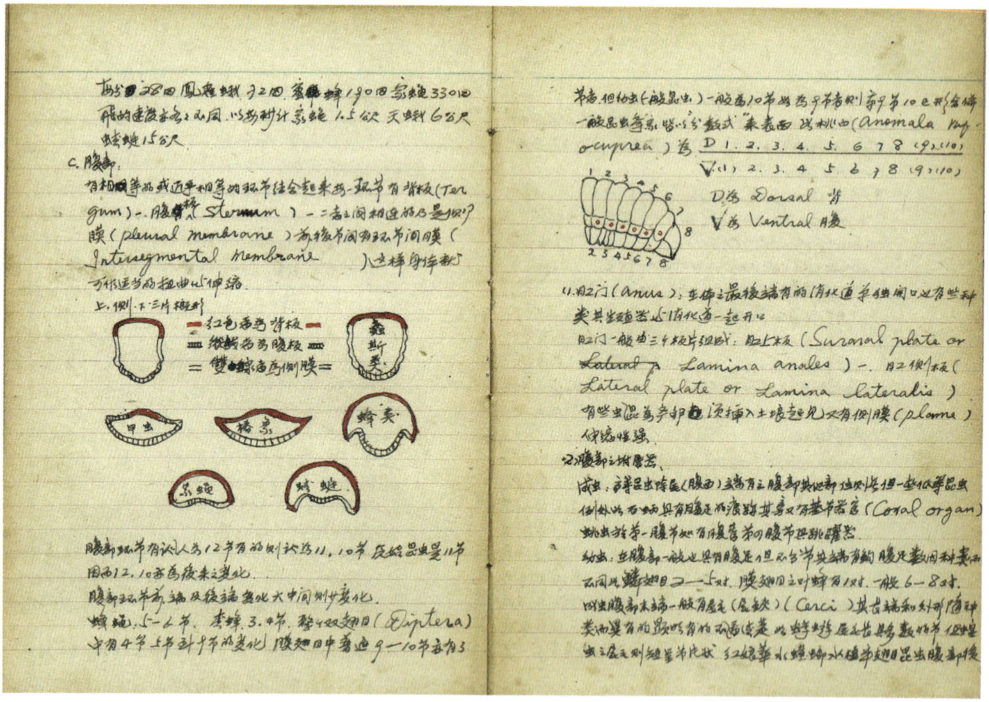

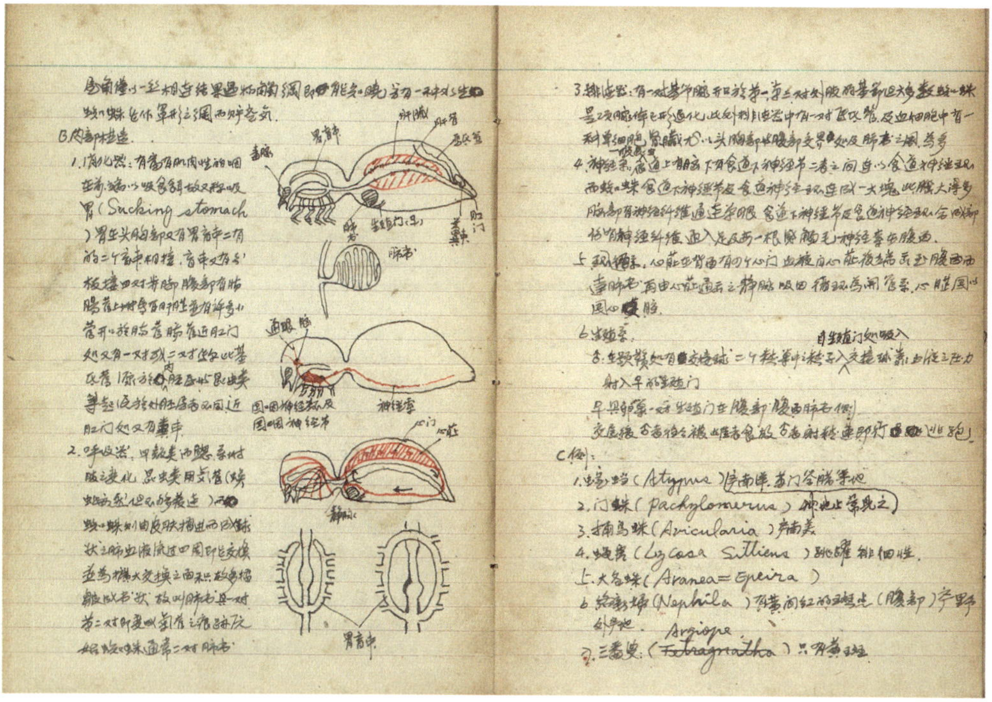

Sucking stomach
C例：
1.(Atypus)
2.门蛛(Pachylomerus)
3.捕鸟蛛(Avicularia)产南美
4.(Lycosa Sitliens)
5.大各蛛(Aranea=Epeira)
6.(Nephila)
Argiope
7.(Tetragnatha)

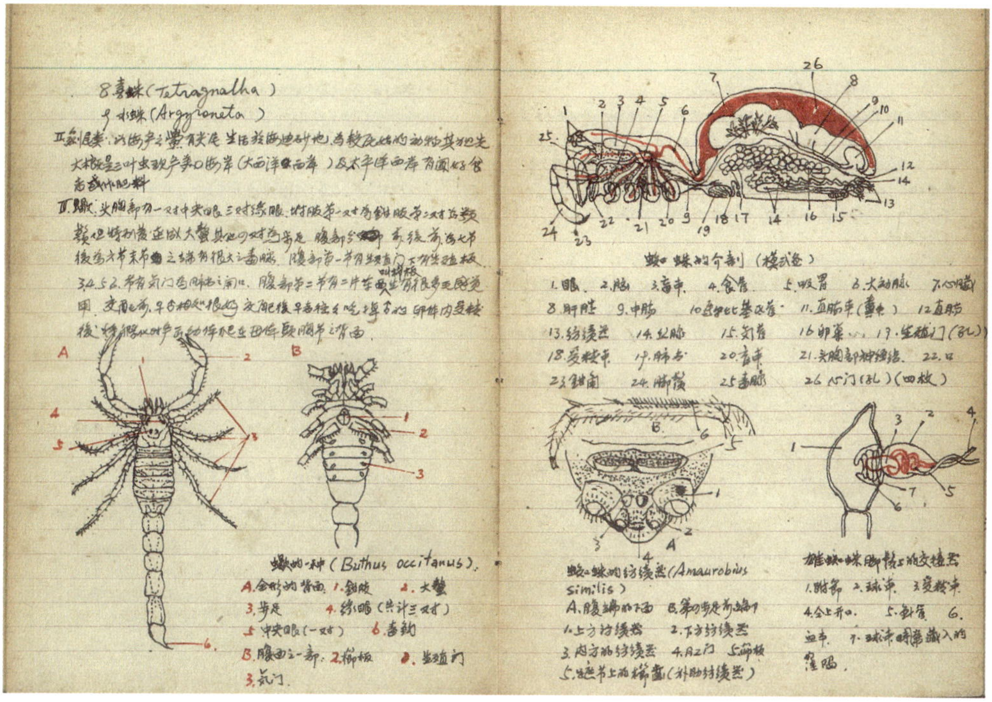

8.(Tetragnatha)
9.水蛛(Argyroneta)
蜘蛛的解剖(模式图)
A
B
(Buthus occitanus)
(Amaurobius similis)
A.腹端的下面
1.上方纺绩器
2.下方纺绩器
3.内方的纺绩器
1.附节
2.球节
4.会上开口

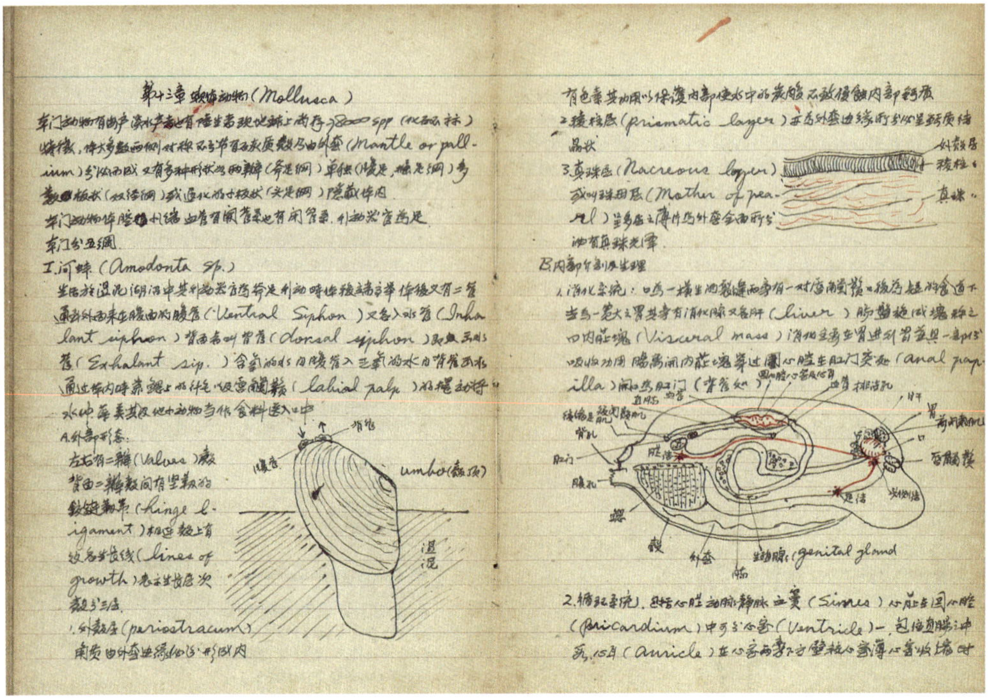
第十二章 软体动物(Mollusca)
本门动物有由产淡水产者也有陆生者现世界上尚存7,8000 spp(化石不在)
特征，体大多数两侧对称不分节有石灰质壳乃由外套(Mantle or pallium)分泌而成又有多种形状的壳瓣(斧足纲)单独(腹足、掘足纲)多数板状(双经纲)或退化而小板状(头足纲)隐藏体内
本门动物体腔缩小，心脏有开管系也有闭管系，排泄器官为肾
本门分五纲
I.河蚌(Amodonta sp.)
生活于湿泥湖沼中其外部器官为斧足外动时体后端之半体后又有二管通到外面来在腹面的腹管(Ventral Siphon)又名入水管(Inhalant siphon)背面者叫背管(dorsal siphon)或出水管(Exhalant sip.)含氧的水由腹管入去氧的水由背管而出通过体内时氧气被鳃上的纤毛吸收唇瓣(labial palp)的摆动将水中藻类其及他小动物当作食料送入口中
A.外部形态:
左右有二瓣(Valves)壳背面二瓣壳间有坚韧的铰链韧带(hinge ligament)相连壳上有放射生长线(lines of growth)表示生长层次
壳分三层
1.外壳层(periostracum)角质由外套边缘所分泌形成内有色素其功用以保护内部使水中的炭酸不致侵蚀内部钙质
2.棱柱层(prismatic layer)亦为外套边缘所分泌呈钙质结晶状
3.真珠层(Nacreous layer)或叫珠母层(Mother of pearl)呈多层之薄片为外套全面所分泌有真珠光泽
B.内部解剖及生理
1.消化系统：口为一横生的裂缝两旁有一对唇瓣口后为短的食道下去为一宽大之胃其旁有消化腺又名肝(liver)肠盘旋成块称之曰内脏块(Visceral mass)消化主要在胃进行胃兼具一部分吸收功用肠离开内脏块穿过围心腔至肛门突起(anal papilla)开口为肛门(背管处)

2.循环系统，包括心脏动脉静脉血窦(Sinnes)心脏在围心腔(pericardium)中可分心室(Ventricle)一，包绕直肠之中；另心耳(auricle)在心室两旁之壁较心室薄心室收缩时

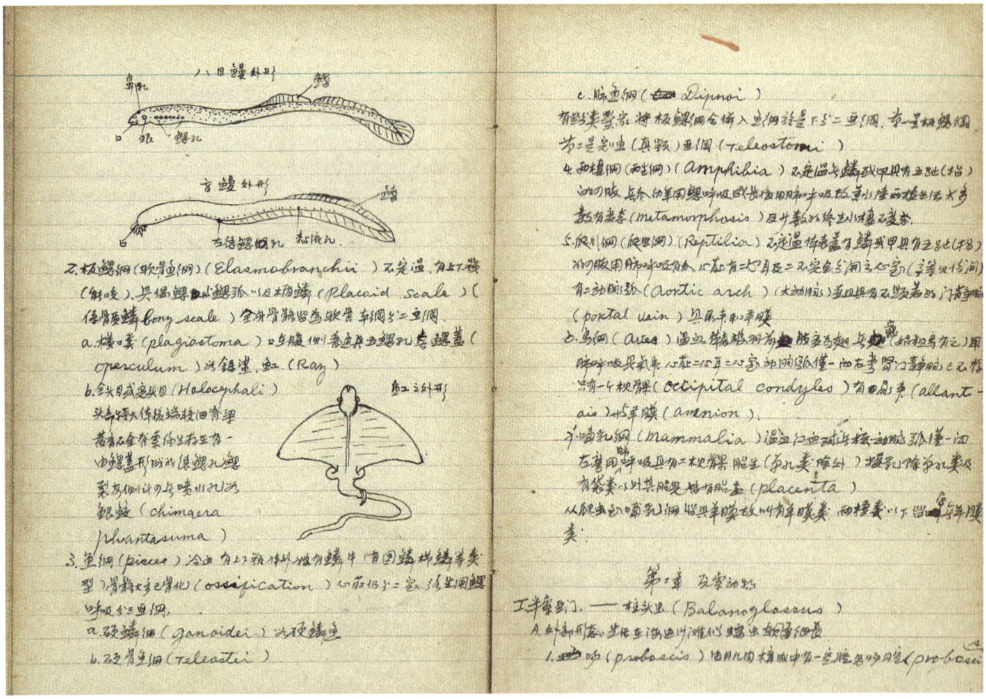

2.板鳃纲(软骨鱼纲)(Elasmobranchii)不定温，有上下颚(能咬)，具偶鳍，鳃孔以盾鳞(Placoid scale)(循骨质鳞bony scale)全身骨骼皆为软骨，本纲分二亚纲
a.横口类(plagiostoma)口在腹侧，普通具五鳃孔无鳃盖(operculum)如鲨、魟(Ray)
b.全头目或完头目(Holocephali)
头部特大体后端极细脊索发育不全齐索终生存在有一由鳃盖形成的总鳃孔鳃裂在侧计四与喷水孔如银鲛(chimaera phantasuma)

3.鱼纲(pisces)冷血，有上下颚，体外被有鳞片(有圆鳞栉鳞等类型)骨骼大多已骨化(ossification)心脏仍分二室，终生用鳃呼吸分三亚纲
a.硬鳞纲(ganoidei)如硬鳞鱼
b.硬骨鱼纲(Teleostei)
c.肺鱼纲(Dipnoi)
有些分类学家将板鳃纲合并入鱼纲称呈下分二亚纲，第一是板鳃纲第二是完口鱼(真颚)亚纲(Teleostomi)
4.两栖纲(两生纲)(Amphibia)不定温，无鳞或甲，具有五趾(指)的四肢，其幼年用鳃呼吸成长后用肺和皮呼吸，故其水陆两栖生活大多数有变态(metamorphosis)，且其数必经由水栖至变态。
5.爬行纲(爬虫纲)(Reptilia)不定温，体表盖有鳞或甲，具有五趾(指)的四肢，用肺呼吸，有心脏有二心耳及二不完全分开之心室(亦等仅中间)有二动脉弓(aortic arch)(大动脉)并且具有不发达的门静脉(portal vein)具尿囊和羊膜
6.鸟纲(Aves)温血，体表被羽，前肢变为翅，无齿(始祖鸟有之)用肺呼吸具气囊，心脏二心耳二心室，动脉弓仅一向右弯肾门静脉已不存只有一个枕骨髁(occipital condyles)有尿囊(allantois)和羊膜(amnion)。
7.哺乳纲(Mammalia)温血，红血球无核，动脉弓仅一向左弯，用肺呼吸，具有二枕骨髁，胎生(单孔类除外)，授乳，除单孔类及有袋类以外其胚胎皆有胎盘(placenta)
从爬虫到哺乳纲皆具羊膜，故叫有羊膜类，而鱼类以下皆为无羊膜类。
第二章 半索动物
I.半索亚门——柱头虫(Balanoglossus)
A.外部形态：生活在海边沙滩似蠕虫，躯体细长
1.吻(proboscis)由肌肉构成中有一空腔名吻腔(proboscis

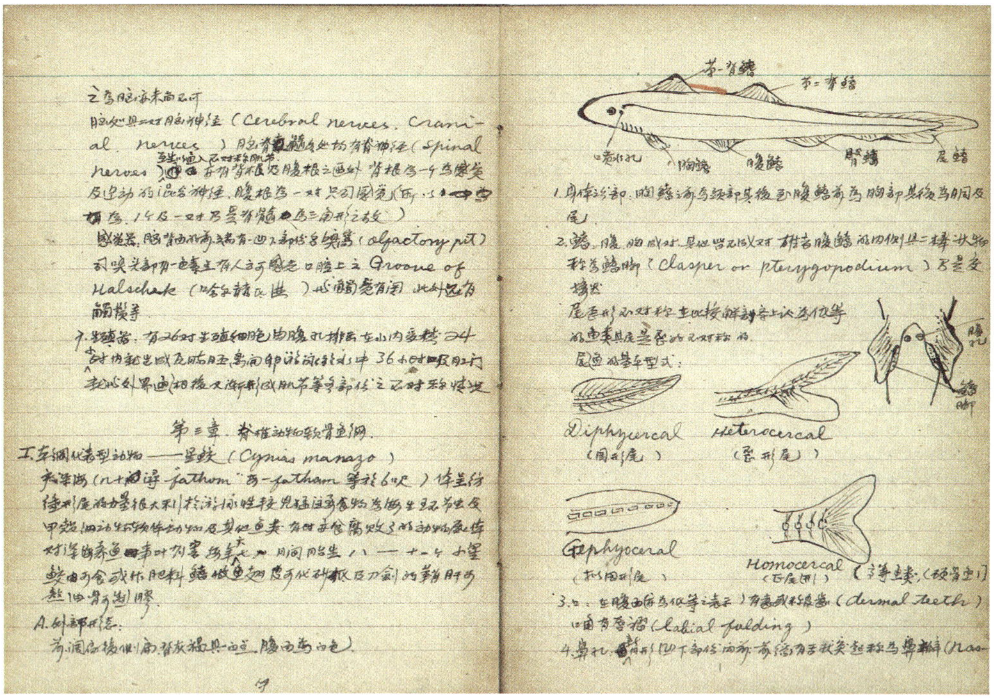

Cerebral nerves, Cranial nerves

Spinal nerves

olfactory pit

Groove of Halschak

第三章. 脊椎动物软骨鱼纲

I. 本纲代表型动物——星鲛（Cynias manazo）

fathom

A. 外部形态：

背面灰褐色，腹面为白色。

1. 身体分三部，胸鳍前为头部……

2. 鳍：腹、胸成对……称为鳍脚（Clasper or pterygopodium）

尾鳍的基本型式：

3. ……（dermal teeth）

唇有唇褶（labial folding）

4. 鼻孔……

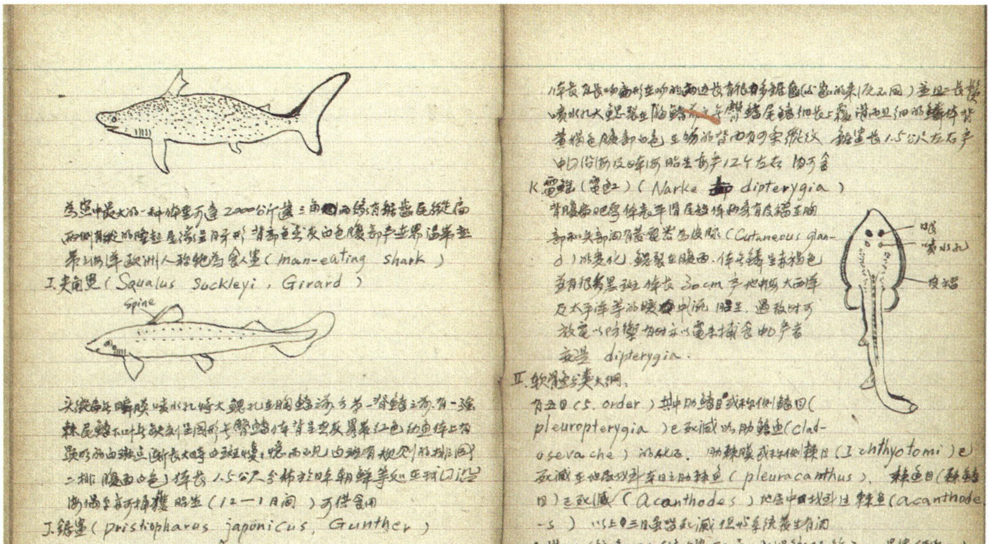

man-eating shark

I. 棘角鲨（Squalus suckleyi, Girard）

J. 锯鲨（pristiophorus japonicus, Gunther）

K. 电鳐（Narke dipterygia）

Cutaneous gland

dipterygia

II. 软骨鱼类大纲

有五目（5. order）……（pleuropterygia）……（cladoselache）……（Ichthyotomi）……（pleuracanthus）……（Acanthodes）……（acanthodes）……

A. ……（plagiostoma）

B. ……（Holocephali）

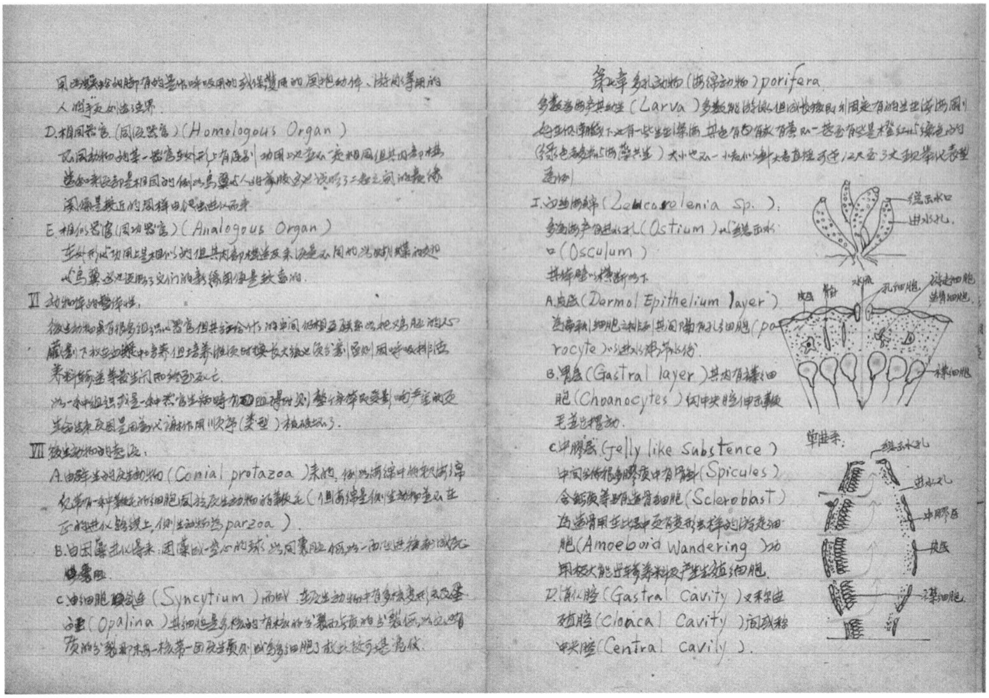

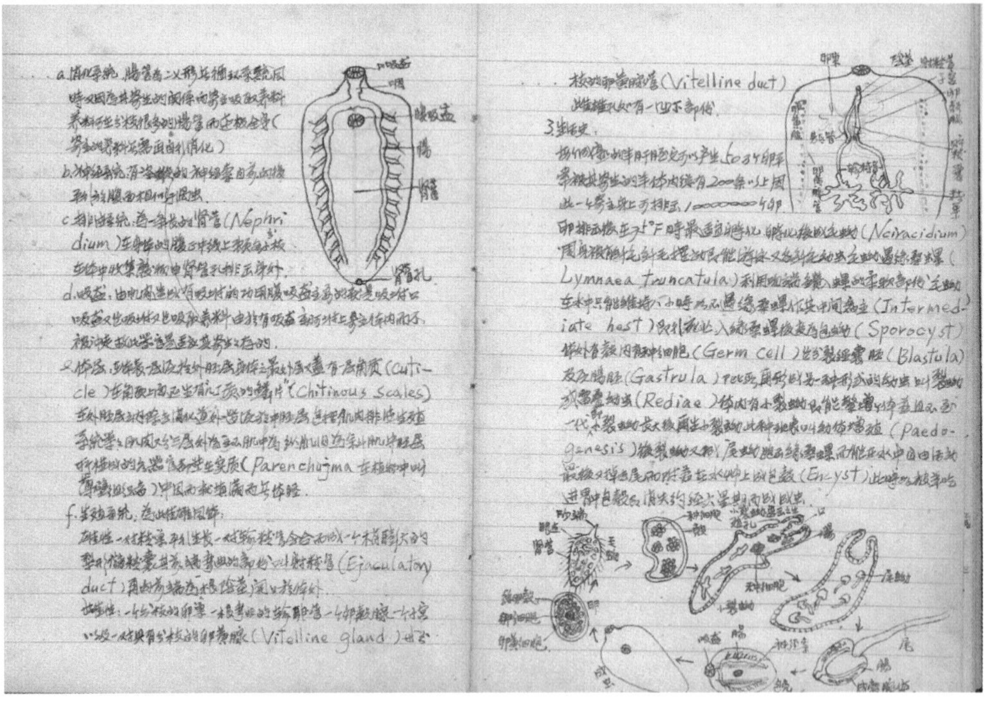

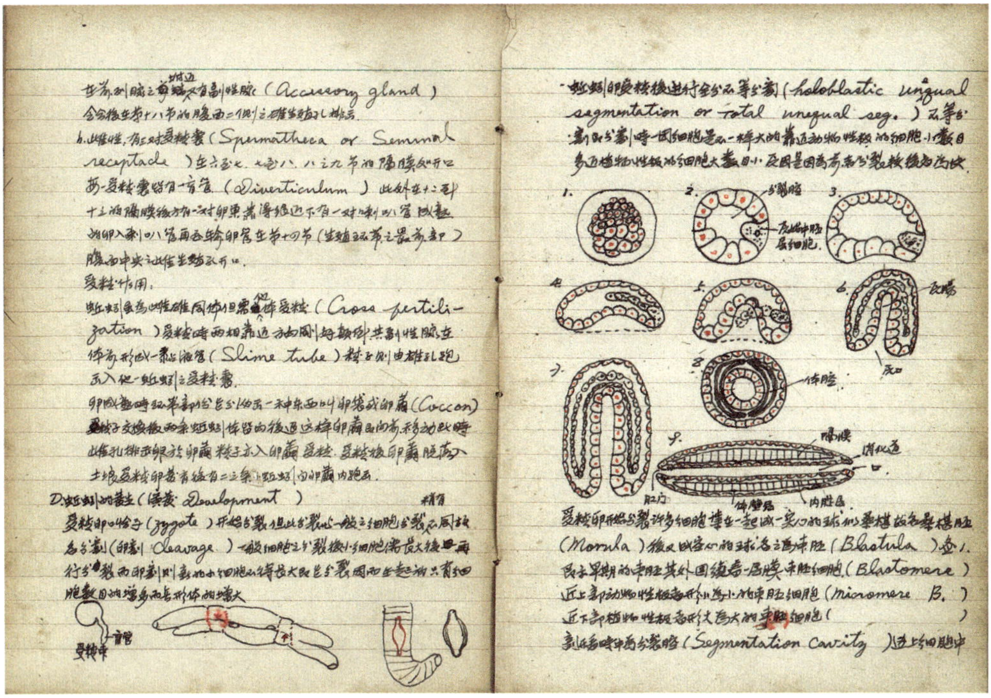

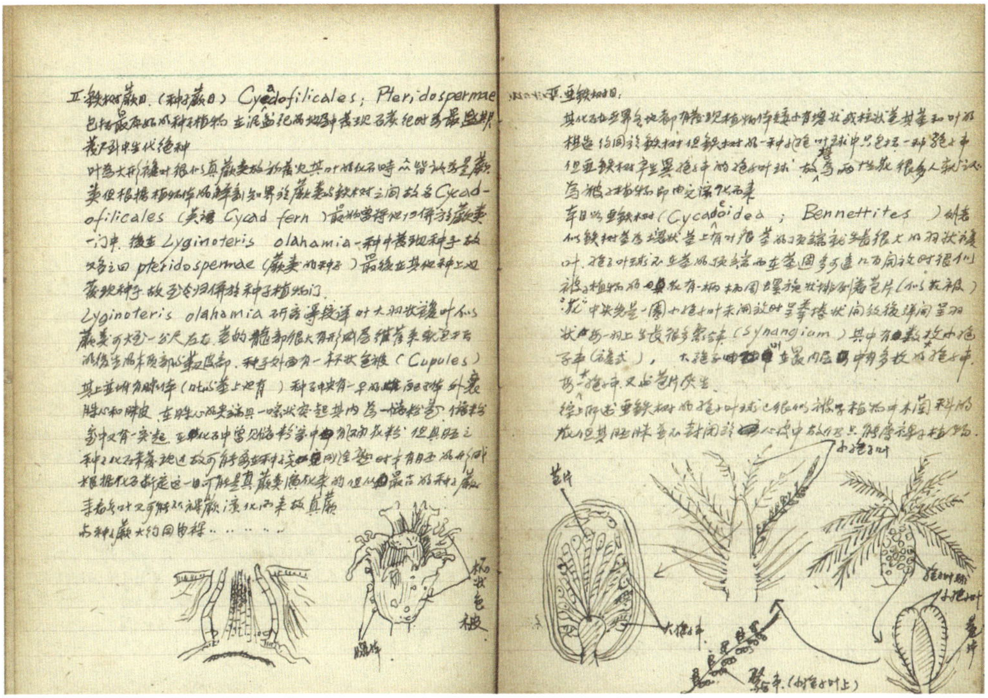

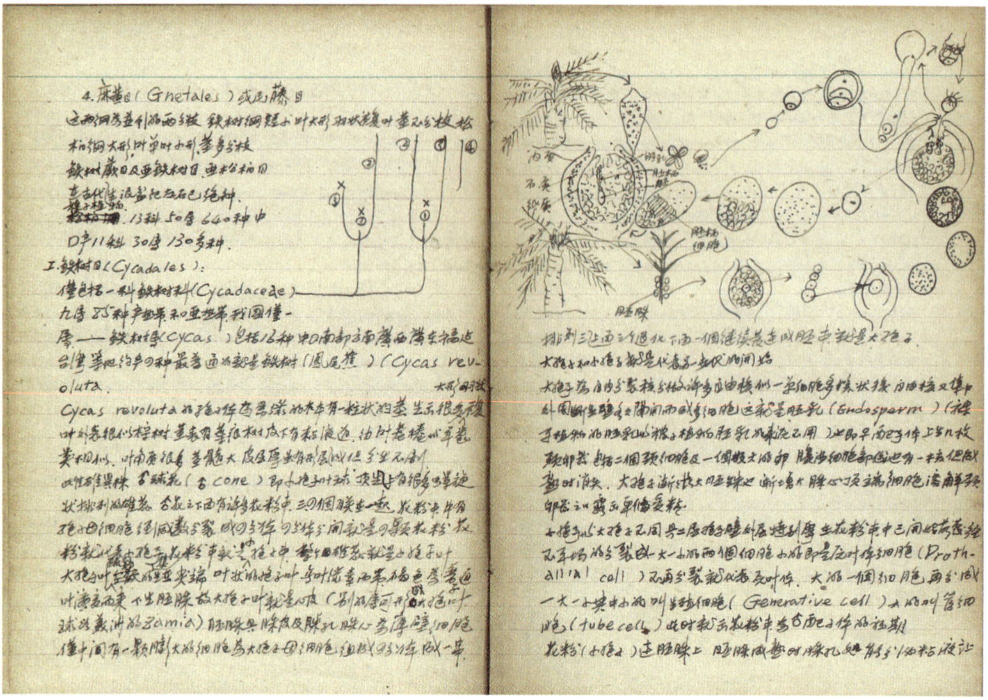
4.麻黄目（Gnetales）或买麻藤目
13科 50属 640种中
I.铁树目（Cycadales）：
仅包括一科铁树科（Cycadaceae）
九属 85种产热带和亚热带，我国仅一
属——铁树属（Cycas）
铁树（凤尾蕉）（Cycas revoluta）
Cycas revoluta
（Endosperm）
（Prothallial cell）
（Generative cell）

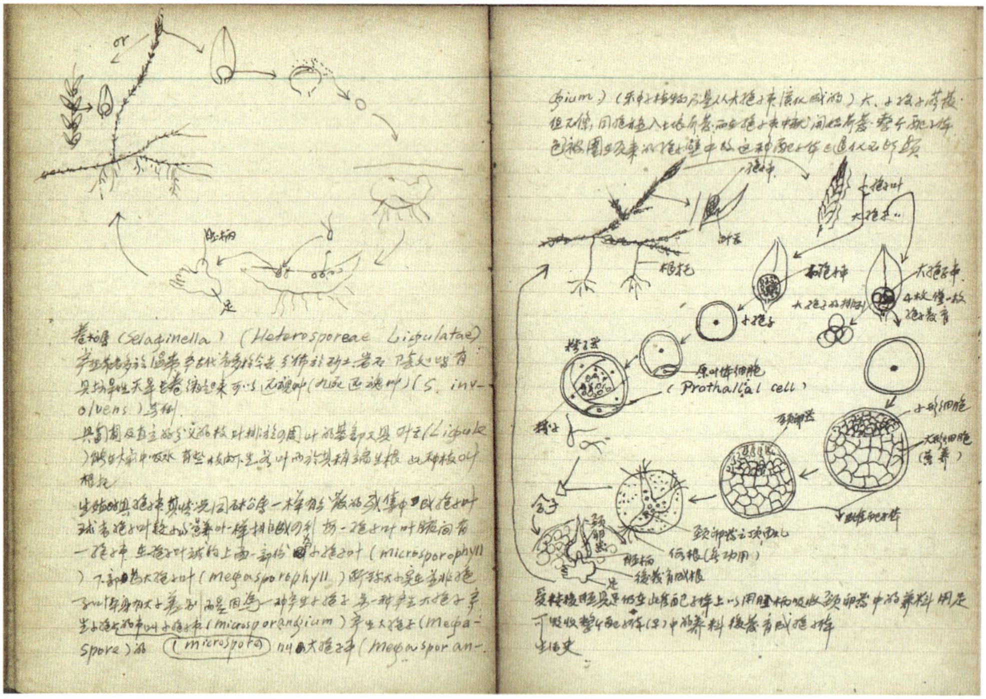
（Selaginella）（Heterosporeae Ligulatae）
（Ligule）
（Microsporophyll）
（Megasporophyll）
（Microsporangium）
（Prothallial cell）

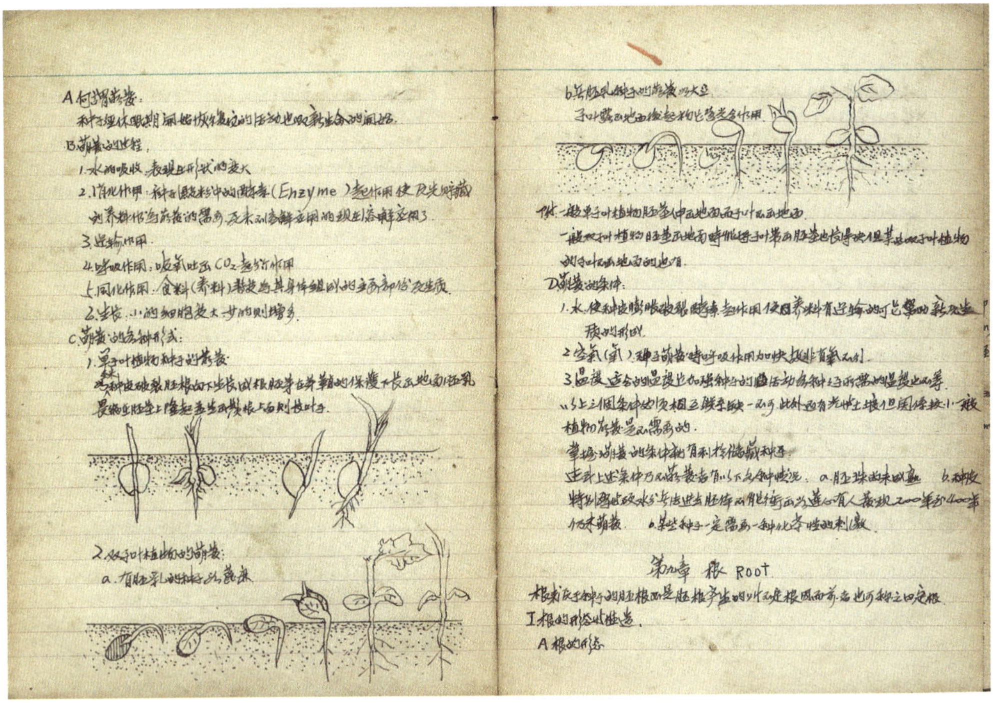
A 何谓萌发：
B 萌发的过程：
1. 水的吸收，表现出形状的变大
2. 消化作用：种子胚乳中的酶素（Enzyme）起作用
3. 运输作用
4. 呼吸作用：吸氧吐出 CO_2
5. 同化作用
6. 生长
C 萌发的各种形式：
1. 单子叶植物种子的萌发
2. 双子叶植物的萌发：
b 无胚乳种子的萌发（如大豆）
D 萌发的条件：
1. 水
2. 空气（氧）
3. 温度
第九章 根 ROOT
I 根的形态构造
A 根的形态
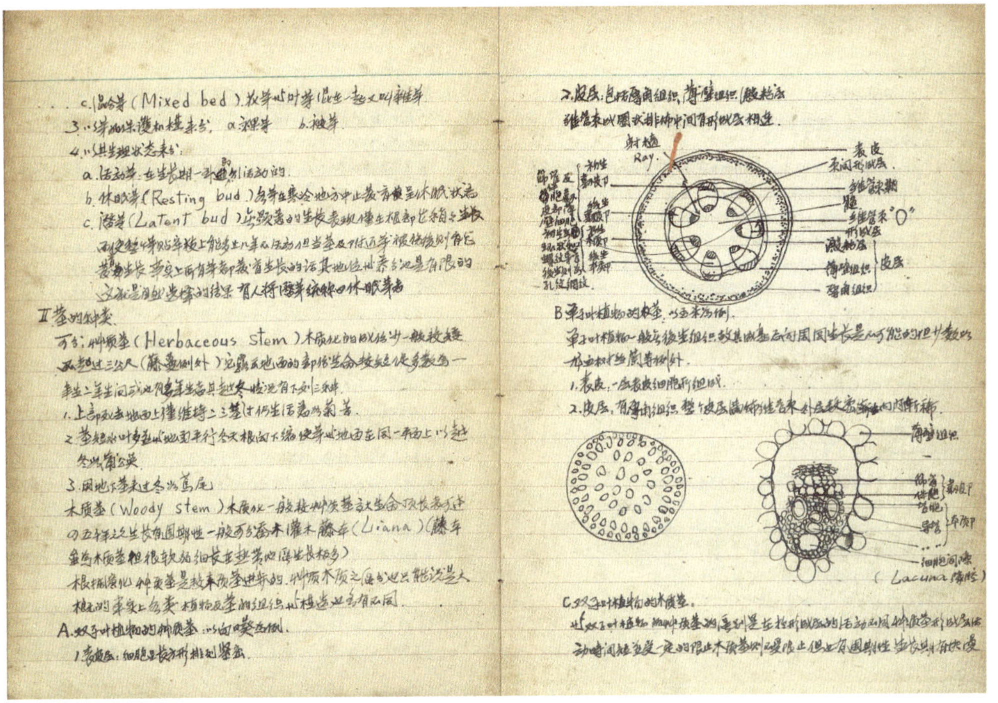
c. 混合芽（Mixed bed）
b. 休眠芽（Resting bud）
c. 潜芽（Latent bud）
II 茎的种类
草质茎（Herbaceous stem）
木质茎（Woody stem）
藤本（Liana）
A. 双子叶植物的草质茎
射线
Ray
表皮
髓
皮层
B 单子叶植物的草质茎
1. 表皮
2. 皮层
细胞间隙
（Lacuna 腔隙）
C. 双子叶植物的木质茎

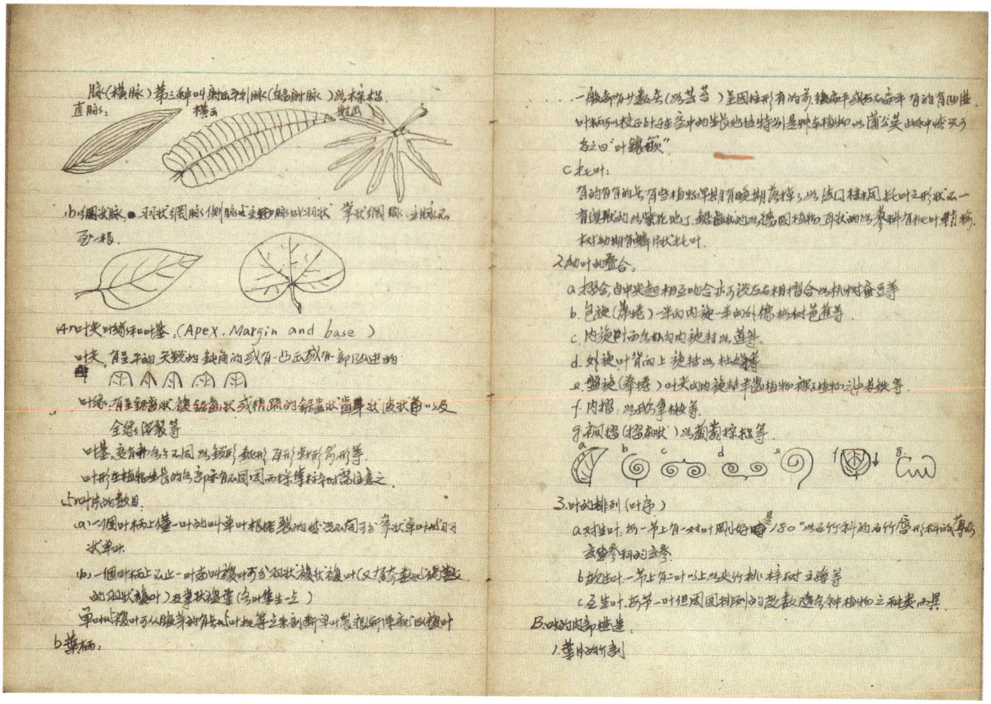

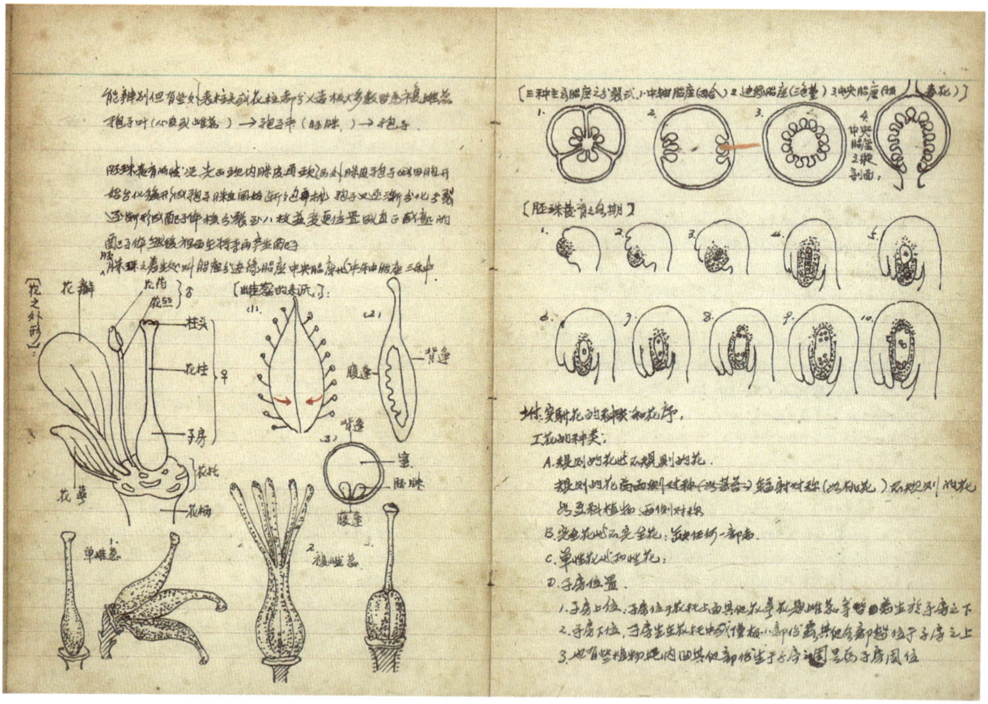

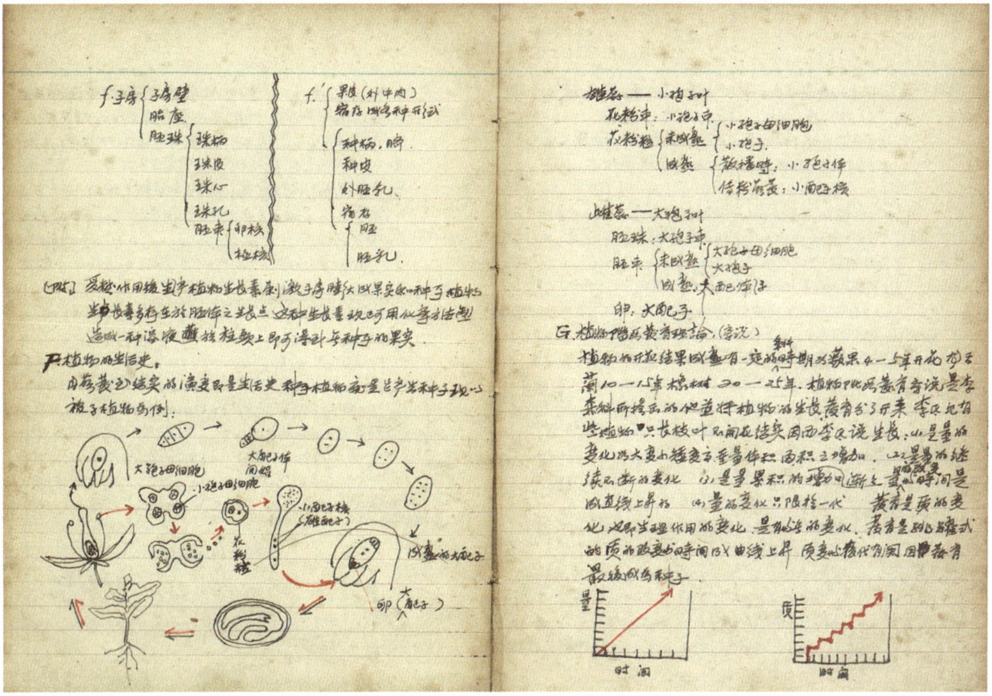

f.子房 子房壁
胚座
胚珠 珠柄
珠皮
珠心
珠孔
胚囊 卵核
极核
f. 果皮（外中内）
种柄，脐
种皮
外胚孔
胚
胚乳
F.植物的生活史.
被子植物为例:
大孢子母细胞
小孢子母细胞
花粉粒
卵（大配子）
雄蕊——小孢子叶
花粉囊:小孢子囊
花粉粒
小孢子母细胞
小孢子
小孢子体
雌蕊——大孢子叶
胚珠:大孢子囊
胚囊
大孢子母细胞
大孢子
大配子体
卵:大配子
G.植物阶段发育理论（学说）
量
时间
质
时间

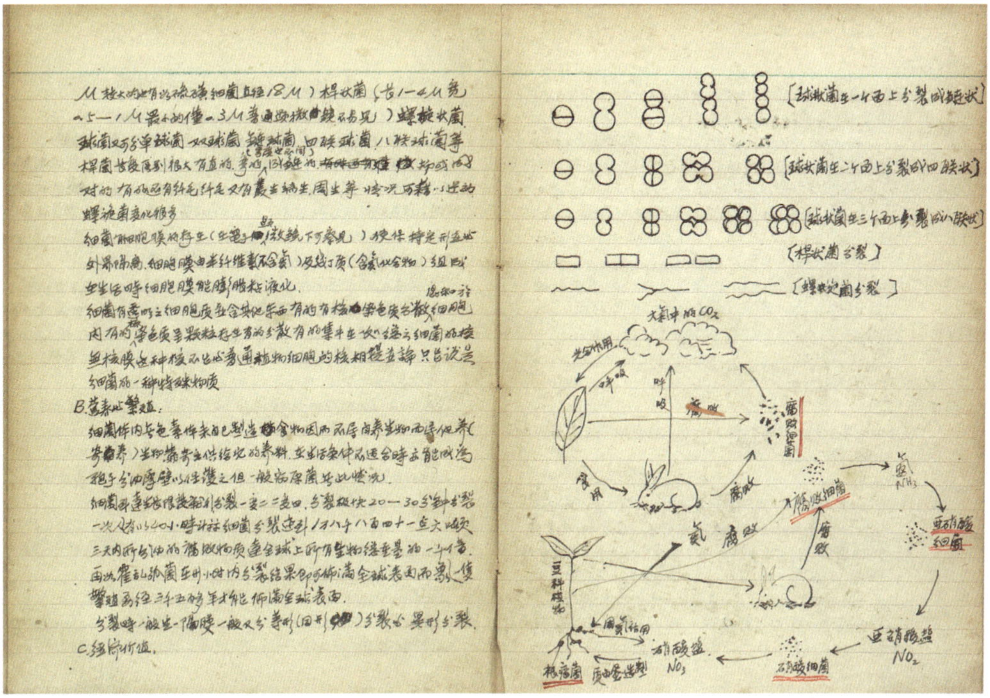

杆状菌
螺旋状菌
球菌
B.营养及繁殖:
C.经济价值.
〔球状菌在一个面上分裂成链状〕
〔球状菌在二个面上分裂成四联状〕
〔球状菌在三个面上分裂成八联状〕
〔杆状菌分裂〕
〔螺旋状菌分裂〕
大气中的CO_2
光合作用
呼吸
腐败
食用
NH_3
亚硝酸细菌
亚硝酸盐
NO_2
硝酸盐
NO_3
硝酸细菌
根瘤菌
豆科植物

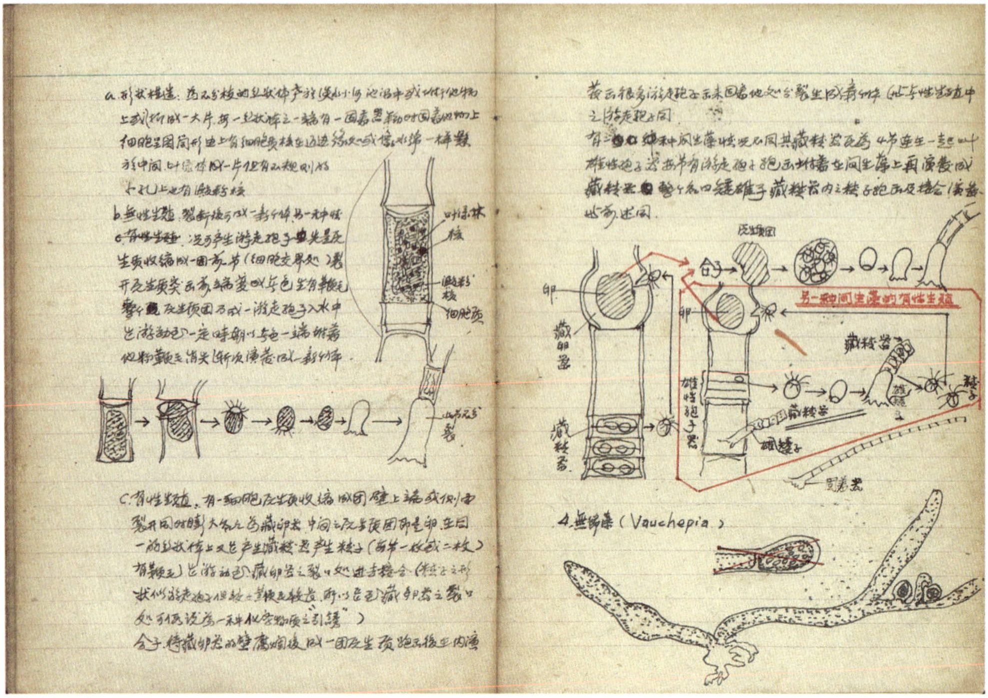

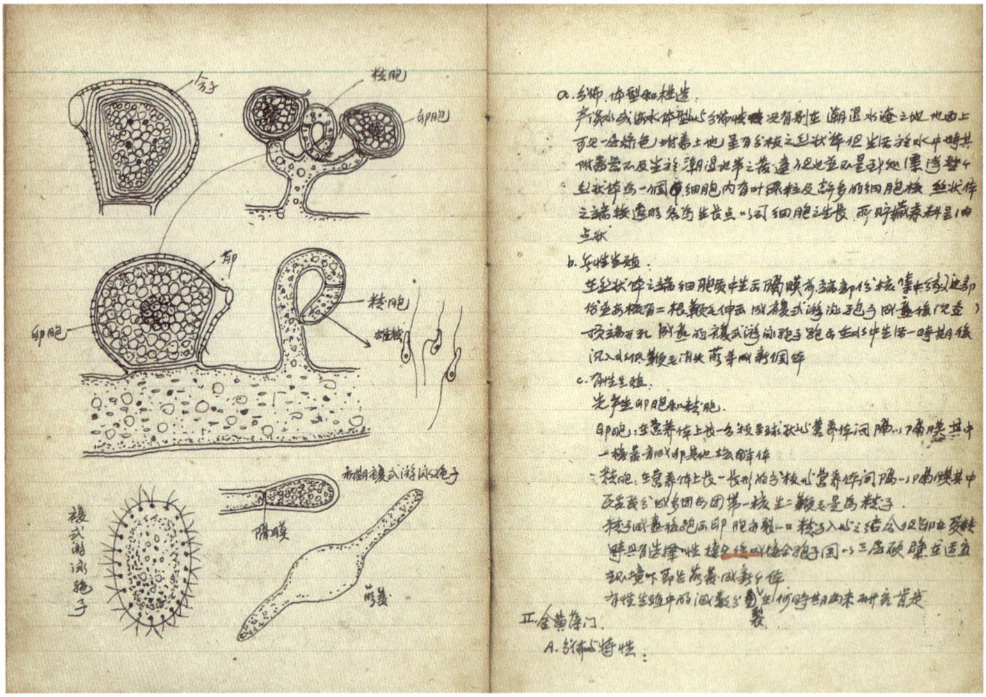

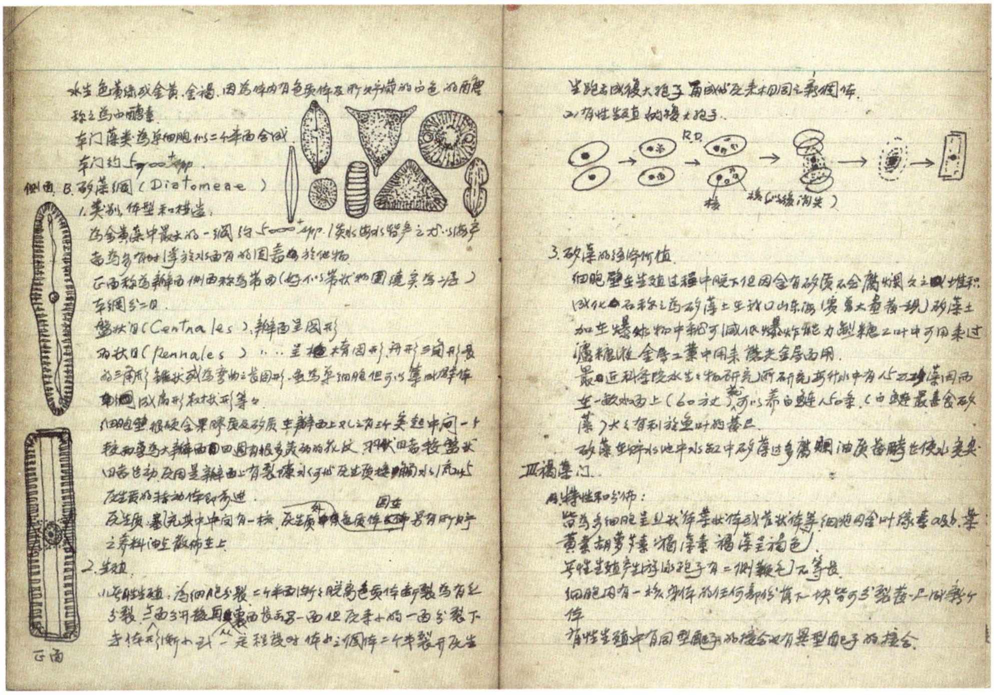

水生。色黄绿或金黄、金褐，因为体内有色质体及所贮藏的白色油质，称之为白色素。

本门藻类为单细胞，以二个半面合成。

本门约[illegible]种。

侧面 B.矽藻纲（Diatomeae）

1.类别、体型和构造：

为金黄藻中最大的一纲，约5000种。淡水海水皆产之，[illegible]

常为多角形，浮游水面，有的固着于他物。

正面称为瓣面，侧面称为带面（好似带状物围绕[illegible]）

本纲分二目。

盘状目（Centrales）：瓣面呈圆形

羽状目（Pennales）……呈椭圆形、舟形、三角形、长的三角形、锥状或为弯曲之长圆形。虽为单细胞，但可以集成群体，[illegible]成扇形、杖状形等等。

细胞壁很硬，含果胶质及矽质，在瓣面上又有三个突起，中间一个较细，[illegible]瓣面四周有很多美丽的花纹。羽状目为[illegible]，原因是瓣面上有裂缝，[illegible]原生质[illegible]，原生质的转动使它前进。

原生质塞充其中，中间有一核，原生质内有色质体，[illegible]之养料油点散布其上。

2.生殖：

（1）营养生殖：为细胞分裂，二个半面[illegible]，色质体亦分裂为二，[illegible]分裂，[illegible]

[illegible]

正面

产胞子成复大孢子，再成如原来相同之新个体。

（2）有性生殖的复大孢子。

R.D.

核

核（以后消失）

3.矽藻的经济价值。

细胞壁在生殖过程中脱下，但因含有矽质不会腐烂，久之堆积成化石，称之为矽藻土。在我国山东省（[illegible]）。矽藻土加在爆炸物中，可减低爆炸能力。制糖工业中可用来过滤糖液，金属工业中用来磨光金属面用。

最近科学院水生生物研究所研究，[illegible]矽藻[illegible]，[illegible]（60[illegible]），可以养白鲢[illegible]。（白鲢最喜食矽藻）大大有利于渔业的发展。

矽藻在鱼池中、水缸中，矽藻过多，腐烂油质发酵，[illegible]

Ⅲ 褐藻门。

A.特性和分布：

皆为多细胞，呈丝状体、叶状体或管状体等。细胞内含叶绿素a及b、叶黄素、胡萝卜素、褐藻素，褐藻呈褐色。

无性生殖产生游动孢子，有二侧鞭毛不等长。

细胞内有一核，母体的任何部分截下一块，皆可分裂发展成新个体。

有性生殖中有同型配子的接合，也有异型配子的接合。

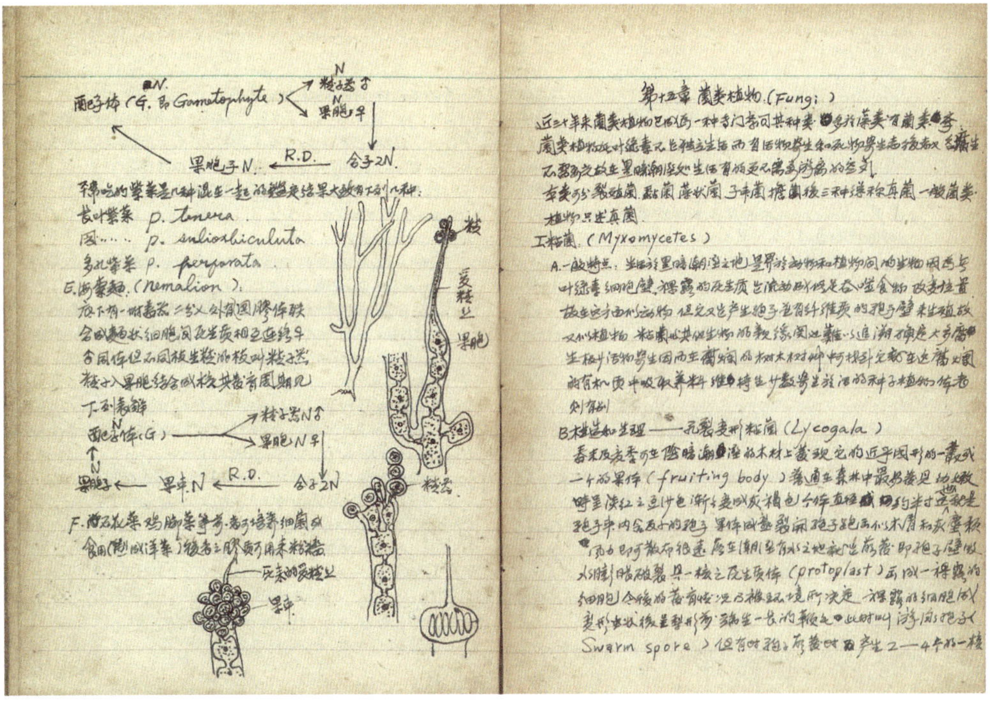

配子体（G.即Gametophyte）N.

精子器♂ N

果胞♀ N

合子2N.

R.D.

果胞子N.

平常吃的紫菜是几种混在一起的，[illegible]结果大致有下列几种：

长叶紫菜 p. tenera.

圆…… p. suliorbiculata

多孔紫菜 p. perforata.

E.海索面（Nemalion）：

[illegible]

合成[illegible]状，细胞间原生质相互连结，

合成体但不同核，生殖的核叫精子器，

精子入果胞结合成核，其发育周期见

下列表解

配子体（G）N

精子器N♂

果胞N♀

合子2N

R.D.

果束N

果胞子 N

F.[illegible]、鸡脚菜等，为培养细菌或食用（制成洋菜），[illegible]胶质可用来[illegible]。

第十五章 菌类植物（Fungi）

近三十年来菌类植物已成为一种专门学问，其种类[illegible]多于藻类，有菌类[illegible]。

菌类植物没有叶绿素，不能独立生活，而有活物寄生和死物腐生两种，又[illegible]生不需要光，故在黑暗潮湿处生活，有的更不需要游离的氧气。

本类可分裂殖菌、黏菌、藻状菌、子囊菌、担子菌等三种，总称真菌。一般菌类植物只述真菌。

Ⅰ 黏菌（Myxomycetes）

A.一般特点：生活于黑暗潮湿之地，是界于动物和植物间的生物，因为无叶绿素、细胞壁，裸露的原生质能流动成伪足吞噬食物，故其位置应在原生动物。但它又能产生孢子并有纤维质的孢子壁来生殖，故又似植物。[illegible]

[illegible]

则有别

B.构造和生理——无裂变形黏菌（Lycogala）

春末及夏季，可在阴暗潮湿的木材上发现它的近乎圆形的一丛或一个的果体（fruiting body），普通在森林中最易发见。幼嫩时呈淡红之豆沙色，渐渐变成灰褐色。个体直径约半寸。[illegible]是孢子，内含数千的孢子。果体成熟裂开，孢子轻而小，以木屑和灰尘、极[illegible]风力即可散布很远。落在潮湿有水之地就能萌发，即孢子壁吸水膨胀破裂，其一核之原生质体（protoplast）成一裸露的细胞。今后的发育情况乃根据环境所决定。裸露的细胞成变形虫状，核呈梨形，前端生一长的鞭毛，此时叫游动孢子（Swarm spore），但有时孢子萌发时能产生2—4个的一核

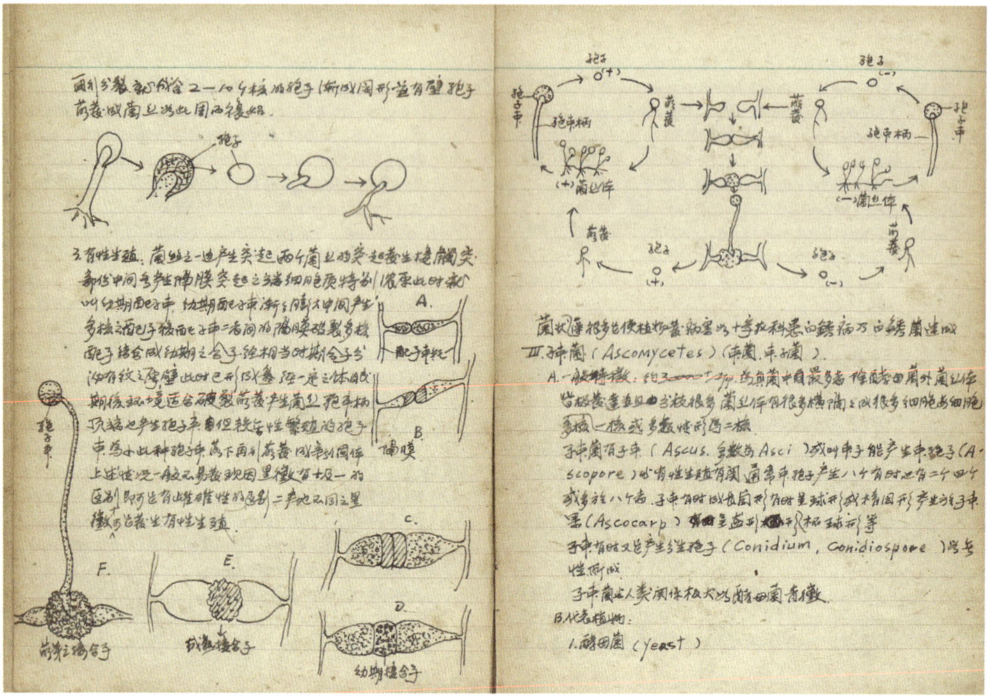
孢子
3.有性生殖
A.
B.
隔膜
孢子囊
C.
D.
E.
F.
幼期接合子
III.子囊菌(Ascomycetes)
A.一般特徵:
子囊菌有子囊(Ascus. 多數為Asci)
(Ascopore)
子囊果(Ascocarp)
(Conidium, Conidiospore)
B.代表植物:
1.酵母菌(Yeast)

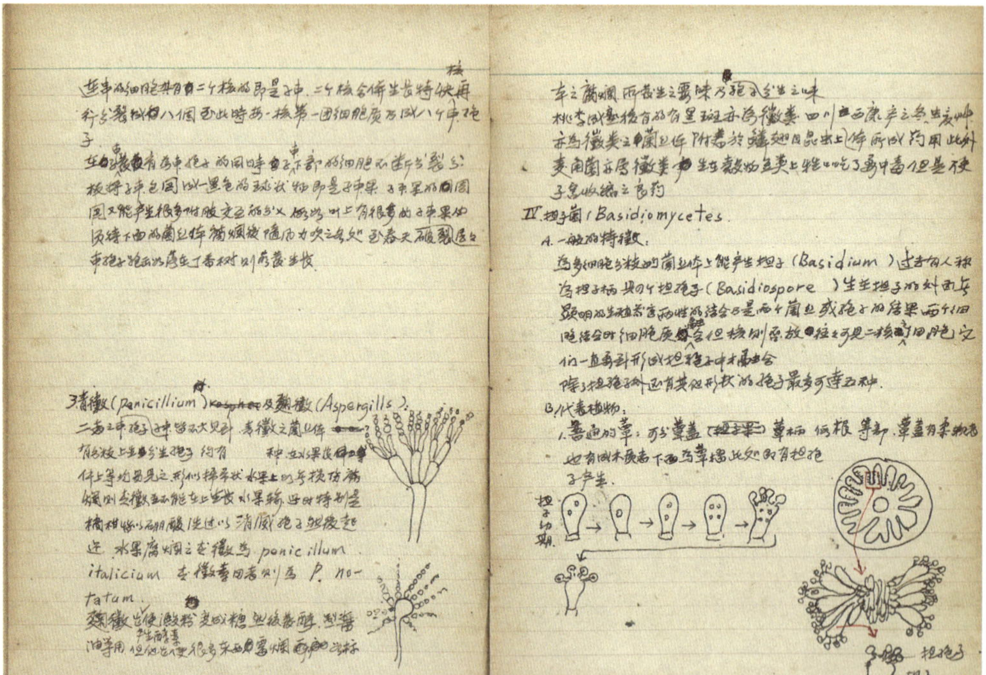
3.青黴(panicillium)及麴黴(Aspergills).
ponicillum italicium
P. notatum
IV.担子菌(Basidiomycetes.
A.一般的特徵:
(Basidium)
(Basidiospore)
B.代表植物:
担孢子
担子

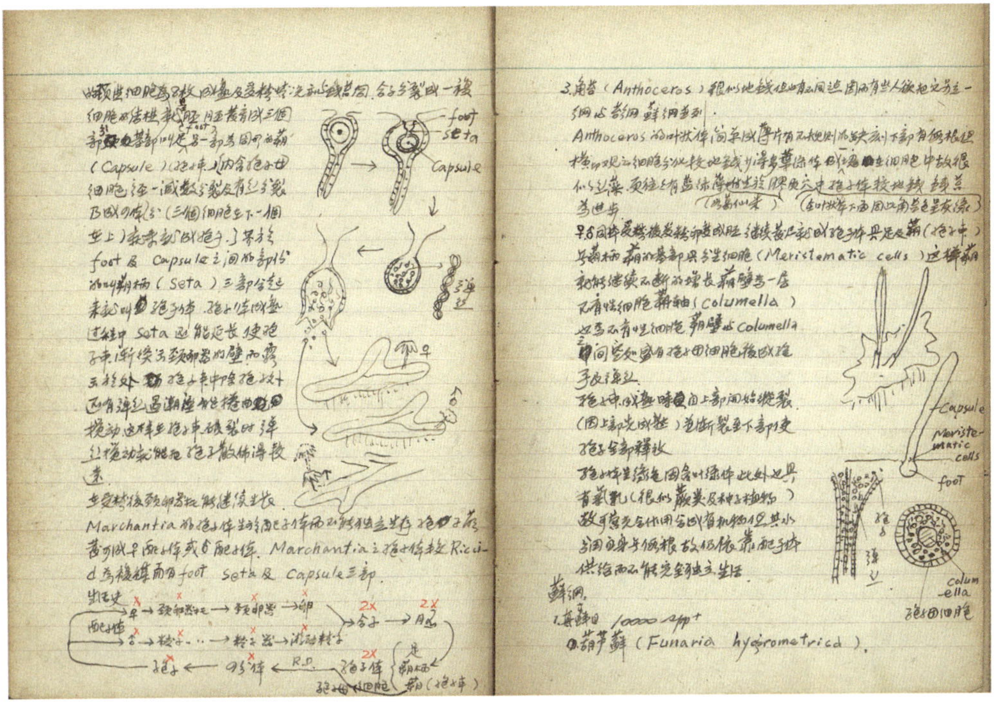

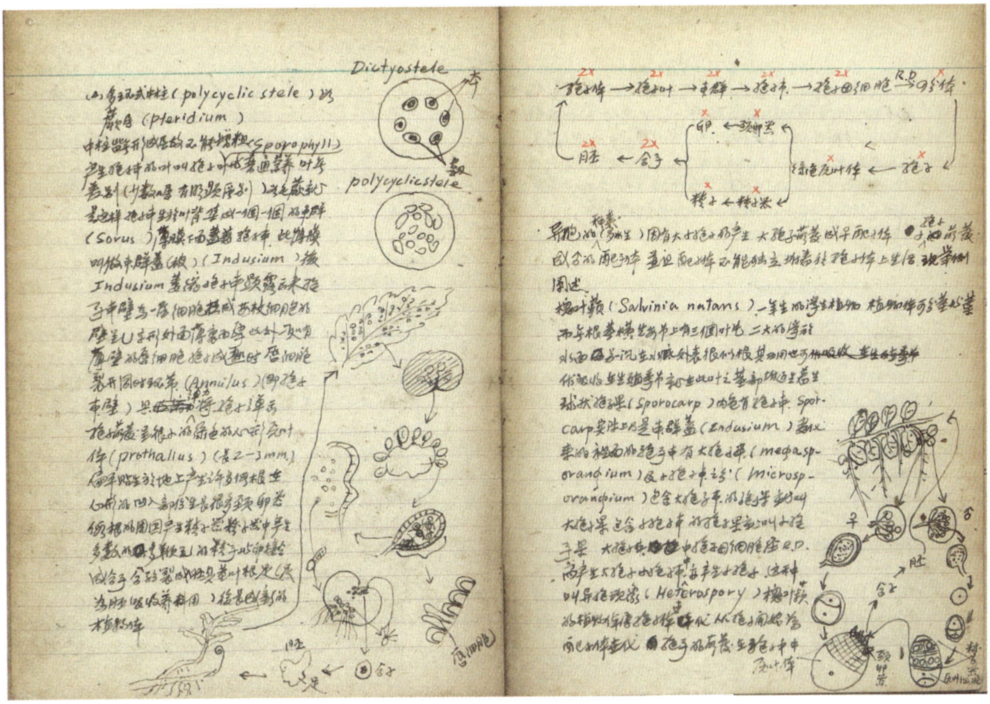

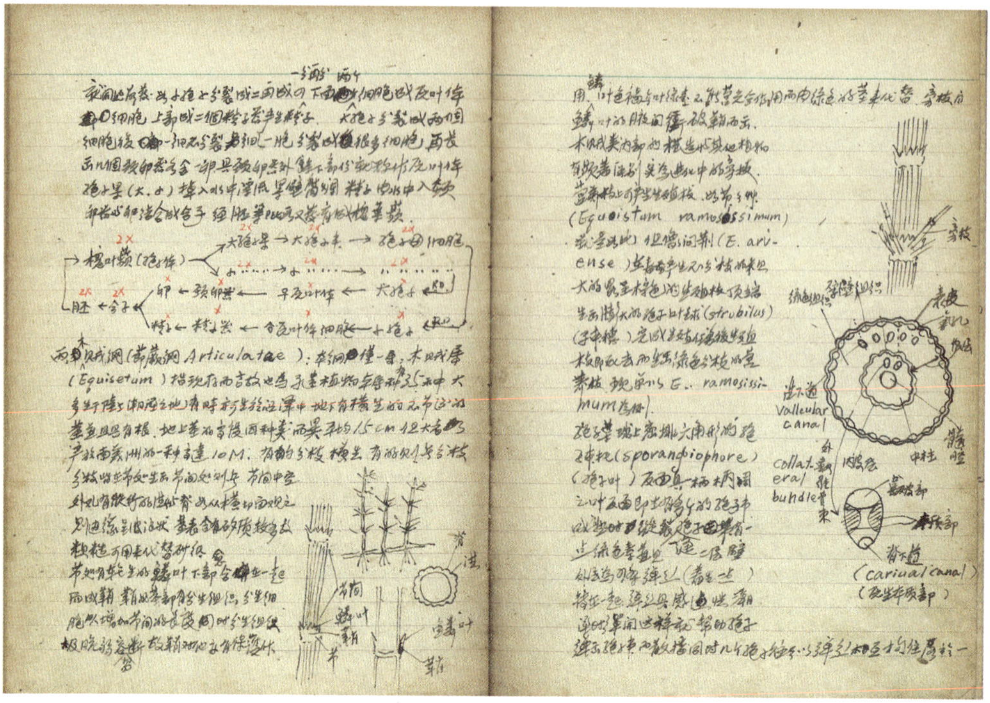

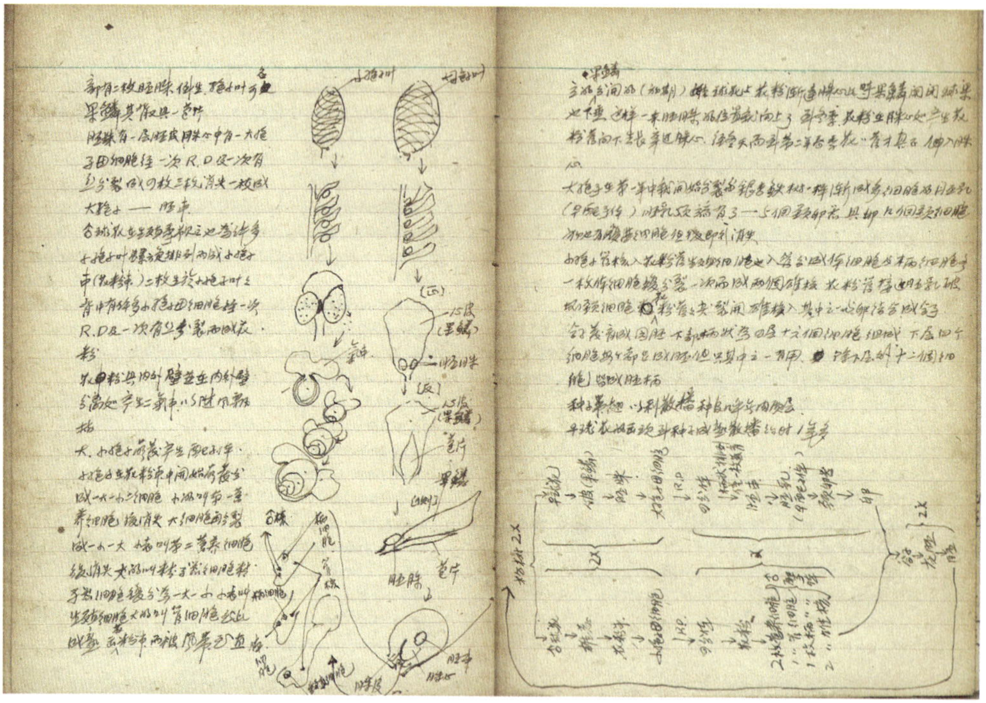

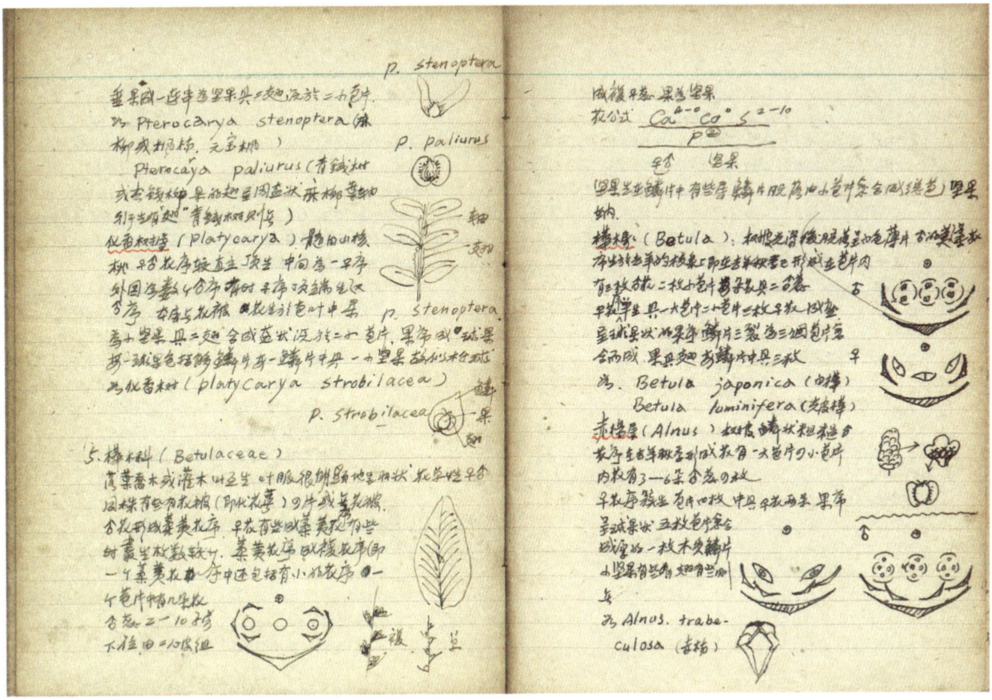

垂果成一连串，为坚果具二翅，这就二小苞片。

如 Pterocarya stenoptera（麻柳或枫杨，元宝枫）

Pterocarya paliurus（青钱柳或摇钱树，果的翅呈圆盘状，麻柳叶轴[illegible]青钱柳则[illegible]）

化香树属（Platycarya）[illegible]山核桃，[illegible]花序[illegible]顶生，中间为一[illegible]序，外围为数个[illegible]序，[illegible]花序顶端生[illegible]序。[illegible]花生于苞叶中，果为小坚果，具二翅，合成盘状，[illegible]于二小苞片。果序成球果状，球果包括[illegible]鳞片，每一鳞片中具一小坚果，故似松球，如化香树（platycarya strobilacea）

p. stenoptera

p. paliurus

p. stenoptera

p. strobilacea

5. 桦木科（Betulaceae）

落叶乔木或灌木，叶互生，叶脉很明显地呈羽状，花单性，雌雄同株，有些有花被（即花萼）4片或无花被。雄花形成葇荑花序，雌花有些成葇荑花序，有些[illegible]数较少。葇荑花序或复花序（即一个葇荑花序中还包括有小的花序），每一个苞片中有几朵花

雄蕊 2—10 [illegible]

子房由二心皮组

成，複子房，果为坚果

花公式 $\frac{Ca^{4-0}\,Co^{0}\,S^{2-10}}{P^{②}}$

坚果

坚果生于鳞片中，有些[illegible]鳞片脱落，由小苞片愈合成[illegible]，坚果[illegible]

桦木属（Betula）：树皮光滑，[illegible]呈[illegible]薄片，雄花葇荑花序生于去年的枝条上，即在去年秋季已形成，在苞片内有三枚雄花，二枚小苞片，[illegible]具二分叉。雌花单生，具一大苞片，二小苞片，三枚雌花，[illegible]呈球果状，[illegible]鳞片三裂，为三個苞片[illegible]合而成，果具翅，[illegible]鳞片中具三枚

如 Betula japonica（白桦）

Betula luminifera（光皮桦）

赤杨属（Alnus）[illegible]鳞状粗糙，雄花序生去年秋季形成，花有一大苞片，四小苞片，内花有3—6朵，雄蕊4枚

雌花序簇生，苞片四枚，中具雌花两朵，果序呈球果状，五枚苞片愈合成坚的一枚木质鳞片，小坚果有些有翅，有些[illegible]

如 Alnus trabeculosa（[illegible]）

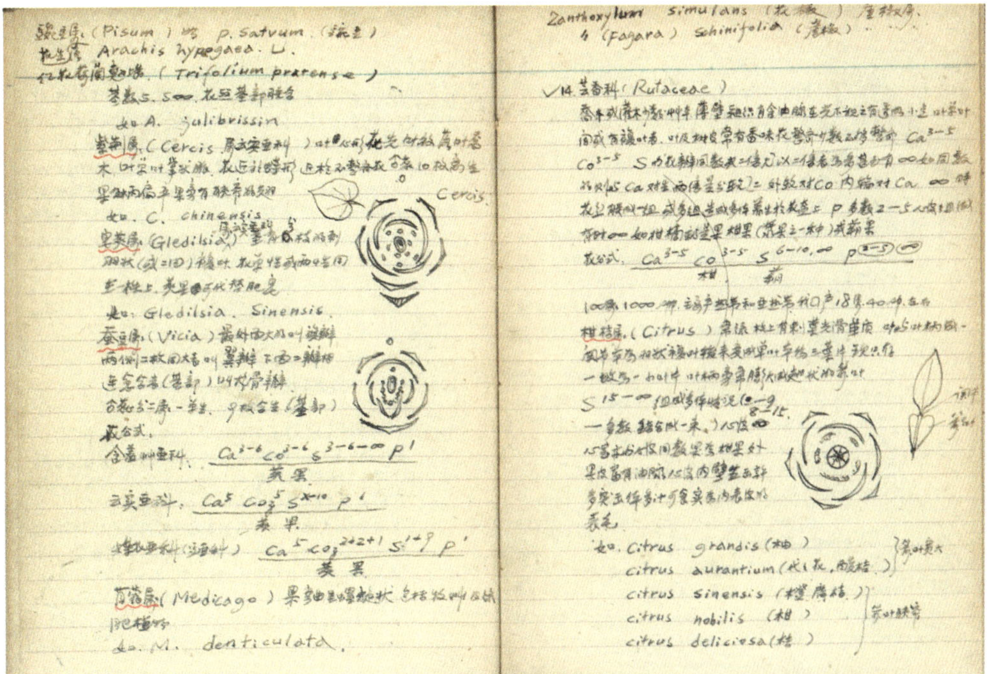

豌豆属（Pisum）如 p. satvum（豌豆）

花生属 Arachis hypogaea. L.

红花苜蓿属（Trifolium pratense）

雄蕊 5、5∞，花冠基部联合

如 A. julibrissin

紫荆属（Cercis 属豆科）叶[illegible]，花先叶放，萼叶为[illegible]，叶为叶掌状脉，花近于[illegible]，近于不整齐花，雄蕊 10 枚离生，[illegible]扁平，果有狭窄的翅

如 C. chinensis

皂荚属（Gleditsia）[illegible]

羽状（或二回）複叶，花杂性或两性[illegible]，荚果[illegible]

如 Gleditsia. Sinensis.

蚕豆属（Vicia）[illegible]两侧二枚[illegible]叫翼瓣，下面二瓣[illegible]连合合生（基部）叫龙骨瓣

雄蕊为二体，一单生，9枚合生（基部）

花公式

含羞草亚科 $\frac{Ca^{3-6}\,Co^{3-6}\,S^{3-6-\infty}\,P^{1}}{\text{荚果}}$

云实亚科 $\frac{Ca^{5}\,Co_{3}^{5}\,S^{x-10}\,P^{1}}{\text{荚果}}$

蝶形花亚科（豆亚科） $\frac{Ca^{5}\,Co_{3}^{2+2+1}\,S^{1+9}\,P^{1}}{\text{荚果}}$

苜蓿属（Medicago）果弯曲或螺旋状，[illegible]

如 M. denticulata.

Cercis

Zanthoxylum simulans（花椒）[illegible]

4（Fagara）schinifolia（[illegible]）

14. 芸香科（Rutaceae）

乔木或灌木，[illegible]

Co^{3-5} S [illegible] Ca [illegible] Co [illegible] Ca ∞ [illegible] P 多数 2—5 [illegible]，如柑橘的[illegible]果（浆果之一种）或蒴果

花公式 $Ca^{3-5}\,Co^{3-5}\,S^{6-10,\infty}\,P^{(3-5)(\infty)}$

100属 1000种，[illegible] 18属 40 种 [illegible]

柑橘属（Citrus）[illegible]

$S^{15-\infty}$ [illegible]（8—9，8—15，[illegible]）

如 Citrus grandis（柚）

citrus aurantium（代代花，酸橙）

citrus sinensis（橙，广柑）

citrus nobilis（柑）

citrus deliciosa（桔）

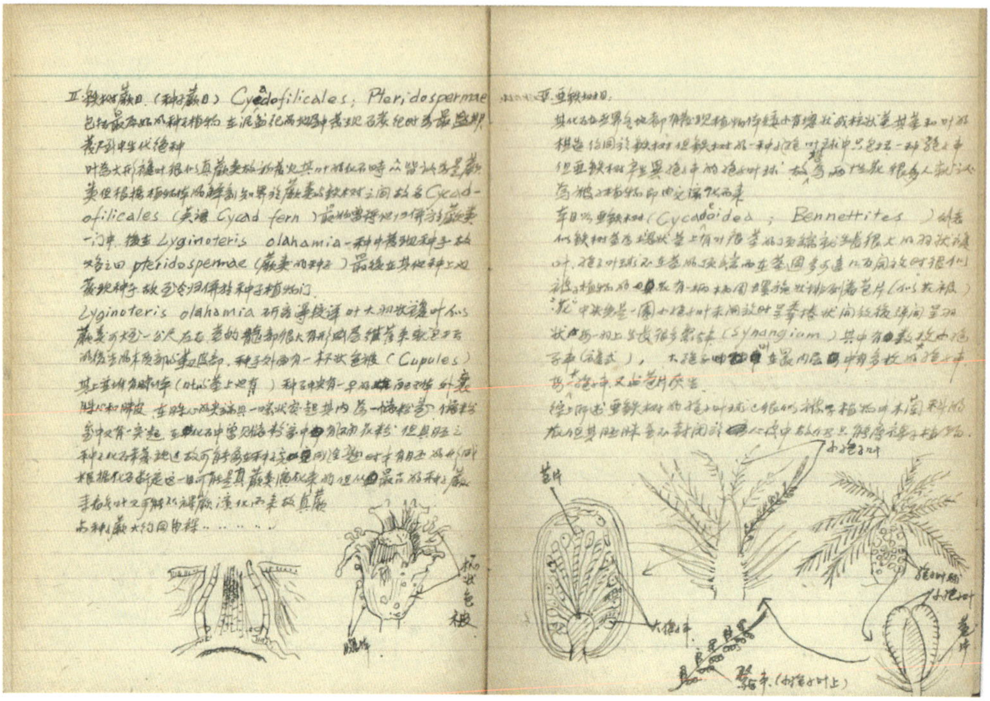

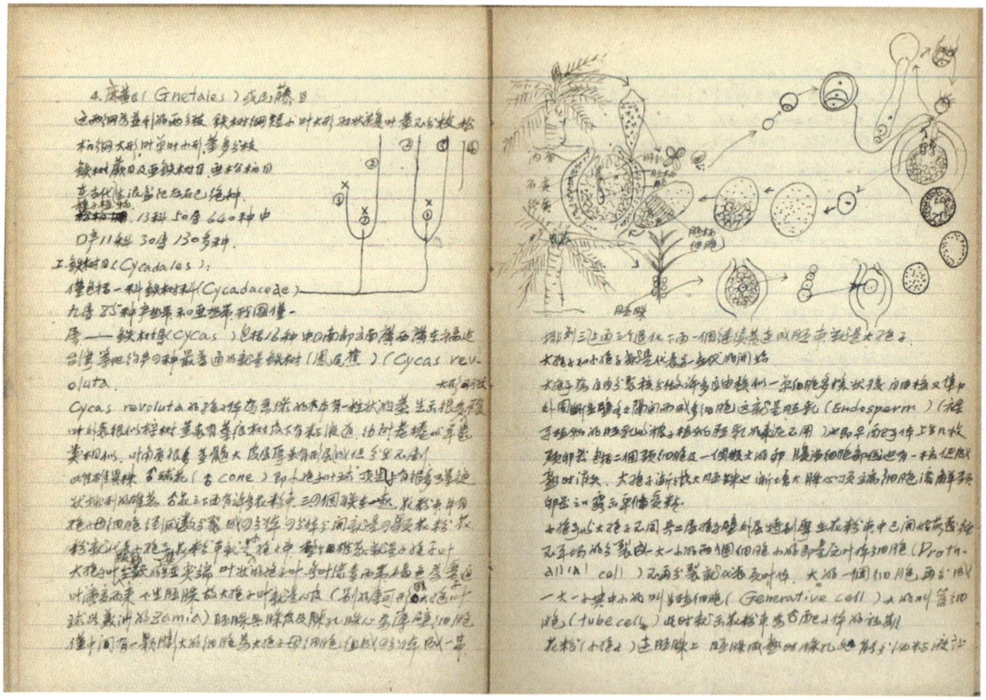

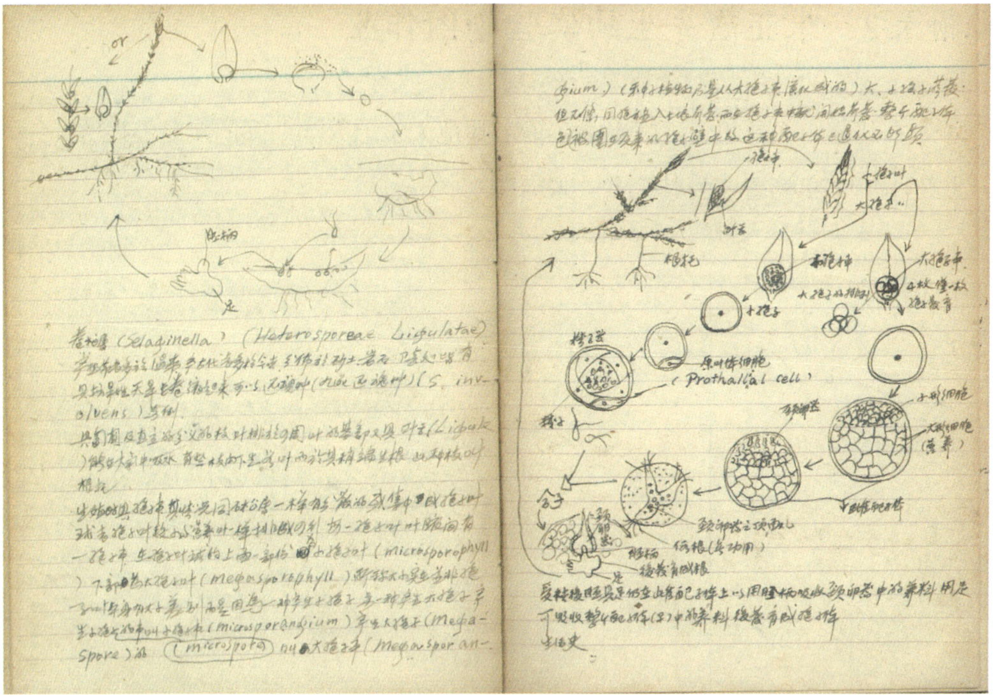

附录2　朱正威先生的实验绘图作业

本部分呈现是的朱正威老师在华东师范大学上大学期间的实验绘图作业38幅，有2幅署名为其笔名“朱赤”。

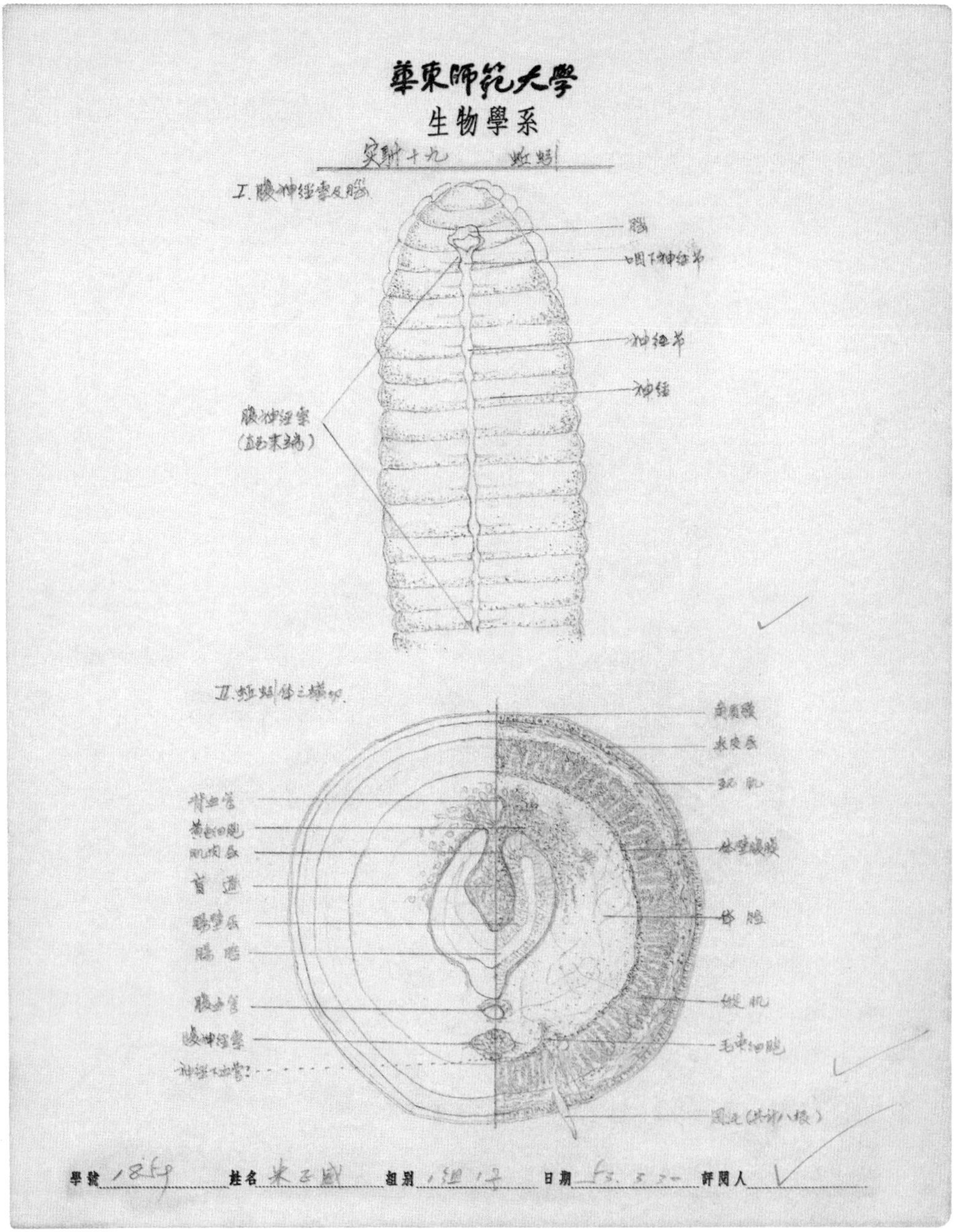
華東師範大學
生物學系
實驗十九 蚯蚓
I. 腹神經索及腦
腦
咽下神經節
神經節
神經
腹神經索
II. 蚯蚓體之橫切
背血管
黃色細胞
肌肉層
盲道
腸壁層
腸腔
腹血管
腹神經索
角質膜
表皮層
環肌
體壁腹膜
體腔
縱肌
學號
姓名
組別
日期
評閱人

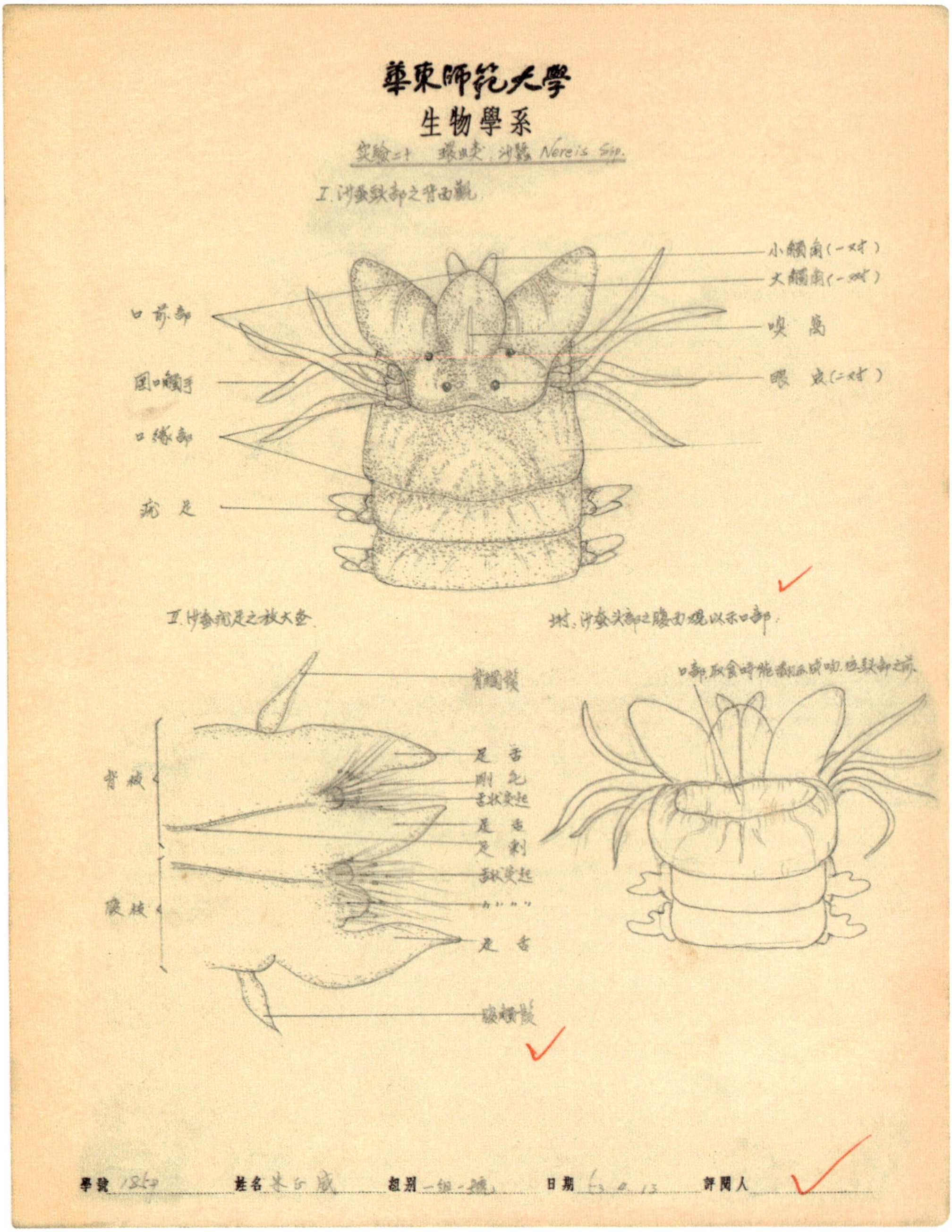
華東師範大學
生物學系
Nereis Sp.
小觸角(一对)
大觸角(一对)
口前部
眼点(二对)
口緣部
疣足
背觸鬚
足舌
刚毛
舌狀突起
足刺
背枝
腹枝
腹觸鬚
學號
姓名
組別
日期
評閱人

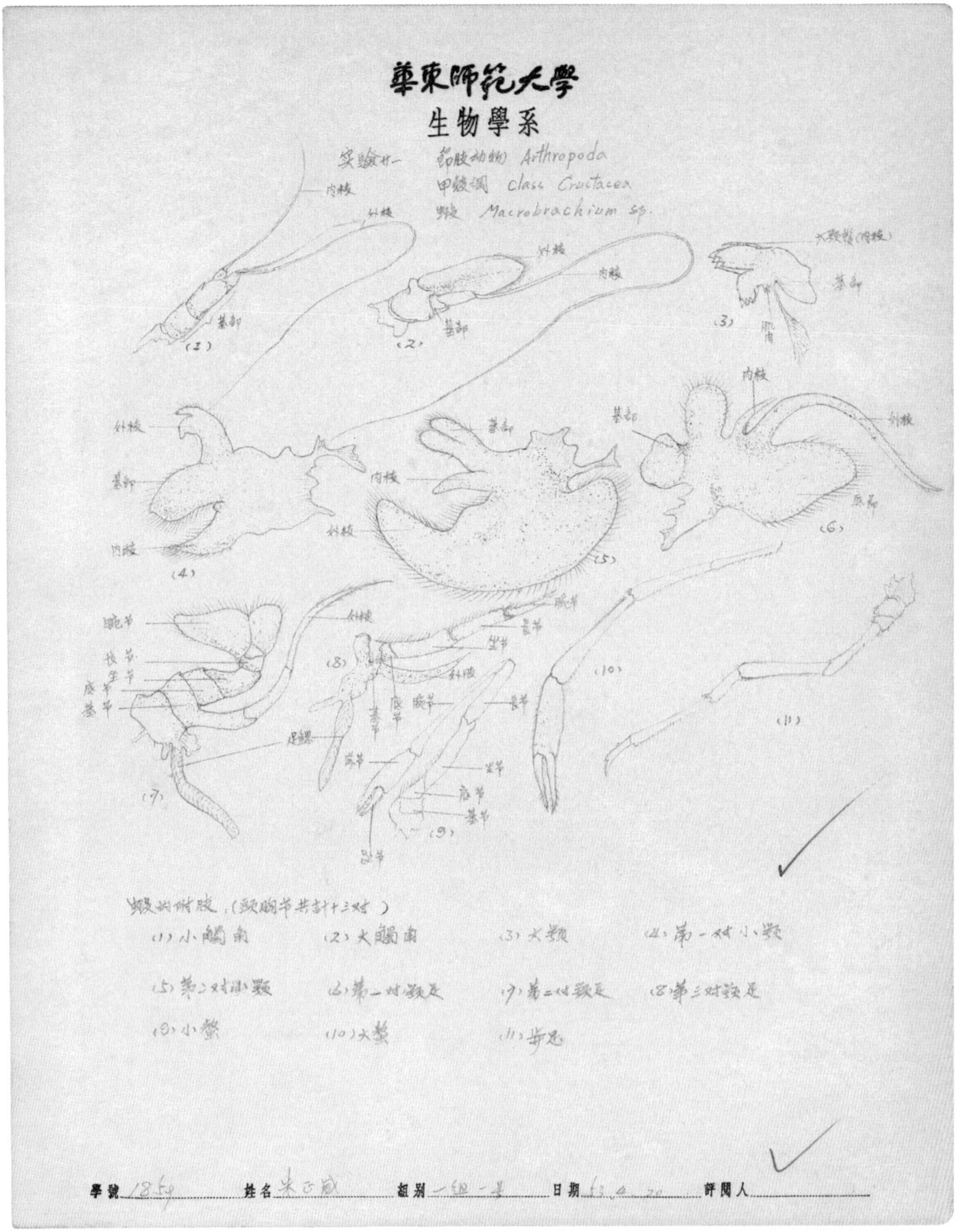

華東師範大學
生物學系

实験廿一　節肢动物 Arthropoda
甲殼綱 class Crustacea
蝦 Macrobrachium sp.

蝦的附肢：(頭胸节共計十三对)

(1) 小觸角　(2) 大觸角　(3) 大顎　(4) 第一对小顎

(5) 第二对小顎　(6) 第一对顎足　(7) 第二对顎足　(8) 第三对顎足

(9) 小螯　(10) 大螯　(11) 步足

學號 1859　姓名 朱正威　組別 一組一号　日期 53.4.20　評閱人

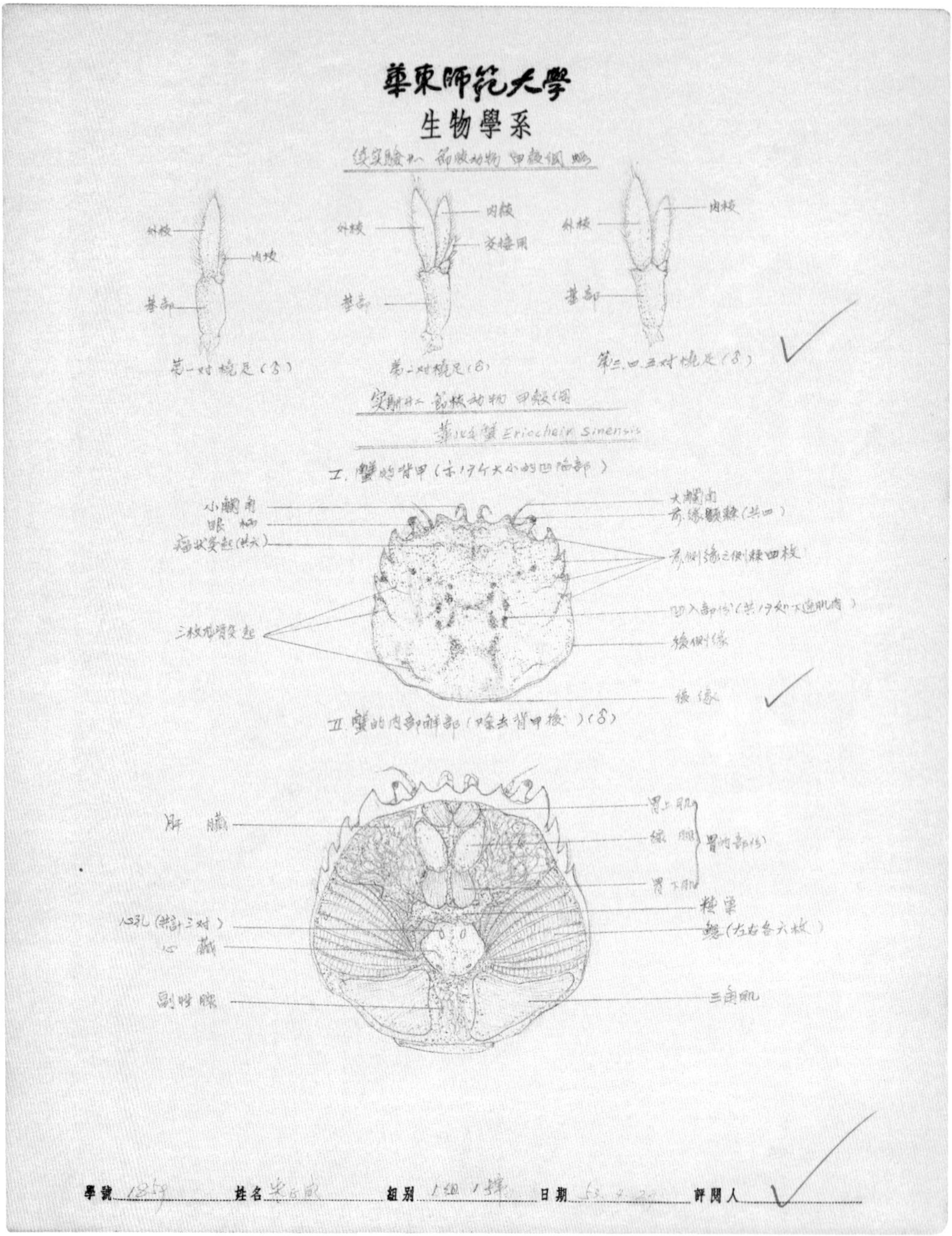
華東師範大學
生物學系
外枝
内枝
基部
交接用
大触角
前侧缘之侧棘四枚
后侧缘
后缘
肝脏
胃上肌
精巢
心脏
副性腺
三角肌
學號
姓名
組別
日期
評閱人

華東師範大學

生物學系

实驗二十三． 節肢动物门

甲殼綱．水蚤

唇足綱 蜈蚣

倍足綱 馬陸

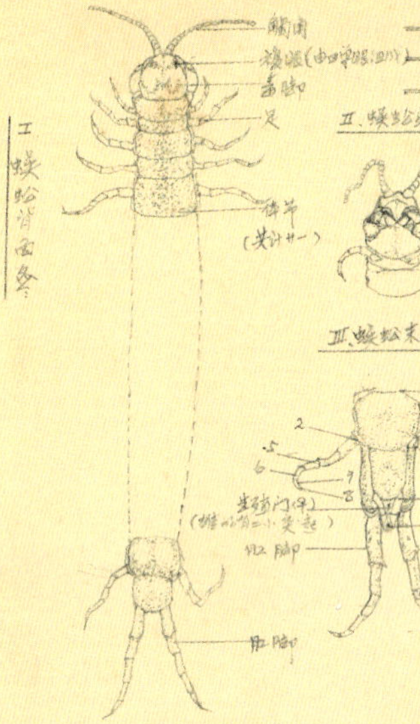

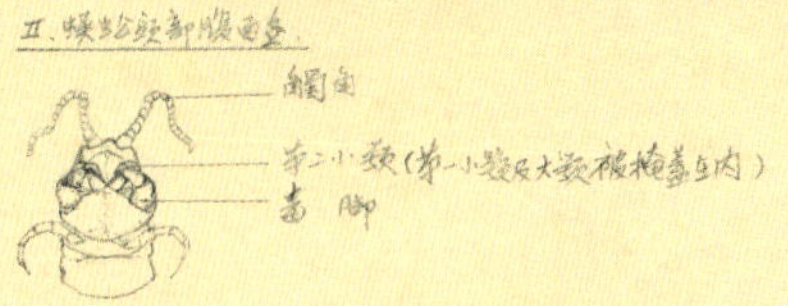

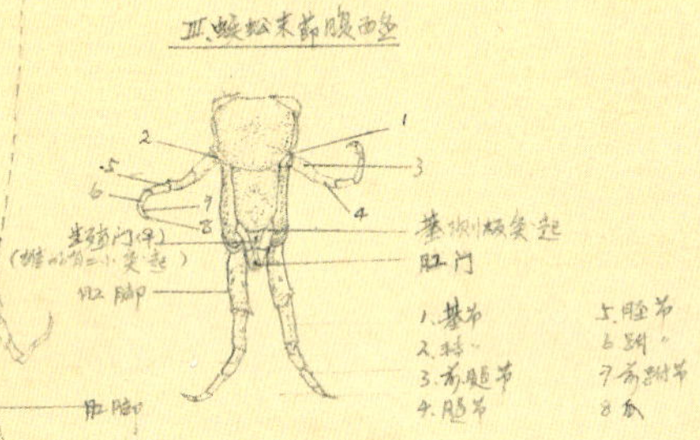

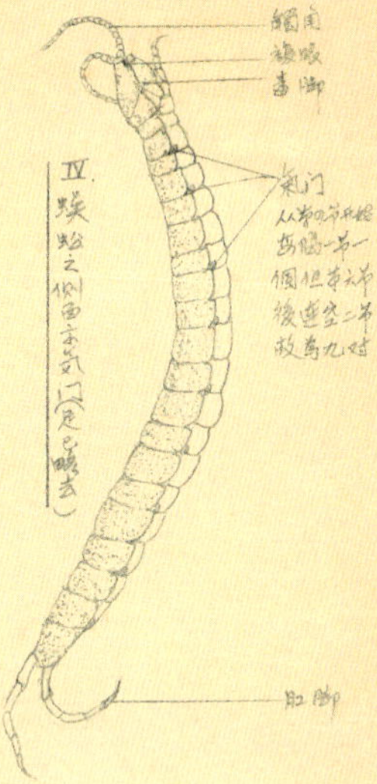

V．蜈蚣与馬陸外形之重要不同点

蜈蚣	馬陸
1．体扁平．体節大小不等	1．体呈圆筒形 体節约相等较蜈蚣为多
2．每節具足一对	2．每節具足二对（但近頸部几節每節只有一对）
3．足生体之兩側	3．足着生於腹面中线上
4．体末端有二較長之附肢為肛腳 肛门在最後一节之腹面成圆形之小孔	4．無長大的肛腳 肛门開口於最後一節之正中成一縱裂之縫
5．頭部扁尖 有長的觸角及毒腳一对 眼？	5．頸部呈圆形 觸角短無毒腳 ？

學號 1859　姓名 朱正威　組別 一組一號　日期 53．5．11　評閱人 ✓

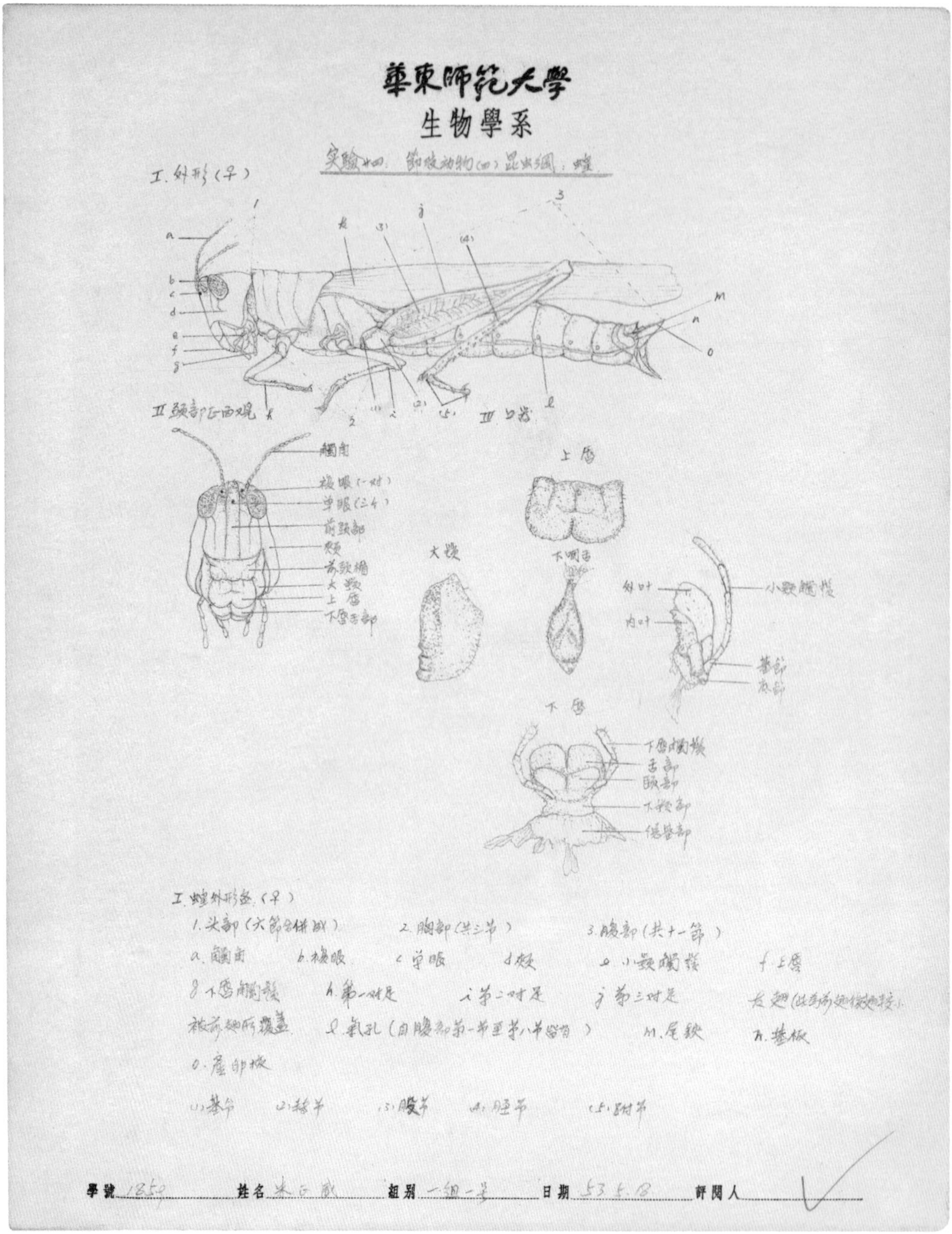

華東師範大學

生物學系

实验卌：節肢动物(四)昆虫纲：蝗

I. 外形(♀)

I. 蝗外形图(♀)

1. 头部(六節合併成)　　2. 胸部(共三节)　　3. 腹部(共十一節)

a. 觸角　　b. 複眼　　c 单眼　　d 頰　　e 小顎觸鬚　　f 上唇

g 下唇觸鬚　　h. 第一对足　　i 第二对足　　j 第三对足　　k 後翅(此為前翅休息時後翅被前翅所覆蓋)

l. 氣孔(自腹部第一节至第八节皆有)　　m. 尾鬚　　n. 墊板

o. 産卵瓣

(1) 基节　　(2) 转节　　(3) 腿节　　(4) 胫节　　(5) 跗节

學號 1859　　姓名 朱正威　　組別 一组一号　　日期 53.5.18　　評閱人 ✓

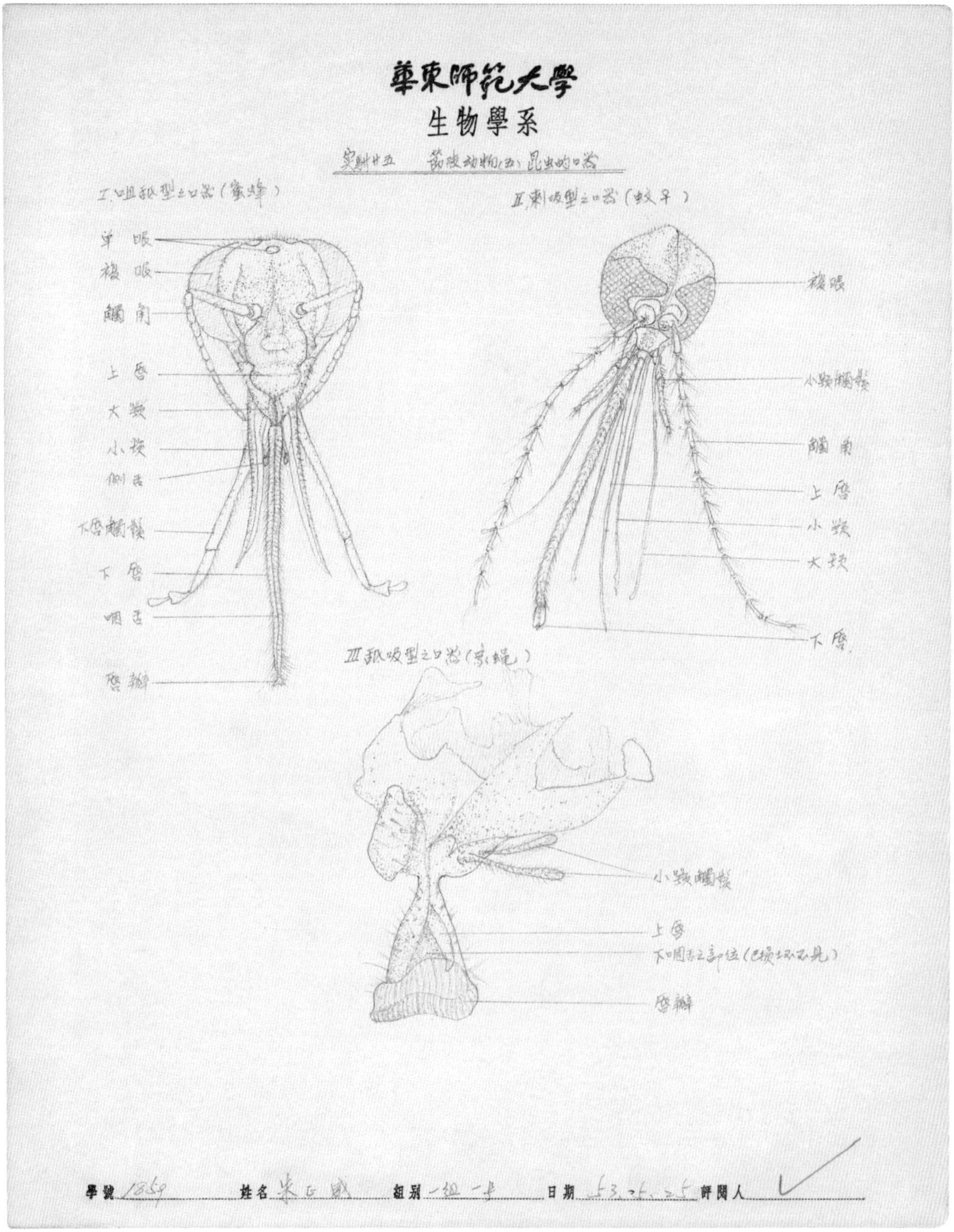
華東師範大學
生物學系
I. 咀吸型之口器(蜜蜂)
單眼
複眼
觸角
上唇
大顎
小顎
側舌
下唇觸鬚
下唇
唇瓣
II. 刺吸型之口器(蚊子)
複眼
小顎觸鬚
觸角
上唇
小顎
大顎
下唇
III 舐吸型之口器(家蠅)
小顎觸鬚
上唇
唇瓣
學號
姓名
組別
日期
評閱人

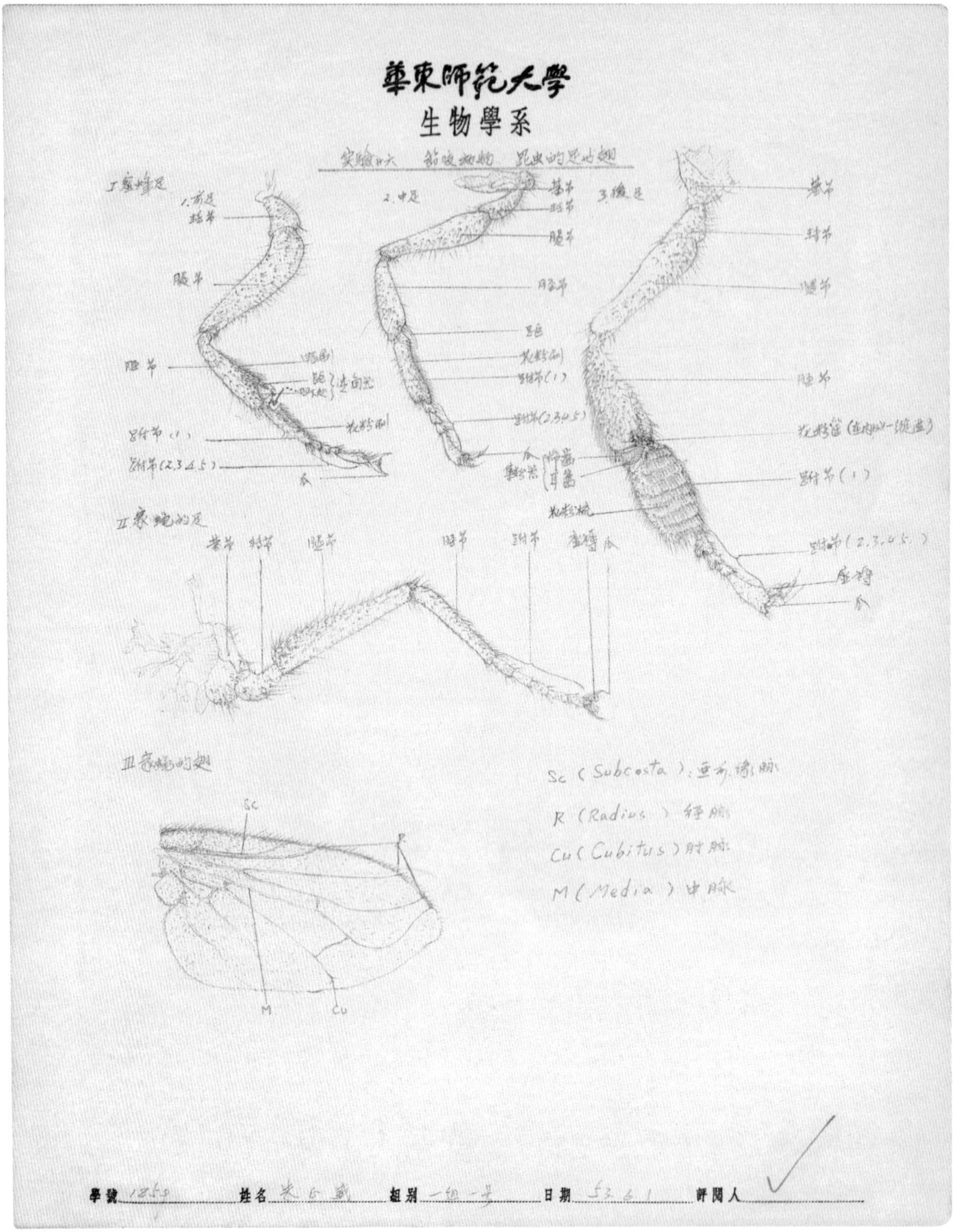
華東師範大學
生物學系
Sc (Subcosta)
R (Radius)
Cu (Cubitus)
M (Media)
Sc
R
M
Cu
學號
姓名
組別
日期
評閱人

華東師範大學

生物學系

实验二十八　節肢動物 鋏肢綱

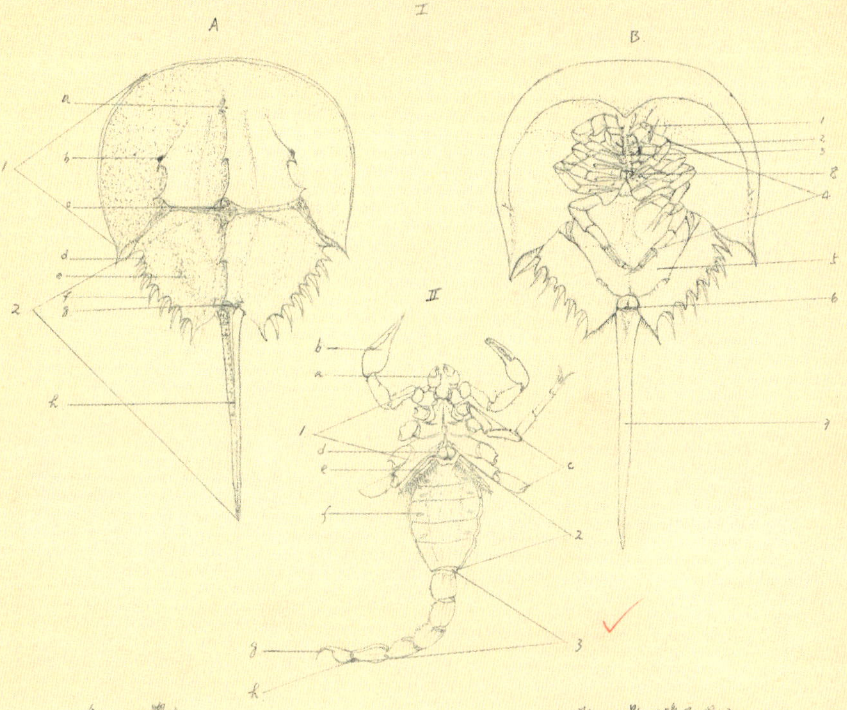

Ⅰ.劍尾目之鲎鱼.

A.背面观.

1.头胸部(甲)　2.腹部

a.中央眼的单眼(计一对)　b.侧眼的复眼(计一对)

c.头胸部与腹部之关节处　d.缺刻　e.前腹

f.棘　g.前腹与後腹的关节处　h.後腹

(劍尾)

B.腹面观.

1.鋏肢(第一对)　2.口　3.步肢基部内侧

时生之毛叫嚼齿　4.步肢(第二对至第六对)

5.腹部第一对附肢称生殖厣 生殖孔及其他腹部第

二至第六对附肢均它所遮盖　6.肛门　7.劍尾　8.[illegible]下对步肢

Ⅱ.蝎目之蝎(腹面观)

1.头胸部(体节不明显)

2.前腹部(七节合成)

3.後腹部(六节合成)

a.鋏肢(第一对)

b.触肢(第二对)

c.步肢(第三至第六对 横造开)

d.生殖厣

e.栉板

f.气门(在第三,四,五,六节上)

g.尾刺

h.肛门

學號 186 **姓名** 朱□威 **組別** 一组一号 **日期** 63.6.15 **評閱人** ✓

華東師範大學

生物學系

实验廿九 软体动物 斧足纲 蚌 Anodonta sp.

I 壳之外形（背面）

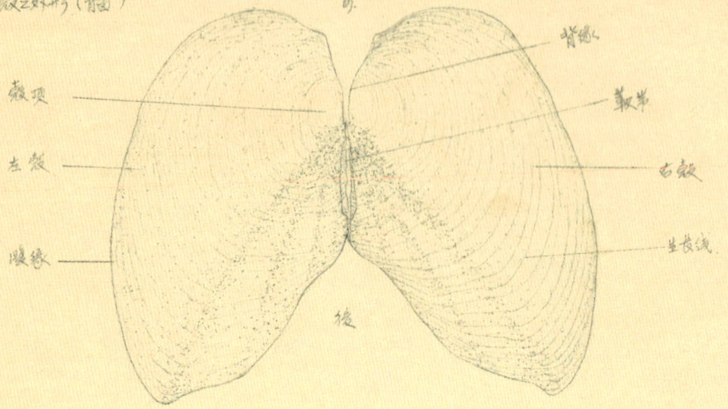

II 内部介剖（左壳已除去）

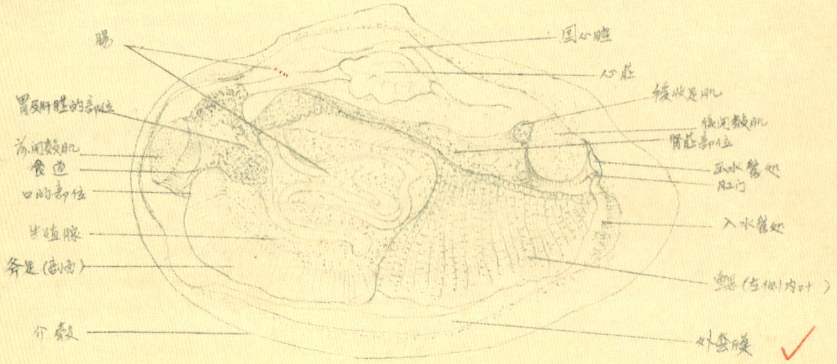

學號 1854 姓名 朱正威 組別 一组一排 日期 53 3 22 評閱人

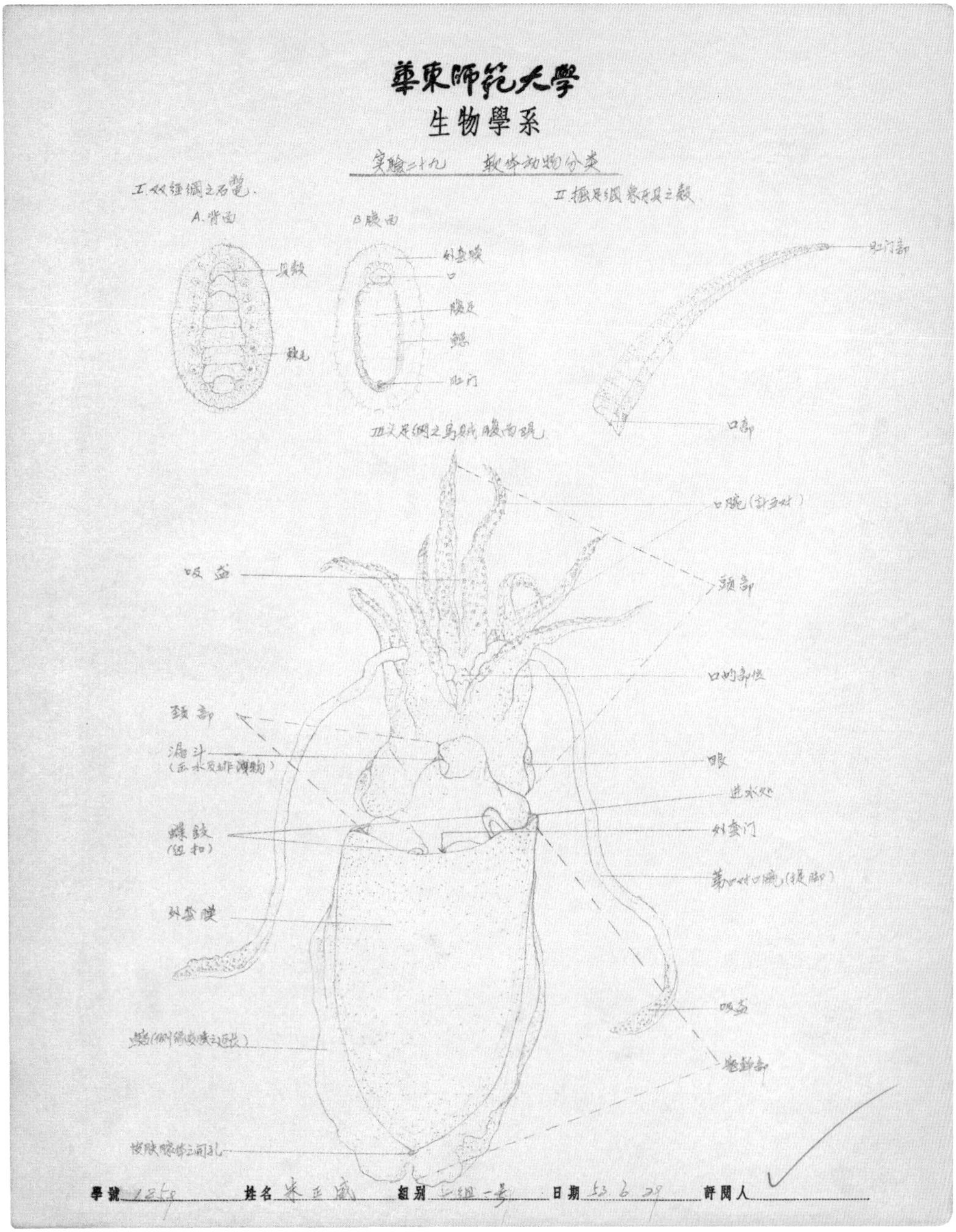

華東師範大學
生物學系
实验二十九 軟体动物分类
A.背面
B腹面
口
口部
吸盘
頭部
漏斗
眼
進水处
外套膜
吸盘
學號
姓名
組別
日期 53.6.29
評閱人

華東師範大學

生物學系

实验廿 棘皮动物 Echinodermata

海胆纲

I、海胆口面观示口周部分构造

II 海胆壳顶板系图

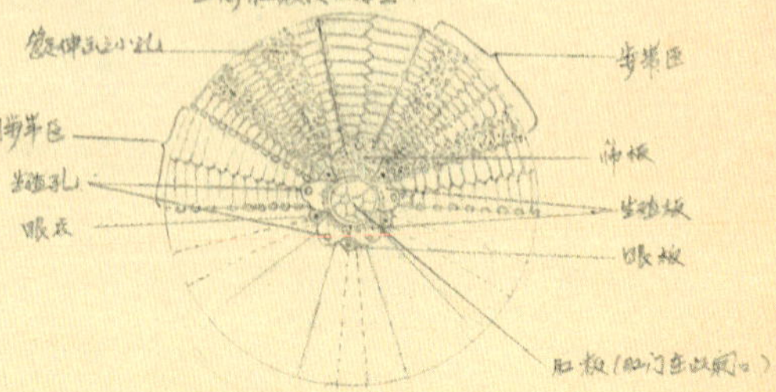

III 海胆内部构造图

反口面

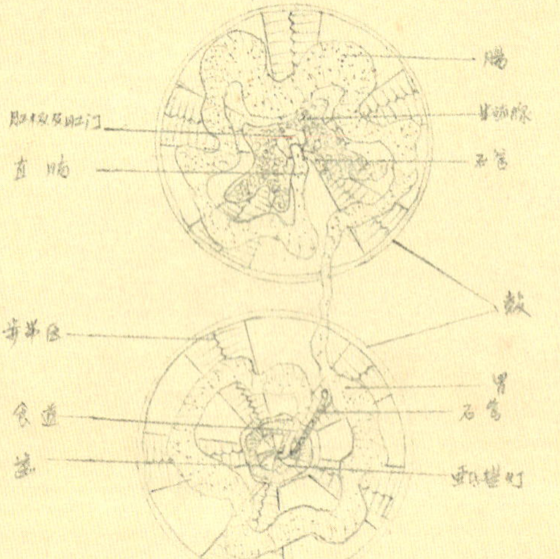

口面

學號 姓名 朱正威 組別 一组 二号 日期 評閱人

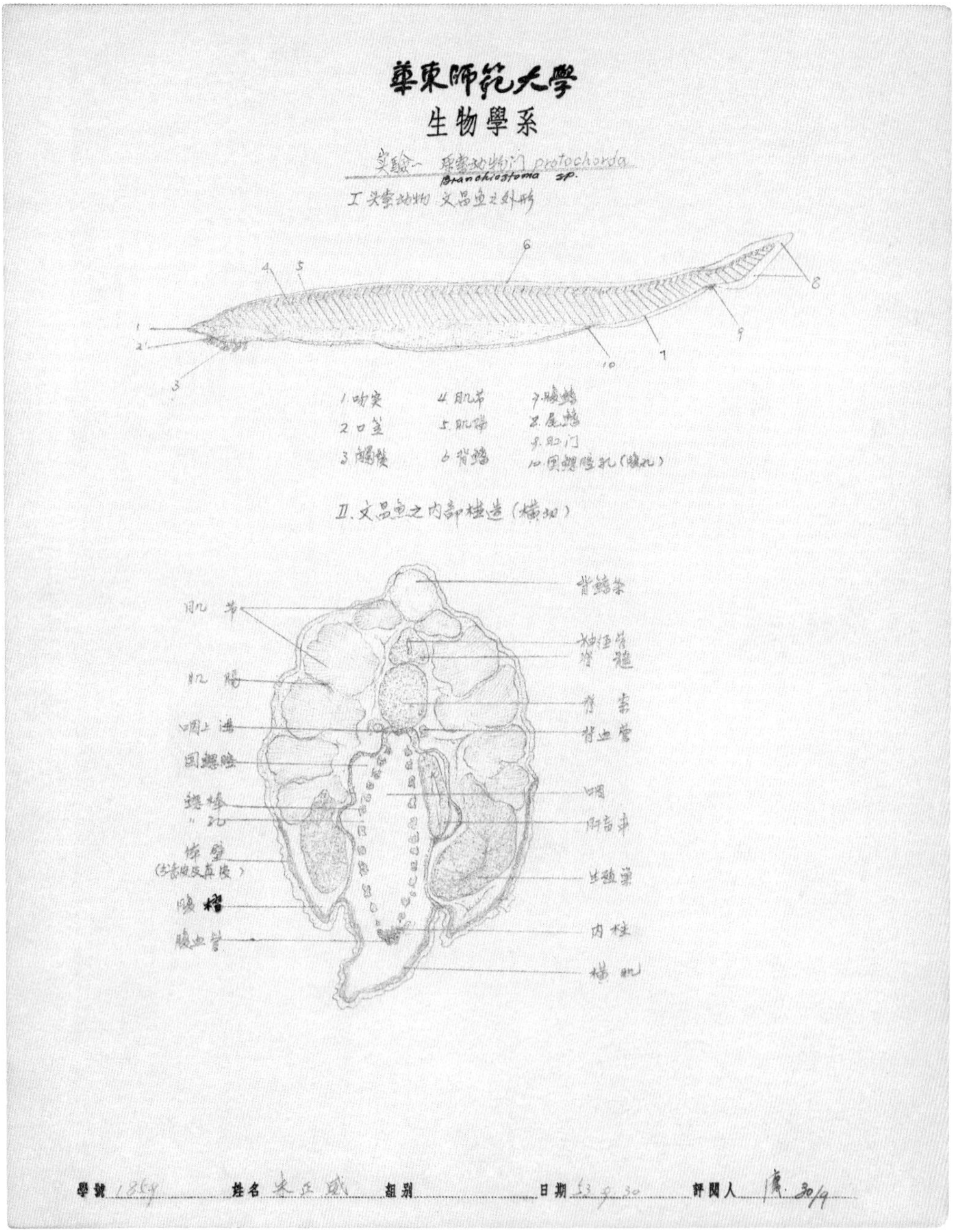
華東師範大學
生物學系
实验一 原索动物门 protochorda
Branchiostoma sp.
I 头索动物 文昌鱼之外形
1. 吻突
2. 口笠
3. 触须
4. 肌节
5. 肌隔
6. 背鳍
7. 腹鳍
8. 尾鳍
9. 肛门
10. 围鳃腔孔（腹孔）
II. 文昌鱼之内部構造（横切）
背鳍条
肌节
肌隔
脊索
背血管
咽
生殖巢
内柱
横肌
腹血管
學號 1859
姓名
組別
日期 53.9.30
評閱人

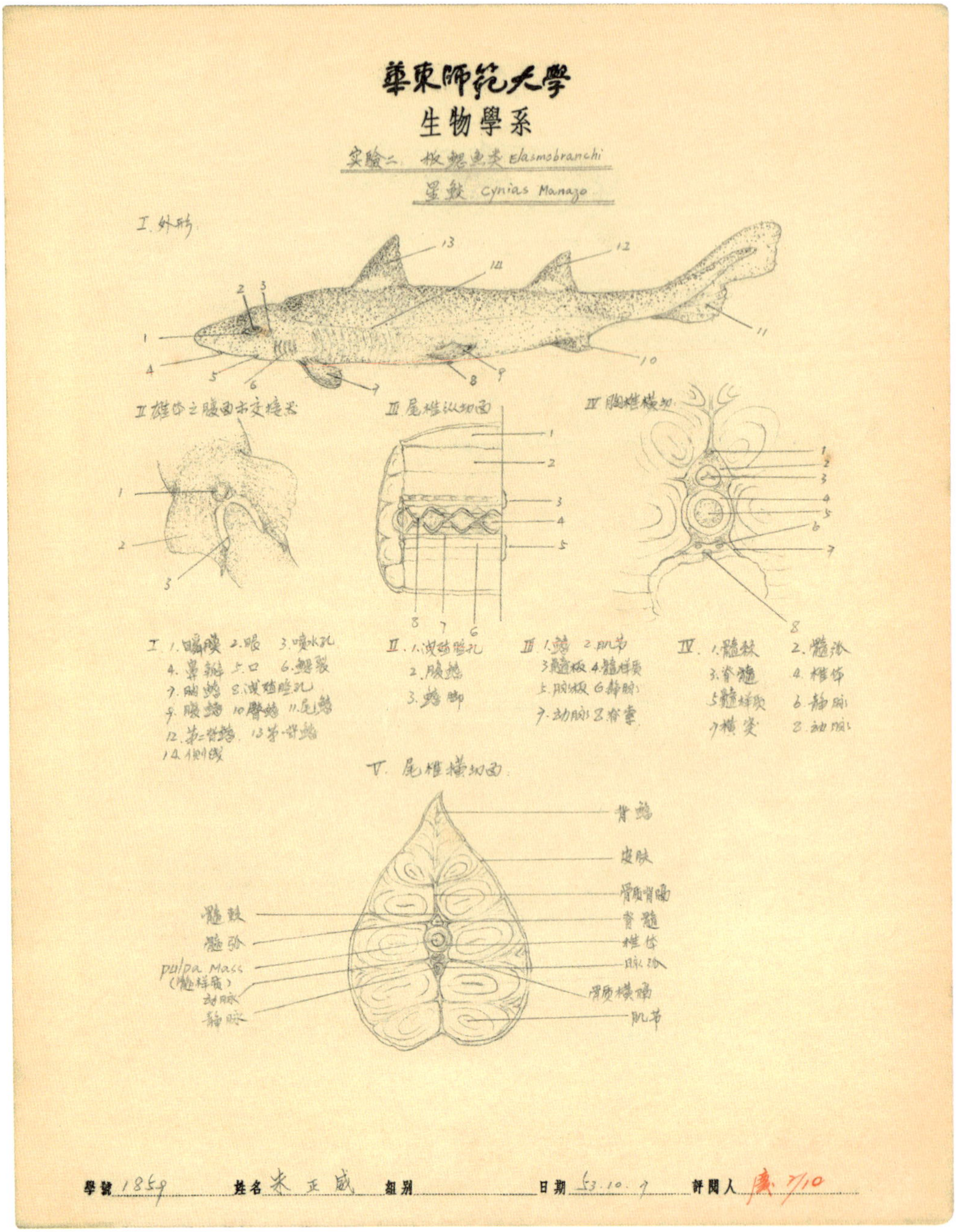
华東師範大學
生物學系
实验二 板鳃鱼类 Elasmobranchi
星鲨 Cynias Manazo
I. 外形
II 雄体之腹面示交接器
III 尾椎纵切面
IV 胸椎横切
I 1.瞬膜 2.眼 3.喷水孔
4.鼻瓣 5.口 6.鳃裂
7.胸鳍 8.泄殖腔孔
9.腹鳍 10臀鳍 11.尾鳍
12.第二背鳍 13第一背鳍
14.侧线
II 1.泄殖腔孔
2.腹鳍
3.鳍脚
III 1.鳍 2.肌节
3髓板 4.髓样质
5.脉板 6静脉
7.动脉 8脊索
IV 1.髓棘 2.髓弧
3.脊髓 4.椎体
5髓样质 6.静脉
7横突 8.动脉
V. 尾椎横切面
背鳍
皮肤
骨质背隔
髓棘
脊髓
髓弧
椎体
pulpa Mass
(髓样质)
脉弧
动脉
骨质横隔
静脉
肌节
學號 1859 姓名 朱正威 組別 日期 53.10.7 評閱人 7/10

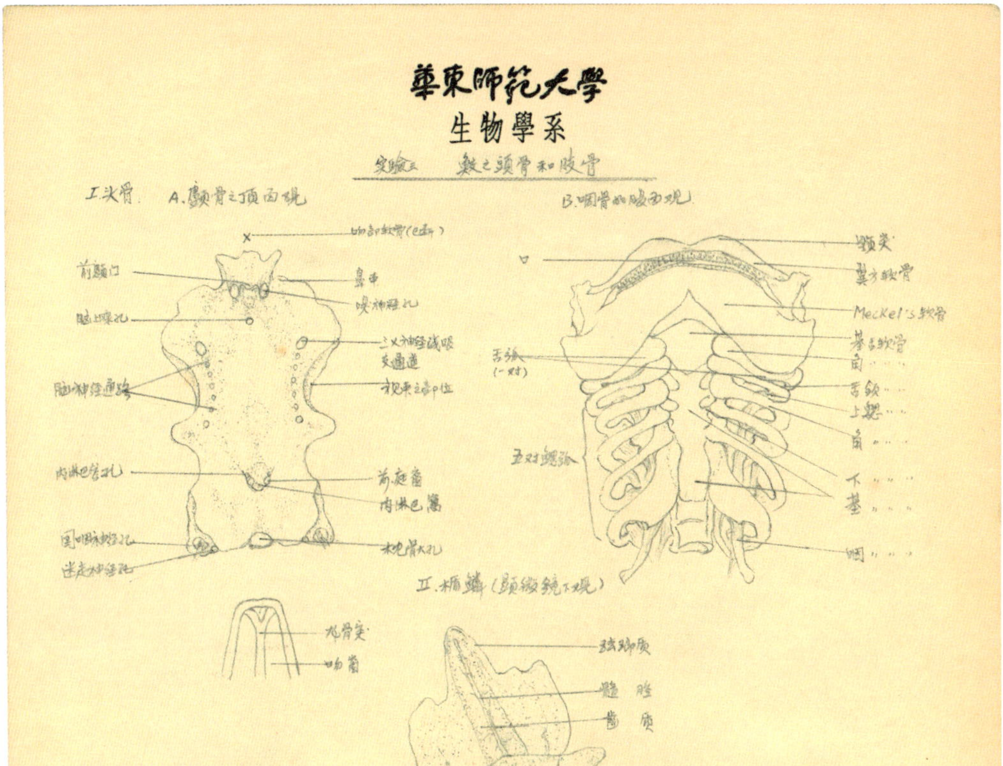
華東師範大學
生物學系
實驗三 鯊之頭骨和肢骨
I.头骨 A.顱骨之顶面观
B.咽骨的腹面观
前顱门
鼻囊
嗅神经孔
脑上腺孔
三叉神经通路
视束之部位
内淋巴管孔
前庭窗
内淋巴窝
舌咽神经孔
迷走神经孔
枕骨大孔
Meckel's软骨
基舌软骨
舌弧
(一对)
五对鳃弧
II.楯鳞(顯微鏡下觀)
棘质
髓腔
齒质
基板
III.肢骨 A.胸鳍
B.腹鳍
肩带腹部(乌喙部)
前鳍软骨
中……
后……
鳍條軟骨(骨质)
角质(皮质)鳍条
肩带背部
(肩胛部)
腰带
鳍條軟骨
基鳍软骨
鳍脚软骨
角质鳍条
學號 185
姓名
組別
日期 53.10.14
評閱人

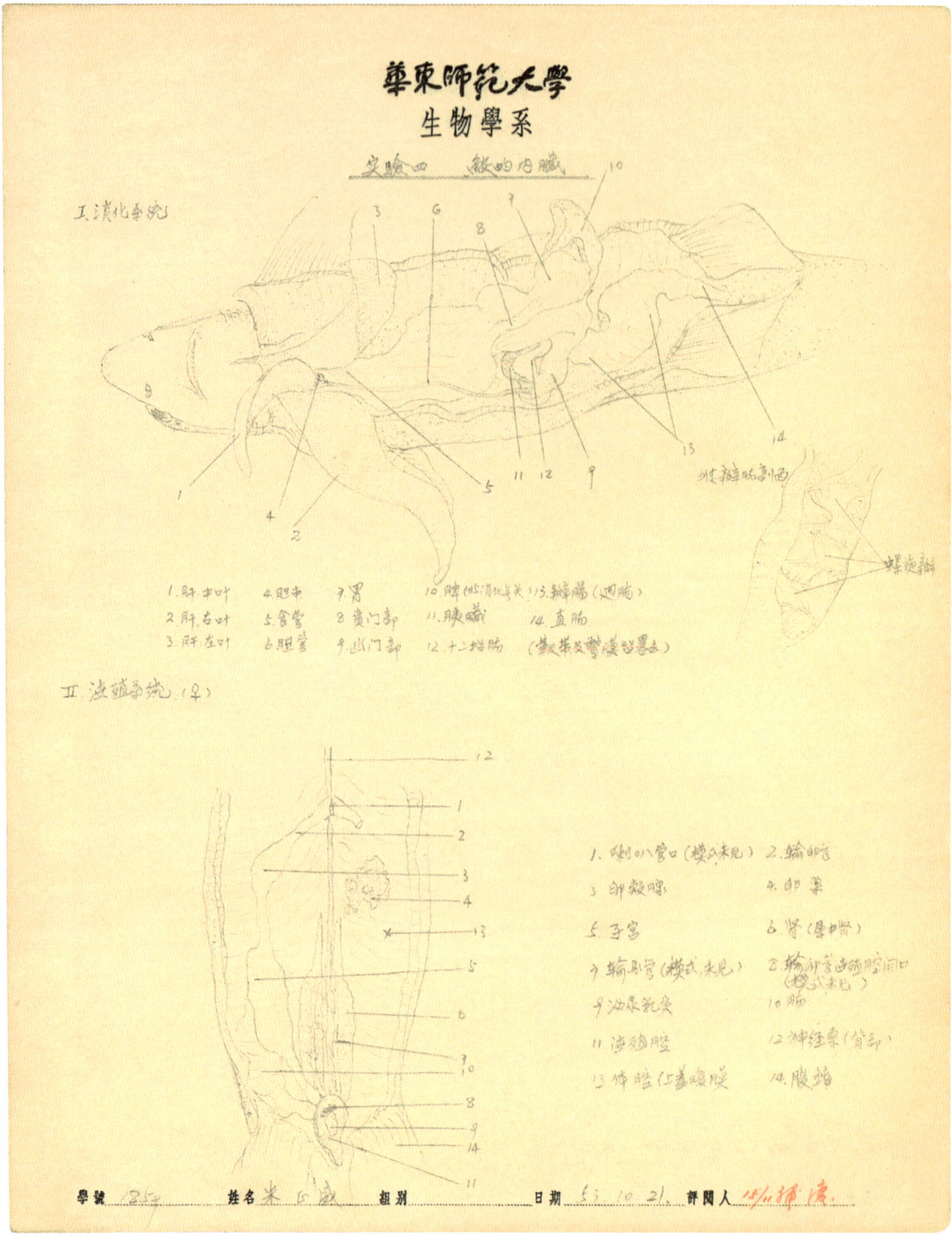
華東師範大學
生物學系

实验四 鲨的内脏

I.消化系统

1.肝中叶 4.胆囊 7.胃 10.脾(非消化系统) 13.螺旋肠(回肠)
2.肝右叶 5.食管 8.贲门部 11.胰脏 14.直肠
3.肝左叶 6.胆管 9.幽门部 12.十二指肠 ([illegible])

螺旋肠剖面
螺旋瓣

II.泄殖系统(♀)

1.喇叭管口(模式未见) 2.输卵管
3.卵壳腺 4.卵巢
5.子宫 6.肾(中肾)
7.输尿管(模式未见) 8.输尿管通泄殖腔开口(模式未见)
9.泄尿乳突 10.肠
11.泄殖腔 12.神经索(背部)
13.体腔(上盖腹膜) 14.腹鳍

學號 1859 姓名 朱正威 組別 日期 53.10.21. 評閱人 15/11

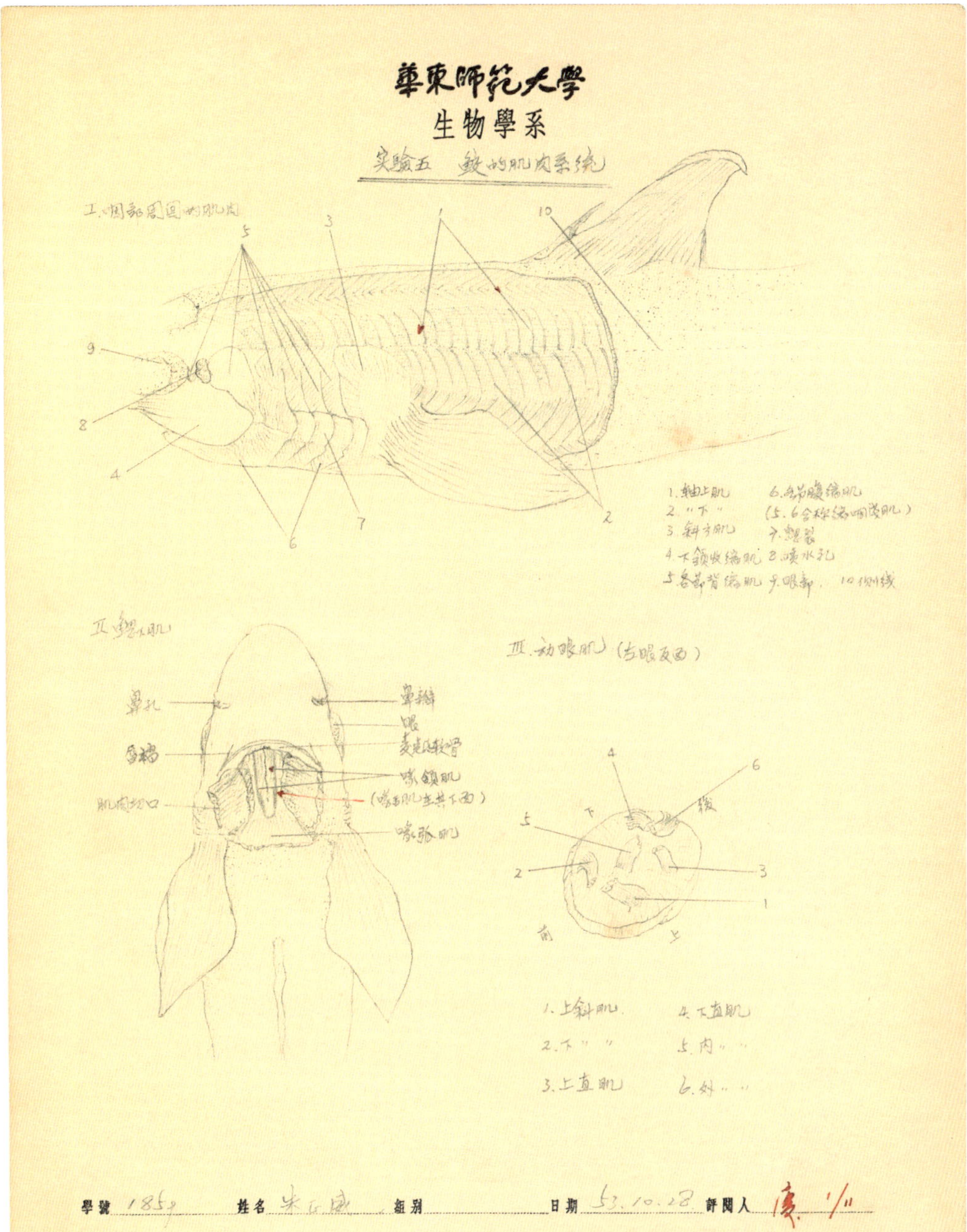

華東師範大學
生物學系
实验五 鲨的肌肉系统
I. 咽部周围的肌肉
1. 轴上肌
2. "下"
3. 斜方肌
4. 下颌收缩肌
5. 各背缩肌
6. 各节腹缩肌
(5. 6 合称缩咽肌)
7. 鳃裂
8. 喷水孔
9. 眼部
10 侧线
II. 鳃下肌
鼻孔
鼻瓣
眼
口
喙颌肌
(喙舌肌在其下面)
肌肉切口
III. 动眼肌 (左眼腹面)
下
后
前
上
1. 上斜肌
2. 下""
3. 上直肌
4. 下直肌
5. 内""
6. 外""
學號 1859
姓名
組別
日期 53.10.28
評閱人

華東師範大學

生物學系

实验六　硬骨鱼类：鲫

I. 鲫的心脏

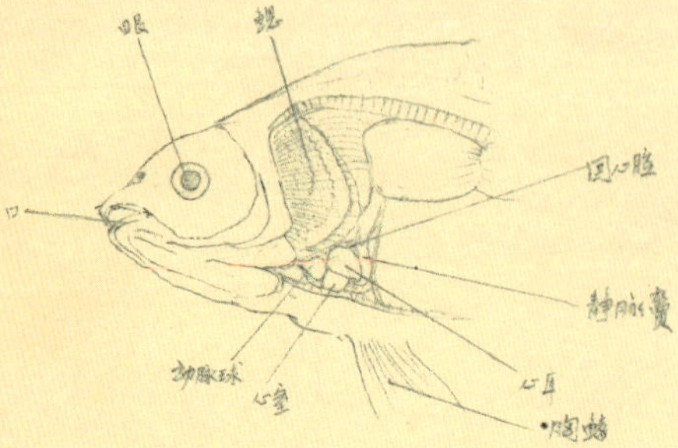

II. 心脏的腹面观

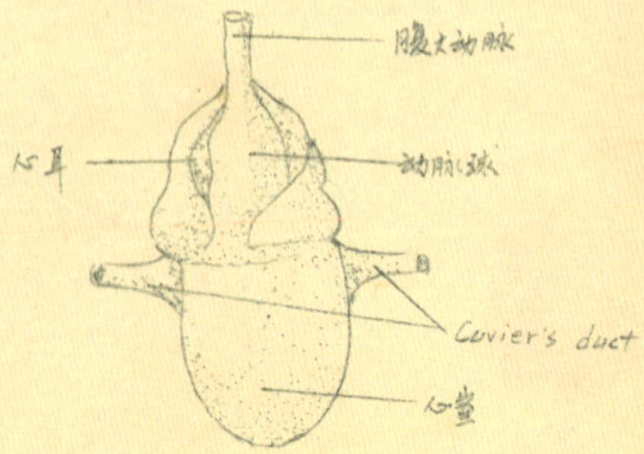

III. 鲫的内部构造：消化系统

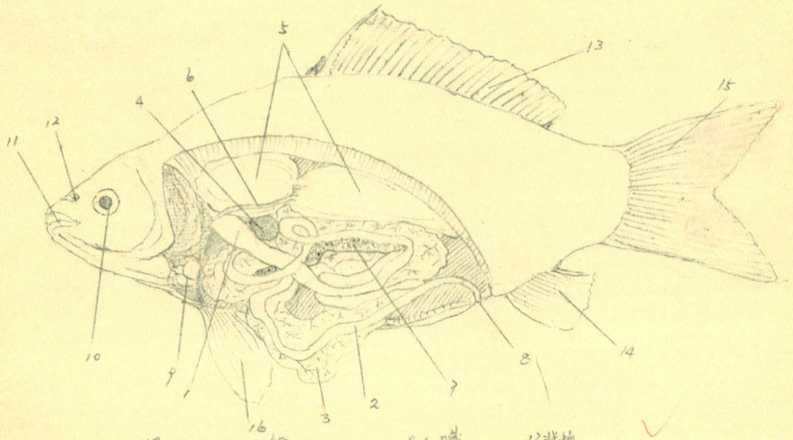

1.胃	5.鳔	9.心脏	13.背鳍
2.肠	6.气道	10.眼	14.臀"
3.肝脏	7.脾脏(造血器官)	11.口	15.尾"
4.胆囊	8.肛门	12.鼻孔	16.胸"

學號 1859　姓名 朱正威　組別 ______　日期 53.11.4　評閱人 ______

華東師範大學

生物學系

实验七，鲫的神经系统和感觉器

I. 鲫脑腹面觀（半模式）

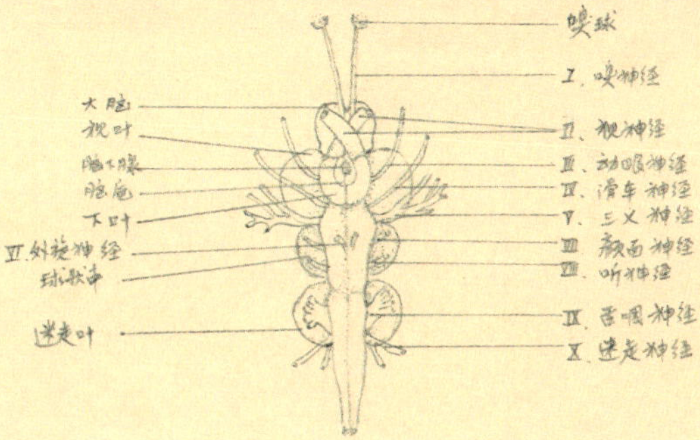

II. 鲫脑背面觀

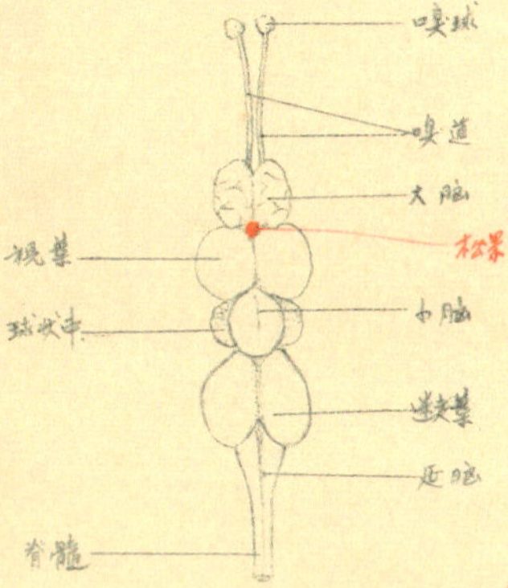

III. 内耳外侧觀（半模式）

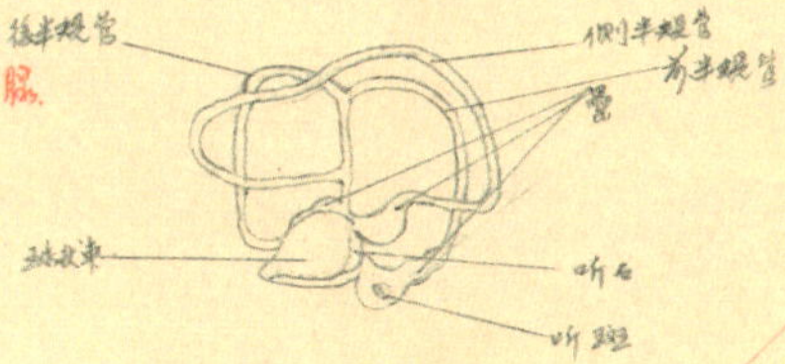

學號 1859　姓名 米正威　組別　日期 53. 11. 11.　評閱人 [illegible]

華東師範大學
生物學系

实驗八　蛙之骨骼系统

I. 寰椎(Atlas)背面观(蟾蜍)

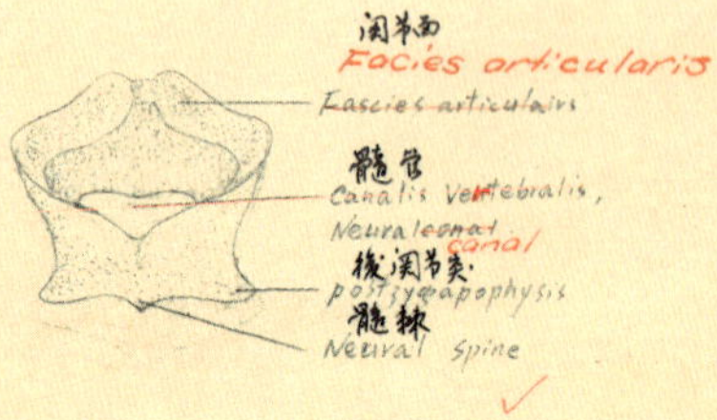

II. 第三椎骨前面观(蟾蜍)

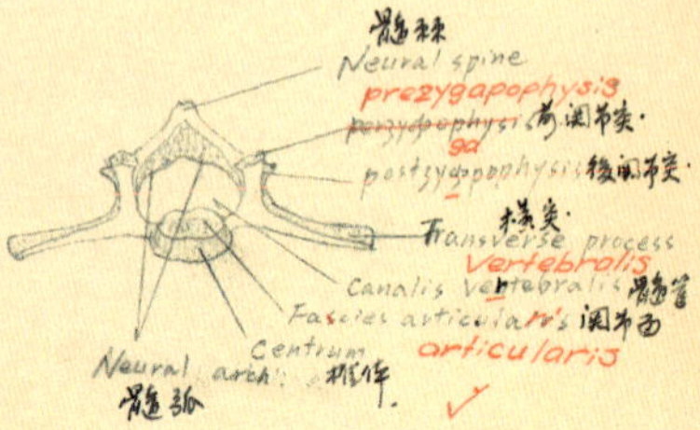

III. 蛙頭骨背面觀

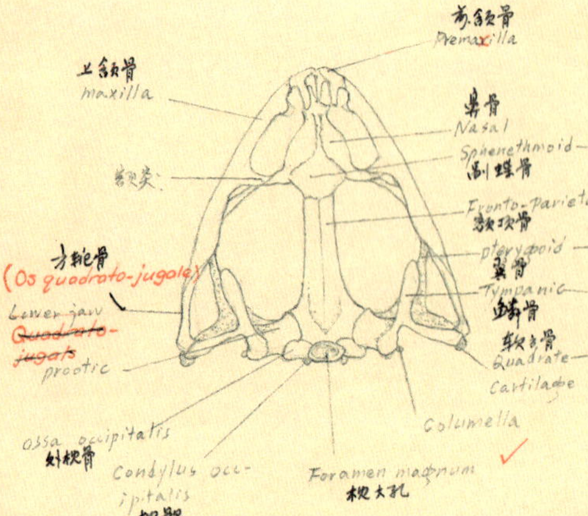

IV. 蛙頭骨腹面觀

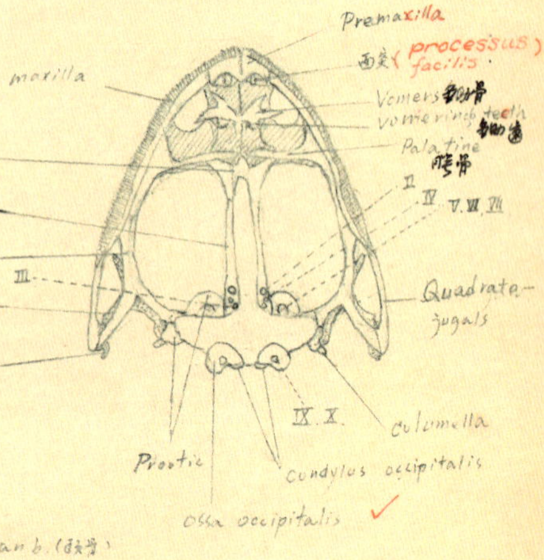

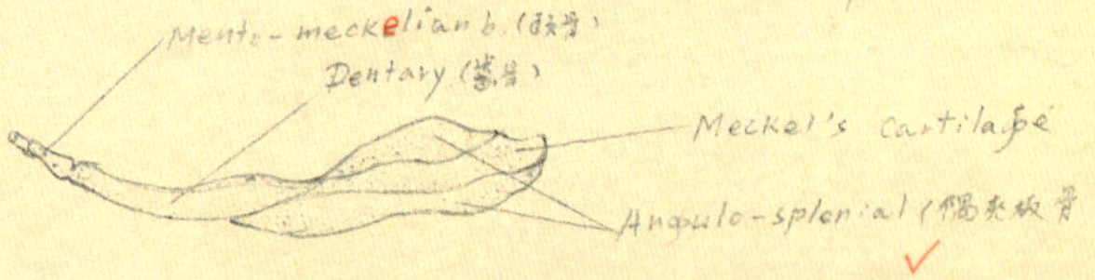

學號 1859　姓名 朱正威　組別　日期 53.11.23　評閱人 沈嫦英 26/12

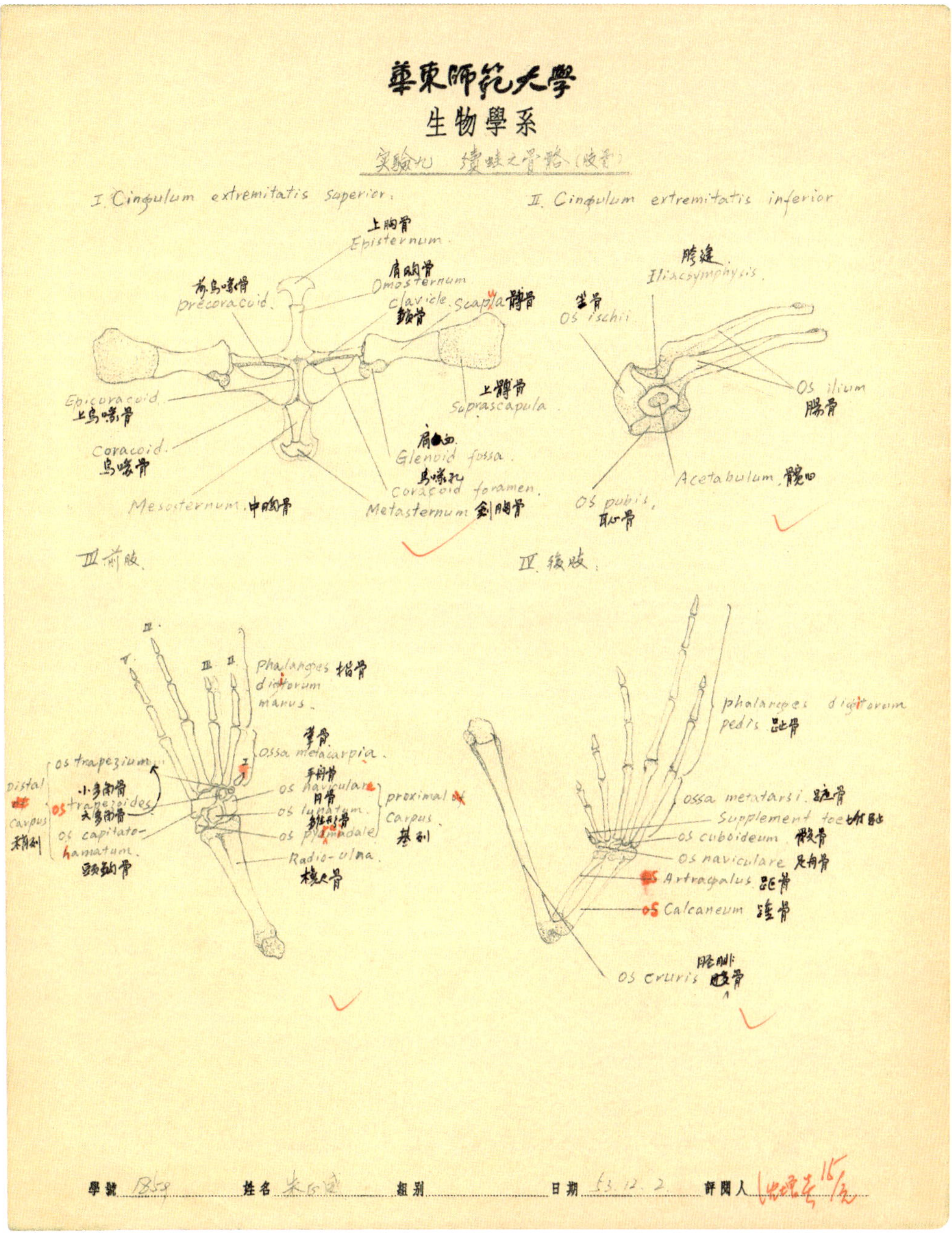
華東師範大學
生物學系
實驗九 蟾蜍之骨骼（後肢）
I. Cingulum extremitatis superior.
上胸骨
Episternum.
肩胸骨
Omosternum
前乌喙骨
precoracoid.
clavicle
鎖骨
Scapula 肩胛骨
Epicoracoid.
上乌喙骨
上肩胛骨
Suprascapula.
Coracoid.
乌喙骨
肩臼
Glenoid fossa.
乌喙孔
Coracoid foramen.
Mesosternum 中胸骨
Metasternum 剑胸骨
II. Cingulum extremitatis inferior
Iliacsymphysis.
坐骨
Os ischii
Os ilium
腸骨
Acetabulum 髋臼
Os pubis.
耻骨
III 前肢.
IV. 後肢.
Phalanges 指骨
digitorum
manus.
掌骨
ossa metacarpia.
Distal
Carpus
os trapezium
小多角骨
os trapezoides
大多角骨
os capitato-hamatum.
os naviculare
手舟骨
os lunatum
月骨
os pisiforme
豌豆骨
proximal
Carpus.
Radio-ulna.
橈尺骨
phalanges digitorum
pedis 趾骨
ossa metatarsi. 跖骨
Supplement toe
os cuboideum
os naviculare 足舟骨
os Astragalus 距骨
os Calcaneum 跟骨
os cruris
學號 1858
姓名
組別
日期 53.12.2
評閱人

華東師範大學

生物學系

实驗九　蛙的肌肉系統：後肢

I.後肢腹面(左)
(淺肌)

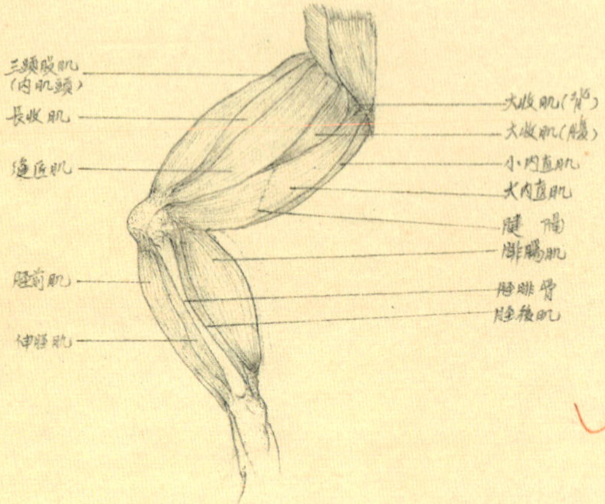

II.後肢背面(右)
(淺肌)

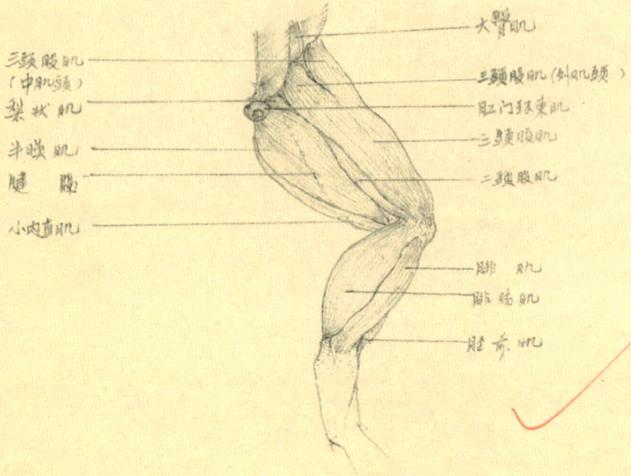

學號 1859　姓名 朱正威　組别　日期 53.12.9.　評閱人

華東師範大學

生物學系

实驗十. 蛙体内部解剖

I. 口腔

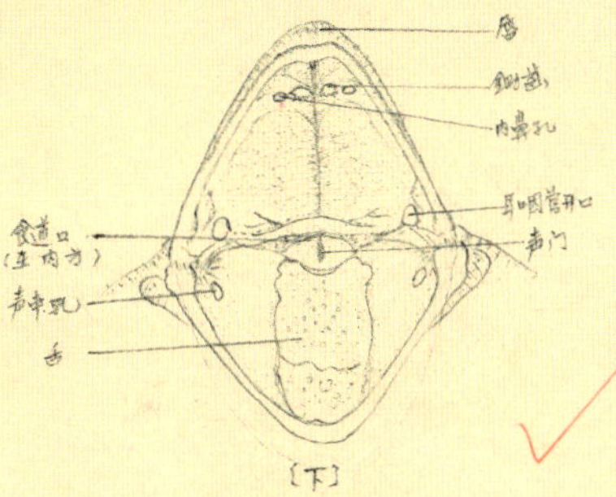

III. 肺囊

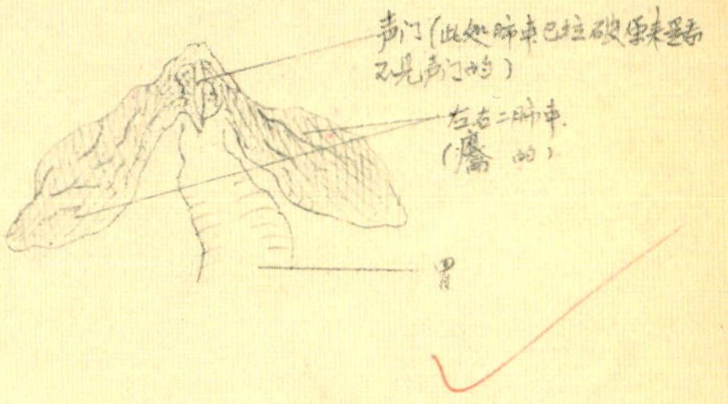

II 消化器官

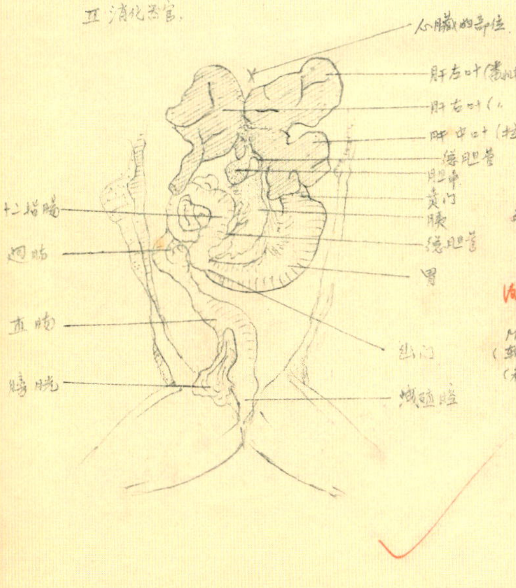

IV 泄殖系统

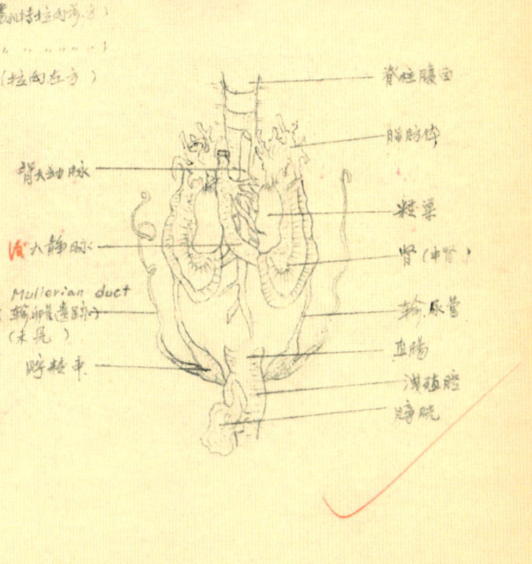

學號 1859 姓名 組別 日期 53 12 16 評閱人

華東師範大學

生物學系

实驗十一　蛙的血管系统（动脉）

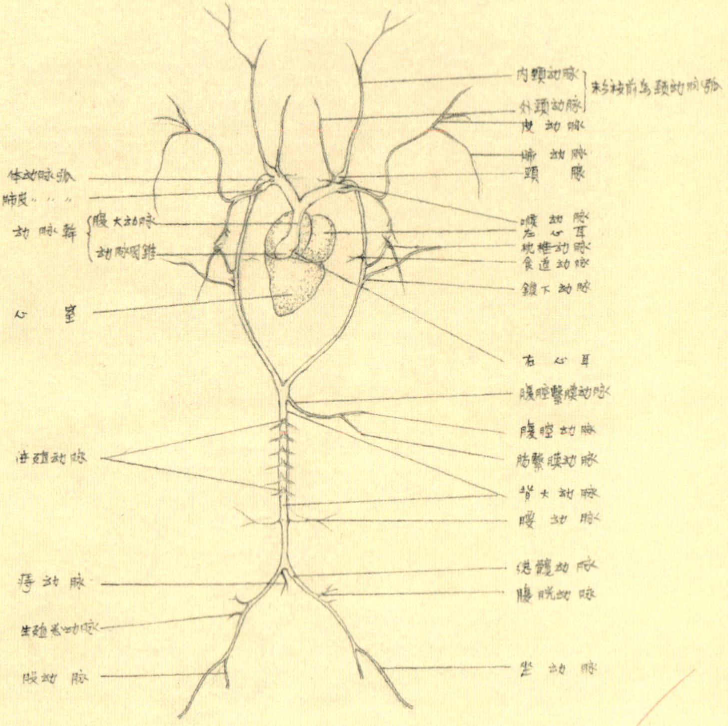

學號 184　姓名 朱正威　組別　日期 53.12.23.　評閱人 [illegible]

華東師範大學

生物學系

实驗十二、~~Vascular system (R. nigromaculata)~~

~~Vena~~ (Bufo)

Dorsal view of the venous system of a frog. (R. nigromaculata)

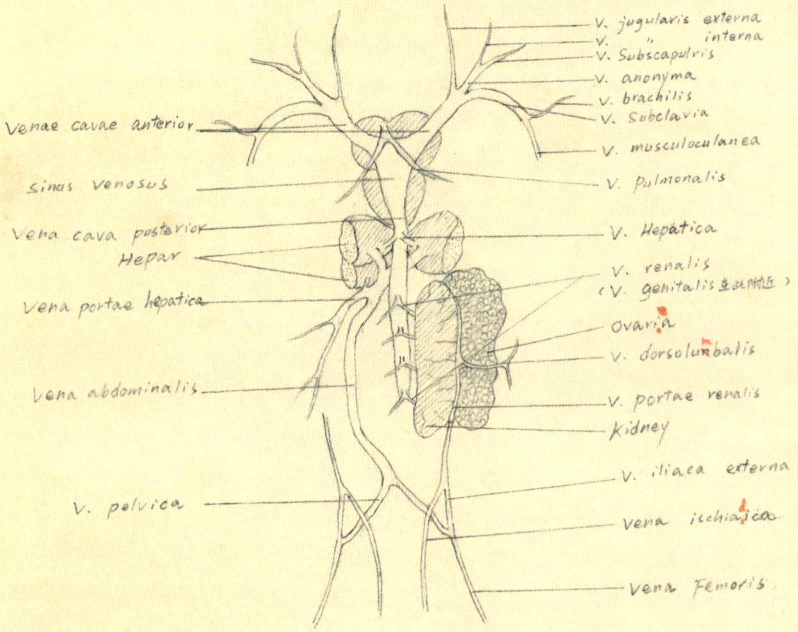

學號 1859 姓名 ________ 組別 ________ 日期 53. 12. 30 評閱人 ________

華東師範大學

生物學系

实验十三　蛙的神经系统．脑

Ⅰ．蟾蜍脑的背面观．

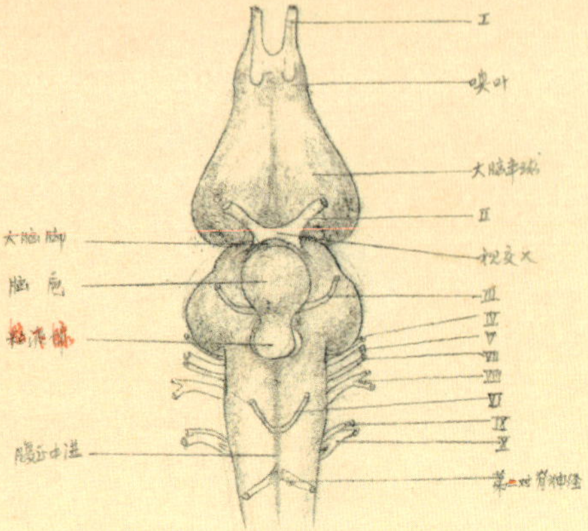

Ⅱ．蛙脑左侧面观（模式）

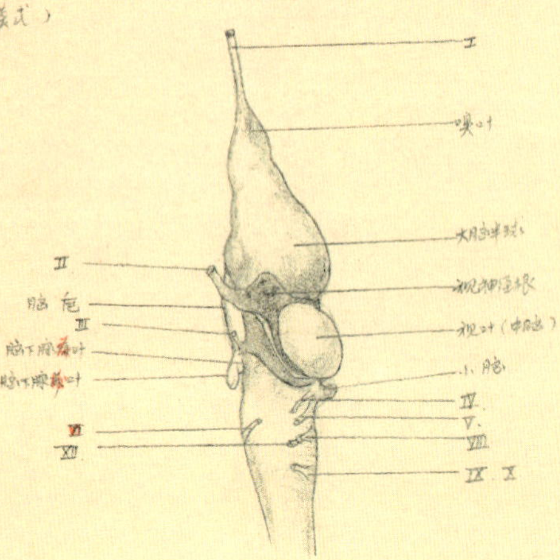

學號 1859　姓名 朱正威　組別 ______　日期 54.1.6.　評閱人 ______

華東師範大學
生物學系

实驗十九 蛙的神经系统

工、脊神经及交感神经链腹面观
（脊椎骨没有除掉）

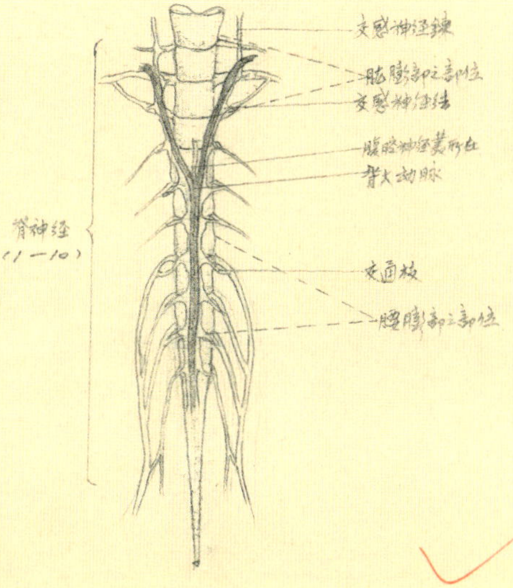

學號 1859 姓名 朱正威 組別 日期 53.1.13 評閱人

華東師範大學

生物學系

实驗十五 爬行綱 草龟

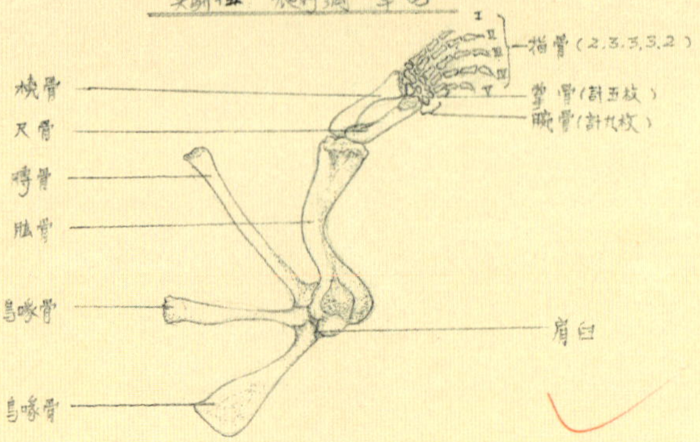

龟前肢及肩带腹面觀

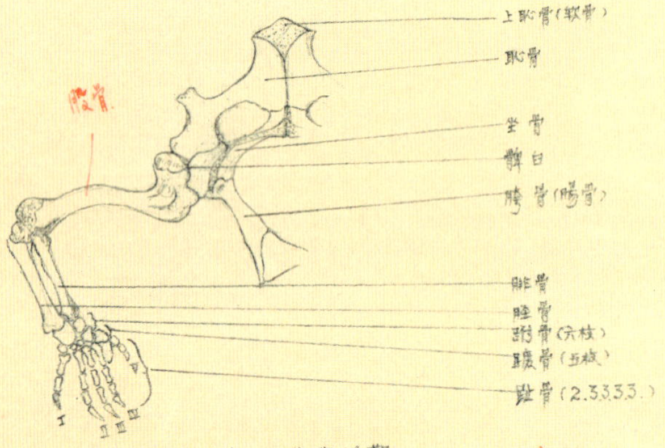

龟後肢及腰带腹面觀

學號 1850　姓名 朱正威　組別　日期 54.1.20　評閱人

華東師範大學

生物學系

实験二：[illegible]的泄殖器官
呼吸器官及脑

呼吸系及泄殖系圖（♀）

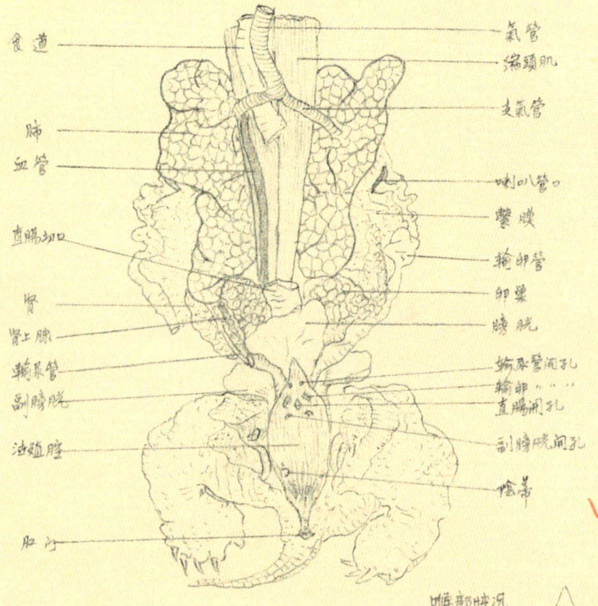

脑

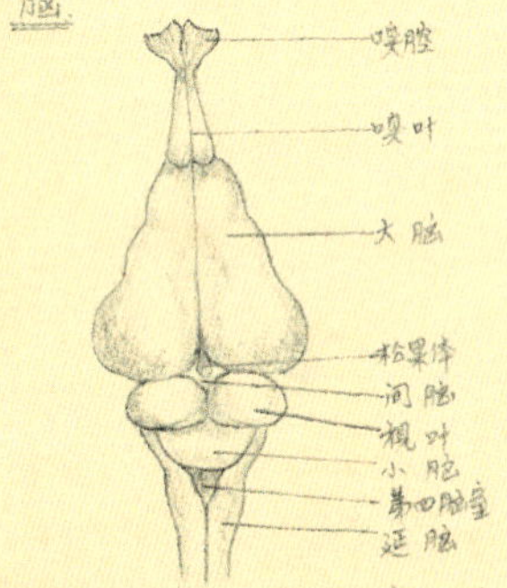

喉部情况

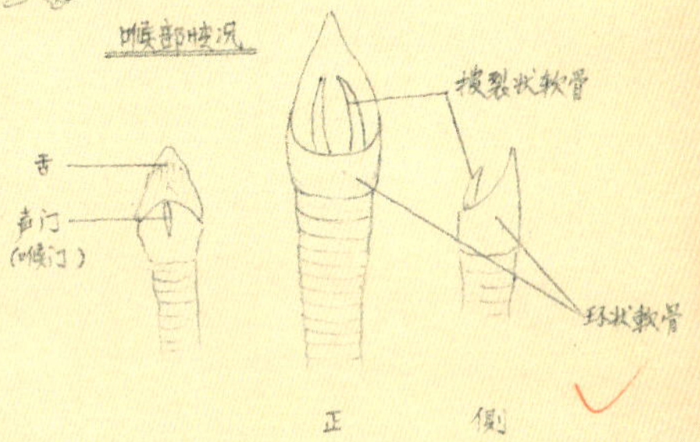

學號 1859 姓名 [illegible] 組別 日期 54.3.16 評閱人 [illegible]

華東師範大學

生物學系

实驗一：艸龟的血管系統

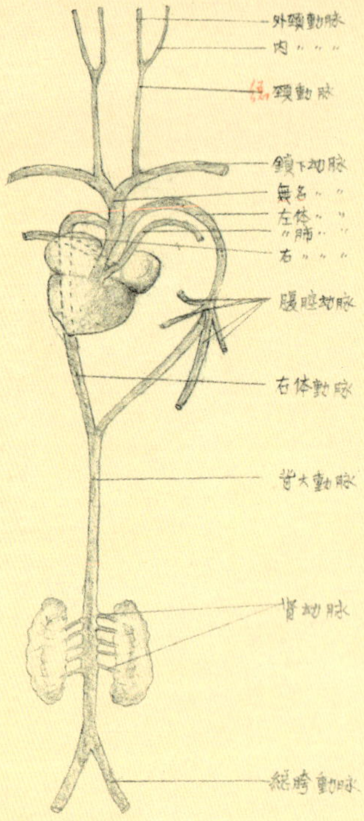

草龟的動脉系統
（模式）

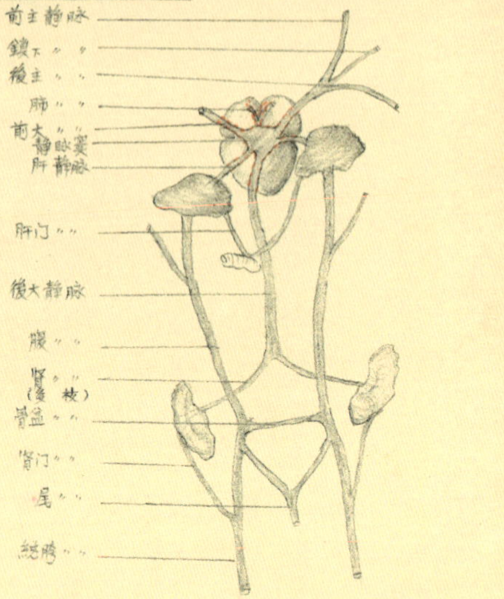

草龟的静脉系統
（模式）

學號 1259 姓名 朱正威 組別 日期 54.3.9. 評閱人

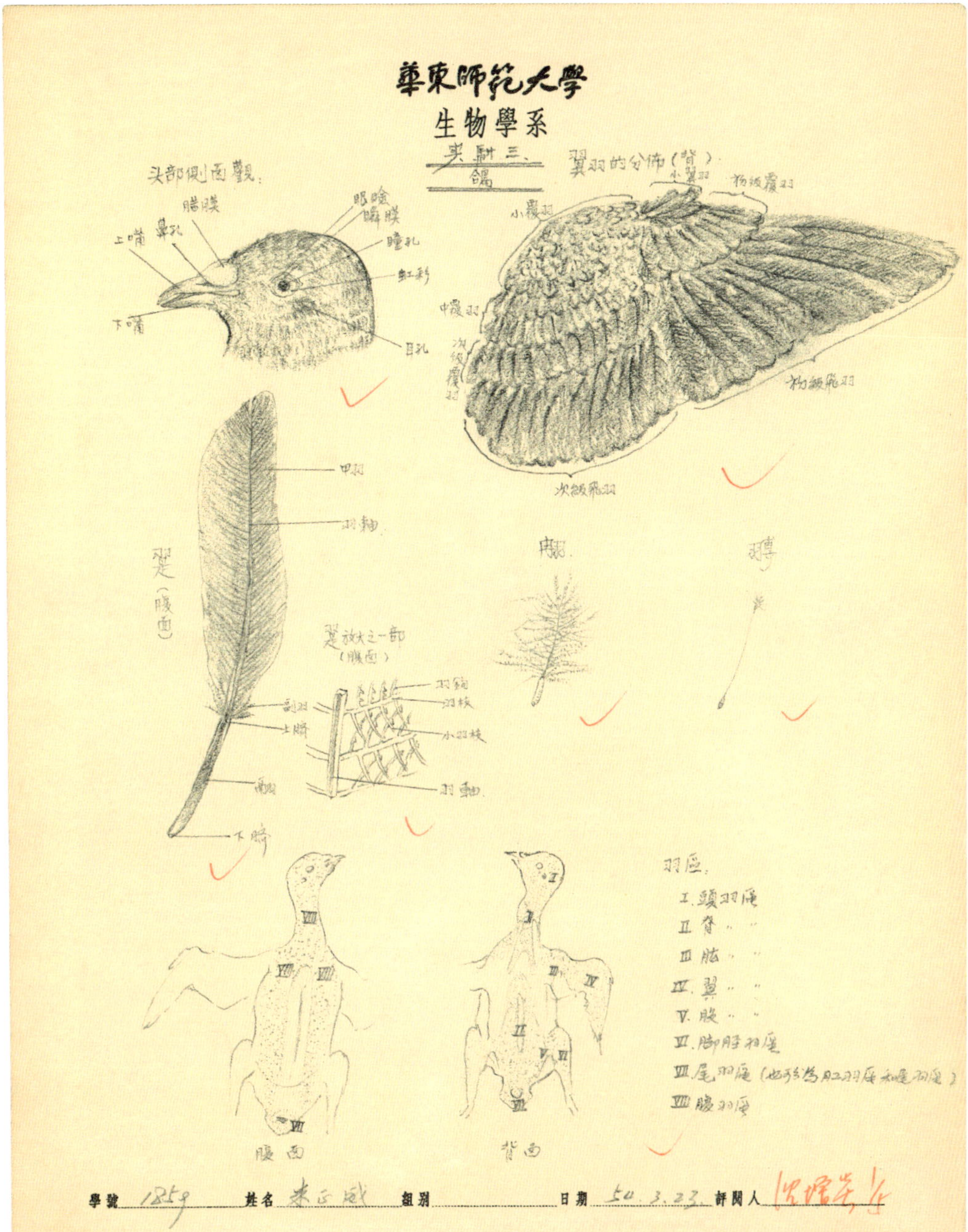
華東師範大學
生物學系
頭部側面觀：
上喙
鼻孔
腊膜
眼瞼
瞬膜
瞳孔
虹彩
下喙
耳孔
翼羽的分佈（背）
小翼羽
初級覆羽
小覆羽
中覆羽
次級覆羽
初級飛羽
次級飛羽
羽軸
副羽
上臍
下臍
（腹面）
羽鉤
羽枝
小羽枝
羽軸
羽區：
I. 頭羽區
II 脊 〃 〃
III 肱 〃 〃
IV. 翼 〃 〃
V. 股 〃 〃
VI. 腳脛羽區
VII. 尾羽區
VIII 腹羽區
腹面
背面
學號 1859
姓名
組別
日期 50.3.23.
評閱人

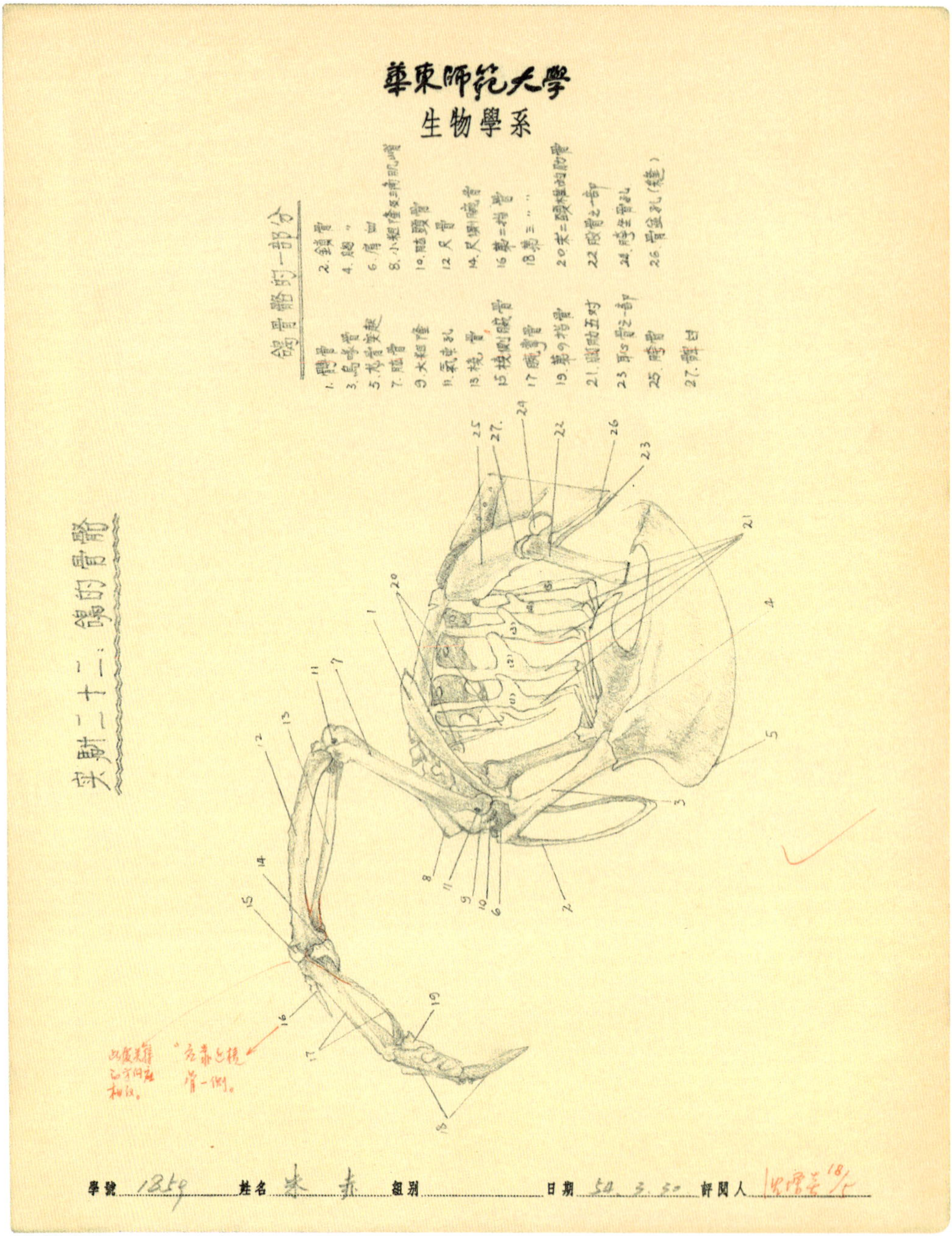
華東師範大學
生物學系
实驗二十二：鸽的骨骼
鸽骨骼的一部分
2. 鎖骨
3. 烏喙骨
5. 龙骨突起
6. 肩臼
7. 肱骨
9. 大粗隆
11. 氣窦孔
12. 尺骨
13. 桡骨
14. 尺側腕骨
15. 桡側腕骨
16. 第二指骨
17. 腕掌骨
19. 第四指骨
21. 胸肋五对
22. 股骨之一部
23. 耻骨之一部
25. 髂骨
學號 1859
姓名 朱赤
組別
日期 50.3.30
評閱人

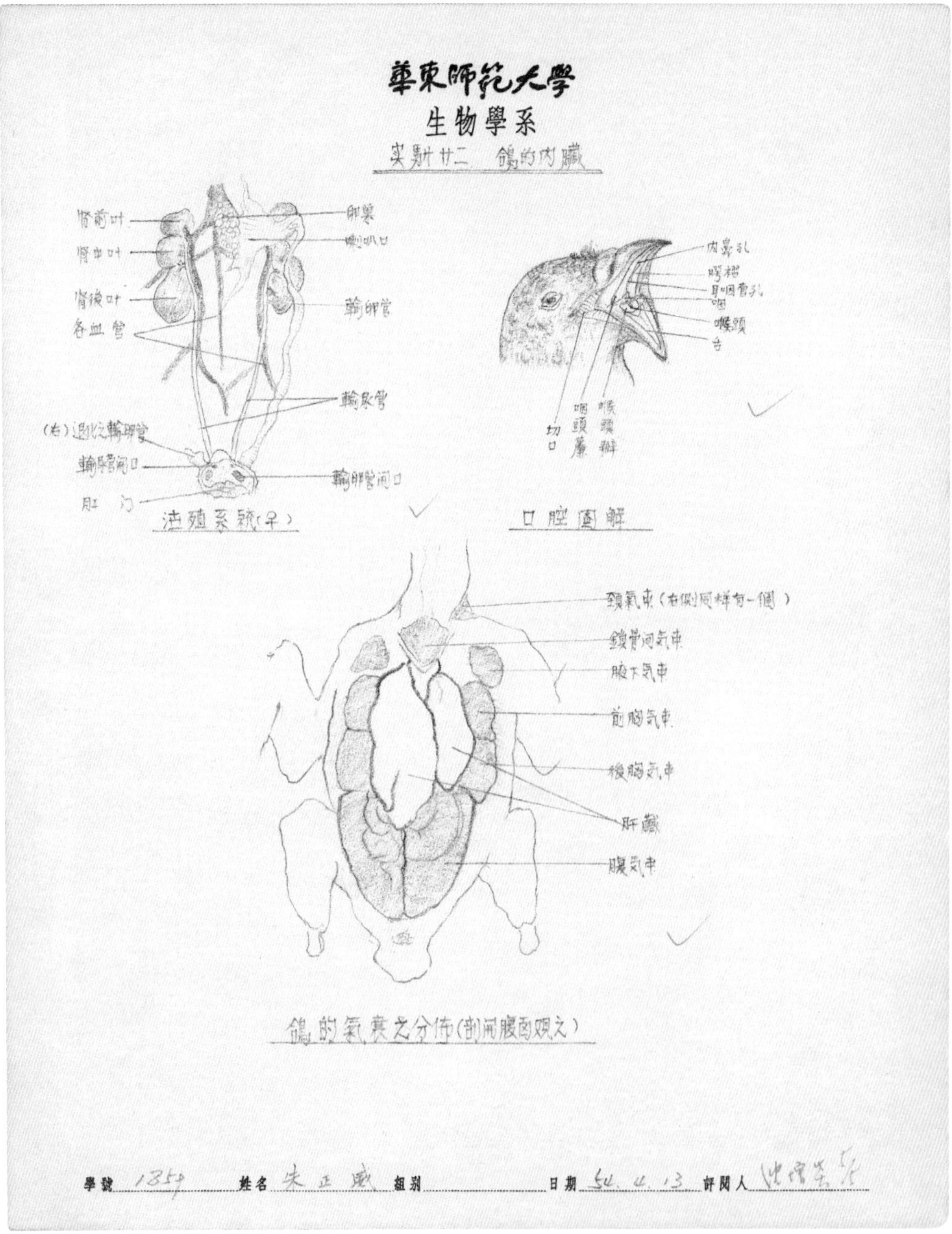

華東師範大學
生物學系
实驗廿二　鴿的内臟
腎前叶
腎中叶
腎後叶
各血管
卵巢
喇叭口
輸卵管
輸尿管
(右)退化之輸卵管
輸尿管开口
輸卵管开口
肛门
泄殖系統(♀)
内鼻孔
嘴裙
耳咽管孔
咽
喉頭
舌
切口
咽頭蓋
喉頭瓣
口腔圖解
頸氣束(右側同样有一個)
鎖骨间氣束
腋下氣束
前胸氣束
後胸氣束
肝臟
腹氣束
鴿的氣囊之分佈(剖開腹面观之)
學號 1854　姓名 朱正威　組別　日期 54.4.13　評閱人

華東師範大學
生物學系

家兔顱骨背面觀：Skull of Rabbit (Dorsal view)

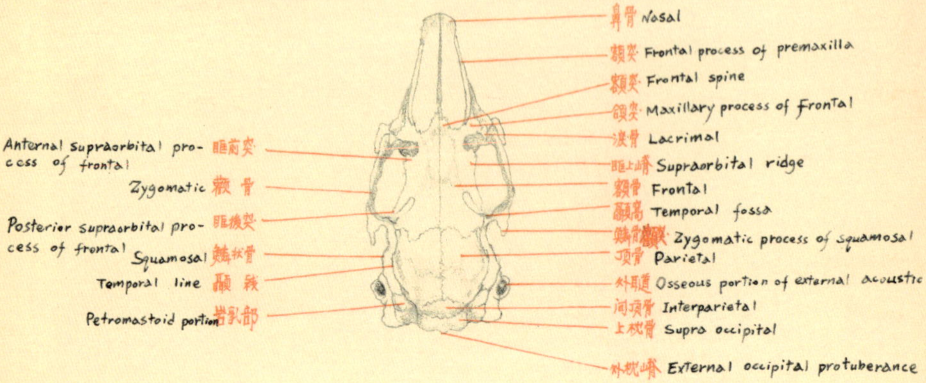

家兔顱骨腹面觀：Skull of Rabbit (Ventral view)

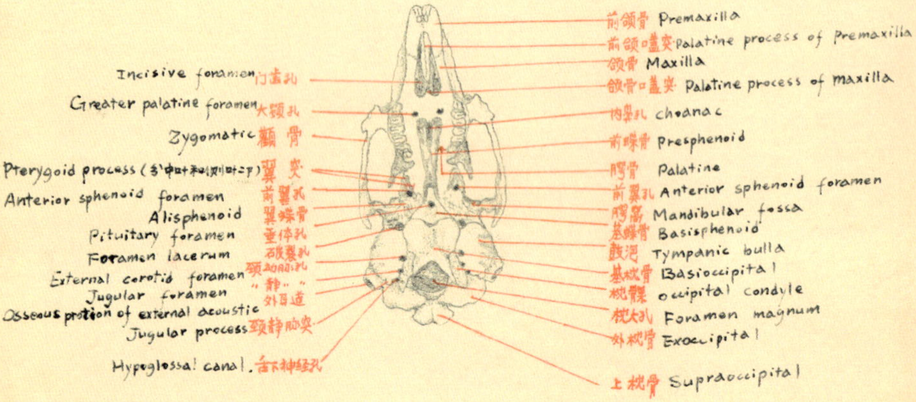

學號 1859　姓名 朱正威　組別　　日期 54. 6. 21.　評閱人

華東師範大學

生物學系

家兔顱骨側面觀 Lateral surface of the skull (Rabbit)

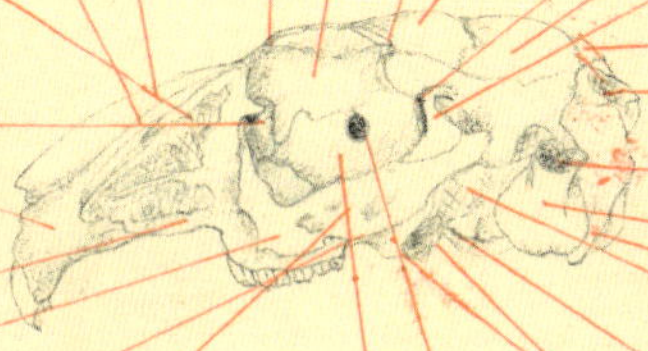

家兔下頜側面觀 Lateral surface of the mandible (Rabbit).

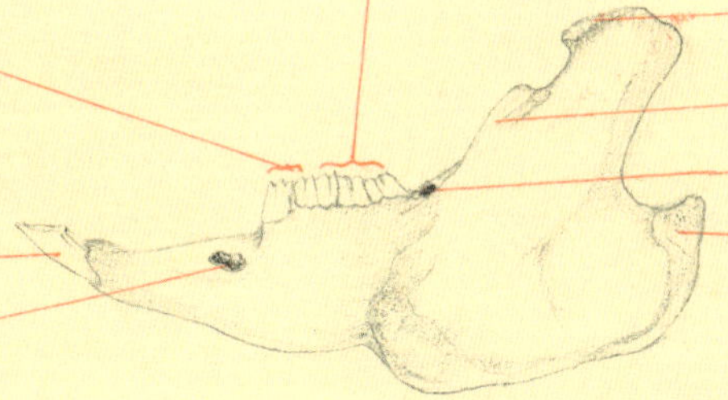

學號 1859 姓名 [illegible] 組別 日期 54. 4. 21. 評閱人 [illegible]

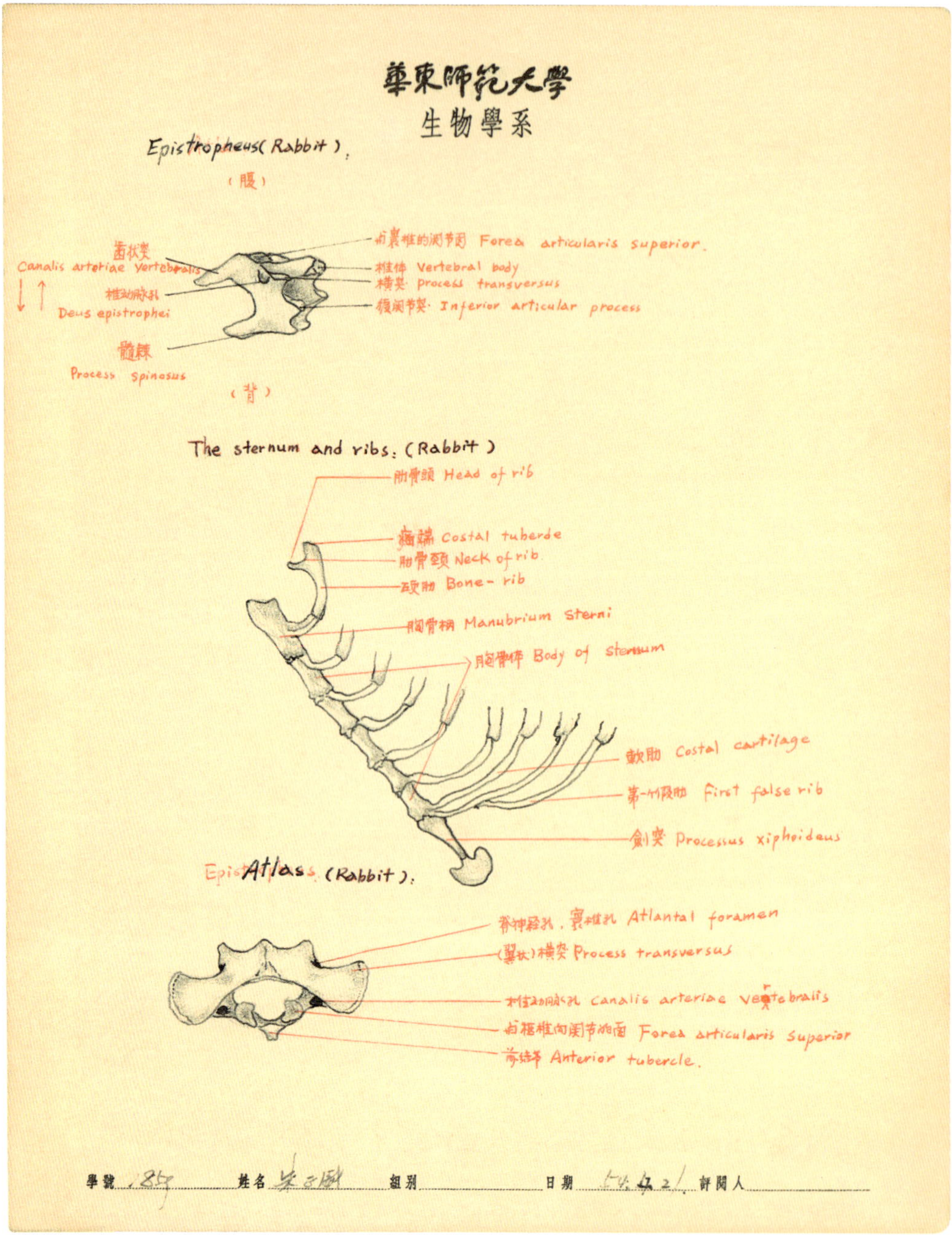
華東師範大學
生物學系
Epistropheus(Rabbit).
(腹)
齿状突
Canalis arteriae vertebralis
椎动脉孔
Deus epistrophei
髓棘
Process spinosus
(背)
椎体 Vertebral body
横突 process transversus
後关节突 Inferior articular process
Forea articularis superior.
The sternum and ribs: (Rabbit)
肋骨頭 Head of rib
Costal tuberde
肋骨颈 Neck of rib.
硬肋 Bone- rib
胸骨柄 Manubrium Sterni
胸骨体 Body of Sternum
軟肋 Costal cartilage
First false rib
劍突 Processus xiphoideus
Atlass (Rabbit).
Atlantal foramen
(翼状)横突 Process transversus
canalis arteriae vertebralis
Forea articularis Superior
Anterior tubercle.
學號 85
姓名 朱正威
組別
日期
評閱人

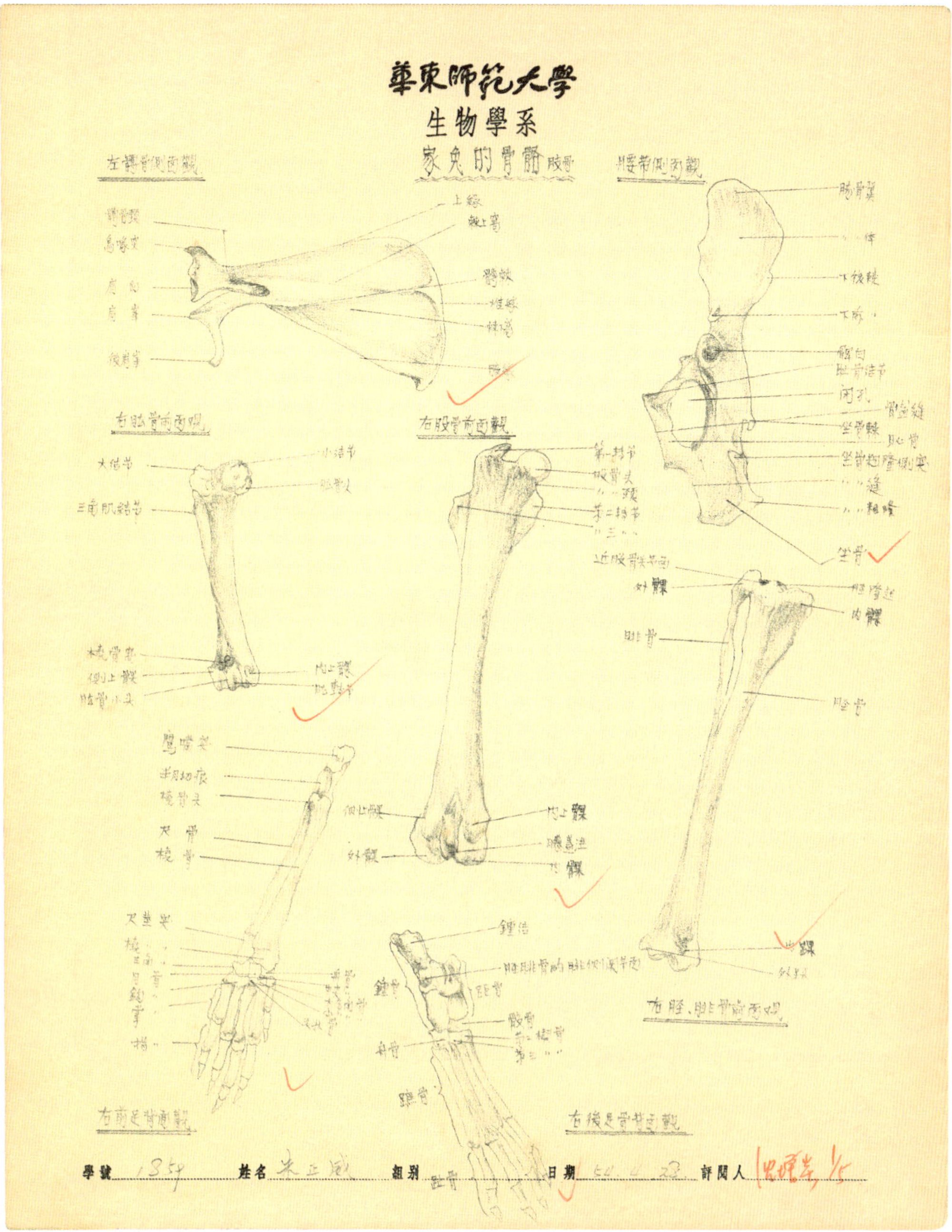
華東師範大學
生物學系
家兔的骨骼 肢骨
左肩胛骨側面觀
腰帶側面觀
左肱骨前面觀
左股骨前面觀
左脛、腓骨前面觀
左前足骨背面觀
左後足骨背面觀
學號
姓名
組別
日期
評閱人

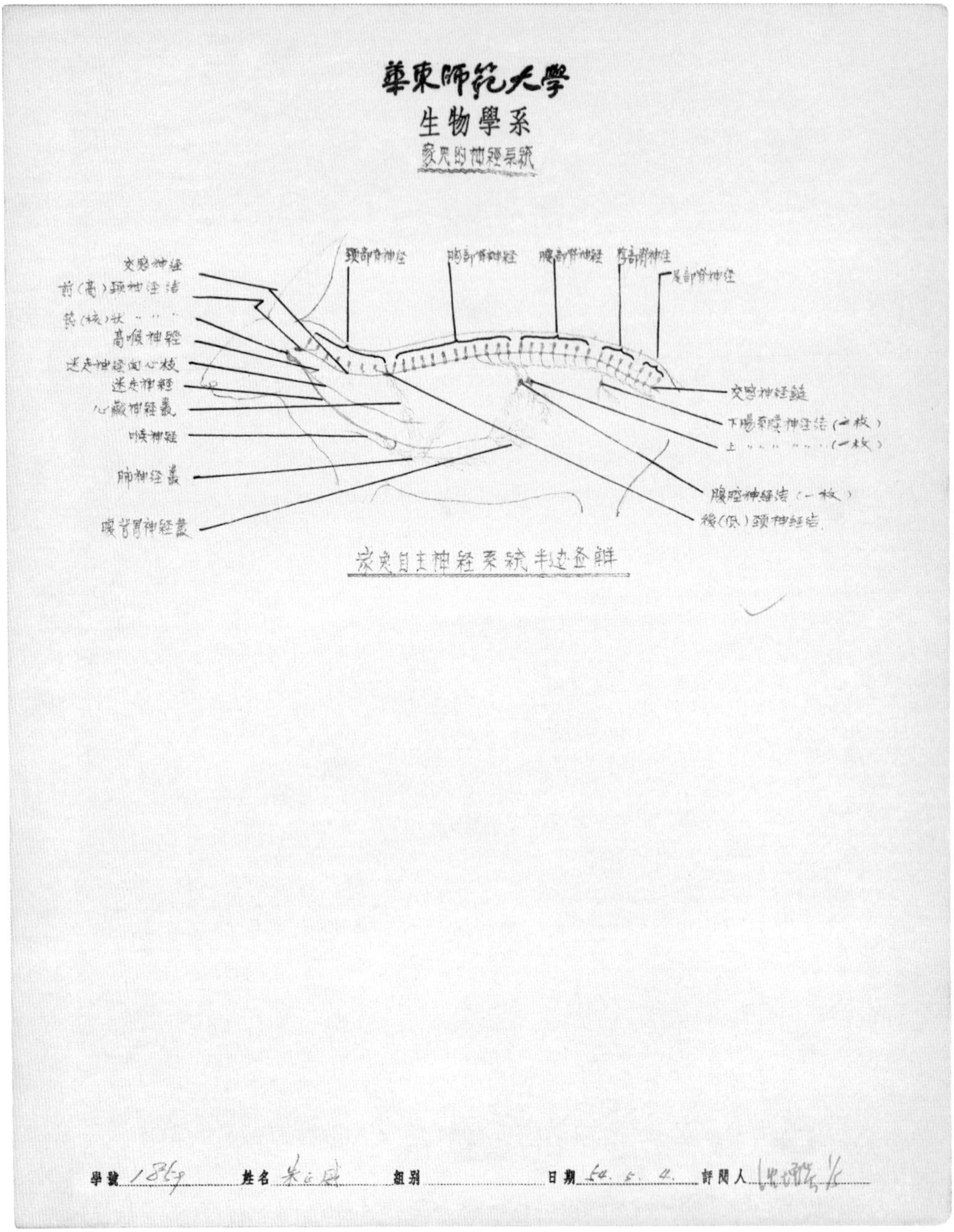

華東師範大學
生物學系
家兔的神經系統

家兔自主神經系統半边全解

學號 1869 姓名 朱正威 組別 日期 54. 5. 4. 評閱人

附录3　朱正威先生主编、编写出版的图书简介①

1. 教海投石——北京师大附中教育教学经验选编

北京师大附中八十周年校庆筹委会编辑组编，中国农业机械出版社于1981年9月出版。本书中收录了朱正威老师的2篇文章，即《要重视中学生学习习惯和学习能力的培育》和《要像海绵那样善于吸水》。

2. 中学生物课辅导

《生物课辅导》编委会编，科学普及出版社于1982年1月出版。朱正威老师为本书编委会的副主任委员兼编辑委员；本书中的“细胞分裂间期是静止的吗？”和“减数分裂中染色体的‘行为’和遗传变异有什么关系？”两个主题由朱老师所写。

3. 1982年生理卫生、高中生物复习指导

余淑明、朱正威编，中国农业机械出版社于1982年1月出版。

4. 中学生物课辅导1982年第1期

《中学生物课辅导》编委会编，科学普及出版社于1982年7月出版。本书收录了朱老师的《漫谈遗传的基本规律》一文。

---

① 截至2020年6月，搜集、整理的图书。

5. 中学生物课辅导1982年第2期

《中学生物课辅导》丛刊编委会编，科学普及出版社于1982年8月出版。本书收录了朱老师的《体液和内环境》一文，还收录了朱老师以“朱赤”为笔名撰写的《食物在人体内的消化吸收图解》一文。

6. 中学生物课辅导1982年第4期

《中学生物课辅导》丛刊编委会编，科学普及出版社于1982年12月出版。本书收录了朱老师的《和初二同学谈复习无脊椎动物的思路和方法》一文。

7. 中学生物课辅导1983年第1、2期合刊

《中学生物课辅导》丛刊编委会编，科学普及出版社于1983年7月出版。本书收录了朱老师的《细胞的基本结构》和《关于蛙的胚胎发育的补充说明》；还收录了他以“朱赤”为笔名撰写的《绿色植物的光合作用和呼吸作用复习要点》一文。

8. 高中生物教学提要

本书由朱正威、张国柱和陈皓兮集体讨论，分工撰写，由朱老师汇总定稿；北京师范大学出版社于1984年2月出版。

9. 中学生物学教案

本书第1版分第一册和第二册，由北京师范大学出版社编，并于1985年出版。其中第一册包括《植物学》和《动物学》，第二册包括《生理卫生》和高中《生物》。第二册收录了朱老师的5个案例，分别是细胞的化学成分、细胞的结构和功能、细胞的分裂、生物的新陈代谢、矿质代谢。

1987—1988年，北京师范大学出版社对该书进行了修订，分为《植物学》《动物学》《生理卫生》和《生物》4个分册出版。其中《生物》分册由朱正威、徐向忱负责定稿，开篇加入了朱老师撰写的《高中生物教材试析》，案例部分除了原第二册收录的5个案例外，又加入了朱老师撰写的《绪论》。

10. 中学实用教育学

顾明远主编，北京师范大学出版社于1987年7月出版。朱正威老师为本书的副主编。

11. 中学生物教学

赵学漱、朱正威著，茅以升作序。本书是《中学教育科学丛书》中的一本，影响广泛，被收录于《中国教育书录（1949—1990）》；由光明日报出版社于1987年12月出版。

12. 高中生物学习指要——献给高中同学

朱正威著，本书是《名师启迪丛书》中的一本，由许嘉璐作序；科学出版社于1989年6月出第1版，于1991年1月出第2版。

13. STS教育的理论和实践

本书是《教育改革理论和实践丛书》中的一本，由STS教育研究小组编译，浙江教育出版社出版。朱正威老师是本书的5名编者之一，全书由朱正威、赵学漱负责统稿；本书还收录了朱老师的《中学理科教育改革》一文。1990年7月出第1版，1993年10月出修订版。

14. 特级教师指导学习 · 生物

本书是《特级教师指导学习》丛书中的一本，由朱正威老师编写，中国科学技术大学出版社于1990年9月出版。

15. 环境教育教师指导书

本书由联合国教科文组织赞助并推荐，朱正威等编著，教育科学出版社于1991年7月出版。

16. 新编中学生物辞典

吕灿良、朱正威、林镜仁、陈正宜编，中国少年儿童出版社于1992年6月出版。

17. 中学生保健

本书为中学生读物，由朱正威、卓婧、顾咏梅、原庆丹编著，浙江教育出版社于1996年7月出版。

18. 生生不息——生殖的奥秘

本书由朱正威编著，是《科海漫游丛书》中的一本，由北京师范大学出版社于1997年11月出版。该书由中国科学院孙儒泳院士作序，获得第十一届中国图书奖。

19. 少年动物学

本书是“九五”国家重点图书出版规划项目“少年基础科学丛书”中的一本，由朱正威编著，科学普及出版社于1998年1月出版。

20. 高中生物教案

朱正威主编，包括初中、高中等多本分册，由北京师范大学出版社于1999年10月出版，其中二年级分册收录了朱老师的教案《绪论》。本书为《课堂教学设计丛书》中的一部分。

21. 我和中学生物科学教育

朱正威著，2000年4月由北京教育出版社出版，2004年9月又出了修订版（含精装本）。

◎ 朱正威先生主编、编写出版的部分图书

附录4 朱正威先生发表的文章目录

[1] 朱正威. 我怎样在课堂教学中培养学生的积极思维和独立思考能力，人民教育，1956(8)：54-57

[2] 朱正威. 上好中学生物学复习课的若干体会，生物学通报，1964(1)：49-52

[3] 朱正威. 上好高中生物的第一课——《前言》，生物学通报，1980(1)：35-37

[4] 陶卫，朱正威. 浅谈学习兴趣的培养，人民教育，1981(5)：57-58

[5] 朱正威. 不要把生物课教成“死物课”，大自然，1982(3)：61-62

[6] 陈皓兮，朱正威. 中学生物科学教育中能力培养问题初探，人民教育，1982(9)：51-54

[7] 朱正威. 南下观摩生物教学散记，大自然，1983(1)：56-57

[8] 朱正威. 关于《生物的新陈代谢》教学中的几个问题，生物学通报，1983(2)：35-40

[9] 朱正威. 提高高中生物教学质量浅议，课程·教材·教法，1983(4)：20-23

[10] 朱正威. 贯彻全国普通教育工作会议精神提高中学生物教育质量座谈会发言摘登，生物学通报，1984(1)：1-2

[11] 裘伯川，朱正威．生态系统一节教学的几点建议，生物学通报，1984(2)：40-43
[12] 朱正威．改革生物教学急待解决的几个问题，生物学通报，1985(3)：1-2
[13] 朱正威．关于“科学技术和社会”（STS）教育的几点浅见，苏州大学学报，1986(9)：218-219
[14] 朱正威．略论中学生物教学中思想教育的基本点及其原则，生物学通报，1988(7)：31-34
[15] 朱正威．略论中学生物教学中思想教育的基本点及其原则（续），生物学通报，1988(8)：25-27
[16] 朱正威．日本初中综合理科见闻及VHD在教学中的应用，苏州大学学报（自然科学版）综合理科教育专辑1988：145-147
[17] 朱正威．循序渐进，按规律办学，中小学管理，1988(12)：20-22
[18] 朱正威．科学、技术与社会——中学理科教学改革，光明日报：1988年12月28日
[19] 朱正威．日本中学生物教学见闻，大自然，1989(2)：62-63
[20] 朱正威．中小学学校管理体制改革质疑，北京教育通讯，1989(2)：43-46
[21] 朱正威．公平地核定中学生物学教师的工作量，生物学通报，1989(3)：38
[22] 朱正威．校长要从宏观上抓好教育教学工作，中小学管理，1989(4)：4-8
[23] 朱正威．对当前北京市中学管理体制改革的一些看法，教育研究，1989(7)：37-39
[24] 朱正威．学习提高的多维性——致青年生物教师，大自然，

1989(12)：52-53

[25] 朱正威. 中学生物课程中生殖和发育的教学建议，生物学通报，1989(12)：21-24

[26] 朱正威. 小议正确地对待和使用教材，生物学通报，1990(4)：23-24

[27] 朱正威. 与青年校长谈心（3）——制订学年度学校工作计划的若干原则，中小学管理，1990(8)：21-23

[28] 朱正威. 教学管理的关键是师资管理，教学与管理，1991(2)：1-4

[29] 朱正威. 关于“新陈代谢”的总复习，生物学通报，1991(3)：20-22

[30] 朱正威. 关于加强教风建设的必要性和途径，教工月刊，1991年4月号：29-31

[31] 朱正威. 日本中学生印象散记，中学生，1991(6)：6-7

[32] 朱正威. 贯彻《中小学教师职业道德规范》笔谈之用《规范》培养新一代青年教师，人民教育，1991(11)：7-8

[33] 朱正威. 国外中学科学教育一瞥，生物学通报（1991年增刊)：46-48

[34] 朱正威. 师德规范贵在坚持，光明日报，1992年2月19日第3版

[35] 朱正威. 不拘一格降人才——热情扶植青年生物教师的成长，生物学通报，1992(9)：37-38

[36] 朱正威. 扩大学校的办学自主权势在必行，人民教育，1993(1)：10-11

[37] 朱正威. STS和中学理科教育的改革，辽宁教育学院学报，1994(1)：27-28

[38] 朱正威. 市场经济：教育发展的推动力，人民日报，1994年4月11日第3版

[39] 朱正威. 怎样分析教材——以“动物的行为”为例，生物学通报，1995(9)：38-40

[40] 朱正威. 备课要备语言——以“生物的遗传和变异”为例，生物学通报，1995(10)：34-35

[41] 朱正威. 寄语新教师，生物学通报，1996(6)：47-49

[42] 朱正威. 生物科学教育要加强素质教育的研究，生物学通报，1996(8)：37-39

[43] 朱正威. 寄语新教师，生物学通报，1996(12)：42

[44] 朱正威. 教学信箱，生物学通报，1997(1)：35-36

[45] 朱正威. 调动学生积极参与教学过程的建议，生物学通报，1997(1)：25-26

[46] 朱正威. 就如何正确对待暂时取消生物高考答甘林同志问，生物学通报，1997(2)：48

[47] 朱正威. 克隆绵羊，是喜是悲？北京日报，1997年3月6日第7版

[48] 朱正威. 寄语新教师，生物学通报，1997(4)：47

[49] 朱正威. 素质教育呼唤教师素质的提高，北京教育，1997(10)：6-9

[50] 朱正威. 迎接中学生物科学教育改革的挑战，中学生物教学，1998(1)：2-3

[51] 朱正威. 生命科学的学科特征和生物教学改革，中学生物教学，1999(1)：1-3

[52] 朱正威. 教学评论（不宜把科学方法的训练狭义化），生物学通报，1999(6)：2

[53] 朱正威. 教学评论（启发式不是索取某一正确答案），生物学通报，1999(10)：46
[54] 朱正威. 教学评论（由“减负”看生物教学），生物学通报，2000(6)：2
[55] 朱正威. 有利于推进素质教育的命题尝试——析2000年生物高考广东卷，生物学通报，2000(10)：38-40
[56] 朱正威. 逐步走向成熟——析2000年生物学高考上海卷，生物学通报，2000(11)：33-34
[57] 朱正威. 关于理科综合能力培养的思考——兼析2000年高考理科综合能力测试吉林卷中的生物学部分，生物学通报，2001(1)：29-31
[58] 朱正威. 关于中学生物学课程改革的若干建议（一），生物学通报，2001(2)：27-29
[59] 朱正威. 关于中学生物学课程改革的若干建议（二），生物学通报，2001(3)：18-20
[60] 朱正威. 关于中学生物学课程改革的若干建议（三），生物学通报，2001(4)：26-27
[61] 朱正威.《全日制义务教育生物课程标准（实验稿）》的教学实施建议（1），生物学通报，2002(3)：30-32
[62] 朱正威.《全日制义务教育生物课程标准（实验稿）》的教学实施建议（2），生物学通报，2002(4)：35-36
[63] 李红，朱正威. 新课程标准呼唤教材的创新——介绍人教版初中生物学实验教科书，生物学通报，2002(7)：32-35
[64] 朱正威. 我的大学——《生物学通报》50华诞有感，生物学通报，2002(9)：5
[65] 朱正威，赵占良. 人教版生物课程标准实验教材《生物学》简

介，生物学教学，2003(1)：16-18
[66] 朱正威. 人教版《义务教育课程标准实验教科书·生物学》（七~八年级）简介，中小学教材教学，2003(9)：4-8
[67] 朱正威. 高中生物新课标的课程结构，生物学通报，2004(2)：28-30
[68] 朱正威. 从教50年的一点体会，课程·教材·教法，2004(12)：3-4
[69] 吴兢勤，朱正威. 人教版"生物技术实践"简析和教学建议，生物学通报，2005(6)：32-35
[70] 朱正威. 辩证地应对生物新课程教学中的新情况，中小学教材教学，2005(9)：3-6
[71] 朱正威. 生物新课程给我们的机遇和挑战，中学生物教学，2005(9)：4-6
[72] 朱正威. 探究性学习实施中的几个问题，生物学通报，2006(1)：27-28
[73] 朱正威. 我对"提高生物科学素养"的理解，中学生物教学，2006(1)：4-6
[74] 朱正威. 普通高中生物学课程标准教学研讨——"细胞的结构"的教学提示，生物学通报，2006(9)：29-31
[75] 朱正威. 庆祝《生物学通报》创刊55周年讲话，生物学通报，2007(11)：2
[76] 朱正威. 把教学目标装在心里——用"心"教学，生物学通报，2011(1)：27-28
[77] 朱正威. 创设情景引入新课的方式小议，生物学通报，2011(2)：24
[78] 朱正威. 科学概念的教学是有规律的，生物学通报，2011

(3): 19-20
[79] 朱正威. 要更多地关注教学内容的钻研和把握，生物学通报，2011(4): 20-21
[80] 朱正威. 由“同课异构”而想到的，生物学通报，2011(5): 25-26
[81] 朱正威. 最好的媒体技术也不应替代实际的观察和操作，生物学通报，2011(6): 26
[82] 朱正威. 再议“倡导探究性学习”，生物学通报，2011(7): 24-25
[83] 朱正威. 科学教师就是科学界在课堂上的代表，生物学通报，2011(8): 23
[84] 朱正威. 对科学本质的一些探讨，生物学通报，2011(9): 25
[85] 朱正威. 说说特级教师的“特”，生物学通报，2011(10): 22
[86] 朱正威. 教学设计重在“学”的设计，生物学通报，2011(11): 20-21
[87] 朱正威. 教学设计贵在教学的创新，生物学通报，2011(12): 16-17
[88] 朱正威. 我们对教学实践的期待，基础教育课程，2012(2): 91-94
[89] 朱正威. 加强中学生物科学教育——纪念裘维蕃院士百年诞辰，生物学通报，2012(5): 1-2
[90] 朱正威. 再谈科学概念的教学，中学生物教学，2014(7): 4-5

以下4篇文章信息不全

[91] 朱正威. 阳光：最好的保健医生

[92] 朱正威. 高中新课程的专家视角——朱正威先生谈课改
[93] 朱正威. 中学生物科学教育改革与教学仪器的研究开发
[94] 朱正威. 纽约三所不同的学校，文汇报

附录5　关于朱正威先生及其教育思想研究的学术成果目录[①]

[1] 祁乃成. 对生物科学教育改革的思考与实践——记北师大附中特级教师朱正威[M]//李慎英，刘玉明，胡玉华. 北京市中小学优秀教师思想教育与教学艺术评介丛书：生物卷. 北京：北京教育出版社，1999：2-20.

[2] 顾咏梅. 对一位名师专业成长的探索——中学教师专业发展阶段及影响因素的个案研究[D]. 北京：北京师范大学，2006.

[3] 张姝. 中学生物特级教师的共性与个性[D]. 济南：山东师范大学，2011.

[4] 徐宜兰. 最重要的"论文"写在课堂上——朱正威课堂教学研究[N]. 中国教育报，2018-6-27(010).

[5] 乔文军. 科学界在中学课堂上的代表——朱正威先生对生物学学科核心素养的思考与践行[J]. 中学生物教学，2019(7)：4-7.

[6] 包春莹. 立足中国，紧跟时代——对朱正威先生学术观点的个人理解[J]. 中学生物教学，2019(7)：8-11.

[7] 赵占良. 教材编写需要这样的教育名家——朱正威教材编写理念和实践述评[J]. 课程·教材·教法，2019(5)：30-36，43.

① 本附录所汇总的学术成果截至2020年9月。

[8] 丁奕然，吕立杰，任小文. 朱正威生物教育思想的时代回响——兼论对生物学学科核心素养培养的启示［J］. 课程·教材·教法，2019(5)：37-43.
[9] 刘杨，任媛媛，吕贝贝等. 朱正威先生的课程观——“自立、借鉴与改革”鼎足之势［J］. 中学生物学，2019(6)：50-52.
[10] 刘永岩. 朱正威生命哲学教育思想研究［D］. 济南：山东师范大学，2020.
[11] 王天祥. 生物学教师专业化发展的必备基础和实践要求——朱正威先生对教师专业化发展的论述及其对专业成长的启示［J］. 教育科学论坛，2020(7)：59-62.
[12] 丁奕然，宋巧玲. 朱正威的生物学教育唯物辩证思想内涵及其当代价值［J］. 教育探索，2020(6)：1-5.
[13] 王颖，包春莹. 朱正威先生教材编写思想研究［J］. 教育理论与实践，2020(20)：40-43.